Microsoft Foundation Class Library Programming

Steven Holzner

Microsoft Foundation Class Library Programming

Steven Holzner

New York   London   Toronto   Sydney   Tokyo   Singapore

Brady Publishing
A Division of Prentice Hall Computer Publishing
15 Columbus Circle
New York, NY 10023

ISBN: 1-56686-102-0

Library of Congress Catalog No.: 93-28093

Printing Code: The rightmost double-digit number is the year of the book's printing; the rightmost single-digit number is the number of the book's printing. For example, 93-1 shows that the first printing of the book occurred in 1993.

96 95 94 93   4 3 2

Manufactured in the United States of America

Credits

Publisher
Michael Violano

Acquisitions Director
Jono Hardjowirogo

Managing Editor
Kelly D. Dobbs

Acquisitions Editor
Michael Sprague

Production Editor
Bettina Versaci

Copy Editors
JoAnna Arnott
Tyrone Prescod
Pam Wampler

Marketing Director
Lonny Stein

Marketing Coordinator
Laura Cadorette

Editorial Assistant
Lisa Rose

Book Designer
Kevin Spear

Cover Designer
HUB Graphics

Production Team
Diana Bigham, Katy Bodenmiller, Brad Chinn, Scott Cook, Tim Cox, Meshell Dinn, Mark Enochs, Howard Jones, Tom Loveman, Roger Morgan, Beth Rago, Carrie Roth, Greg Simsic

TOC-At-A-Glance

Contents

Introduction

Programming on a small scale is usually an enjoyable experience. Small, bite-sized programs are quick to compile and run—it is rare when a programmer hasn't had some fun with small-scale programming and gotten the satisfaction of seeing things work the first time. In fact, as originally created, computers, and especially microcomputers, were only designed to work with small-scale programs. The few hobbyists that had their own computers were lucky if they had more than a few kilobytes of RAM.

But times change, and they change nowhere faster than in the computer field. As technology developed, the cost of equipment started to fall. Disks became larger, more and more RAM became available, and CPUs kept getting faster. In microcomputing, what had been a hobby became an industry—an industry where customers demand more and more functionality from their hardware and software. Following the hardware, programs have grown tremendously in size over the last decade, and it rapidly became apparent that creating a program ten times as large as what you had was not going to be ten times easier.

With the standard programming languages, there seems to be an almost inverted economy of scale—as fast as a program increases in size, it becomes unwieldy and unmanageable even faster. Errors can proliferate and penetrate all parts of the program. Debugging such a large program becomes less of an exercise and more of a career.

This occurs because the standard programming languages were designed for small-scale projects (by today's standards). The parts of a program often have access to all of the other parts of the program, especially when many of its variables are global. The way you store and use data in the whole program has to be kept in mind as you work on any part of the code. When you start to debug, you find yourself debugging 10,000 lines of interdependent code and data—the whole program at once—instead of managable pieces.

As programs became bigger, the solution to hours of debugging was to—cut the programs up into managable pieces. For example, in assembly language, everything in a file is global: that is, accessible by other parts of the program (but you don't often write large programs in assembly language). In the early BASIC, you could cut your code up using GOSUB subroutines, but all of the data was still global between the subroutine and the main body of the program. Languages like FORTRAN started supporting functions and subroutines with local data, and it let you transfer data between them by passing it explictly or with COMMON statements. The C language appeared, with its strong emphasis on typing (and, for that matter, data structures), which helps ensure that what you send and receive to and from other parts of the program is what you wanted. As programs became larger and larger, the programmer's strategy was to divide and conquer, a process now referred to as *encapsulation*.

Even the idea of data local to a specific function was not enough; as programs became more complex, programmers often found that other functions also needed access to that data. They wanted to wrap whole sections of the program—data and code—together into something beyond a simple function: an *object*.

For example, if you think of a large program as, say a workshop, then programmers want the ability to stock it with self-contained tools. That is, they don't want to be concerned with the internal data and functions necessary in, an oscilloscope—they want to be able to have an oscilloscope ready for use. In a real oscilloscope, the internal data and functions are purely *private*—that is, we don't see what is going on inside. All we see is that we have an oscilloscope, ready for use. That is exactly the stage that programming has arrived at—we want to be able to package data and functions together so that the internal details of complex parts of our program simply slip out of sight (the idea, quite literally, is out of sight, out of mind). That can only be done when we package data and the functions that maintain and work with that data together. In this way, we are able to break a large unwieldy program into a collection of easily thought-of tools and resources (which is the way we think of it anyway). Because it allows us to break up programs, C++ is the language we are looking for as our programs grow.

Why the MFC Library?

Nowhere is this more true for the PC programmer than in Windows programming. If you have done any Windows programming, you know how difficult it can be. Getting a simple window on the screen can take dozens of lines of complex code, five or so files, and a steep learning curve.

Now that has changed. C++ not only enables us to wrap our program's sections into easily thought-of objects, but it makes possible *class libraries*—whole libraries that can generate many different types of objects.

In particular, Microsoft has created the Microsoft Foundation Class (MFC) library for use with Windows, and we will explore that library in this book. If we want to create a window in our code, we will be able to derive it as a self- contained object from the Microsoft class library. If we want a dialog box, we can do the same thing we did to create a window. Based on readily creatable objects, Windows programs in C++ are *dramatically* shorter than their C cousins. Writing Windows programs has become easier for the C programmer who moves up to C++.

Our Approach

This book is designed expressly for you if you have had some C or C++ programming experience and want to use the Microsoft Foundation Class Library to write programs in Windows. That is, we are going to assume that you know C before beginning—most programmers turn to C++ only after they have some C under their belts. Our first chapter will bring us up to speed in C++, and we will learn more about it as we need it. If you already know C++, you may be able to skip this preliminary chapter and dig right into the MFC library.

Because the MFC library is for programmers, and because this is a book for would-be programmers, we are going to orient it towards seeing our programs work. In other words, we want to see what the language can do for us, not the other way around. We are not going to work through long, academic arguments about abstractions—those kinds of discussions would be out of place. This is a book for programmers, and we intend to unleash the full power of the MFC library in its own environment, Windows.

However, we should know from the beginning that there is a good deal we have to learn before we can really use the MFC library—or even C++. There is no way around learning the difference between a class and an object, between overloading functions and overriding them, between using Windows programs and writing them. All in all, we will have to learn about many things: virtual functions, built-in I/O classes, nested classes, constructors, destructors, inheritance, Windows conventions, and more. In other words, we are going to get serious about learning how to use the MFC library—and there is a lot to learn.

For that reason, we will fill this book with plenty of examples, ready to run. There is no better way to learn than by example, and we will see some good examples here. In addition, we will develop the longer examples line by line, using boldface type in a gray shaded box to indicate where we are as we work through a program. There will be frequent figures, notes, sidebars, and tips.

That is our approach, then: learning the MFC library by seeing it work, by starting near the beginning and building our expertise carefully. We will go from the most basic—the very foundations of Windows object-oriented programming—up to the most powerful tricks that professionals use, from the most simple to the most unexpected. Let's take a moment now to see what actual material we will cover.

What Is in This Book

The MFC library is a powerhouse of pre-defined classes, and we are going to put it to work. To start, we will spend some time learning C++; then we will learn more C++ as the need arises. Here is an overview of some of the C++ subjects we will gain mastery of first:

▼ Classes

▼ Objects

▼ Function Overloading

▼ Using Memory in C++

- ▼ Inheritance
- ▼ Default Parameters
- ▼ The I/O Class Libraries
- ▼ Virtual Functions

After we get some C++ expertise, we will see why C++ and Windows is such a natural combination. We will master Windows programming as we make full use of the predefined classes in the MFC library, covering the following topics:

- ▼ Creating Windows
- ▼ Menus
- ▼ File Handling in Windows
- ▼ Dialog Boxes
- ▼ Scroll Bars
- ▼ List Boxes
- ▼ The Mouse
- ▼ Windows Graphics
- ▼ Reading Keystrokes in Windows
- ▼ Windows Messages
- ▼ Object Linking and Embedding (OLE)
- ▼ Diagnostics in the MFC Library
- ▼ The Multi-Document Interface (MDI)

These and other topics are waiting for us in this book as we see how simple Windows programming can become by using the MFC library. We will create a large number of useful examples, including a pop-up notepad, a paint program, a spreadsheet program, a database program, a complete file editor, and others.

What You Will Need

As mentioned, to use this book, you'll need some knowledge of C. Our primary tool will be Microsoft's Visual C++, because it is the tool recommended by Microsoft for use with the the MFC library. However, even if you have another compiler (such as Borland C++), you can still read this book and get use out of it. In addition, if you want to use the Visual Basic custom controls (the VBX controls) discussed in Chapter 14, you'll need a copy of those controls, which comes in the Professional Edition of Visual C++ or Visual Basic.

That's it, then; we are ready to begin—to unleash the full power of the MFC library. We are going to see it at work almost immediately because, in programming, there is no substitute for the real thing—seeing it in action. If you want to master the MFC library and become a power programmer, then let's start with Chapter 1, where we will come up to speed in C++. After that, when we are ready, we will begin our guided tour of MFC Windows programming.

C++ Primer: Code and Classes

Welcome to the Microsoft Foundation Class (MFC) library—one of the most exciting programming packages available for Windows, and one of the many components of a revolution in Windows programming. This powerful package is part of a new generation of programming tools that is beginning to open up Windows programming as never before. No longer does it take a great deal of patience, experience, and expensive software to produce valuable Windows applications. By using the MFC library (and packages like it), developing Windows programs is easier than ever. In this book, we will use the premier MFC library tool—Visual C++—to get the most out of that library.

In this chapter, we will get to know Visual C++ and put together our first C++ programs. Although they are not true Windows programs, Visual C++ will run them for us under Windows 3+. You will see that it is easier than you might expect to do this, because Visual C++ handles most of the details.

If you have done any programming for Windows in C, you will find that this is where C++ (and the MFC library) really shines. The Windows programming interface is extensive and complicated; much of it has to do with the enormous number of options we as programmers have in terms of window styles, ways of running the program, window dimensions, memory allocation, and so on.

The majority of Windows programs, however, do not need such great ranges of choices—that is why C++ is perfect here. All of the option selections can be wrapped up into standard classes, and we can derive our own objects from them. In this way, the details become hidden from view, and the "surface area" of the Windows programming interface shrinks rapidly back to a manageable size. This is what C++ is for: Dividing programs that could be large into manageable—and self-contained—objects. These objects will be able to take care of all of the operations they need—such as writing themselves out to a disk file. We will see how this modularity helps again and again throughout the book. To study the MFC Library, we will have to be familiar with C++, and with such C++ terms as classes, objects, and function overriding.

We will get that familiarity with C++ in this chapter; in the next chapter, we will put what we have learned to work in Windows. However, that doesn't mean we have to wait to see our programs run, as we are about to see. Before doing anything, we should make sure that we are familiar with its host environment—Windows.

All About Windows

Many people believe that Graphical User Interfaces (GUIs) are the wave of the future in microcomputing, and they could be right. Windows 3.0 was the quickest selling software package in history (500,000 copies in its first six weeks; 3,000,000 in its first nine months). In most significant ways, Windows is a full operating environment by itself.

Windows is very different from DOS; one of the most fundamental differences is that Windows is a Graphical User Interface (GUI), which introduces many new concepts. One of the primary ideas here is that most of the available options are presented to the user at once, in the form of objects on the screen, much like tools ready to be used. The utility of this simple approach is surprising—rather than remembering complex techniques and keywords, a user can select the correct tool for the task at hand and begin to work. In this way, graphical interfaces fulfill much of the promise of computers as endlessly adaptable tools. Let's take a look at some of the background of this operating environment.

Historical Windows

Microsoft started working on Windows in 1983, only two years after the PC had appeared. However, the original version, Windows 1.01, didn't ship until 1985. This version was supposed to run on the standard machine of that time: An IBM PC with two 360K diskette drives, 256K, and an 8088. The display was automatically tiled; that is, the windows were arranged to cover the whole screen. It looked very two-dimensional—and far from impressive.

The next major version, Windows 2, came out two years later. For the first time, windows could overlap on the screen. However, Windows 2 could only run in 80x86 real mode, which meant that it was limited to a total of one megabyte of memory. For a period of time, Windows split into Windows 286 and Windows 386 to take advantage of the capabilities of the (then new) 80386 chip. Progress had been made, but it was clear that much more was still needed.

In May of 1990, Microsoft introduced Windows 3.0. The look and feel of Windows 3.0 was a great improvement. It featured proportional fonts, that made displays look more refined. Version 3.0 also had better support for DOS programs. Version 3.1, introduced in April 1992, improved on version 3.0, especially when it came to managing files. Many users are now using Windows as their primary operating environment for the PC.

The MS-DOS Executive of earlier versions was replaced by a trinity of windows that manage Windows: The Program Manager, the Task List, and the File Manager. From a programming point of view, one of the most important features of Windows 3+ is that they can support extended memory: up to 16 megabytes of RAM. In its 386-enhanced mode, Windows uses the built-in virtual memory capabilities of the 80/3/4/586 (that is, it can store sections of memory temporarily on disk) to give programmers access to up to four times the amount of actual installed memory in a machine that Microsoft actually started working on Windows in 1983, only two years after the PC had appeared. However, the original version, Windows 1.01, didn't actually ship until 1985. This version has 16 megabytes, Windows can provide 64 megabytes. The removal of memory restrictions has always been one of the advantages of OS/2, but now more and more programmers are coming back to Windows. With Windows 3+, Windows had at last arrived.

Dissecting a Window

A typical Windows 3+ window appears in figure 1.1, and you should be familiar with its parts and the names given to them before we go on. As you probably know, it's important to know what the user expects from a Windows application before writing one. Let's spend a little time reviewing Windows terminology; this will help us later in the book. At the upper left of the window in figure 1.1, there is a system menu box, which, when selected, displays a menu that enables the user to move the window, close it, or minimize it. At the top center you will see the title or caption bar, and this provides an easy way of labeling an application.

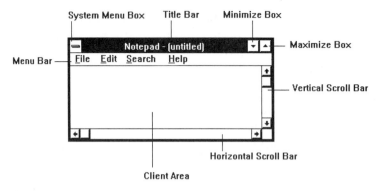

Figure 1.1. A Windows 3+ window.

To the right of the title bar you will see the Minimize and Maximize boxes, which enable the user to reduce the window to an icon (called an application's iconic state), or expand it fully, usually to the whole screen. Under the title bar there is a menu bar offering the currently available menu options for the application. In almost every stand-alone application, there will be a menu bar with at least one menu item in it: The File menu. This is the menu that offers the Exit item at the bottom, as shown in figure 1.2.

Always Have an Exit Item
The Exit item is the usual way for users to leave an application, therefore, if your application supports file handling, you should include the Exit item at the bottom of your File menu. (In fact, Windows applications often have a File menu to provide an Exit item even if they don't use files.)

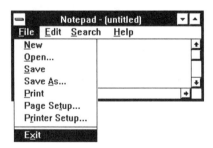

Figure 1.2. A Windows 3+ window with a menu.

Under the menu bar you will see the client area. The client area makes up the whole area of a window under the menu bar, except for the borders and scroll bars (it is the area that the window is designed to display). This is our drawing area, the area we will work with directly; that is, this is the part of the window on which we will place buttons, list boxes, text boxes, and the other parts of our programs. In Windows, these visual objects are called controls.

To the right of the client area you will see a vertical scroll bar, which is a common part of a window that displays text. If there is too much text to fit in the window, scroll bars let you look at some subsection of the whole window by moving around in the document. (The small square that moves up and down, and you use to manipulate your position in the scroll bar is called a thumb.)

At the bottom of the window there is another scroll bar that scrolls the text in the client area horizontally. Everything in the window but the client area is called the non-client area: Even the border is part of the non-client area. Windows will be responsible for maintaining the non-client area of the window, and we will be responsible for the client area.

Preserving the Feel of Windows

As mentioned earlier, when programming in the MFC library, you should be familiar with the way the user expects Windows programs to work and feel. In particular, you should be at home with the language of mouse clicks and double clicks, and anticipating what the user might expect from your application.

For example, the File menu usually has an Exit item—and that item (if present) is always last— that is part of the Windows interface you will be programming in. There are many other aspects of the way users expect Windows applications to work that you should be familiar with before producing applications. In other words, there are a large number of Windows conventions that you need to adhere to. Although we will discuss these conventions as we reach the appropriate topics, there is no substitute for working with existing Windows applications to get the correct feel for the Windows interface.

Eventually, these conventions will become automatic. For example, in file list boxes (where the program is showing you which files are available to be opened), one click of the mouse highlights a filename (called selecting), and two clicks open the file (called choosing). On the other hand, you are supposed to be able to use Windows without a mouse at all—just with the keyboard— therefore you should provide keyboard support at the same time (in this case, the user would use the <Tab> key to move to the correct box, the arrow keys to highlight a filename, and the <Enter> key to choose it).

For the purpose of the program design in this book, we are assuming that you have a mouse. Although it is possible to use Windows applications without a mouse, Windows programmers (or even experienced Windows users) are hampered without one, and it cripples their productivity.

There are other conventions that Windows users expect: If there is some object that can be moved around the screen, users expect to be able to drag it with the mouse. They expect accelerator keys in menus, system menus that let them close a window, and windows that can be moved, resized, or minimized. The best way to know what will be expected of your program is to work with existing Windows applications.

Our First Program

We will begin by starting Visual C++ now, as shown in figure 1.3. What you see there is the Visual C++ workbench.

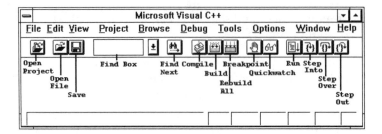

Figure 1.3. The Visual C++ workbench.

We can run a DOS-style C program here to get us started. For example, we can use the traditional first program of C books, in the following way:

```
#include <stdio.h>
void main()
{
    printf("Hello world.");
}
```

C++ can handle this program, although as we will see in the next chapter, actually programming in Windows is going to be very different than programming in DOS. To create this program, hello.c, select the new item in Visual C++'s File menu. A new window appears in Visual C++, as shown in figure 1.4.

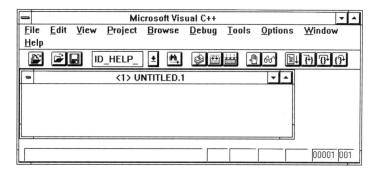

Figure 1.4. A new file window.

Now type the above program; it appears as shown in figure 1.5.

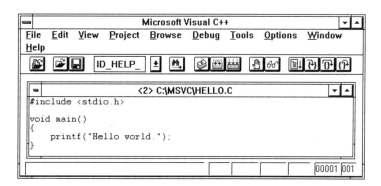

Figure 1.5. Our first C program.

Save this file as hello.c by using Visual C++'s Save As... Menu item in the File menu—for example, click Save As... in the file menu, type hello.c as the filename, and click OK. This creates hello.c on disk.

At this point, we are ready to run. Visual C++ handles the programs you develop as projects, much like other Microsoft programming environments do. Many different files can be associated with a project, but we will only work with two when developing this program—one is hello.c, and the other is hello.mak, the project file. Visual C++ keeps a project file (a .mak file) for every project. The project file holds a list of the files associated with the project. Before building and running hello.exe, we have to create hello.mak. To do that, select the New... item

7

in Visual C++'s Project menu. The New Project window opens as shown in figure 1.6. Click the down arrow next to the Project Type box and, as also shown in figure 1.6, a drop-down list box opens.

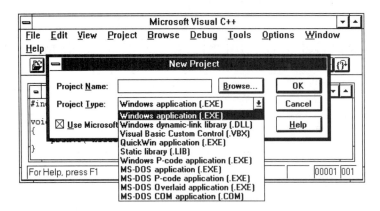

Figure 1.6. Creating a new project.

We are not creating a true Windows program here; we are learning about C++, and hello.c is a DOS-style program. Inform Visual C++ of that fact by selecting the "QuickWin Application (.EXE)" item in the drop-down list box and by clicking OK in the New Project dialog box.

At this point, an Edit dialog box opens as shown in figure 1.7. This enables you to associate the files you want with the project hello.mak. Select hello.c and then click the OK button. Visual C++ creates hello.mak for us.

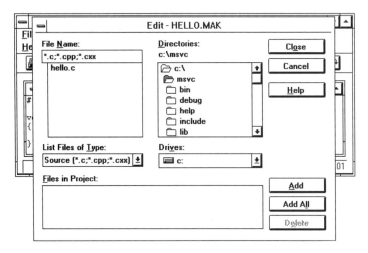

Figure 1.7. Editing hello.mak.

Finally, to create and run hello.exe, select the menu item that now reads Build HELLO.EXE in the Project menu. Visual C++ will create HELLO.EXE; when it does, it places a window named Output on the screen as shown in figure 1.8. This is where the results of compiling hello.c and building hello.exe appear. There are no errors, so select the Close item in the Output window's system menu—for example, click the button located in the window's top left corner.

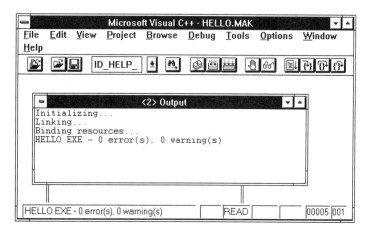

Figure 1.8.   Building HELLO.EXE.

To run hello.exe, select the Execute HELLO.EXE line in the Project menu. When you do, the program runs, as shown in figure 1.9, and we see "Hello world." That's it; our first program was a success. To end the program, select the Close menu item in the Hello window's File menu.

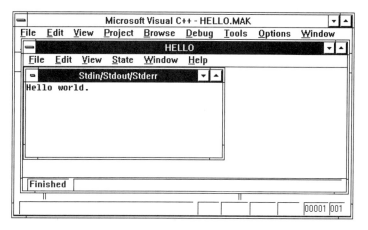

Figure 1.9.   Running HELLO.EXE.

Entering the C++ World

Now we will start to see what makes C++ an improvement over C. We will see some unique—and very popular—features of C++ first, and then we will turn to what has made it famous: The ability to work with objects.

The driving force behind objects is modularity, a concept that we have already stressed. As mentioned earlier, C++ was originally written to be used when C programs got very long (although there are so many flexible features in it that thousands of programmers prefer it over C for all uses). In programs that long, it is often hard to remember all of the details about all of the parts; it is much easier if we can connect the associated functions and the data they need into a conceptual object, which we can then think of as a single entity. That way, we will be able to think of the whole object in terms of its overall use, without having to remember all of the details of its internal data handling. In fact, an object is like a new kind of structure—except that it can hold both data and functions.

One commonly used example of an object is a stack. A stack is a specially dedicated area of memory used for storing data in a particular way; you push values on the stack, and pop them later to retrieve them. When you pop them, they come off in reverse order—if you pushed the values 1, 2, 3, 4, and 5, popping values off of the stack successively would yield 5, 4, 3, 2, and 1.

To make your own stack, you need the memory space used for storage as well as the functions that do the pushing and the popping. The stack may even have some internal functions that monitor it. All of these details can be distracting if you have a lot of other things on your mind. It is easier to work with if you can wrap (the C++ term is encapsulate) them all into one logical idea—a stack. With this example in mind, let's begin working with C++.

The C++ Predefined I/O Streams

You already know the standard C streams: stdin, stdout, stderr, and stdlog. In C++, there are some additional predefined streams named cin, cout, cerr, and clog; they are tied to the same devices, but we use them in a different way. Let's see an example, showing how to print on the screen using cout. Here is how to print "Hello, world." on the screen by using C++:

```
        #include <iostream.h>
        void main()
        {
cout << "Hello world.";      // Print "Hello, world."
        }
```

To use the predefined C++ streams, we had to include the header file iostream.h. Next, we printed our string with the screen with the << operator, in the following way:

```
#include <iostream.h>
void main()
{
   cout << "Hello world.";        // Print "Hello, world."
}
```

In normal C, this is a left shift operator, and it works on integer values by shifting their bits left by a specified number of places. In C++, the << and >> operators still function as the left and right shift operators, but now operators can have more than one meaning. In this case, << may also be used to send output to cout, and for that reason it's called the insertor operator—for example, it inserts data into the cout stream; and >> may also be used to read input from cin, so it is called the extractor. This is called operator overloading—giving an operator multiple uses depending on the types of data that you are using it with. Operator overloading is an important part of C++.

For example, say that you define some complex data structure, and that you want to be able to define the operation of addition on such structures. In C++, you can overload the + operator to handle it without problem. In fact, almost any of the usual C operators (except for some special ones like ?: or the dot operator, .) can be overloaded in C++.

Why << Is Better than printf()
One reason that << is a better choice than printf() is because printf() does not perform a reliable type checking on the data being sent to the screen.

The corresponding keyboard input stream is called cin, and if we wanted to read a value, we could have done it in the following way:

```
void main()
{
        int our_int;
        cout << "Please type an integer: ";
        cin >> our_int;
}
```

However, Windows has its own way of printing on the screen and passing keystrokes to our programs, so we won't use cin here. Streams like these will become very important when we deal with files in Chapter 9.

You might also notice a new method of using comments in our program. We were able to put a one-line comment into our program—for example, "// Print Hello, world."—by prefacing it with the // symbol. This is a new addition in C++, and it only works for one-line comments—that is, C++ ignores the rest of the line following //. (The older /* */ method is still available, of course, but C++ programmers often use the // one-line comments, reserving the /* */ method for multi-line ones.)

The next step is typing this program into a file—C++ uses the .cpp extension, so the file will be named hello.cp—and getting it to run. Close the project hello.mak by using the Close item in the Project menu, and then select the New... item in the File menu. Type in our new C++ program:

```
#include <iostream.h>
void main()
{
cout << "Hello world.";        // Print "Hello, world."
}
```

Save it as hello2.cpp, and create a new project called hello2.mak. Associate hello2.cpp with hello2.mak when the Edit Hello2.Mak dialog box opens. Finally, build and run hello2.exe. The results appear in figure 1.10.

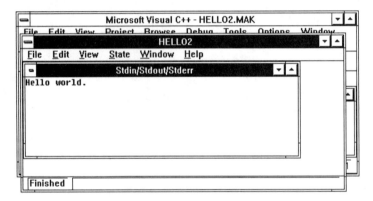

Figure 1.10. Running our first C++ program.

That's it; we have gotten our first C++ program to run. It was that simple. Now, let's take the next step in C++ and learn about objects themselves.

Just What Is an Object?

In C++, a long program is less a mass of uncoordinated functions and interconnecting data structures, than a collection of easily-managed tools and resources ready to be put to use.

That is the way we usually think of our programs anyway—in terms of self-contained sections that are neatly wrapped up into concepts. For example, you might stock your kitchen with a refrigerator, an oven, and a dishwasher, each thought of as discrete units. When you put food in the refrigerator, you don't want to be concerned with the internal operation of the refrigerator—you simply want your food kept cold. Imagine what your kitchen would be like if you had to deal with every detail of the timers, thermostats, and pumps that are inside of your appliances, setting, adjusting, and coordinating them all at one time.

That is how a large-scale program works in purely function-oriented programs—you cannot wrap data and the internal functions needed to work on and maintain that data into easily managed tools. The function is the standard unit of program design. However, in the real world, no one thinks of functions. People think in terms of objects and their associated utility.

That is what C++ is all about—creating objects that are easily thought about and managed, conceptually like the operation of refrigerators and ovens. It can take many internal functions to maintain an object like a refrigerator, but until now, there was no way of wrapping the functions up with the data they use, and the need to form anything bigger than another function. Now, however, programmers can work with objects, which can have data and functions that are private to the object—internal data and functions; or available to anyone—public data and functions. When you set the thermostat of your refrigerator, it causes a great number of things to occur inside of the refrigerator, none of which you need to concern yourself with. Those internal functions, and the way they interact with each other, are set into motion when you make changes in the thermostat setting. But you don't need to see the details, and that is what makes it an appliance worth owning.

In the same way, a programming object provides a carefully designed and intentionally limited interface to the rest of the program. Let's see how this works.

C With Classes

The most significant programming improvement of C++ over C, is that it can use classes (a fact that makes this book possible). In fact, C++ was originally called C with Classes. Briefly, a class is something like a data structure in C, except that a class can be defined to hold functions as well as data. A class makes up a formal type, just as when you declare the fields of a structure. When you declare variables of that type, the variables are the objects. That is how programming works in C++; classes are the formal types, objects are the specific variables of that type (this is an important point to remember, and can cause confusion otherwise).

You set up a class just as you might a structure with struct, except that a class definition can also hold function prototypes in the following way:

```
class the_class {
        int private_data;
```

```
public:
        int public_data;
        int public_function(int t);
};
```

All Functions in C++ Need Prototypes

When you declare variables of this class, those variables will be objects, that is how classes are related to objects. In the above case, we are setting up a class named the_class. This class includes some data: public_data and private_data. It also includes a function, named public_function( ).

If this had been a structure, we could only have included the following data:

```
struct some_struct {
        int public_data;
        int private_data;
};
```

Then we could have declared variables of this structure type in the following way:

```
void main()
{
        some_struct the_struct
                                                :
```

Next, we could have reached the members of the_struct with the dot operator, in the following way:

```
struct some_struct {
        int public_data;
        int private_data;
};
void main()
{
        some_struct the_struct
        the_struct.public_data = 5;
                                                :
```

It works the same way with classes. When we declare a variable of class the_class, it is an object, like the following the_object:

```
class the_class {
        int private_data;
public:
```

```
                int public_data;
                int public_function(int t);
        };
        void main()
        {
        the_class the_object;
                                        :
```

Now we can reach the member data of the_object in the following way, just as we could with the_struct:

```
        class the_class {
                int private_data;
        public:
                int public_data;
                int public_function(int t);
        };
        void main()
        {
                the_class the_object;
                the_object.public_data = 5;
                                :
```

However, now we can also refer to its functions—called member functions—the same way, as follows:

```
        class the_class {
                int private_data;
        public:
                int public_data;
                int public_function(int t);
        };
        void main()
        {
        the_class the_object;
        the_object.public_data = 5;
                the_object.public_function(5);
                                :
```

This is something new; we have associated not only data with the_object, but also a function. We did that by including its prototypes in the declaration of the_class:

```
        class the_class {
                int private_data;
        public:
```

```
        int public_data;
        int public_function(int t);
};
```

You may notice the keyword public in our class declaration. There are three ways of including member data and functions in a class—as private, public, or protected. By default, all the members of a class are private, which is why we don't include that keyword.

When something is private, that means that no part of the program can refer to it outside its object. In the_class, private_data is private, so it cannot be reached by any part of the program except by those functions associated with the objects of that class—for example, the member functions.

Functions can be private as well as data. It is good to remember the spirit of C++ here—which means that as much of the object should be made private as possible to increase the modularity of programs.

This is an important part of the C++ style, and it is the reason that all member data and functions are private by default (that is the whole idea behind encapsulation). The protected keyword is used when we derive one class from another—a process called inheritance—and want to give the only derived classes access to specific members. We will see more about this later.

Note that if everything in an object was private, no part of it could be reached from the outside, making it useless. Here, however, we've declared the variable public_data as public, as well as the function public_function(). That means that we can reach them from other places in the program in the following way:

```
the_object.public_data = 5;              // Set public_data
the_object.public_function(3); // Use public_function()
```

The functions that should be left private are those that are purely internal to the object. Usually, they are used only by other member functions.

Now that we have gotten an overall idea of what objects are about, let's take the time to work through a specific example and get all of the details down. One of the simplest examples of an object is a numerical stack. A numerical stack has some real utility for programmers and is also easy to implement. Let's examine the process of building a stack object next.

Our Stack Object Example

We can start by reviewing the way a stack works. A stack is made up of a section of memory that we use to store data in a special way. For example, let's say that the following is part of the stack in memory:

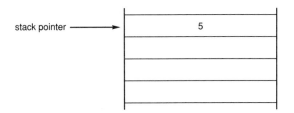

Notice the stack pointer, which points at a particular location called the top of the stack. When we put a value, such as 7, onto the stack, the stack pointer is incremented by one place to point to the next location, and the 7 is placed at that location:

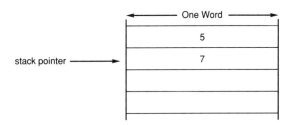

In this way, we push a value onto the stack. We can retrieve these values by popping them off of the stack. If we pop one value from the stack, that will be the last value pushed, or 7, and the stack pointer moves back, in the following way:

Popping the stack again yields a value of 5. Note that values come off in the reverse order that they were put on. That is the way our stack will work; if we pushed the values 1, 2, and 3, then popping values off the stack would yield 3, 2, and 1. Stacks like this are very popular programming constructions, but there is no direct support for them in C++. However, we can add that ourselves with a stack class.

It will be easy to design our stack class. First, we will need some space for the stack itself, and we can set that aside as data internal to our stack object in an array called stack_data[], in the following way:

```
class stack_class {
        int stack_data[100];
            :
};
```

Note that we have left it private—that is, only member functions will have access to the stack. This way, the rest of the program doesn't have to bother with the stack, and it won't clutter up the global data space. In addition, we will have to store the stack pointer (that is, our index in the array stack_data[]), which points at the element that will be popped next, in the following way:

```
class stack_class {
        int stack_data[100];
        int stack_ptr;      // stack_ptr = -1 -> stack is empty
};
```

This is also private, because only member functions will worry about the value of the stack pointer. The rest of the program only needs to push and pop values; it does not need to worry about the stack pointer. Note that in the comment, we indicate that when stack_ptr holds -1, the stack is empty. That is, -1 is an impossible index value for our array stack_data[], and when we've decremented stack_ptr to that value, we've popped everything off the stack.

When we push a value, it will go into the first element of the array, stack_data[0], and stack_ptr will become 0. The next time we push a value, it will go into stack_data[1], and stack_ptr will become 1 also. When we pop a value, stack_ptr will go back to 0. After we pop that value too, stack_ptr becomes -1 and there is nothing left on the stack, which means that we cannot pop any more values off.

Let's set up the prototypes for the two functions that will do the pushing and popping. They should be public so that the rest of the program can use the functions. In addition, we should notice that some stack operations ought to generate an error, such as popping an empty stack, or attempting to push data onto a full stack. For that reason, let's have push() and pop() return integer values—0 for failure, and 1 for success:

```
class stack_class {
        int stack_data[100];
        int stack_ptr;      // stack_ptr = -1 -> stack is empty
public:
        int pop(int *pop_to);
        int push(int push_this);
};
```

Note that because pop() will have to change the value of the argument passed to it, we have to pass a pointer to it (exactly as we do with scanf()). We should also include an initialization function to set the stack pointer to -1—for example, an empty stack—at the beginning of the program, as follows:

```
class stack_class {
        int stack_data[100];
        int stack_ptr;  // stack_ptr = -1 -> stack is empty public:
```

```
                    void init(void);
            int pop(int *pop_to);
            int push(int push_this);
    };
```

Our class is now ready—that was all there was to it (except, of course, for writing the member functions). Now that our class, stack_class, is set up, we could declare an object of that class named stack, as follows:

```
    class stack_class {
            int stack_data[100];
            int stack_ptr;  // stack_ptr = -1 —> stack is empty public:
            void init(void);
            int pop(int *pop_to);
            int push(int push_this);
    };
    void main()
    {
    stack_class stack;
                            :
```

We can push the data onto the stack in the following way:

```
    class stack_class {
            :
            :
    };
    void main()
    {
            int data_value;
            stack_class stack;
            stack.push(data_value);
              :
```

Conversely, when we want to pop it, we can use pop() in the following way:

```
    class stack_class {
            :
            :
    };
    void main()
    {
            int data_value;
            stack_class stack;
```

```
                    stack.push(data_value);
                    stack.pop(&data_value);

                               :
```

> ### Good Return Values
> It is a good idea to have your functions return a value of 0—for example, FALSE—for
> failure, because it is easy to use them in loops and if statements. For example, we will
> be able to keep popping values off the stack until we have them all with a simple
> while(stack.pop(&data_value)) loop.

Now all we need to do is to define the member functions init(), push(), and pop(). The init()
function is particularly easy, because all it does is to prime the stack by setting the stack_ptr to
indicate an empty stack. So let's begin with it, in the following way:

```
class stack_class {
                   int stack_data[100];
                   int stack_ptr;    // stack_ptr = -1 --> stack is empty public:
                   void init(void);
                   int pop(int *pop_to);
                   int push(int push_this);
};
void stack_class::init(void) {stack_ptr = -1;}
```

We define a member function by using the member operator ::. Here we indicate that init() is
a member of class stack_class like this: stack_class::init(void). This is followed by the function
definition. (As we dig deeper into C++, we will find it more convenient to place class declarations
and member function definitions like these in header, .h, files.)

Note that in the function init(), we can reach stack_ptr by referring to it as stack_ptr; that is, we
do not have to call it stack.stack_ptr. The reason for this is that init() is a member function of
the object, and stack_ptr is a member variable, so they're in the same scope—that is, the scope
of the object itself. In fact, because stack_ptr is private, no statement in the program can refer
stack_ptr outside the stack object, even as stack.stack_ptr.

Now let's define the function pop(). If the stack is empty, popping is an error, and we should
return a value of 0 to indicate the following way:

```
        #include <iostream.h>
        class stack_class {
                int stack_data[100];
                int stack_ptr;    // stack_ptr = -1 —> stack is empty public:
                void init(void);
```

```
    int pop(int *pop_to);
    int push(int push_this);
        };
        void stack_class::init(void) {stack_ptr = -1;}
        int stack_class::pop(int *pop_to)
        {
        if(stack_ptr == -1)          // Stack is empty — return error return 0;
                            :
```

If we don't indicate a value of zero, we have to take data out of the stack—that is, out of the array named stack_data[ ]. Notice that we have passed a pointer to pop( ); as mentioned, that is because we want to be able to change the value of the parameter passed to it. In this case, our pointer is named pop_to, and the data it refers to is *pop_to, therefore we can send it the contents of the current stack location. That stack location is pointed to by stack_ptr; we can place the integer from the array at memory address pop_to and decrement the stack pointer in the following way:

```
        #include <iostream.h>
        class stack_class {
                :
                :
        };
        void stack_class::init(void){stack_ptr = -1;}
        int stack_class::pop(int *pop_to)
        {
        if(stack_ptr == -1)                // Stack is empty — return error return 0;
                else                       // Else return data
                    *pop_to = stack_data[stack_ptr - ];
                        return 1;

        }
        :
```

Note that we are returning a non-zero value—1 in this case—to indicate success. That is it for pop( ). The only error condition that we had to handle was when there was nothing left to pop from the stack, and we did that by checking the value of stack_ptr.

We can check for error conditions when we write push( ) in the same way. Our stack in memory, stack_data[100], has enough room for 100 integers, and stack_ptr can range from -1 for an empty stack to 99 for a full one. When we try to push an integer, it is an error if the stack is full, and we can check that by comparing stack_ptr to its maximum possible value, 99. If it is greater than or equal to the value of 99, we should return 0. When this doesn't occur, we have to increment the stack pointer and place the incoming integer onto the stack, in the following way:

```
        #include <iostream.h>
        class stack_class {
```

```
                    :
                    :
    };
    void stack_class::init(void){stack_ptr = -1;}
    int stack_class::pop(int *pop_to)
    {
                    :
                    :
    }
    int stack_class::push(int push_this)
    {
    if(stack_ptr >= 99)              // Stack is full—return error return 0;
            else                     // Else store data
                stack_data[++stack_ptr] = push_this;
                    return 1;

    }
```

Again, we return 0 if there was an error, 1 when there isn't an error. Now our class—stack_class—is set up, and we can define an object of that class named stack. We are ready to use this object, because we have defined everything it needs, including the member functions. To use it in a program, we need to use the dot operator, in the following way:

```
                    stack.push(5);
```

This statement pushes a value of 5 onto our stack. Let's write the rest of our program now, seeing our object at work. To do that, we have to define the main() function. The first thing to do in main() is to declare our object named stack and then to initialize the stack with stack.init() (which sets stack_ptr to -1), in the following way:

```
    #include <iostream.h>
    class stack_class {
                    :
                    :
    }
    void main()
    {
            stack_class stack;
            stack.init();
                    :
```

Now that we have initialized the stack, we are free to push and pop values. Let's try it out with a loop. Here we can push, say, the numbers from 0 to 9 and print them out as we do so, in the following way:

```
#include <iostream.h>
class stack_class {
        :

        :

}
void main()
{
        int loop_index;
        stack_class stack;
        stack.init();
        cout << "Pushing values now...\n";
        for(loop_index = 0; loop_index < 10; loop_index++){
                stack.push(loop_index);
        cout << "Pushed value—> " << loop_index << "\n";
        }
        :
```

That's it, we've placed 10 numbers on the stack in the following way:

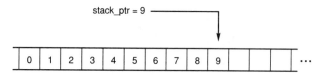

Now when we pop a value, the first integer that comes off will be 9, and pop() will move the stack pointer back one element, in the following way:

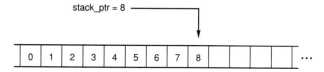

In fact, let's pop all of the values with another loop. This time, we have to use stack.pop(), and we have to pass it a pointer so it can return the following value in the final program:

```
#include <iostream.h>
class stack_class {
        :

        :

}
void main()
```

```
            {
            int loop_index, popped_value;
            stack_class stack;
            stack.init();
            cout << "Pushing values now...\n";
for(loop_index = 0; loop_index < 10; loop_index++){
                    stack.push(loop_index);
cout << "Pushed value—> " << loop_index << "\n";
            }
            cout << "Popping values now...\n";
for(loop_index = 0; loop_index < 10; loop_index++){
                stack.pop(&popped_value);
                cout << "Popped value—> " << popped_value << "\n";
                }
            }
```

That's it; when we pop a value, it is placed in the integer variable popped_value, and then we print it out. Type this into Visual C++ in a project named stack.mak now and create a QuickWin program named stack.exe. Running it generates the output you see in figure 1.11.

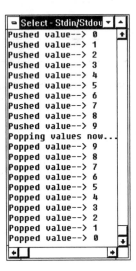

Figure 1.11. Our stack example at work.

Our stack is a success; the numbers are coming off in reverse order. The whole program appears in listing 1.1.

Microsoft Foundation Class Library Programming

Listing 1.1. The Stack Object

```
#include <iostream.h>
class stack_class {
        int stack_data[100];
int stack_ptr;          // stack_ptr = -1 —> stack is empty public:
        void init(void);
        int pop(int *pop_to);
        int push(int push_this);
};
void stack_class::init(void){stack_ptr = -1;}
int stack_class::pop(int *pop_to)
{
if(stack_ptr == -1)     // Stack is empty—return error return 0;
        else                                    // Else return data
                *pop_to = stack_data[stack_ptr—];
                return 1;
}
int stack_class::push(int push_this)
{
if(stack_ptr >= 99)     // Stack is full—return error return 0;
        else                                    // Else store data
                stack_data[++stack_ptr] = push_this;
                return 1;
}
void main()
{
        int loop_index, popped_value;
        stack_class stack;
        stack.init();
        cout << "Pushing values now...\n";
for(loop_index = 0; loop_index < 10; loop_index++){
stack.push(loop_index);
cout << "Pushed value—> " << loop_index << "\n";
        }
        cout << "Popping values now...\n";
for(loop_index = 0; loop_index < 10; loop_index++){
stack.pop(&popped_value);
cout << "Popped value—> " << popped_value << "\n";
        }
}
```

25

Initializing Objects

C++ supports class constructors to initialize objects for us. Constructors are member functions that are automatically invoked when the object is first set up, initializing the object the way we want it. These functions will be very important throughout the course of this book, so we should take a look at them now.

In addition, destructors (if we declare them) are automatically invoked when we are done with an object. The constructor's task is to initialize the object; the destructor's task is to clean up (usually deallocating memory) after it.

Let's see an example; we can change our stack example so that it includes both constructors and destructors. That follows the philosophy of objects, which says that objects should ideally be so self-contained that they even allocate and deallocate memory space for themselves. Here we can use the constructor to allocate memory space for the stack. The constructor is just like any other member function, except that it has the same name as the class, like this for stack_class:

```
#include <iostream.h>
class stack_class {
        int stack_data[100];
int stack_ptr;      // stack_ptr = -1 —> stack is empty public:
        stack_class(int mem_required);
        int pop(int *pop_to);
        int push(int push_this);
};
```

Declaring a destructor is just as easy, except you add a tilde (~) just before the destructor's name, in the following way:

```
#include <iostream.h>
class stack_class {
        int stack_data[100];
int stack_ptr;      // stack_ptr = -1 —> stack is empty public:
        stack_class(int mem_required);
        ~stack_class(void);
        int pop(int *pop_to);
        int push(int push_this);
};
```

Now we can write the constructor. To allocate memory in C, we would normally use a function like malloc(), but C++ has a better way. C++ uses the *new* keyword, that allocates memory and returns the appropriately typed pointer in the following way:

```
int int_ptr*;
int_ptr = new int;
```

You can also initialize your data like this, where we initialize a character to 'x':

```
char char_ptr*;
char_ptr = new char('x');
```

If we want to allocate space for an array of integers, as we do here, we can do that in the following way:

```
int *stack_data;
stack_data = new int[mem_required];
```

That means that we must change the member array stack_data[] of our stack class into an integer pointer instead. Then we can allocate data with the C++ new keyword and initialize the stack (stack_ptr = -1) in the following way:

```
#include <iostream.h>
class stack_class {
int *stack_data;
int stack_ptr;       // stack_ptr = -1 —> stack is empty public:
        stack_class(int mem_required);
        ~stack_class(void);
        int pop(int *pop_to);
        int push(int push_this);
};
stack_class::stack_class(int mem_required)
{
    stack_ptr = -1;            // Can't initialize in a class def'n.
    stack_data = new int[mem_required];
}
```

That's it; now the stack object will allocate memory for itself. We can also use *new's* opposite keyword named *delete* to deallocate memory in the destructor. The destructor is called when the object is no longer needed—that is, when it goes out of scope. If we didn't use delete, the stack data area we allocated with *new* would remain in memory. The following demonstrates how we can write the destructor:

```
#include <iostream.h>
class stack_class {
        int *stack_data;
int stack_ptr;       // stack_ptr = -1 —> stack is empty public:
        stack_class(int mem_required);
        ~stack_class(void);
        int pop(int *pop_to);
        int push(int push_this);
};
```

```
stack_class::stack_class(int mem_required) {
stack_ptr = -1;          // Can't initalize in a class def'n.
                    stack_data = new int[mem_required];
            }
stack_class::~stack_class(void)       // Destructor: get rid of memory {
                cout << "Deallocating memory.\n";
                delete stack_data;
            }
```

The full program appears in listing 1.2; when you run it, the object's constructor is invoked and it sets aside memory for itself. When it goes out of scope (here that's when the program exits), the destructor is invoked, and we see the destructor's message as in figure 1.12.

Listing 1.2.   Stack with Constructor and Destructor

```
#include <iostream.h>
class· stack_class {
        int *stack_data;
int stack_ptr;      // stack_ptr = -1 —> stack is empty public:
        stack_class(int mem_required);
        ~stack_class(void);
        int pop(int *pop_to);
        int push(int push_this);
};
stack_class::stack_class(int mem_required)
{
stack_ptr = -1;                       // Can't initalize in a class def'n.
stack_data = new int[mem_required];
}
stack_class::~stack_class(void)     // Destructor: get rid of memory
{
        cout << "Deallocating memory.\n";
        delete stack_data;
}
int stack_class::pop(int *pop_to)
{
if(stack_ptr == -1)      // Stack is empty—return error
                return 0;
        else                                      // Else return data
                *pop_to = stack_data[stack_ptr—];
                return 1;
}
int stack_class::push(int push_this)
```

Microsoft Foundation Class Library Programming

```
                {
                if(stack_ptr >= 99)        // Stack is full—return error
                            return 0;
                        else                                    // Else store data
                            stack_data[++stack_ptr] = push_this;
                            return 1;
                }
                void main()
                {
                        stack_class stack(200);
                        int loop_index, popped_value;
                        cout << "Pushing values now...\n";      // Push values
first
for(loop_index = 0; loop_index < 10; loop_index++){
                        stack.push(loop_index);
cout << "Pushed value—> " << loop_index << "\n";
                        }
cout << "Popping values now...\n";      // Now pop values
for(loop_index = 0; loop_index < 10; loop_index++){
                        stack.pop(&popped_value);
                        cout << "Popped value—> " << popped_value << "\n";
                        }
                }
```

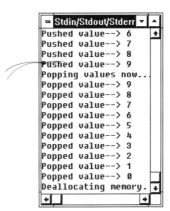

Figure 1.12. Stack with a constructor and destructor.

Note that the constructor and destructor are no longer details that we as programmers have to worry about. As far as programming goes, our stack only adds two new functions to keep in mind:

```
stack.push()
stack.pop()
```

All of the internal details are handled by the object itself (in this case, by the constructor and destructor), and that's the way it should be in C++.

Class Inheritance

There is one more basic C++ concept that we should be familiar with when we are getting introduced to classes and objects. When you are working in C++, you will frequently find that classes may share many of the same things. For example, you could define a number of classes named, say, tiger, lion, elephant, snake, and antelope. When each of these classes have obvious differences, they may include many of the same member functions, such as eat(), sleep(), breathe(), and so on.

In C++, we can handle this class diversity by setting up certain generic classes we call base classes. A base class includes the members that all the subsequent derived classes have in common (we will use this technology immediately in the next chapter). For example, the base class here could be called animal, and it may include the member functions eat(), sleep(), and breathe(). Then, when we wanted to define, say, the class elephant, we could include the class animal to get the basics, adding such functions as trumpet() and stampede(). In general, a class definition looks like this—note the inclusion of a base class in the first line (we will see how to specify the access keyword in a minute):

```
class class_name : access base_class {
        private data and function list
public:
        public data and function list
} object_list;
```

Let's see this in action. We can include a base class in the definition of a derived class; in our animal example, the base class might look like the following with three member functions, eat(), sleep(), and breathe():

```
class animal {
public:
        void eat(void);
        void sleep(void);
        void breathe(void);
};
```

The derived class elephant—where we might add the functions trumpet( ) and stampede( )—would then be declared in the following way:

```
class elephant : public animal {
public:
        int trumpet(void);
        int stampede(void);
};
```

The access keyword in front of the base class can be public or private; we make it public here. Making it public means that all of the private members of animal will be private in elephant, and all of the public members will be public. The other option for the access keyword is private, which makes *all* of the members in animal private in elephant.

We will see much more about inheritance later, but for now let's put this together into a program. We will find inheritance important throughout this book because the MFC library supplies us with Windows base classes, and each class which corresponds to a basic type of window or a window control (such as a text box or a button). Our programs will derive their own windows and controls from those base classes, adding to them and tailoring them to their specific needs.

We can start our short inheritance example by defining our two classes, the base class and the derived class, as well as declaring a derived object named jumbo (that is, the base class is animal, the derived class is elephant, and our object of the derived class is called jumbo):

```
#include <iostream.h>
class animal {
public:
        void eat(void);
        void sleep(void);
        void breathe(void);
};
class elephant : public animal {
public:
        void trumpet(void);
        void stampede(void);
};
void main()
{
                elephant jumbo;
                :
```

Next, we define all of the member functions. After we define the member functions, the object jumbo has access to all of them—the functions that are part of class animal, as well as the ones that are part of class elephant. The member functions can be used in the following way:

```cpp
#include <iostream.h>
class animal {
public:
        void eat(void);
        void sleep(void);
        void breathe(void);
};
class elephant : public animal {
public:
        void trumpet(void);
        void stampede(void);
};
void animal::eat(void){cout << "Eating...\n";}
void animal::sleep(void){cout << "Sleeping...\n";}
void animal::breathe(void){cout << "Breathing...\n";}
void elephant::trumpet(void){cout << "Trumpeting...\n";}
void elephant::stampede(void){cout << "Stampeding...\n";}
void main()
{
        elephant jumbo;
        jumbo.breathe();
        jumbo.trumpet();
        jumbo.breathe();

}
```

In main(), we can use the function breathe() (which is part of the class animal) because jumbo was derived from that base class, and derived classes have access to their base class's function in the following way:

In addition, of course, we can use the function trumpet(), which is part of the derived class

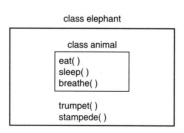

class elephant

class animal

eat( )
sleep( )
breathe( )

trumpet( )
stampede( )

elephant, because jumbo is an object of that class, as follows:

```
void main()
{
        elephant jumbo;
        jumbo.breathe();     // Use animal::breathe()
        jumbo.trumpet();     // Use elephant::trumpet()
jumbo.breathe();     // Use animal::breathe() }
```

Because we can use the functions in the class animal and those declared in the class elephant, this program prints out the following result:

```
Breathing...
Trumpeting...
Breathing...
```

Type the code in now in a program called, say, inherit.cpp and create the project inherit.mak with the New... item in the Project menu. When you run this program as a Visual C++ QuickWin program, you see the result in figure 1.13.

Figure 1.13. Our inheritance example.

That's it for our introduction to inheritance. When we write C++ Windows programs in the next chapter, we will derive our own classes from the base classes in the MFC library. For example, we might derive a window named OurWindow from the CWnd class that Microsoft provides.

Of course, we will have to customize OurWindow by adding member data and member functions. We will want to change the way the base class handles some functions. For example, we might want to replace CWnd's OnPaint function, which is called when the client area of the window needs to be redrawn—our window might have had another window on top of it temporarily—with our own version of OnPaint, which draws the graphics we want in our window. This is called function overriding, and it will enable us to customize derived classes, which is largely what C++ programming is about. For that reason, function overriding and its close cousin, function overloading, will be the final topics in our C++ primer.

33

C++ Primer: Code and Classes

Customizing Classes: Function Overriding

You may recall our class animal, which had the basic functions eat, sleep, and breathe in the following way:

```
class animal {
public:
        void eat(void);
        void sleep(void);
        void breathe(void);
};
```

The definition of the member functions appeared in the following way:

```
void animal::eat(void){cout << "Eating...\n";}
void animal::sleep(void){cout << "Sleeping...\n";}
void animal::breathe(void){cout << "Breathing...\n";}
```

However, a fish is an animal, but it doesn't breathe in the same way as land animals. For that reason, we might want the class named fish, derived from the base class animal, to print out, say, "Bubbling...\n" instead of "Breathing...\n". To do that, we would want to create our own customized version of breathe() for the fish class, which might appear in the following way:

```
void animal::eat(void){cout << "Eating...\n";}
void animal::sleep(void){cout << "Sleeping...\n";}
void animal::breathe(void){cout << "Breathing...\n";}
    void fish::breathe(void){cout << "Bubbling...\n";}
```

Now we have to override animal::breathe() with fish::breathe(). This is done in the declaration of the fish class. We start by deriving fish from animal, in the following way:

```
    class fish : public animal {
};
```

Now we indicate that we want to override animal::breathe() with fish::breathe() by including a line declaring the breathe() function *exactly* as it is declared in the class animal:

```
class fish : public animal {
public:
    void breathe(void);
};
```

When C++ sees the same prototype for fish::breathe() as animal::breathe(), it overrides animal::breathe() with fish::breathe() for the fish class. Generally speaking, to override a function in a derived class, you must declare the same number of function parameters as the function you're overriding; they don't have to have the same names as the original function parameters, but they do have to have the same types in the same order.

Now our program looks like the following:

```
#include <iostream.h>
class animal {
public:
        void eat(void);
        void sleep(void);
        void breathe(void);
};
class fish : public animal {
public:
        void breathe(void);
};
void animal::eat(void){cout << "Eating...\n";}
void animal::sleep(void){cout << "Sleeping...\n";}
void animal::breathe(void){cout << "Breathing...\n";}
void fish::breathe(void){cout << "Bubbling...\n";}
void main()
{
        fish the_fish;
        the_fish.breathe();
}
```

When you run it as a QuickWin program, we see "Bubbling...", not "Breathing...", as shown in figure 1.14. We have overridden the base class function animal::breathe() with our own version.

Figure 1.14. Function overriding example.

Function Overloading

There is another way of using alternate function definitions that is very popular in C++— function overloading. We will see this frequently in C++, so we should cover it in this section.

Rather than the restrictive data typing we find in other languages (where if you call a function with the wrong data type, your program might crash), C++ is smart enough to check the data type you want to use, and to see whether the function you are calling has been defined with that type or not. That is, the same function can be defined a number of times for different variable types in C++; C++ will use the correct version of the function (as determined by the arguments we pass) automatically.

Let's say that we had a function named print_this() that could send a character to the screen in the following way:

```
print_this(char the_char)
{
        cout << the_char;
}
```

We could use print_this( ) the following way:

```
print_this('A');
```

However, sometime we might want to print a string—or even an ASCII code. In C, we would have to define a new function, but in C++, we can *overload* our print_this() function so that all of these are perfectly legal, as follows:

```
print_this('A');            // Print 'A'
print_this(65)              // Print 'A' (ASCII code for 'A' = 65)
print_this("Hello, world.\n");
```

In other words, we can define three versions of print_this(), and, depending on the argument type we pass (char, char*, or int for an ASCII code), C++ will choose the correct version for us. This is a powerful and very popular asset in C++, and you use it whenever the same code is appropriate for different data types—for example, we will enable our stack to handle ints, floats, and so on later.

Overloading print_this() is easy; all we have to do is to set up three prototypes matching the three different versions of the function in a new class which we might call printer_class, as follows:

```
#include <iostream.h>
/* Function Overloading Example  */
class printer_class {
public:
        void print_this(char the_char);
        void print_this(char* the_string);
        void print_this(int the_ASCII_code);
};
        :
```

Now, C++ can distinguish between them based on their parameter types, char, char*, or int. Next, we simply define the three versions of print_this() as we would normal member functions, as follows:

```
#include <iostream.h>
/* Function Overloading Example */
class printer_class {
public:
        void print_this(char the_char);
        void print_this(char* the_string);
        void print_this(int ASC_code);
};
void printer_class::print_this(char the_char){cout << the_char;}
void printer_class::print_this(char* the_string){cout << the_string;}
-> void printer_class::print_this(int ASC_code){cout << (char) ASC_code;}
```
:

Now we can use print_this() as we wish, and the program will figure out what version we want depending on what parameter we pass with the following:

```
#include <iostream.h>
class printer_class {
public:
        void print_this(char the_char);
        void print_this(char* the_string);
        void print_this(int ASC_code);
};
void printer_class::print_this(char the_char){cout << the_char;}
void printer_class::print_this(char* the_string){cout << the_string;}
void printer_class::print_this(int ASC_code){cout << (char) ASC_code;}
void main()
{
    printer_class printem;
    printem.print_this(97);         // ASCII code for 'a'
    printem.print_this('b');        // Char
    printem.print_this("c");        // String
}
```

This program prints out the following:

abc

For another example of function overloading, look at listing 1.3, which is a modification of our stack so that it works on floating point values in addition to integers.

```
stack.push(the_int);        // Push an integer value
stack.push(1.3333);         // Push a float value
```

By itself, C++ will select the correct definition of push(), the one for floats or the one for ints.

Note

When passing immediate values, such as stack.push(0), there might be some ambiguity, which you should avoid by using typed values only with overloaded functions (if you don't avoid it, C++ will generate an error).

Listing 1.3. Function Overloading Stack Example

```
#include <iostream.h>
class stack_class {
        int int_stack_data[50];
        float float_stack_data[50];
        int int_stack_ptr;      // int_stack_ptr = -1 -> stack is empty
        int float_stack_ptr;    // float_stack_ptr = -1 -> stack is empty
public:
        stack_class(void);
        int pop(int *pop_to);
        int pop(float *pop_to);
        int push(int push_this);
        int push(float push_this);
};
stack_class::stack_class(void)
{
int_stack_ptr = -1;          float_stack_ptr = -1;
}
int stack_class::pop(int *pop_to)
{
if(int_stack_ptr == -1)      // Stack is empty—return error return 0;
        else                 // Else return data
```

```
                              *pop_to = int_stack_data[int_stack_ptr-];
                              return 1;
          }
          int stack_class::pop(float *pop_to)
          {
          if(float_stack_ptr == -1)        // Stack is empty-return error return 0;
                  else                     // Else return data
          *pop_to = float_stack_data[float_stack_ptr-];
                  return 1;
          }
          int stack_class::push(int push_this)
          {
if(int_stack_ptr >= 49)        // Stack is full-return error return 0;
                  else         // Else store data
                          int_stack_data[++int_stack_ptr] = push_this;
                          return 1;
          }
          int stack_class::push(float push_this)
          {
if(float_stack_ptr >= 49)      // Stack is full-return error return 0;
                  else          // Else store data
                          float_stack_data[++float_stack_ptr] = push_this;
                          return 1;
          }
          void main()
          {
                  stack_class stack;
                  float loop_index;
                  float popped_value;
                  cout.setf(ios::showpoint);            // Turn on fixed pt notation
                  cout << "Pushing values now...\n";
for(loop_index = 0; loop_index < 10; loop_index++){
stack.push(loop_index);
cout << "Pushed value-> " << loop_index << "\n";
                  }
                  cout << "Popping values now...\n";
for(loop_index = 0; loop_index < 10; loop_index++){
stack.pop(&popped_value);
cout << "Popped value-> " << popped_value << "\n";
                  }
          }
```

Overloaded Functions with Different Parameter Numbers

Now let's say that we want to modify our print_this() function so that it was primarily a string printing function. For example, we might use it in the following way:

```
print_this("No worries.");
```

In addition, let's say that we occasionally wanted to use it to print out strings made up of repetitions of the same character. For example, when we use it in the following way:

```
print_this("No worries.");
print_this('a', 5);
```

The string-printing function would print out a string of five a's: "aaaaa". It turns out that overloading the function like this in C++ is no problem: C++ does not require the same number of parameters in the different versions of an overloaded function. All we need to do is to declare the correct prototypes in the class declaration in the following way:

```
#include <iostream.h>
/* Function overloading example */
class print_class {
public:
        void print_this(char *the_string);
        void print_this(char the_char, int number_repetitions);
};
                :
```

Then we are set. We set up the two versions of the function and make use of them, as follows:

```
#include <iostream.h>
/* Function overloading example */
class print_class {
public:
            void print_this(char *the_string);
void print_this(char the_char, int number_repetitions);
    };
void print_class::print_this(char *the_string){cout << the_string;}
void print_class::print_this(char the_char, int number_repetitions) {
        int i;
        for (i = 0; i < number_repetitions; i++){cout << the_char;}
}
void main()
{
```

```
print_class printem;
printem.print_this("abc");
printem.print_this('a', 5);
    return 0;
}
```

In this way, C++ enables you to handle similar tasks with the same function in your code—even if those tasks take different numbers of parameters. For example, drawing circles and ellipses on the screen make up two similar tasks, but when you draw a circle, you have to specify two parameters: Its origin and radius. When you draw an ellipse, you have to specify three: The origin, major radius, and minor radius. In C++, we can put these tasks together into one overloaded function.

Wrapping Up the C++ Primer

That's it for our C++ primer—now it is time to put C++ to work in Windows when we use the MFC library. Hopefully this chapter brought you (back) up to speed in C++; if not, you should probably take a look at a beginning C++ text before going on.

Now, however, let's find out how to make some true Windows programs and start working with the MFC library.

Building a Program With the MFC Library

I f you have done any programming for Windows in C, then you will find that this is where C++ really helps. The Windows programming interface is extensive and complicated. Much of that interface has to do with the enormous number of options we as programmers have in terms of window styles, ways of running the program, window dimensions, memory allocation, and so on. Most Windows programs, however, do not need such great ranges of choices, which is why C++ is perfect here. All of the option selections can be wrapped up into standard classes — the MFC library — and we can derive our own classes from them. Then, when we want to do something unusual, we can override a previous function. In this way, the details become hidden from view, and the "surface area" of the Windows programming interface shrinks rapidly, back to a manageable size.

In this chapter, we will put together our first true Windows program in C++, which will display the text `Hello, World.` in a window, and then we will dissect it part by part.

All About Windows Programming

Let's take a look at how you can program applications for Windows, and what makes it different from programming under DOS. To start, DOS programs are written sequentially; that is, one statement follows another. In a DOS program, control goes down the list of statements, more or less in the order that the programmer designed. For example, this is the way an introductory program from a DOS C++ book might look:

```
        #include <iostream.h>
        void main()
{
        cout << "Hello ";
        cout << "World.\n";
}
```

Control moves sequentially from line to line, and the message Hello World.\n appears on the screen. When there are more statements, control would continue with them, looping and progressing in the way that the programmer designed it to work. However, Windows is different.

Under Windows, an application presents all of the possible options (in the form of visual objects) on the screen for the user to select for themselves. In this way, it represents an entirely new kind of programming—event driven programming. That is to say, the programmer is no longer completely responsible for the flow of the program, the user is. The user selects among all of the options presented to him, and it is up to the program to respond correctly. For example, there may be three buttons on a window; clearly, we can't just write our program assuming that the user is going to push them in some sequence.

Instead, we will have to write separate code for each button. That is going to be the case in general, and it has significant consequences for us in this book. Rather than monolithic programs that you can read from beginning to end, our code will necessarily be divided up into smaller sections, one such section for one kind of event. For example, we may want to display the string Hello, World. In that case, our program might look like the following (we will explain what is going on here later):

```
void CFirstView::OnDraw(CDC* pDC)
{
        CString hello_string = "Hello, world.";
        CFirstDoc* pDoc = GetDocument();
pDC->TextOut(0, 0, hello_string, hello_string.GetLength() );
}
```

This code is specifically designed to handle one type of event which occurs when our window is *redrawn* (for example, when the window is first drawn or uncovered when another window moves).

Our Windows programs will be collections of code sections like this, including other On events like OnMouseMove, OnButtonPress, and so on. That is how event driven programming works—we will largely be designing our code around the I/O interface. Our programs won't have *modes*, like an editor can have modes—for example, insert mode, marking mode, and so on); instead, all the options available at one time will be represented on the screen, ready to be used. We will see how this works soon.

In addition to being event driven, Windows programming is also object oriented by nature. To see it on the screen, just pick up an object such as an icon or paintbrush and move it around. This corresponds closely to object oriented programming, as we will see. In Windows programming, we will be able to break up a program into discrete objects in a natural way, each of which has its own code and data associated with it. Each of the objects can be independent from the others.

Using object oriented programming is perfect for event-driven software, because it breaks the program up into discrete, modular objects. This is the way we will be treating our windows and all of the buttons, text boxes and so on that we put in them: as objects.

Hungarian Notation

We should also be familiar with the naming convention of Windows variables before beginning. There is a Windows convention called Hungarian notation (named for the nationality of its inventor, Charles Simonyi, a Microsoft programmer). Because Windows programs can be so long, it is easy to lose track of what all of the variables mean. To help, Hungarian notation provides letters that can be used as prefixes, and they appear in table 2.1 for reference (which you might refer to throughout this book). They can also be combined; for example, lpszMyString means a long pointer connected to a zero-terminated string named MyString. As far as C++ goes, if lpszMyString is a member of some class, it would be named m_lpszMyString in the Microsoft Foundation Class library.

Table 2.1.   Hungarian Notation

Prefix	Means
a	array
b	bool (int)
by	unsigned char (byte)
c	char
cb	count of bytes
cr	color reference value

continues

Table 2.1.   continued

Prefix	Means
cx, cy	short (count of x, y length)
dw	unsigned long (dword)
fn	function
h	handle
i	integer
m_	data member of a class
n	short for int
np	near pointer
p	pointer
l	long
lp	long pointer
s	string
sz	string terminated with a zero
tm	text metric
w	unsigned int (word)
x, y	short (x or y coordinate)

Now that we have the background, let's take a look at a C++ program for Windows using the MFC library.

Our First True Windows Program

At this point, let's create our first true Windows program; this example will print Hello, World. in a window. We will use Visual C++ to build this program and then dissect the generated code. Visual C++ includes several *wizards* that will help us with the programming process:

App Wizard   writes C++ programs

Class Wizard	writes classes and connects menu items and buttons to code
App Studio	designs Windows resources like dialog boxes and menus

Here we will use the first wizard, AppWizard, to create our new project and write the skeleton code; we will customize the code ourselves. Having a wizard to write the code for us will be a big help (this is referred to as CASE: Computer Aided Software Design).

We start AppWizard by selecting the AppWizard... item in the Project menu. AppWizard opens, as shown in figure 2.1.

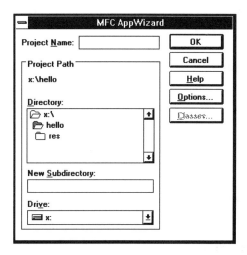

Figure 2.1. AppWizard.

We will give this new project a name of first.mak by typing first in the Project Name box. Now click the Options button, opening the Options dialog box as shown in figure 2.2. Click the top check box, which currently reads Multiple Document Interface, removing the x in the box—we won't need multiple windows in our first program. Note the options already here that AppWizard will put in our program: a toolbar and printing support. Click OK to close the Options dialog box, and click OK in AppWizard itself.

Figure 2.2. AppWizard's options.

Another dialog box appears, indicating that AppWizard will create a *skeleton application*, as shown in figure 2.3. It also indicates that AppWizard will create the following classes for us: CFirstApp, CMainFrame, CFirstDoc, and CFirstView.

In the rest of this chapter, we will explore these new classes.

New Application Information

AppWizard will create a new skeleton application with the following specifications:

Classes to be created:
  Application: CFirstApp, in FIRST.H and FIRST.CPP
  Frame: CMainFrame, in MAINFRM.H and MAINFRM.CPP
  Document: CFirstDoc, in FIRSTDOC.H and FIRSTDOC.(
  View: CFirstView, in FIRSTVW.H and FIRSTVW.CPP

Features:
  + Supports the Single Document Interface (SDI)
  + MSVC Compatible project file (FIRST.MAK)
  + Initial toolbar and status bar in main frame
  + Printing and Print Preview support in view

Install Directory: X:\FIRST

Figure 2.3. AppWizard's info box.

Click the Create button and AppWizard creates the framework of our first program for us. What it actually creates is a set of 19 files in the \first directory like this (don't worry about the contents of each file yet — that will become clear throughout the book):

FIRST.CLW	Class Wizard data
README.TXT	General information
FIRST.H	Header file
FIRST.CPP	Program C++ file
FIRST.DEF	Definition of project's Windows modules
MAINFRM.H	Main frame window header file
MAINFRM.CPP	Main frame window C++ code
STDAFX.H	Standard application frameworks header
STDAFX.CPP	Standard application frameworks C++ code
FIRSTDOC.H	Document class header
FIRSTDOC.CPP	Document class C++ code
FIRSTVW.H	View class header
FIRSTVW.CPP	View class C++ code
RES	Subdirectory, includes: FIRST.RC2, FIRST.ICO, TOOLBAR.BMP
RESOURCE.H	Resource file header
FIRST.RC	General resource file (menu, etc)
FIRST.MAK	Project file

As you can imagine, creating all of these files ourselves and integrating them into the project first.mak would take some time; here, AppWizard has done it all for us.

Let's add the few lines that we need to place Hello, World. in our window now so we can run first.exe. To do that, select the Open... menu item in the File menu and open the file \first\firstvw.cpp. This code supports our program's *view class*, that AppWizard has called CFirstView, and is derived from the MFC library class CView (more about this later). This class controls how our data appears in its window. Now find the member function CFirstView::OnDraw(), which currently appears in the following way:

```
void CFirstView::OnDraw(CDC* pDC)
{
        CFirstDoc* pDoc = GetDocument();
        //TODO: add draw code here
}
```

You can see the comment that AppWizard has left for us; add draw code here. Let's do that. For now, just add the following code lines, and then we will examine what they mean and what they do:

```
void CFirstView::OnDraw(CDC* pDC)
{
        CString hello_string = "Hello, world.";
        CFirstDoc* pDoc = GetDocument();
        pDC->TextOut(0, 0, hello_string, hello_string.GetLength() );
}
```

What we are doing here is creating a string object, hello_string, which holds the string Hello, world. There are many predefined classes in the Microsoft Foundation Class Library, and CString is one of them. We will see more about CString as we go on, but it is worth noting that the CString class is a near-perfect example of all that makes object oriented programming worthwhile.

The data in a CString object is held internally, and you can reach it by assigning strings to it as we have done in the following line of code:

```
CString hello_string = "Hello, world.";
```

In addition, this self-contained object also has functions we can use—that is, functions we don't have to write. These functions are logically part of the CString programming object, and they let you wrap the whole idea of the string up into an easy conceptual object. CString objects include such member functions as the following (also see the list at the end of this chapter):

CString Function	Does This:
Find()	Find a character or substring in the string
GetLength()	Gets the string's length in characters
Left()	Return n leftmost characters
Mid()	Return substring from middle
Right()	Return n rightmost characters

Microsoft Foundation Class Library Programming

As in C, you can use the index operator [] with a CString object like this: hello_string[4]. There are also other operations we will see, such as concatenating two strings together (which works like this: final_string = hello_string + second_string;). Everything about this object is self-contained, wrapping our string up in a neat package.

We can print such string objects in a window with a function named TextOut( ). TextOut( ) is a member function of the MFC *device context class*. All drawing or graphics manipulation in Windows are done in device contexts. These device contexts can correspond to various things: a window (or part of one), the whole screen, a printer, and so on. By unifying those varying environments into the idea of a device context (which has Windows-defined standard tools and functions available in it), Windows lets us operate in a device-independent way.

In the MFC library, we get a device context *object* of class CDC. All of the functions that one can perform with a device context become member functions of device context objects. In particular, the member functions of the CDC class appear in table 2.2 (and at the end of this chapter).

Table 2.2. Member Functions of the CDC Class

AbortDoc	GetMapMode	RealizePalette
Arc	GetNearestColor	Rectangle
Attach	GetOutlineTextMetrics	RectVisible
BitBlt	GetOutputCharWidth	ReleaseAttribDC
CDC	GetOutputTabbedTextExtent	ReleaseOutputDC
Chord	GetOutputTextExtent	ResetDC
CreateCompatibleDC	GetOutputTextMetrics	RestoreDC
CreateDC	GetPixel	RoundRect
CreateIC	GetPolyFillMode	SaveDC
DeleteDC	GetROP2	ScaleViewportExt
DeleteTempMap	GetSafeHdc	ScaleWindowExt
Detach	GetStretchBltMode	ScrollDC
DPtoLP	GetTabbedTextExtent	SelectClipRgn
DrawFocusRect	GetTextAlign	SelectObject
DrawIcon	GetTextCharacterExtra	SelectPalette
DrawText	GetTextColor	SelectStockObject

continues

Table 2.2. continued

AbortDoc	GetMapMode	RealizePalette
Ellipse	GetTextExtent	SetAbortProc
EndDoc	GetTextFace	SetAttribDC
EndPage	GetTextMetrics	SetBkColor
EnumObjects	GetViewportExt	SetBkMode
Escape	GetViewportOrg	SetBoundsRect
ExcludeClipRect	GetWindowExt	SetBrushOrg
ExcludeUpdateRgn	GetWindowOrg	SetMapMode
ExtFloodFill	GrayString	SetMapperFlags
ExtTextOut	IntersectClipRect	SetOutputDC
FillRect	InvertRect	SetPixel
FillRgn	InvertRgn	SetPolyFillMode
FloodFill	IsPrinting	SetROP2
FrameRect	LineTo	SetStretchBltMode
FrameRgn	LPtoDP	SetTextAlign
GetAspectRatioFilter	MoveTo	SetTextCharacterExtra
GetBkColor	OffsetClipRgn	SetTextColor
GetBkMode	OffsetViewportOrg	SetTextJustification
GetBoundsRect	OffsetWindowOrg	SetViewportExt
GetBrushOrg	PaintRgn	SetViewportOrg
GetCharABCWidths	PatBlt	SetWindowExt
GetCharWidth	Pie	SetWindowOrg
GetClipBox	PlayMetaFile	StartDoc
GetCurrentPosition	Polygon	StartPage
GetDeviceCaps	Polyline	StretchBlt
GetFontData	PolyPolygon	TabbedTextOut
GetGlyphOutline	PtVisible	TextOut
GetKerningPairs	QueryAbort	UpdateColors

In OnDraw( ), we get a pointer to a device context passed directly to us; our job is to draw in the device context (the results could appear on screen or printer). That pointer is called pDC; in C++, we can reach member functions from an object pointer with the arrow operator: -> (just as we can reach data members of structures in C with the -> operator used on a pointer to that structure).

TextOut( ) takes four parameters: the x and y position in the window we want to display the text at (we will use (0, 0), which is the upper left of the window), the string Hello, world. (in a CString object), and the length of the string (which we can find with the CString member function CString::GetLength( )). That looks like the following in code:

```
void CFirstView::OnDraw(CDC* pDC)
{
        CString hello_string = "Hello, world.";
        CFirstDoc* pDoc = GetDocument();
        pDC->TextOut(0, 0, hello_string, hello_string.GetLength() );
}
```

That's it as far as code goes; we are printing out Hello, world. at location (0,0) in the client area:

Now we can create first.exe and run it. To do that, select the Build FIRST.EXE line in Visual C++'s

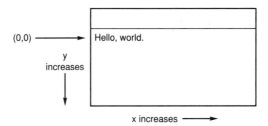

Project menu. After Visual C++ creates this file, run it by selecting the Execute FIRST.EXE line, also in the Project menu. When you run the program, you will see the Hello, World. message in a window, as shown in figure 2.4.

Figure 2.4. Our first program at work.

That's it; we have created and run our first true Windows program. Our project is a success. Now let's take it apart and see what is going on inside of the program.

Dissecting a C++ Windows Program

In first.exe, there are two main objects, one derived from the Microsoft Foundation Class CWinApp, named CFirstApp, and one derived from the MFC class CFrameWnd, named CMainFrame:

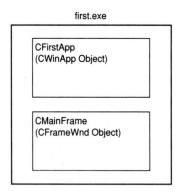

first.exe

CFirstApp
(CWinApp Object)

CMainFrame
(CFrameWnd Object)

CFirstApp represents our program, and CMainFrame represents our window. CFirstApp will be our interface to Windows; when an event occurs in Windows, a message is sent to our program, CFirstApp, letting it know what is happening. For example, when a key is pressed, a special message, WM_KEYDOWN, is sent to our CFirstApp. That is how our program interfaces to Windows—through messages. For example, depending on what occurred, these are the kinds of messages that will be passed to us by Windows:

WM_CREATE	The window is being created
WM_KEYDOWN	A key was pressed
WM_SIZE	Window was sized or resized
WM_MOVE	Window was moved
WM_PAINT	Window needs to be (re)drawn
WM_QUIT	Program should quit and exit

There are actually about 150 such messages, some of which appear in table 2.3.

Table 2.3.   Windows Messages

WM_ACTIVATE	Windows becoming active or inactive
WM_ACTIVATEAPP	Window being activated belongs to a different application
WM_CANCELMODE	Cancels system mode
WM_CHILDACTIVATE	Child window moved
WM_CLOSE	Window was closed
WM_CREATE	CreateWindow function was called
WM_CTLCOLOR	Control or message box about to be drawn
WM_DESTROY	DestroyWindow function was called
WM_ENABLE	Window was enabled or disabled
WM_ENDSESSION	Session is ending
WM_ENTERIDLE	Waiting for user action
WM_ERASEBKGND	Window background needs to be erased
WM_ETDLGCODE	Query to control's input procedure
WM_ETMINMAXINFO	Get size info about the window
WM_ETTEXT	Copies text corresponding to window
WM_ETTEXTLENGTH	Gets length of text associated with window
WM_ICONERASEBKGND	Iconic window background needs to be erased
WM_KILLFOCUS	Window losing the input focus
WM_MENUCHAR	User pressed char not in current menu
WM_MENUSELECT	User has selected a menu item
WM_MOVE	Window was moved
WM_PAINT	Request to repaint a portion of window
WM_PAINTICON	Request to repaint a portion of icon
WM_PARENTNOTIFY	Child window is created or destroyed
WM_QUERYDRAGICON	User about to drag an iconic window

continues

Table 2.3. continued

WM_QUERYENDSESSION	User chose End Session command
WM_QUERYNEWPALETTE	Window about to realize its color palette
WM_QUERYOPEN	User requests icon be opened
WM_QUIT	Terminate application
WM_SETFOCUS	Window received input focus
WM_SETFONT	Font changed
WM_SETREDRAW	Sets or clears redraw flag
WM_SETTEXT	Sets title text of window
WM_SHOWWINDOW	Window is to be hidden or shown
WM_SIZE	Size of window changed

The prefix WM stands for Window Message. These messages are sent to a function named WinMain( ) in the CFirstApp, which handles them in a message loop; after some preliminary processing, those messages are sent on to our window object like the following:

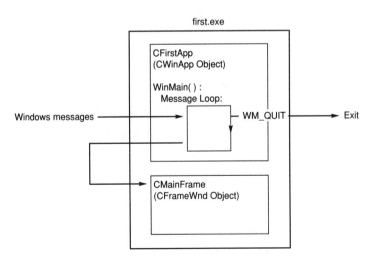

The CMainFrame object is derived from CFrameWnd, that is derived from the CWnd class. When our window gets a message — say WM_PAINT, that indicates we should redraw its contents — a CMainFrame function named OnPaint( ) is called. Similarly, other functions are called for other Windows messages. We'd only have to override those functions and add code to them ourselves to customize our program.

For example, let's say we want to handle the WM_PAINT message (our window needs to be redrawn), WM_SIZE message (our window's size was changed), and WM_CLOSE message (our window was closed). In that case, we will only need to set up three functions: OnPaint(), OnSize(), and OnClose(). They will be member functions of our CMainFrame object, and will be called when our window receives the corresponding message, as follows:

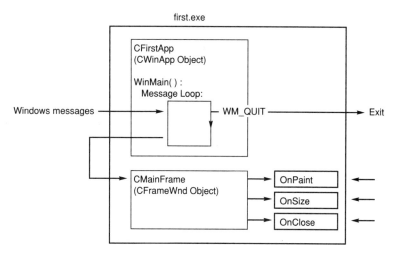

The available OnMessage functions appear in table 2.4.

Table 2.4. Available OnMessage Functions

OnActivate	OnInitMenuPopup	OnPaintClipboard
OnActivateApp	OnKeyDown	OnPaintIcon
OnAskCbFormatName	OnKeyUp	OnPaletteChanged
OnCancel	OnKillFocus	OnParentNotify
OnCancelMode	OnLButtonDblClk	OnQueryDragIcon
OnChangeCbChain	OnLButtonDown	OnQueryEndSession
OnChar	OnLButtonUp	OnQueryNewPalette
OnCharToItem	OnMButtonDblClk	OnQueryOpen
OnChildActivate	OnMButtonDown	OnRButtonDblClk
OnClose	OnMButtonUp	OnRButtonDown
OnCommand	OnMDIActivate	OnRButtonUp

continues

Table 2.4.   continued

OnCompacting	OnMeasureItem	OnRenderAllFormat
OnCompareItem	OnMenuChar	OnRenderFormat
OnCreate	OnMenuSelect	OnSetCursor
OnCtlColor	OnMouseActivate	OnSetFocus
OnDeadChar	OnMouseMove	OnSetFont
OnDeleteItem	OnMove	OnShowWindow
OnDestroy	OnNcActivate	OnSize
OnDestroyClipboard	OnNcCalcSize	OnSizeClipboard
OnDevModeChange	OnNcCreate	OnSpoolerStatus
OnDrawClipboard	OnNcDestroy	OnSysChar
OnDrawItem	OnNcHitTest	OnSysColorChange
OnEnable	OnNcLButtonDblClk	OnSysCommand
OnEndSession	OnNcLButtonDown	OnSysDeadChar
OnEnterIdle	OnNcLButtonUp	OnSysKeyDown
OnEraseBkgnd	OnNcMButtonDblClk	OnSysKeyUp
OnFontChange	OnNcMButtonDown	OnTimeChange
OnGetDlgCode	OnNcMButtonUp	OnTimer
OnGetMinMaxInfo	OnNcMouseMove	OnVKeyToItem
OnHScroll	OnNcPaint	OnVScroll
OnHScrollClipboard	OnNcRButtonDblClk	OnVScrollClipboard
OnIconEraseBkgnd	OnNcRButtonDown	OnWinIniChange
OnIdle	OnNcRButtonUp	OnInitDialog
OnOK	OnInitMenu	OnPaint

Breaking code up this way makes it much easier to write — one function to handle one Windows message (that is, one type of Windows event).

However, the code already written for us by Visual C++ offers more functionality at the cost of a little more complexity. Let's examine that functionality next.

MFC Views and Documents

Currently, our window might appear in the following way:

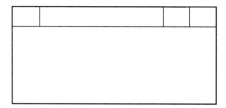

If we want some text in it, we would place it there using TextOut( ), as follows:

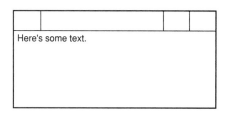

However, in Windows, a program can handle multiple documents— for example, have multiple files open—each of which might have different text in them. We might want to work with only one of them at a time, as follows:

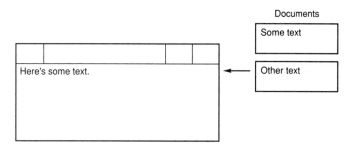

In this case, we would have to handle the process of displaying the correct document's data and swapping between them ourselves. Alternatively, we might have a long document, and only want to display part of it at a time:

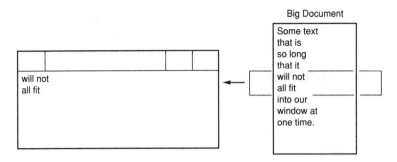

In other words, we would only want to view a section of the long document. In fact, we might have multiple long documents and only want to view a section of each one, switching between them as the user directs.

For that reason, the MFC framework expects us to store data in a class already created for us named CFirstDoc (for document). We will be able to create multiple documents (when the user clicks our File menu's New or Open items) just by creating new objects of this class. When the user opens, saves, or closes a document, member functions of that document's object will be called, letting us know what's going on.

In addition, for every MFC document, there is at least one *view* into that document. The document stores the data, the view indicates how that data is to be displayed. Visual C++ has created a class for us called CFirstView. Member functions of CFirstView will handle such Windows events as keystrokes, mouse movements, and more. When a view object has to draw, it gets the data from the document object, and then displays it using functions like TextOut( ):

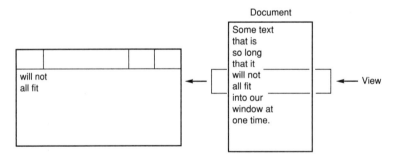

The reason MFC views are separate from documents is to enable us to have multiple views into the same document. A view is actually a *child window* of the main window in our program. This means that the view is a window that appears wholly in the client area of our main window (usually covering the whole client area). When the data we are displaying needs to be (re)drawn—for example, which window is uncovered or appears on the screen—the main window calls the view's member function OnDraw(). This is why we placed our TextOut() instruction in CFirstView::OnDraw() like the following:

```
void CFirstView::OnDraw(CDC* pDC)
{
        CString hello_string = "Hello, world.";
        CFirstDoc* pDoc = GetDocument();
        pDC->TextOut(0, 0, hello_string, hello_string.GetLength() ); }
```

There are other calls made between these four fundamental parts of an MFC program; schematically, it looks like this (not all possible calls are shown):

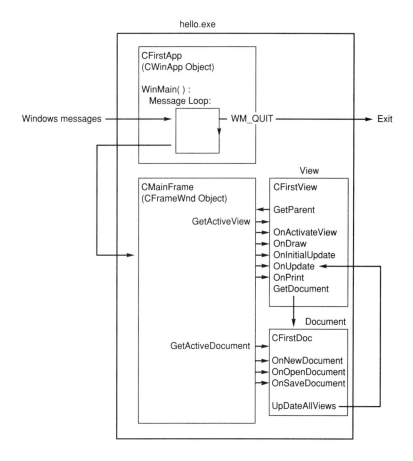

These four parts of our program are maintained by Visual C++ in these files, class by class:

CFirstApp	first.cpp, first.h	Listing 2.1
CMainFrame	mainfrm.cpp, mainfrm.h	Listing 2.2
CFirstDoc	firstdoc.cpp, firstdoc.h	Listing 2.3
CFirstView	firstvw.cpp, firstvw.h	Listing 2.4

The class declarations appear in the header files, and the member function definitions appear in the .cpp files. We will be examining programs like this throughout the book; for reference, these files appear in listings 2.1, 2.2, 2.3, and 2.4. Let's take them apart now, examining exactly how our first program put Hello, world. on the screen. We will cover the CFirstApp and CMainFrame objects only briefly, because in an MFC program the real work goes on in the view and document classes.

The CFirstApp Object

The CFirstApp class is the foundation of our program. Note that the foundation is not the window itself (a Windows program actually doesn't need to have any windows at all). That class is derived from the MFC class CWinApp like this in first.h, as follows:

```
class CFirstApp : public CWinApp          <--
{
public:
        CFirstApp();
        virtual BOOL InitInstance();
        //{{AFX_MSG(CFirstApp)
        afx_msg void OnAppAbout();
            // NOTE - the ClassWizard will add and remove member functions here.
            //    DO NOT EDIT what you see in these blocks of generated code !
        //}}AFX_MSG
        DECLARE_MESSAGE_MAP()
};
```

Note the *virtual* declaration of the function InitInstance(), as follows:

```
class CFirstApp : public CWinApp
{
```

```
public:
        CFirstApp();
    virtual BOOL InitInstance();
            :
```

Functions are declared *virtual* when you expect to override them; in this case, AppWizard is indicating that InitInstance() can be overridden. Windows can run multiple copies of a program at the same time and each copy is called an *instance*. When you start a new instance of the program, you can execute initialization code by placing it in InitInstance() function. Despite the fact that you can have multiple instances of first.exe running, there is only *one* object of type, CFirstApp. If we want to execute initialization code when the program is first run (and before any other instances start), we will place it in CFirstApp's constructor. Here is what the code looks like from first.cpp (see listing 2.1 for the complete listing of first.cpp), showing both CFirstApp's constructor and the skeleton version of the InitInstance() override which AppWizard has prepared for us. Note the declaration of theApp, the one and only object of class CFirstApp that our program uses, as follows:

```
#include "first.h"
CFirstApp::CFirstApp()
{
        // TODO: add construction code here,
        // Place all significant initialization in InitInstance
}
CFirstApp NEAR theApp;  <-- The one and only declaration of theApp
BOOL CFirstApp::InitInstance()
{
SetDialogBkColor();      // set dialog background color to gray <CR> // Load standard INI file options
LoadStdProfileSettings();
        AddDocTemplate(new CSingleDocTemplate(IDR_MAINFRAME,
        RUNTIME_CLASS(CFirstDoc),
        (CMainFrame),     // main SDI frame window <CR> RUNTIME_CLASS(CFirstView)));
        RUNTIME_CLASS// create a new (empty) document
        OnFileNew();
        if (m_lpCmdLine[0] != '\0')
        {
                // TODO: add command line processing here
        }
        return TRUE;
}
```

There are a few points we should mention here. You may have wondered how all of our main classes: CFirstApp, CMainFrame, CFirstDoc, and CFirstView are connected. That is done with a *document template*, as we will see in the coming chapters; in code, it looks like the following:

```
BOOL CFirstApp::InitInstance()
{
SetDialogBkColor();                   // set dialog background color to gray
LoadStdProfileSettings();             // Load standard INI file options
AddDocTemplate(new CSingleDocTemplate(IDR_MAINFRAME, RUNTIME_CLASS(CFirstDoc),
RUNTIME_CLASS(CMainFrame),     // main SDI frame window <CR> RUNTIME_CLASS(CFirstView)));
    :
```

Now every time a new instance of our program is started, a frame window, a document, and a view will be associated with the object of class CFirstApp. (Note that RUNTIME_CLASS() appears in capital letters, which indicates that it is really a macro supplied by the MFC library.)

In addition, InitInstance() creates a new and empty document by calling the function OnFileNew(), a member function of CFirstDoc. AppWizard also sets up a skeleton if conditional, enabling us to handle command-line input if there is any. A long pointer to the command line text is stored in the CFirstApp pointer array m_lpCmdLine[] (m_ = member, lp = long pointer), and we can reach it in the following way:

```
BOOL CFirstApp::InitInstance()
{
SetDialogBkColor();          // set dialog background color to gray <CR>
LoadStdProfileSettings();  // Load standard INI file options
AddDocTemplate(new CSingleDocTemplate(IDR_MAINFRAME, RUNTIME_CLASS(CFirstDoc),
RUNTIME_CLASS(CMainFrame),     // main SDI frame window <CR> RUNTIME_CLASS(CFirstView)));
        // create a new (empty) document
        OnFileNew();
        if (m_lpCmdLine[0] != '\0')
        {
                // TODO: add command line processing here
        }
        return TRUE;
}
```

That's it for CFirstApp, which launches our program. CFirstApp will provide actual interface between us and Windows. It is that easy to create a Windows program in C++—all you really need is an object of the CWinApp class, which connects itself automatically to Windows. That object handles Windows messages and sends them on to our window. In fact, we will examine our window object, the main window, derived from the CMainFrame class (we will see this object occasionally in our book, but certainly not as often as views and documents).

Listing 2.1.   first.cpp and first.h

```
******************** first.h
// first.h : main header file for the FIRST application
//
#ifndef __AFXWIN__
#error include 'stdafx.h' before including this file for PCH
#endif
#include "resource.h"          // main symbols
//////////////////////////////////////////////////////////////////////
// CFirstApp:
// See first.cpp for the implementation of this class
//
class CFirstApp : public CWinApp
{
public:
        CFirstApp();
// Overrides
        virtual BOOL InitInstance();
// Implementation
        //{{AFX_MSG(CFirstApp)
        afx_msg void OnAppAbout();
          // NOTE - the ClassWizard will add and remove member functions here.
          //     DO NOT EDIT what you see in these blocks of generated code !
        //}}AFX_MSG
        DECLARE_MESSAGE_MAP()
};
******************** first.cpp
//////////////////////////////////////////////////////////////////////
// CMainFrame message handlers
// first.cpp : Defines the class behaviors for the application.
//
#include "stdafx.h"
#include "first.h"
#include "mainfrm.h"
#include "firstdoc.h"
#include "firstvw.h"
#ifdef _DEBUG
#undef THIS_FILE
static char BASED_CODE THIS_FILE[] = __FILE__;
#endif
//////////////////////////////////////////////////////////////////////
```

continues

Listing 2.1. continued

```
// CFirstApp
BEGIN_MESSAGE_MAP(CFirstApp, CWinApp)
        //{{AFX_MSG_MAP(CFirstApp)
        ON_COMMAND(ID_APP_ABOUT, OnAppAbout)
            // NOTE - the ClassWizard will add and remove mapping macros here.
            //    DO NOT EDIT what you see in these blocks of generated code !
        //}}AFX_MSG_MAP
        // Standard file based document commands
ON_COMMAND(ID_FILE_NEW, CWinApp::OnFileNew) ON_COMMAND(ID_FILE_OPEN,
CWinApp::OnFileOpen)
// Standard print setup command ON_COMMAND(ID_FILE_PRINT_SETUP,
CWinApp::OnFilePrintSetup)
END_MESSAGE_MAP()
/////////////////////////////////////////////////////////////////////////////
// CFirstApp construction
CFirstApp::CFirstApp()
{
        // TODO: add construction code here,
        // Place all significant initialization in InitInstance
}
/////////////////////////////////////////////////////////////////////////////
// The one and only CFirstApp object
CFirstApp NEAR theApp;
/////////////////////////////////////////////////////////////////////////////
// CFirstApp initialization
BOOL CFirstApp::InitInstance()
{
        // Standard initialization
        // If you are not using these features and wish to reduce the size
        //  of your final executable, you should remove from the following
        //  the specific initialization routines you do not need.
SetDialogBkColor();          // set dialog background color to gray
LoadStdProfileSettings();  // Load standard INI file options
// Register the application's document templates.  Document templates
//  serve as the connection between documents, frame windows and views.
AddDocTemplate(new CSingleDocTemplate(IDR_MAINFRAME,
RUNTIME_CLASS(CFirstDoc),
RUNTIME_CLASS(CMainFrame),      // main SDI frame window RUNTIME_CLASS(CFirstView)));
        // create a new (empty) document
        OnFileNew();
        if (m_lpCmdLine[0] != '\0')
        {
                // TODO: add command line processing here
```

```
        }
        return TRUE;
}
//////////////////////////////////////////////////////////////////////////
// CAboutDlg dialog used for App About
class CAboutDlg : public CDialog
{
public:
        CAboutDlg();
// Dialog Data
        //{{AFX_DATA(CAboutDlg)
        enum { IDD = IDD_ABOUTBOX };
        //}}AFX_DATA
// Implementation
protected:
virtual void DoDataExchange(CDataExchange* pDX);    // DDX/DDV support
//{{AFX_MSG(CAboutDlg)
                // No message handlers
        //}}AFX_MSG
        DECLARE_MESSAGE_MAP()
};
CAboutDlg::CAboutDlg() : CDialog(CAboutDlg::IDD)
{
        //{{AFX_DATA_INIT(CAboutDlg)
        //}}AFX_DATA_INIT
}
void CAboutDlg::DoDataExchange(CDataExchange* pDX)
{
        CDialog::DoDataExchange(pDX);
        //{{AFX_DATA_MAP(CAboutDlg)
        //}}AFX_DATA_MAP
}
BEGIN_MESSAGE_MAP(CAboutDlg, CDialog)
        //{{AFX_MSG_MAP(CAboutDlg)
                // No message handlers
        //}}AFX_MSG_MAP
END_MESSAGE_MAP()
// App command to run the dialog
void CFirstApp::OnAppAbout()
{
        CAboutDlg aboutDlg;
        aboutDlg.DoModal();
}
```

The CMainFrame Object

When a new instance of our program runs, new objects are created according to the document template. Those objects include a new CMainFrame object, a new CFirstDoc object, and a CFirstView object. CMainFrame is derived from the MFC CFrameWnd—frame window—class, so a standard (*frame*) window appears on the screen. Next, the document is created, followed by the view. When the view is created, it is attached to the frame window as a child window covering the frame window's client area. For that reason, views will be more important to us than our main window (because we will be working almost exclusively with the client area), but it is important to get a general overview of the CMainFrame object too.

When our program starts, the object theApp ensures that an object is dynamically created from our CMainFrame class (since that class is specified in the document template), and the corresponding window placed on the screen. CMainFrame is derived from the MFC class CFrameWnd, which is a standard frame window in the MFC class library and already has member functions to handle the usual Windows messages that such a window has to handle (including resizing the window, collapsing it to the iconic state and so on). Because these functions are already there, we won't have to write them. In this way, the MFC library has saved us a great deal of effort. On the other hand, customizing such a window will mean overriding those functions.

Here is the derivation of CMainFrame from the CFrameWnd class as it appears in mainframe.h (see listing 2.2 for the complete listing of mainframe.h):

```
class CMainFrame : public CFrameWnd
{
protected: // create from serialization only
            CMainFrame();
            DECLARE_DYNCREATE(CMainFrame)
                :
```

There are a few points to notice here. First, note the *protected* keyword. As we saw in the last chapter, there are three keywords we can use to give a program access to members of a class: public, private, and protected. If members are *public*, the rest of the program has access to them. If they are *private*, they do not. If, on the other hand, some members of a base class are *protected*, then access is the same as private for all parts of the program—except for derived classes.

That is, if you declare a member of a base class protected, like the following:

```
class animal {
protected:
            void eat(void);
            void sleep(void);
            void breathe(void);
};
```

Then those members are private to the rest of the program, except for classes derived from the following one:

```
class animal {
protected:
        void eat(void);
        void sleep(void);
        void breathe(void);
};
class elephant : public animal {
public:
        void trumpet(void);
        void stampede(void);
};
```

Here, the protected members of animal become protected members of elephant—inaccessible to all parts of the program, except member functions of elephant and classes derived from it. In other words, you use the keyword protected when you want to keep members of a class private in a base class and in all classes derived from it; that is, protected lets certain members stay hidden from the rest of the program, even in derived classes. In this case, CMainFrame's constructor is declared as a protected function:

```
class CMainFrame : public CFrameWnd
{
protected: // create from serialization only
   CMainFrame();
        DECLARE_DYNCREATE(CMainFrame)
                :
```

Next, notice the DECLARE_DYNCREATE() line. This macro is part of the MFC library and appears in all classes that can be dynamically created from a document template by an object of class CWinApp; in Visual C++, App Wizard and Class Wizard will handle this for us automatically.

In mainframe.cpp, we will find the window's constructor and destructor, ready for us to add code if we want to do so when the main window is created or destroyed:

```
CMainFrame::CMainFrame()
{
        // TODO: add member initialization code here
}
CMainFrame::~CMainFrame()
{
}
```

That's it for mainframe.h and mainframe.cpp; together, they define our CMainFrame class, which has all of the member functions needed to handle the routine Windows messages a normal window will get—we don't have to write them all ourselves. Now let's take a look at the document class, CFirstDoc.

Listing 2.2. mainfrm.cpp and mainfrm.h

```
******************* mainfrm.h
// mainfrm.h : interface of the CMainFrame class
//
///////////////////////////////////////////////////////////////////////
class CMainFrame : public CFrameWnd
{
protected: // create from serialization only
        CMainFrame();
        DECLARE_DYNCREATE(CMainFrame)
// Attributes
public:
// Operations
public:
// Implementation
public:
        virtual ~CMainFrame();
#ifdef _DEBUG
        virtual    void AssertValid() const;
        virtual    void Dump(CDumpContext& dc) const;
#endif
protected:
// control bar embedded members
        CStatusBar    m_wndStatusBar;
        CToolBar    m_wndToolBar;
// Generated message map functions
protected:
        //{{AFX_MSG(CMainFrame)
        afx_msg int OnCreate(LPCREATESTRUCT lpCreateStruct);
            // NOTE - the ClassWizard will add and remove member functions here.
            //    DO NOT EDIT what you see in these blocks of generated code !
        //}}AFX_MSG
        DECLARE_MESSAGE_MAP()
};
******************* mainfrm.cpp
// mainfrm.cpp : implementation of the CMainFrame class
//
```

```
#include "stdafx.h"
#include "first.h"
#include "mainfrm.h"
#ifdef _DEBUG
#undef THIS_FILE
static char BASED_CODE THIS_FILE[] = __FILE__;
#endif
//////////////////////////////////////////////////////////////////////
// CMainFrame
IMPLEMENT_DYNCREATE(CMainFrame, CFrameWnd)
BEGIN_MESSAGE_MAP(CMainFrame, CFrameWnd)
        //{{AFX_MSG_MAP(CMainFrame)
            // NOTE - the ClassWizard will add and remove mapping macros here.
            //    DO NOT EDIT what you see in these blocks of generated code !
        ON_WM_CREATE()
        //}}AFX_MSG_MAP
END_MESSAGE_MAP()
//////////////////////////////////////////////////////////////////////
// arrays of IDs used to initialize control bars
// toolbar buttons - IDs are command buttons
static UINT BASED_CODE buttons[] =
{
        // same order as in the bitmap 'toolbar.bmp'
        ID_FILE_NEW,
        ID_FILE_OPEN,
        ID_FILE_SAVE,
        ID_SEPARATOR,
        ID_EDIT_CUT,
        ID_EDIT_COPY,
        ID_EDIT_PASTE,
        ID_SEPARATOR,
        ID_FILE_PRINT,
        ID_APP_ABOUT,
};
static UINT BASED_CODE indicators[] =
{
        ID_SEPARATOR,            // status line indicator
        ID_INDICATOR_CAPS,
        ID_INDICATOR_NUM,
        ID_INDICATOR_SCRL,
};
//////////////////////////////////////////////////////////////////////
```

continues

Listing 2.2. continued

```
// CMainFrame construction/destruction
CMainFrame::CMainFrame()
{
        // TODO: add member initialization code here
}
CMainFrame::~CMainFrame()
{
}
int CMainFrame::OnCreate(LPCREATESTRUCT lpCreateStruct)
{
        if (CFrameWnd::OnCreate(lpCreateStruct) == -1)
                return -1;
if (!m_wndToolBar.Create(this) ||
!m_wndToolBar.LoadBitmap(IDR_MAINFRAME) ||
!m_wndToolBar.SetButtons(buttons, sizeof(buttons)/sizeof(UINT)))
        {
                TRACE("Failed to create toolbar\n");
return -1;       // fail to create
        }
if (!m_wndStatusBar.Create(this) ||
!m_wndStatusBar.SetIndicators(indicators,
sizeof(indicators)/sizeof(UINT)))
        {
TRACE("Failed to create status bar\n"); return -1;       // fail to create
        }
        return 0;
}
///////////////////////////////////////////////////////////////////////////
// CMainFrame diagnostics
#ifdef _DEBUG
void CMainFrame::AssertValid() const
{
        CFrameWnd::AssertValid();
}
void CMainFrame::Dump(CDumpContext& dc) const
{
        CFrameWnd::Dump(dc);
}
#endif //_DEBUG
```

The FirstDoc Object

The document and view objects will be the most important to us; the rest of the program, called the *framework*, is mostly handled automatically.

It is important to understand what the document and view objects are doing in our program because they form the basis of data storage and display in MFC programs. As mentioned above, the document object stores data and the view object (a child window of the main window, usually taking up the whole client area) is responsible for displaying it the way we want it. The main objects in our program communicate through function calls; here is how the document object fits in:

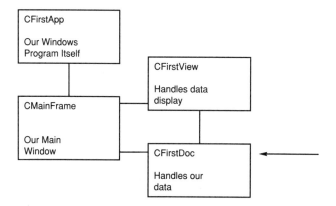

The CFirstDoc class is declared in firstdoc.h, and it is derived from the MFC class CDocument class in the following way:

```
class CFirstDoc : public CDocument
{
protected: // create from serialization only
            CFirstDoc();
            DECLARE_DYNCREATE(CFirstDoc)
// Attributes
public:
// Operations
public:
        :

            :
```

Note also the declaration of the class' constructor and the inclusion of the DECLARE_DYNCREATE() macro, which enables this class to be created on the fly—for example, when a new document is created. The firstdoc.cpp file simply contains skeleton code for functions that we will see more about later:

```
CFirstDoc::CFirstDoc()
{
                // Constructor
}
CFirstDoc::~CFirstDoc()
{
                // Destructor
}
BOOL CFirstDoc::OnNewDocument()
{
                // Reinitialize new documents here
}
void CFirstDoc::Serialize()
{
                // Save to and load from disk here
}
```

When we want to add storage space for our data in the document, we'll simply add data members to it. For example, if we wanted to store data in a CString object named m_data_string (the m_ is for member), we could add that like this to the declaration of CFirstDoc:

```
class CFirstDoc : public CDocument
{
protected: // create from serialization only
                CFirstDoc();
                DECLARE_DYNCREATE(CFirstDoc)
// Attributes
public:
    CString m_data_string;
// Operations
public:
        :
```

Now we will be able to reach that data member from the view (where all the action is) with GetDocument(), which returns a pointer to our document, pDoc. That pointer is used like this: pDoc->m_data_string. We will see a great deal more about this and pointers to objects soon. For reference, the complete listing of firstdoc.cpp and firstdoc.h appear in listing 2.3.

Microsoft Foundation Class Library Programming

Listing 2.3.   firstdoc.cpp and firstdoc.h

```
******************** firstdoc.h
/////////////////////////////////////////////////////////////////////////////
// firstdoc.h : interface of the CFirstDoc class
//
/////////////////////////////////////////////////////////////////////////////
class CFirstDoc : public CDocument
{
protected:
// create from serialization only
                CFirstDoc();
                DECLARE_DYNCREATE(CFirstDoc)
// Attributes
public:
// Operations
public:
// Implementation
public:
                virtual ~CFirstDoc();
                virtual void Serialize(CArchive& ar);
// overridden for document i/o
#ifdef _DEBUG
                virtual    void AssertValid() const;
                virtual    void Dump(CDumpContext& dc) const;
#endif
protected:
                virtual    BOOL    OnNewDocument();
// Generated message map functions
protected:
        //{{AFX_MSG(CFirstDoc)
        // NOTE - the ClassWizard will add and remove member functions here.
        //    DO NOT EDIT what you see in these blocks of generated code !
        //}}AFX_MSG
        DECLARE_MESSAGE_MAP()
};
******************** firstdoc.cpp
/////////////////////////////////////////////////////////////////////////////
// CFirstApp commands
// firstdoc.cpp : implementation of the CFirstDoc class
```

continues

75

Building a Program With the MFC Library

Listing 2.3. continued

```
//
#include "stdafx.h"
#include "first.h"
#include "firstdoc.h"
#ifdef _DEBUG
#undef THIS_FILE
static char BASED_CODE THIS_FILE[] = __FILE__;
#endif
//////////////////////////////////////////////////////////////////////
// CFirstDoc
IMPLEMENT_DYNCREATE(CFirstDoc, CDocument)
BEGIN_MESSAGE_MAP(CFirstDoc, CDocument)
        //{{AFX_MSG_MAP(CFirstDoc)
        // NOTE - the ClassWizard will add and remove mapping macros here.
        //    DO NOT EDIT what you see in these blocks of generated code !
        //}}AFX_MSG_MAP
END_MESSAGE_MAP()
//////////////////////////////////////////////////////////////////////
// CFirstDoc construction/destruction
CFirstDoc::CFirstDoc()
{
        // TODO: add one-time construction code here
}
CFirstDoc::~CFirstDoc()
{
}
BOOL CFirstDoc::OnNewDocument()
{
        if (!CDocument::OnNewDocument())
                return FALSE;
        // TODO: add reinitialization code here
        // (SDI documents will reuse this document)
        return TRUE;
}
//////////////////////////////////////////////////////////////////////
// CFirstDoc serialization
void CFirstDoc::Serialize(CArchive& ar)
{
        if (ar.IsStoring())
```

```
        {
                // TODO: add storing code here
        }
        else
        {
                // TODO: add loading code here
        }
}
/////////////////////////////////////////////////////////////////////////////
// CFirstDoc diagnostics
#ifdef _DEBUG
void CFirstDoc::AssertValid() const
{
        CDocument::AssertValid();
}
void CFirstDoc::Dump(CDumpContext& dc) const
{
        CDocument::Dump(dc);
}
#endif //_DEBUG
```

The FirstView Object

Finally, the view object is responsible for displaying our data the way we want it. This object is of the CFirstView class, and here's how it fits into the whole program:

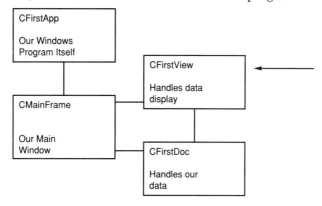

CFirstView is derived from the MFC class CView in firstvw.h like this:

```
class CFirstView : public CView
{
protected: // create from serialization only
        CFirstView();
        DECLARE_DYNCREATE(CFirstView)
// Attributes
public:
        CFirstDoc* GetDocument();
                :
```

When a Windows event occurs, such as a mouse movement, a function in our view object will be called. We will add these functions starting in the next chapter; here, that function would be OnMouseMove(). Inside such functions, we will need to update the data in the document, and to do that, we will use the built-in function GetDocument(), which returns a pointer to the document object. This is the way we will connect view and document objects.

The view object is typically made up of a collection of OnXXX() functions which handle Windows events. For example, we have already seen OnDraw(), which is called by the CMainFrame object when the view needs to be (re)drawn—for example, when the client area is uncovered. For that reason, we placed the string printing code in CFirstView::OnDraw() (note that our program stores no data in the document; we will do that in the next chapter):

```
void CFirstView::OnDraw(CDC* pDC)
{
        CString hello_string = "Hello, world.";
        CFirstDoc* pDoc = GetDocument();
        pDC->TextOut(0, 0, hello_string, hello_string.GetLength());
}
```

Here we've created a CString object hello_string with the string "Hello, world." in it. Note the following line — a call to GetDocument() — which AppWizard has put in for us:

```
void CFirstView::OnDraw(CDC* pDC)
{
        CString hello_string = "Hello, world.";
        CFirstDoc* pDoc = GetDocument();
        pDC->TextOut(0, 0, hello_string, hello_string.GetLength());
}
```

If we wanted to, we could get data for display from the document object using the pointer pDoc. However, we just want to display our string named hello_string, which we do with the device context member function TextOut(). A pointer to a device context object is passed to us in OnDraw(), and we use it to display hello_string in the following way:

```
void CFirstView::OnDraw(CDC* pDC)
{
        CString hello_string = "Hello, world.";
        CFirstDoc* pDoc = GetDocument();
        pDC->TextOut(0, 0, hello_string, hello_string.GetLength());
}
```

We will see more about views soon; the complete listing of firstvw.cpp and firstvw.h appear in listing 2.4.

Listing 2.4. firstvw.cpp and firstvw.h

```
******************* firstvw.h
/////////////////////////////////////////////////////////////////////////
// firstvw.h : interface of the CFirstView class
//
/////////////////////////////////////////////////////////////////////////
class CFirstView : public CView
{
protected: // create from serialization only
                CFirstView();
                DECLARE_DYNCREATE(CFirstView)
// Attributes
public:
                CFirstDoc* GetDocument();
// Operations
public:
// Implementation
public:
                virtual ~CFirstView();
                virtual void OnDraw(CDC* pDC);  // overridden to draw this view
#ifdef _DEBUG
                virtual void AssertValid() const;
                virtual void Dump(CDumpContext& dc) const;
#endif
```

continues

Listing 2.4. continued

```
                    // Printing support
protected:
                virtual BOOL OnPreparePrinting(CPrintInfo* pInfo);
                virtual void OnBeginPrinting(CDC* pDC, CPrintInfo* pInfo);
                virtual void OnEndPrinting(CDC* pDC, CPrintInfo* pInfo);
// Generated message map functions
protected:
                //{{AFX_MSG(CFirstView)
                // NOTE - the ClassWizard will add and remove member functions here.
                //    DO NOT EDIT what you see in these blocks of generated code !
                //}}AFX_MSG
                DECLARE_MESSAGE_MAP()
};
#ifndef _DEBUG     // debug version in firstvw.cpp
inline CFirstDoc* CFirstView::GetDocument() { return (CFirstDoc*) m_pDocument; }
#endif
******************** firstvw.cpp
////////////////////////////////////////////////////////////////////////////
// CFirstDoc commands
// firstvw.cpp : implementation of the CFirstView class
//
#include "stdafx.h"
#include "first.h"
#include "firstdoc.h"
#include "firstvw.h"
#ifdef _DEBUG
#undef THIS_FILE
static char BASED_CODE THIS_FILE[] = __FILE__;
#endif
////////////////////////////////////////////////////////////////////////////
// CFirstView
IMPLEMENT_DYNCREATE(CFirstView, CView)
BEGIN_MESSAGE_MAP(CFirstView, CView)
        //{{AFX_MSG_MAP(CFirstView)
        // NOTE - the ClassWizard will add and remove mapping macros here.
        //    DO NOT EDIT what you see in these blocks of generated code !
        //}}AFX_MSG_MAP
        // Standard printing commands
ON_COMMAND(ID_FILE_PRINT, CView::OnFilePrint)
ON_COMMAND(ID_FILE_PRINT_PREVIEW, CView::OnFilePrintPreview)
END_MESSAGE_MAP()
////////////////////////////////////////////////////////////////////////////
```

```
// CFirstView construction/destruction
CFirstView::CFirstView()
{
        // TODO: add construction code here
}
CFirstView::~CFirstView()
{
}
/////////////////////////////////////////////////////////////////////////////
// CFirstView drawing
void CFirstView::OnDraw(CDC* pDC)
{
        CString hello_string = "Hello, world.";
        CFirstDoc* pDoc = GetDocument();
        pDC->TextOut(0, 0, hello_string, hello_string.GetLength());
        // TODO: add draw code here
}
/////////////////////////////////////////////////////////////////////////////
// CFirstView printing
BOOL CFirstView::OnPreparePrinting(CPrintInfo* pInfo)
{
        // default preparation
        return DoPreparePrinting(pInfo);
}
void CFirstView::OnBeginPrinting(CDC* /*pDC*/, CPrintInfo* /*pInfo*/)
{
        // TODO: add extra initialization before printing
}
void CFirstView::OnEndPrinting(CDC* /*pDC*/, CPrintInfo* /*pInfo*/)
{
        // TODO: add cleanup after printing
}
/////////////////////////////////////////////////////////////////////////////
// CFirstView diagnostics
#ifdef _DEBUG
void CFirstView::AssertValid() const
{
        CView::AssertValid();
}
void CFirstView::Dump(CDumpContext& dc) const
{
```

continues

Listing 2.4. continued

```
        CView::Dump(dc);
}
CFirstDoc* CFirstView::GetDocument() // non-debug version is inline
{
        ASSERT(m_pDocument->IsKindOf(RUNTIME_CLASS(CFirstDoc)));
        return (CFirstDoc*) m_pDocument;
}
#endif //_DEBUG
/////////////////////////////////////////////////////////////////////////////
// CFirstView message handlers
```

The rest of the generated files which are in ASCII format—for example, omitting binary files like toolbar.bmp—appear in the following Listings:

Listing	Contains
Listing 2.5	First.Def
Listing 2.6	Stdafx.H
Listing 2.7	Stdafx.Cpp
Listing 2.8	First.Rc2
Listing 2.9	Resource.H
Listing 2.10	First.Rc
Listing 2.11	First.Mak

Listing 2.5. first.def

```
; first.def : Declares the module parameters for the application.
NAME            FIRST
DESCRIPTION     'FIRST Windows Application'
EXETYPE         WINDOWS
CODE            PRELOAD MOVEABLE DISCARDABLE
DATA            PRELOAD MOVEABLE MULTIPLE
HEAPSIZE    1024    ; initial heap size
; Stack size is passed as argument to linker's /STACK option
```

Listing 2.6. stdafx.h

```
// stdafx.h : include file for standard system include files,
//   or project specific include files that are used frequently, but
//                   are changed infrequently
//
#include <afxwin.h>          // MFC core and standard components
#include <afxext.h>          // MFC extensions (including VB)
```

Listing 2.7. stdafx.cpp

```
// stdafx.cpp : source file that includes just the standard includes
//     stdafx.pch will be the pre-compiled header
//     stdafx.obj will contain the pre-compiled type information
#include "stdafx.h"
```

Listing 2.8. first.rc2

```
//
// FIRST.RC2 - resources App Studio does not edit directly
//
#ifdef APSTUDIO_INVOKED
#error this file is not editable by App Studio
#endif //APSTUDIO_INVOKED
/////////////////////////////////////////////////////////////////////////
// Version stamp for this        .EXE
#include "ver.h"
VS_VERSION_INFO        VERSIONINFO
        FILEVERSION    1,0,0,1
        PRODUCTVERSION 1,0,0,1
        FILEFLAGSMASK  VS_FFI_FILEFLAGSMASK
#ifdef _DEBUG
        FILEFLAGS      VS_FF_DEBUG¦VS_FF_PRIVATEBUILD¦VS_FF_PRERELEASE
#else
        FILEFLAGS      0 // final version
#endif
        FILEOS         VOS_DOS_WINDOWS16
        FILETYPE       VFT_APP
```

continues

83

Building a Program With the MFC Library

Listing 2.8. continued

```
        FILESUBTYPE        0   // not used
BEGIN

        BLOCK "StringFileInfo"
                BEGIN
                        BLOCK "040904E4" // Lang=US English, CharSet=Windows Multi-
lingual
        BEGIN
                VALUE "CompanyName",      "\0"
                VALUE "FileDescription", "FIRST MFC Application\0"
                VALUE "FileVersion",      "1.0.001\0"
                VALUE "InternalName",     "FIRST\0"
                VALUE "LegalCopyright",   "\0"
                VALUE "LegalTrademarks",  "\0"
                VALUE "OriginalFilename","FIRST.EXE\0"
                VALUE "ProductName",      "FIRST\0"
                VALUE "ProductVersion",   "1.0.001\0"
        END
                END
                BLOCK "VarFileInfo"
                BEGIN
VALUE "Translation", 0x409, 1252
                // English language (0x409) and the Windows ANSI codepage (1252)
                END
END
//////////////////////////////////////////////////////////////////////
// Add additional manually edited resources here...
//////////////////////////////////////////////////////////////////////
```

Listing 2.9. resource.h

```
//{{NO_DEPENDENCIES}}
// App Studio generated include file.
// Used by FIRST.RC
//
#define IDR_MAINFRAME                2
#define IDD_ABOUTBOX                 100
#define _APS_NEXT_RESOURCE_VALUE     101 #define _APS_NEXT_CONTROL_VALUE
101 #define _APS_NEXT_SYMED_VALUE     101 #define _APS_NEXT_COMMAND_VALUE
32768
```

Listing 2.10. first.rc

```
//Microsoft App Studio generated resource script.
//
#include "resource.h"
#define APSTUDIO_READONLY_SYMBOLS ////////////////////////////////////////////////
/////////////////////////
//
// From TEXTINCLUDE 2
//
#include "afxres.h"
/////////////////////////////////////////////////////////////////////////
#undef
APSTUDIO_READONLY_SYMBOLS
#ifdef APSTUDIO_INVOKED
/////////////////////////////////////////////////////////////////////////
//
// TEXTINCLUDE
//
1 TEXTINCLUDE DISCARDABLE
BEGIN
        "resource.h\0"
END
2 TEXTINCLUDE DISCARDABLE
BEGIN
        "#include ""afxres.h""\r\n"
        "\0"
END
3 TEXTINCLUDE DISCARDABLE
BEGIN
"#include ""res\\first.rc2""  // non-App Studio edited resources\r\n"
        "\r\n"
        "#include ""afxres.rc""  // Standard components\r\n"
"#include ""afxprint.rc""  // printing/print preview resources\r\n"
        "\0"
END
///////////////////////////////////////////////////////////////////////// #endif
// APSTUDIO_INVOKED
/////////////////////////////////////////////////////////////////////////
//
// Icon
//
```

continues

Listing 2.10. continued

```
IDR_MAINFRAME              ICON    DISCARDABLE     res\first.ico
/////////////////////////////////////////////////////////////////////
//
// Bitmap
//

IDR_MAINFRAME              BITMAP  MOVEABLE                res\toolbar.bmp
/////////////////////////////////////////////////////////////////////
//
// Menu
//
IDR_MAINFRAME MENU PRELOAD DISCARDABLE
BEGIN
        POPUP "&File"
        BEGIN
                MENUITEM "&New\tCtrl+N",                ID_FILE_NEW
                MENUITEM "&Open...\tCtrl+O",            ID_FILE_OPEN
                MENUITEM "&Save\tCtrl+S",               ID_FILE_SAVE
                MENUITEM "Save &As...",                 ID_FILE_SAVE_AS
                MENUITEM SEPARATOR
                MENUITEM "&Print...\tCtrl+P",           ID_FILE_PRINT
                MENUITEM "Print Pre&view",              ID_FILE_PRINT_PREVIEW
                MENUITEM "P&rint Setup...",             ID_FILE_PRINT_SETUP
                MENUITEM SEPARATOR
                MENUITEM "Recent File",                 ID_FILE_MRU_FILE1,GRAYED
                MENUITEM SEPARATOR
                MENUITEM "E&xit",                       ID_APP_EXIT
        END
        POPUP "&Edit"
        BEGIN
                MENUITEM "&Undo\tCtrl+Z",               ID_EDIT_UNDO
                MENUITEM SEPARATOR
                MENUITEM "Cu&t\tCtrl+X",                ID_EDIT_CUT
                MENUITEM "&Copy\tCtrl+C",               ID_EDIT_COPY
                MENUITEM "&Paste\tCtrl+V",              ID_EDIT_PASTE
        END
        POPUP "&View"
        BEGIN
                MENUITEM "&Toolbar",                    ID_VIEW_TOOLBAR
                MENUITEM "&Status Bar",                 ID_VIEW_STATUS_BAR
        END
```

```
                POPUP "&Help"
                BEGIN
                        MENUITEM "&About FIRST...",            ID_APP_ABOUT
                END
END
/////////////////////////////////////////////////////////////////////////
//
// Accelerator
//
IDR_MAINFRAME ACCELERATORS PRELOAD MOVEABLE
BEGIN
        "N",            ID_FILE_NEW,            VIRTKEY,CONTROL
        "O",            ID_FILE_OPEN,           VIRTKEY,CONTROL
        "S",            ID_FILE_SAVE,           VIRTKEY,CONTROL
        "P",            ID_FILE_PRINT,          VIRTKEY,CONTROL
        "Z",            ID_EDIT_UNDO,           VIRTKEY,CONTROL
        "X",            ID_EDIT_CUT,            VIRTKEY,CONTROL
        "C",            ID_EDIT_COPY,           VIRTKEY,CONTROL
        "V",            ID_EDIT_PASTE,          VIRTKEY,CONTROL
        VK_BACK,        ID_EDIT_UNDO,           VIRTKEY,ALT
        VK_DELETE,      ID_EDIT_CUT,            VIRTKEY,SHIFT
        VK_INSERT,      ID_EDIT_COPY,           VIRTKEY,CONTROL
        VK_INSERT,      ID_EDIT_PASTE,          VIRTKEY,SHIFT
        VK_F6,          ID_NEXT_PANE,           VIRTKEY VK_F6,
                        ID_PREV_PANE,           VIRTKEY,SHIFT
END
/////////////////////////////////////////////////////////////////////////
//
// Dialog
//
IDD_ABOUTBOX DIALOG DISCARDABLE  34, 22, 217, 55
CAPTION "About FIRST"
STYLE DS_MODALFRAME ¦ WS_POPUP ¦ WS_CAPTION ¦ WS_SYSMENU
FONT 8, "MS Sans Serif"
BEGIN
        ICON            IDR_MAINFRAME,IDC_STATIC,11,17,20,20
LTEXT           "FIRST Application Version 1.0",IDC_STATIC,40,10,119,8
LTEXT           "Copyright \251 1993",IDC_STATIC,40,25,119,8
DEFPUSHBUTTON   "OK",IDOK,176,6,32,14,WSROUP
END
/////////////////////////////////////////////////////////////////////////
//
```

continues

Listing 2.10. continued

```
// String Table
//
STRINGTABLE PRELOAD DISCARDABLE
BEGIN
        IDR_MAINFRAME          "FIRST Windows Application\nFirst\nFIRST Document" END
STRINGTABLE PRELOAD DISCARDABLE
BEGIN
        AFX_IDS_APP_TITLE      "FIRST Windows Application"
        AFX_IDS_IDLEMESSAGE    "Ready"
END
STRINGTABLE DISCARDABLE
BEGIN
        ID_INDICATOR_EXT       "EXT"
        ID_INDICATOR_CAPS      "CAP"
        ID_INDICATOR_NUM       "NUM"
        ID_INDICATOR_SCRL      "SCRL"
        ID_INDICATOR_OVR       "OVR"
        ID_INDICATOR_REC       "REC"
END
STRINGTABLE DISCARDABLE
BEGIN
        ID_FILE_NEW            "Create a new document"
        ID_FILE_OPEN           "Open an existing document"
        ID_FILE_CLOSE          "Close the active document"
        ID_FILE_SAVE           "Save the active document"
        ID_FILE_SAVE_AS        "Save the active document with a new name"
        ID_FILE_PAGE_SETUP     "Change the printing options"
        ID_FILE_PRINT_SETUP    "Change the printer and printing options"
        ID_FILE_PRINT          "Print the active document"
        ID_FILE_PRINT_PREVIEW  "Display full pages"
        ID_APP_ABOUT           "Display program information,
                               version number and copyright"
        ID_APP_EXIT            "Quit the application; prompts to save documents"
        ID_FILE_MRU_FILE1      "Open this document"
        ID_FILE_MRU_FILE2      "Open this document"
        ID_FILE_MRU_FILE3      "Open this document"
        ID_FILE_MRU_FILE4      "Open this document"
        ID_NEXT_PANE           "Switch to the next window pane"
```

```
        ID_PREV_PANE                "Switch back to the previous window pane"
        ID_EDIT_CLEAR               "Erase the selection"
        ID_EDIT_CLEAR_ALL           "Erase everything"
        ID_EDIT_COPY                "Copy the selection and put it on the Clipboard"
        ID_EDIT_CUT                 "Cut the selection and put it on the Clipboard"
        ID_EDIT_FIND                "Find the specified text"
        ID_EDIT_PASTE               "Insert Clipboard contents"
        ID_EDIT_REPEAT              "Repeat the last action"
        ID_EDIT_REPLACE             "Replace specific text with different text"
        ID_EDIT_SELECT_ALL          "Select the entire document"
        ID_EDIT_UNDO                "Undo the last action"
        ID_EDIT_REDO                "Redo the previously undone action"
        ID_VIEW_TOOLBAR             "Show or hide the toolbar"
        ID_VIEW_STATUS_BAR          "Show or hide the status bar"
END
STRINGTABLE DISCARDABLE
BEGIN
        AFX_IDS_SCSIZE          "Change the window size"
        AFX_IDS_SCMOVE          "Change the window position"
        AFX_IDS_SCMINIMIZE      "Reduce the window to an icon"
        AFX_IDS_SCMAXIMIZE      "Enlarge the window to full size"
        AFX_IDS_SCNEXTWINDOW    "Switch to the next document window"
        AFX_IDS_SCPREVWINDOW    "Switch to the previous document window"
        AFX_IDS_SCCLOSE         "Close the active window and prompts
                                to save the documents"
        AFX_IDS_SCRESTORE       "Restore the window to normal size"
        AFX_IDS_SCTASKLIST      "Activate Task List"
END
#ifndef APSTUDIO_INVOKED ///////////////////////////////////////////////////
/////////////////////
//
// From TEXTINCLUDE 3
//
#include "res\first.rc2"  // non-App Studio edited resources
#include "afxres.rc"       // Standard components
#include "afxprint.rc"  // printing/print preview resources
/////////////////////////////////////////////////////////////////////////////
#endif
// not APSTUDIO_INVOKED
```

Listing 2.11. first.mak

```
PROJ = FIRST
DEBUG = 1
PROGTYPE = 0
CALLER =
ARGS =
DLLS =
D_RCDEFINES = /d_DEBUG
R_RCDEFINES = /dNDEBUG
ORIGIN = MSVC
ORIGIN_VER = 1.00
PROJPATH = X:\FIRST\
USEMFC = 1
CC = cl
CPP = cl
CXX = cl
CCREATEPCHFLAG =
CPPCREATEPCHFLAG = /YcSTDAFX.H
CUSEPCHFLAG =
CPPUSEPCHFLAG = /YuSTDAFX.H
FIRSTC =
FIRSTCPP = STDAFX.CPP
RC = rc
CFLAGS_D_WEXE = /nologo /G2 /W3 /Zi /AM /Od /D "_DEBUG"
                /FR /GA /Fd"FIRST.PDB"
CFLAGS_R_WEXE = /nologo /f- /Gs /G2 /W3 /AM /O1 /D "NDEBUG" /FR /GA LFLAGS_D_WEXE = /NOLOGO /NOD /
PACKC:61440 /STACK:10240
                /ALIGN:16 /ONERROR:NOEXE /CO
LFLAGS_R_WEXE = /NOLOGO /NOD /PACKC:61440 /STACK:10240
                /ALIGN:16 /ONERROR:NOEXE
LIBS_D_WEXE = mafxcwd oldnames libw mlibcew commdlg olesvr olecli shell
LIBS_R_WEXE = mafxcw oldnames libw mlibcew commdlg olesvr olecli shell
RCFLAGS = /nologo /z
RESFLAGS = /nologo /t
RUNFLAGS =
DEFFILE = FIRST.DEF
OBJS_EXT =
LIBS_EXT =
!if "$(DEBUG)" == "1"
CFLAGS = $(CFLAGS_D_WEXE)
LFLAGS = $(LFLAGS_D_WEXE)
```

Microsoft Foundation Class Library Programming

```
LIBS = $(LIBS_D_WEXE)
MAPFILE = nul
RCDEFINES = $(D_RCDEFINES)
!else
CFLAGS = $(CFLAGS_R_WEXE)
LFLAGS = $(LFLAGS_R_WEXE)
LIBS = $(LIBS_R_WEXE)
MAPFILE = nul
RCDEFINES = $(R_RCDEFINES)
!endif
!if [if exist MSVC.BND del MSVC.BND]
!endif
SBRS = STDAFX.SBR \
                FIRST.SBR \
                MAINFRM.SBR \
                FIRSTDOC.SBR \
                FIRSTVW.SBR
FIRST_RCDEP = x:\first\res\first.ico \
        x:\first\res\toolbar.bmp \
        x:\first\res\first.rc2
STDAFX_DEP = x:\first\stdafx.h
FIRST_DEP = x:\first\stdafx.h \
        x:\first\first.h \
        x:\first\mainfrm.h \
        x:\first\firstdoc.h \
        x:\first\firstvw.h
MAINFRM_DEP = x:\first\stdafx.h \
        x:\first\first.h \
        x:\first\mainfrm.h
FIRSTDOC_DEP = x:\first\stdafx.h \
        x:\first\first.h \
        x:\first\firstdoc.h
FIRSTVW_DEP = x:\first\stdafx.h \
        x:\first\first.h \
        x:\first\firstdoc.h \
        x:\first\firstvw.h
all:      $(PROJ).EXE $(PROJ).BSC
FIRST.RES:      FIRST.RC $(FIRST_RCDEP)      $(RC) $(RCFLAGS) $(RCDEFINES) -r FIRST.RC
STDAFX.OBJ:     STDAFX.CPP $(STDAFX_DEP) $(CPP) $(CFLAGS) $(CPPCREATEPCHFLAG) /c STDAFX.CPP
FIRST.OBJ:      FIRST.CPP $(FIRST_DEP)      $(CPP) $(CFLAGS) $(CPPUSEPCHFLAG) /c FIRST.CPP
MAINFRM.OBJ:    MAINFRM.CPP $(MAINFRM_DEP)      $(CPP) $(CFLAGS) $(CPPUSEPCHFLAG) /c MAINFRM.CPP
```

continues

91

Listing 2.11. continued

```
FIRSTDOC.OBJ:        FIRSTDOC.CPP $(FIRSTDOC_DEP)        $(CPP) $(CFLAGS) $(CPPUSEPCHFLAG) /c
FIRSTDOC.CPP
FIRSTVW.OBJ:         FIRSTVW.CPP $(FIRSTVW_DEP)        $(CPP) $(CFLAGS) $(CPPUSEPCHFLAG) /c FIRSTVW.CPP
$(PROJ).EXE::        FIRST.RES
$(PROJ).EXE::        STDAFX.OBJ FIRST.OBJ MAINFRM.OBJ FIRSTDOC.OBJ        FIRSTVW.OBJ
$(OBJS_EXT) $(DEFFILE)
        echo >NUL @<<$(PROJ).CRF
STDAFX.OBJ +
FIRST.OBJ +
MAINFRM.OBJ +
FIRSTDOC.OBJ +
FIRSTVW.OBJ +
$(OBJS_EXT)
$(PROJ).EXE
$(MAPFILE)
c:\msvc\lib\+
c:\msvc\mfc\lib\+
$(LIBS)
$(DEFFILE);
<<
        link $(LFLAGS) @$(PROJ).CRF
        $(RC) $(RESFLAGS) FIRST.RES $@
        @copy $(PROJ).CRF MSVC.BND
$(PROJ).EXE::        FIRST.RES
        if not exist MSVC.BND        $(RC) $(RESFLAGS) FIRST.RES $@
run: $(PROJ).EXE
        $(PROJ) $(RUNFLAGS)
$(PROJ).BSC: $(SBRS)
        bscmake @<<
/o$@ $(SBRS)
<<
```

That's it for the parts of our first program. We have gotten a general overview of an MFC program, but we are short on specifics. All we have done so far is to display a string in a window, we haven't actually read any input or stored any data in the document. All in all, our first program is not that useful; therefore, let's start expanding it in the next chapter where we read mouse and keyboard data and store it in the document. This will give us a chance to put the MFC classes to work.

AbortDoc	Aborts the current print job
Arc	Draws an arc
Attach	Attaches device context to this CDC
BitBlt	Copies bitmap from a device context
CDC	Constructs CDC object
Chord	Draws a chord
CreateCompatibleDC	Creates a device context in memory
CreateDC	Creates a device context
CreateIC	Creates an information context
DeleteDC	Deletes device context
Detach	Detaches device context from CDC
DPtoLP	Converts device points into logical points
DrawFocusRect	Draws a rectangle
DrawIcon	Draws an icon
DrawText	Draws formatted text in a rectangle
Ellipse	Draws an ellipse
EndDoc	Ends a print job started by StartDoc
EndPage	Informs device driver that page is ending
EnumObjects	Enumerates pens and brushes available
ExcludeClipRect	Creates new clipping region
ExcludeUpdateRgn	Prevents drawing in invalid areas
ExtFloodFill	Fills area with current brush
ExtTextOut	Writes a character string
FillRect	Fills rectangle using specified brush area

continues

FillRgn	Fills region with specified brush
FloodFill	Fills an area using current brush
FrameRect	Draws border around rectangle
FrameRgn	Draws a border around a specific region
FromHandle	Returns pointer to a CDC object
GetAspectRatioFilter	Gets Aspect Ratio Filter
GetBkColor	Gets current background color
GetBkMode	Gets background mode
GetBrushOrg	Gets origin of the current brush
GetCharABCWidths	Gets widths of consecutive letters
GetCharWidth	Gets widths of individual characters
GetClipBox	Gets the dimensions of the tightest clip box
GetCurrentPosition	Gets the current position
GetDeviceCaps	Gets device-specific statistics
GetFontData	Gets font metric data
GetGlyphOutline	Gets outline curve or bitmap
GetKerningPairs	Gets character kerning pairs
GetMapMode	Gets current mapping mode
GetNearestColor	Gets closest logical color
GetOutlineTextMetrics	Gets font metric information
GetOutputCharWidth	Gets widths of individual characters
GetOutputTabbedTextExtent	Computes width and height of text
GetOutputTextExtent	Gets width and height of a line
GetOutputTextMetrics	Gets text statistics for the CDC
GetPixel	Gets RGB color value of a pixel
GetPolyFillMode	Gets polygon-filling mode
GetROP2	Gets current drawing mode

GetSafeHdc	Get mDC, the output device context
GetStretchBltMode	Gets current bitmap-stretching mode
GetTabbedTextExtent	Gets width and height of tabbed text
GetTextAlign	Gets text-alignment flags
GetTextColor	Gets current text color
GetTextExtent	Gets width and height of text
GetTextFace	Gets typeface name of current font
GetTextMetrics	Gets statistics for current font
GetViewportExt	Gets x- and y-extents of viewport
GetViewportOrg	Gets x- and y-coordinates of viewport origin
GetWindowExt	Gets x- and y-extents of the window
GetWindowOrg	Gets x- and y-coordinates of window origin
GrayString	Draws grayed text
IntersectClipRect	Creates new intersecting clipping region
InvertRect	Inverts contents of a rectangle
InvertRgn	Inverts colors in a region
IsPrinting	True if device context is printing
LineTo	Draws a line starting at current position
LPtoDP	Converts logical points into device points
MoveTo	Moves current position
OffsetClipRgn	Moves clipping region
OffsetViewportOrg	Changes viewport origin
OffsetWindowOrg	Changes window origin
PaintRgn	Fills region with selected brush
PatBlt	Creates bit pattern
Pie	Draws pie-shaped wedge

continues

PlayMetaFile	Plays the contents of a metafile
Polygon	Draws a polygon
Polyline	Draws set of line segments
PolyPolygon	Draws two or more polygons
PtVisible	Makes point visible or not
QueryAbort	Calls the AbortProc callback function
RealizePalette	Maps palette entries
Rectangle	Draws a rectangle
RectVisible	Sets whether given rectangle is visible
ReleaseAttribDC	Releases mAttribDC
ReleaseOutputDC	Releases mDC
ResetDC	Updates mAttribDC device context
RestoreDC	Restores device context to previous state
RoundRect	Draws rectangle with rounded corners
SaveDC	Saves device context's current state
ScaleViewportExt	Changes viewport extent
ScaleWindowExt	Changes window extent
ScrollDC	Scrolls a rectangle horizontally
SelectClipRgn	Selects region as the current clip region
SelectObject	Selects GDI drawing object
SelectPalette	Selects logical palette
SelectStockObject	Selects predefined stock object
SetAttribDC	Sets mAttribDC
SetBkColor	Sets current background color
SetBkMode	Sets background mode
SetBrushOrg	Specifies origin for the brush

********** CDC Class	
SetMapMode	Sets current mapping mode
SetMapperFlags	Alters algorithm that the font mapper uses
SetOutputDC	Sets mDC output device context
SetPixel	Sets pixel at the specified point
SetPolyFillMode	Sets polygon-filling mode
SetROP2	Sets current drawing mode
SetStretchBltMode	Sets bitmap-stretching mode
SetTextAlign	Sets text-alignment flags
SetTextColor	Sets text color
SetTextJustification	Adds space to break characters
SetViewportExt	Sets x- and y-extents of viewport
SetViewportOrg	Sets viewport origin
SetWindowExt	Sets x- and y-extents of window
SetWindowOrg	Sets window origin of the device context
StartDoc	Informs device driver of new print job
StartPage	Informs device driver of new page
StretchBlt	Stretches bitmap
TabbedTextOut	Writes tabbed string
TextOut	Writes character string
UpdateColors	Updates client area of device context

********** CDocument	
AddView	Attaches a view to the document
CanCloseFrame	Advanced overridable; called before closing a CDocument; constructs a CDocument object
DeleteContents	Called to perform cleanup of the document

continues

********** **CDocument**

GetDocTemplate	Returns a pointer to the document template
GetFirstViewPosition	Returns the position of the first
GetNextView	Iterates through the list of views associated
GetPathName	Returns the path of the document's data file
GetTitle	Returns the document's title
IsModified	Indicates whether the document has been modified
OnChangedViewList	Called after a view is added to
OnCloseDocument	Called to close the document
OnNewDocument	Called to create a new document
OnOpenDocument	Called to open an existing document
OnSaveDocument	Called to save the document to disk
RemoveView	Detaches a view from the document
ReportSaveLoadException	Advanced overridable called when
SaveModified	Advanced overridable; called to ask the user
SetModifiedFlag	Sets a flag indicating that you have
SetPathName	Sets the path of the document's data file
SetTitle	Sets the document's title
UpdateAllViews	Notifies all views that document has been

********** **CFrameWnd**

ActivateFrame	Makes frame visible
CFrameWnd	Constructs CFrameWnd object
Create	Creates and initializes frame object
GetActiveDocument	Returns active CDocument object
GetActiveView	Returns active CView object
LoadAccelTable	Loads accelerator table
LoadFrame	Dynamically creates frame window

Microsoft Foundation Class Library Programming

********** CFrameWnd

OnCreateClient	Creates client window for the frame
OnSetPreviewMode	Sets application's main frame window
RecalcLayout	Repositions control bars
SetActiveView	Sets active CView object

********** CString

AnsiToOem	Converts string from ANSI to OEM set
Compare	Compares two strings (case sensitive)
CompareNoCase	Compares two strings
CString	Constructs CString object
Empty	Sets string to zero length
Find	Finds character or substring
FindOneOf	Finds first matching character
GetAt	Gets character at a given position
GetBuffer	Gets pointer to actual characters
GetLength	Gets number of characters in a string
IsEmpty	True if cstring's length is zero
Left	Gets left part of a string
LoadString	Loads CString object
MakeLower	Converts all characters to lower case
MakeReverse	Reverses all characters in string
MakeUpper	Converts all characters to upper case
Mid	Gets middle part of a string
OemToAnsi	Converts from OEM to ANSI set
operator +	Concatenates two strings
operator +=	Concatenates new string onto existing one

continues

99

********** CString

operator <<	Inserts CString object to an archive
operator =	Assigns new value to CString object
operator ==, <, etc.	Comparison operators
operator >>	Extracts CString object from archive
ReleaseBuffer	Releases control of the buffer
ReverseFind	Finds character starting at end of string
Right	Gets the right part of a string (like the)
SetA	Sets character at specified position
~CString	Destroys CString object

********** CView

CView	Constructs CView object
DoPreparePrinting	Displays Print dialog box
GetDocumen	Gets document associated with this view
IsSelected	True if view is selected
OnActivateView	Called to activate a view
OnBeginPrinting	Called when print job begins
OnDraw	Called when contents of view should be (re)drawn
OnEndPrinting	Called when print job ends
OnEndPrintPreview	Called when exiting preview mode
OnInitialUpdate	Called after view is attached to document
OnPrepareDC	Called just before OnDraw
OnPreparePrinting	Called before a document is printed
OnPrint	Called to print
OnUpdate	Called to indicate that document was changed

********** **CWinApp**

AddDocTemplate	Adds a document template to application
AddToRecentFileList	Adds filename to most recently used file list
CWinApp	Constructs CWinApp object
DoMessageBox	Uses AfxMessageBox
DoWaitCursor	Turns wait cursor on and off
EnableShellOpen	Enables user to open data files from the shell
EnableVBX	Enables use of VBX controls
ExitInstance	Called when you exit the instance
GetPrinterDeviceDefaults	Gets printer device statistics
GetProfileInt	Gets integer from an entry in the profile
GetProfileString	Gets string from an entry in the profile
InitApplication	Overrides for application initialization
InitInstance	Overrides for instance initialization
LoadCursor	Loads cursor resource
LoadIcon	Loads icon resource
LoadOEMCursor	Loads OEM predefined cursor
LoadOEMIcon	Load OEM predefined icon
LoadStandardCursor	Loads Windows predefined cursor
LoadStandardIcon	Loads Windows predefined icon
LoadStdProfileSettings	Loads .INI file settings
LoadVBXFile	Loads VBX control file
m_bHelpMode	True if application in Help mode
mInstance	Gets handle to current instance
mPrevInstance	Gets handle to previous instance
m_lpCmdLine	Points to null-terminated command line string

continues

m_nCmdShow	Indicates how window is to be shown
m_pMainWnd	Holds pointer to application's main window
m_pszAppNam	Points to name of the application
m_pszExeName	Points to module name of application
m_pszHelpFilePath	Points to application's Help file
m_pszProfileName	Points to application's .INI filename
OnContextHelp	Handles Shift+F1 Help in application
OnDDECommand	Called in response to a DDE command
OnFileNew	Supports ID_FILE_NEW command
OnFileOpen	Supports ID_FILE_OPEN command
OnFilePrintSetup	Supports ID_FILE_PRINT_SETUP
OnHelp	Supports F1 Help
OnHelpIndex	Supports IDELP_INDEX command
OnHelpUsing	Supports IDELP_USING command
OnIdle	Override to execute commands during idle time
OpenDocumentFile	Called to open a document
PreTranslateMessage	Filters messages
ProcessMessageFilter	Intercepts messages
ProcessWndProcException	Intercepts unhandled exceptions
Run	Runs default message loop (overridable)
SaveAllModified	Prompts user to save all modified files
SetDialogBkColor	Sets default background color
UnloadVBXFile	Unloads VBX control file
WinHelp	Calls WinHelp
WriteProfileInt	Writes integer to the profile
WriteProfileString	Writes string to the profile

The MFC Document and View Classes

In this chapter, we are going to put the MFC library to work in Windows by accepting and storing user input—which, in Windows, means accepting keyboard and mouse input.

We will start by learning the various methods of reading keyboard input connected with our program's view; because this is Windows, that input will come to us through Windows messages. It turns out that there are two different types of keyboard messages—the messages generated by the action of a key (like WM_KEYDOWN and WM_KEYUP), and the ones generated after Windows translates such messages into ASCII for us (WM_CHAR messages). We will see how to use them in this chapter, and then we will see an example program that reads input from the keyboard, stores it in a document, and displays it in a view.

Next, we will work with the mouse, examining the variety of mouse-specific Windows messages that we might receive (such as WM_MOUSEMOVE or WM_LBUTTONDOWN), and we will put them to work in an example program of their own. Note that because we will be displaying the results of our programs as well as accepting input in this chapter, we will learn a little more about text output as well. In particular, we will learn that using a variable width font (the Windows default) can create some interesting problems for us when we want to display and change strings in a window. Let's begin immediately.

Using the Keyboard in Windows

Even in a multitasking windowing environment, we still only have one keyboard. This means that even though we might have a dozen windows displayed on the screen at once, only *one* can actively be accepting keyboard input. In Windows, we say that that window has the current *focus*, and the window that has the focus is the currently *active window*. It is easy to tell which window is currently active in a Windows session; if the window has a caption bar at the top, Windows highlights it. When the window does not have a caption bar, Windows will highlight the window's frame. In fact, even an icon can be the active window, and if it is, Windows highlights the caption text underneath it. When you type using the keyboard, a stream of keyboard messages is sent to the window with the focus.

Windows Keyboard Input Conventions

In Windows, there is usually a flashing cursor to indicate where text is going to go when you type it (often either a vertical bar or an I beam shape). We should note that, in Windows, the mouse cursor is usually referred to as the cursor, and what we call the cursor in DOS is called the *insertion point* or *caret* in Windows. That is, text appears as the insertion point or caret after you type it, and when you move the mouse, you are moving the cursor (not the insertion point or caret).

Also, when there are a number of buttons, list boxes, or text boxes in a window—what Windows calls *controls*—the user is usually able to select which control has the focus by clicking it with the mouse. For example, if a button has the current focus, Windows highlights its border (which also means that the user can choose this button by pressing the Enter key). The user might then click a text box instead, and a flashing insertion point appears there (and the button's border returns to normal as it loses the focus).

Furthermore, under Windows, the user expects to be able to press the tab key to move the focus between controls in a window. That is, if the text box we just mentioned follows the button in the window's *tab order*, then the user can move from the button to the text box simply by pressing the tab key. In general, the user is supposed to be able to circulate around a window's controls simply by pressing the tab button. You might also note that when a dialog box first appears, one of the buttons is often highlighted already (often the button marked OK); in that case, we say that that button has the *default focus*.

In addition, certain keys are reserved for specific tasks. For example, the F1 key is usually reserved for Help. F2 is supposed to correspond to the New item in your menus if you have one (as in New Game, New File... or New Spreadsheet...). Alt+X is supposed to mean the same as Exit if the File menu is open, and so on. (It is easy to see what key conventions are standard—just use Windows applications.)

One final point about using the keyboard from the user's point of view is that, under Windows, the user is supposed to be able to use the keyboard to replace the mouse for input operations. In some cases, this is more theoretically true (as in a graphics paint program), but in most applications, the keyboard should be able to duplicate the mouse's actions. When designing Windows applications we should keep that in mind.

Designing Our First Document

We will use Visual C++ (and AppWizard in it) to create a new project named, say, key.mak. We select the Options... button in AppWizard and deselect the Multiple Document Interface check box as before, then we create the key.mak project.

Our plan of action here is to read keyboard input and store it in the document object in a string we might call data_string, as follows:

Document

data_string

Although the document stores the data, the view will be responsible for reading keystrokes and updating the screen. We will arrange it so that when the user types a key and a WM_CHAR message is generated, a member function in our view named OnChar( ) is called. The view will then add the character to data_string by calling GetDocument( ) to get a pointer to the document object named pDoc, and reaching the data string like this: pDoc->data_string. After adding the new character to the data_string, the view will also draw the (now longer) string in the window. Schematically, it looks like the following:

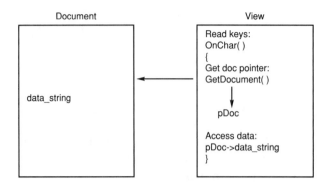

We begin by opening keydoc.h, the header file for the document class (we use the Open... item in Visual C++'s File menu). Here you will find the declaration of CKeyDoc, our document class:

```
class CKeyDoc : public CDocument
{
protected: // create from serialization only
          CKeyDoc();
          DECLARE_DYNCREATE(CKeyDoc)
// Attributes
public:
// Operations
public:
              :
};
```

Our only job here is to customize the document so that it holds our data, data_string. We can make this string an MFC CString object, which will enable us to use pre-defined member functions such as the one we have already seen—GetLength( ). The MFC classes are built to handle strings stored in CString objects (as well as normal C strings), so this will be convenient. We can add the data_string object by making it an embedded object in our CKeyDoc class in the following way:

```
class CKeyDoc : public CDocument
{
protected: // create from serialization only CKeyDoc();
     DECLARE_DYNCREATE(CKeyDoc)
// Attributes
public:
```

```
    CString data_string;
// Operations
public:
            :

};
```

Now the CString object data_string will be a public member of any CKeyDoc object. That's it for the document; we have added space for our data. The next step is to customize the view class, CKeyView.

Designing Our First View

The first step in designing our view class will be to add key-handling capability. We have to customize CKeyView to handle keystrokes, and there are only five keystroke messages (sent to the window with the current focus):

WM_KEYDOWN	Key was pressed
WM_SYSKEYDOWN	System key was pressed
WM_KEYUP	Key was released
WM_SYSKEYUP	System key was released
WM_CHAR	Translated key

As you might expect, WM_KEYDOWN is generated when a key is struck, WM_KEYUP when the key is released. In addition, Windows makes a distinction for system keystrokes (the keystrokes that are commands to Windows, usually in combination with the <Alt> key, including <Alt><Esc>, which switches the active window). Those messages are: WM_SYSKEYDOWN and WM_SYSKEYUP, but we won't work with the system keyboard messages here.

The WM_KEYDOWN and WM_KEYUP messages are handled by the view functions OnKeyDown( ) and OnKeyUp( ) in the MFC library in the following way:

```
void OnKeyDown(UINT nChar, UINT nRepCnt, UINT nFlags);
void OnKeyUp(UINT nChar, UINT nRepCnt, UINT nFlags);
```

Skeletal versions of these functions are generated for us by Visual C++ when we indicate that we want to handle the WM_KEYDOWN and WM_KEYUP messages. The parameter nFlags that is passed to us is coded the following way, bit by bit:

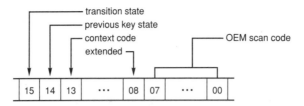

The transition state is 0 if the key was just pressed— for example, WM_KEYDOWN messages—and 1 if just released (WM_KEYUP messages). The previous key state is 0 if the key was previously up and 1 if previously down. The context code is 1 if the Alt key is pressed; usually this is 0 for WM_KEYDOWN and WM_KEYUP, and 1 for system messages. Also, the extended flag is 1 if the keystroke is the result of pressing or releasing one of the additional keys on the IBM enhanced keyboard (as used with the PS/2)—note that programs usually do not use this field.

Handling "Typematic"

If you keep a key pressed and generate *typematic* keystrokes, the previous key state will be set to 1.

The OEM (OEM stands for Original Equipment Manufacturer) scan code holds the scan code for the key as generated by the keyboard itself. For each keystroke or valid combination of keystrokes (such as Shift-a), the keyboard generates a unique *scan code*. This is the raw, untranslated information from the keyboard port (port 60h) on the I/O bus, and we won't use this information ourselves until it has been translated (into ASCII) by Windows.

The repeat count is an indication of typematic action. If you hold a key down and generate automatic repetitions of that key, this field will hold the number of repetitions. Usually, Windows does not produce a separate WM_KEYDOWN or WM_SYSKEYDOWN message for typematic action (which would flood the message queue); instead, it bunches them together and places a nonzero value in the repeat count parameter nRepCnt.

You might notice that we still don't really know what key was pressed. The nChar parameter contains a *virtual key code*, which does tell us what key was pressed. A constant is defined for each keystroke, as indicated in table 3.1.

Using Mouse "Key" Codes

Windows also includes three mouse virtual *key* codes in its list of virtual keys: VK_LBUTTON, VK_MBUTTON, and VK_RBUTTON, matching the left, middle, and right keys of a mouse. However, these virtual key codes will never be sent to us with a WM_KEYUP or WM_KEYDOWN message, because the mouse communicates with its own set of Windows messages, not WM_KEYDOWN or WM_KEYUP. These constants are actually designed to be passed to functions like GetKeyState( ) (which is coming up) to find the current state of the mouse buttons—for example, pressed or not pressed.

Table 3.1. Virtual Key Codes

VK_LBUTTON	VK_NEXT	VK_NUMPAD2	VK_F3
VK_RBUTTON	VK_END	VK_NUMPAD3	VK_F4
VK_CANCEL	VKOME	VK_NUMPAD4	VK_F5
VK_MBUTTON	VK_LEFT	VK_NUMPAD5	VK_F6
VK_BACK	VK_UP	VK_NUMPAD6	VK_F7
VK_TAB	VK_RIGHT	VK_NUMPAD7	VK_F8
VK_CLEAR	VK_DOWN	VK_NUMPAD8	VK_F9
VK_RETURN	VK_SELECT	VK_NUMPAD9	VK_F10
VK_SHIFT	VK_PRINT	VK_MULTIPLY	VK_F11
VK_CONTROL	VK_EXECUTE	VK_ADD	VK_F12
VK_MENU	VK_SNAPSHOT	VK_SEPARATOR	VK_F13
VK_PAUSE	VK_INSERT	VK_SUBTRACT	VK_F14
VK_CAPITAL	VK_DELETE	VK_DECIMAL	VK_F15
VK_ESCAPE	VKELP	VK_DIVIDE	VK_F16
VK_SPACE	VK_NUMPAD0	VK_F1	VK_NUMLOCK
VK_PRIOR	VK_NUMPAD1	VK_F2	VK_A-VK_Z, VK_0-VK_9

Note that table 3.1 contains codes for keys that do not normally generate a printable character, such as the function keys, VK_F1 to VK_F16, or the keyboard arrow keys like VK_UP and VK_LEFT. In fact, this is the usual way for Windows programs to read such keys. You might think that we can read all of the keys this way, because even the letters (VK_A to VK_Z) are defined. However, there is a problem. Although we can now figure out what key was pressed, including the keys from VK_A to VK_Z, we can't actually tell the difference between capital and small letters like "A" and "a". That is, if you press "A", wParam will hold the value VK_A, and if you press "a", wParam will also hold the value VK_A.

One way to resolve this difficulty is with the Windows function GetKeyState( ), which can indicate the state of the shift key (or any other key, including the mouse buttons). We use it like this: GetKeyState(VK_SHIFT). If this value is negative, the shift key was down when the keystroke we are currently processing was generated.

Note

It is important to realize that GetKeyState( ) does not return the real-time state of a key, but rather the state of the key at the time that the keyboard message we are currently analyzing was generated.

Reading Nonprinting Characters

Keep in mind that WM_KEYDOWN and WM_KEYUP messages will enable us to process nonprinting keys like function keys and keys like the right or left arrow keys.

However, this method is a very clumsy way of reading keyboard input if we are looking for characters like the ones in the string Hello World.. A better way is to use the WM_CHAR message, whose message-handling view function is OnChar( ):

```
void OnChar(UINT nChar, UINT nRepCnt, UINT wFlags);
```

Here the first parameter, nChar, is the ASCII code of the key that was typed, and that is what we want. We will set up OnChar( ) in our View class as outlined before:

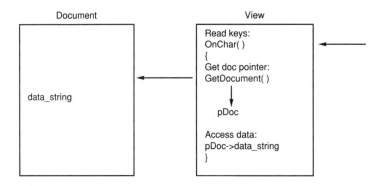

Here, our goal will be to read the keys that the user types. As they type keys, we can echo them in our window, starting at the upper left location, coordinates (0, 0). That is, if we type the letter 'T', we would see the following:

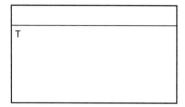

The location (0, 0) is the top left of the client area; y increases going down and x increases to the right:

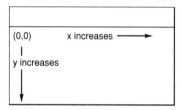

Now we can keep going, typing other characters like the following:

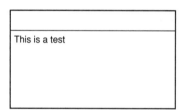

To connect the WM_CHAR message to our program, we will have to work on the CKeyView class. In Visual C++, we select Class Wizard... menu item in Visual C++'s Browse menu (*browsing* in a C++ program means to get an overview of the inherited class connections, usually displayed as a tree). The Class Wizard appears, as in figure 3.1.

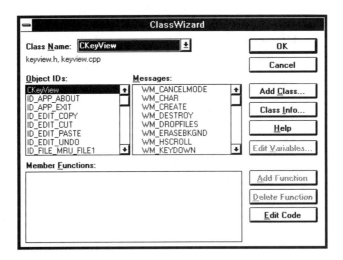

Figure 3.1. Using Class Wizard.

You can see a list of all of our classes in the Object IDs box, and a list of the messages those classes can intercept in the Messages box. CKeyView is already selected at the top of the Object IDs box; now double click the line in the Messages box that reads WM_CHAR. The function OnChar( ) appears in the Member functions box, as shown in figure 3.2.

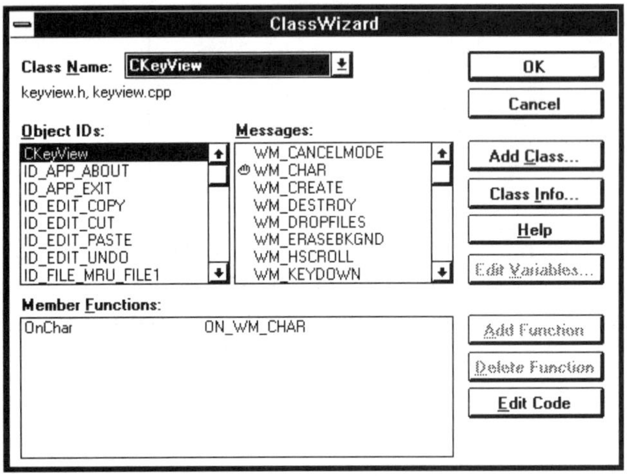

Figure 3.2. Creating a Member function.

That's all it takes; now click OK to create a skeletal OnChar( ) function in CKeyView. After the Class Wizard box has disappeared, open the file keyview.cpp and look at the definition of the member functions; you can see OnChar( ) at the end of the following:

```
#include "key.h"
#include "keydoc.h"
#include "keyview.h"
CKeyView::CKeyView()
{
}
CKeyView::~CKeyView()
{
}
void CKeyView::OnDraw(CDC* pDC)
{
            CKeyDoc* pDoc = GetDocument();
}
void CKeyView::OnChar(UINT nChar, UINT nRepCnt, UINT nFlags)
{
// TODO: Add your message handler code here and/or call default
            CView::OnChar(nChar, nRepCnt, nFlags);
}
```

Note that Class Wizard has already included code here to call the base class's OnChar( ) function (for example, CView::OnChar( )). If you don't plan to handle a message—or you want some preliminary processing done—it is often a good idea to call the base class's version of an overridden function. Here, we will leave it in since we may adapt OnChar( ) later and might not want to handle all character messages.

The actual connection of WM_CHAR to OnChar( ) was already done by App Wizard in keyview.cpp with the MFC BEGIN_MESSAGE_MAP macro like the following:

```
/////////////////////////////////////////////////////////////////////////
// keyview.cpp : implementation of the CKeyView class
//
#include "stdafx.h"
#include "key.h"
#include "keydoc.h"
#include "keyview.h"
#ifdef _DEBUG
#undef THIS_FILE
static char BASED_CODE THIS_FILE[] = __FILE__;
#endif
```

```
/////////////////////////////////////////////////////////////////////////
// CKeyView
IMPLEMENT_DYNCREATE(CKeyView, CView)
BEGIN_MESSAGE_MAP(CKeyView, CView)
            //{{AFX_MSG_MAP(CKeyView)
            ON_WM_CHAR()
            //}}AFX_MSG_MAP
END_MESSAGE_MAP()
```

(Note also the IMPLEMENT_DYNCREATE( ) macro, which is necessary for the use of a document template.) The message map macro connects Windows messages to MFC OnXXX( ) functions. Here, the ON_WM_CHAR( ) macro sets up OnChar( ); this macro is one of a number of predefined message map macros of the form ON_WM_XXXX where WM_XXXX corresponds to the Windows message you want to intercept—the resulting function will be OnXXXX( ).

In addition, the declaration of OnChar( ) was already added to the declaration of our CKeyView class like this (from keyview.h—the afx_msg term is currently an empty string in the MFC library; afx stands for application frameworks):

```
// keyview.h : interface of the CKeyView class
//
/////////////////////////////////////////////////////////////////////////
class CKeyView : public CView
{
protected: // create from serialization only
            CKeyView();
            DECLARE_DYNCREATE(CKeyView)
    :
    :
// Generated message map functions
protected:
            //{{AFX_MSG(CKeyView)
            afx_msg void OnChar(UINT nChar, UINT nRepCnt, UINT nFlags);
            //}}AFX_MSG
            DECLARE_MESSAGE_MAP()
};
```

(Note also the DECLARE_DYNCREATE( ) macro above, which declares the functions we need to use document templates.) In other words, everything has already been set up so that when a key is struck, our CKeyView::OnChar( ) function is called:

```
void CKeyView::OnChar(UINT nChar, UINT nRepCnt, UINT nFlags)
{
            CView::OnChar(nChar, nRepCnt, nFlags);
}
```

At this point, we know what key was struck—its ASCII code is in the parameter nChar. We first get a pointer to the document like this (note that in C++ you can initialize a variable with a call to a function):

```
void CKeyView::OnChar(UINT nChar, UINT nRepCnt, UINT nFlags)
{
    CKeyDoc* pDoc = GetDocument();
       :
    CView::OnChar(nChar, nRepCnt, nFlags);
}
```

Now the pointer pDoc points to the document, which means the data string we want to place nChar in can be reached like this: pDoc->data_string.

Storing the New Character

We already know that we can overload functions in C++, but it also turns out that we can overload *operators* as well. For example, to overload the + operator, all we have to do is to write a function overloading operator+( ) like the following:

```
        Cstring Cstring::operator+(Cstring second_string)
        {
                    //New function here.
        }
```

Doing this overloads the + operator with respect to the CString class, which means that we can add two CString objects together in the following way:

```
        string1 = string2 + string3;
```

The MFC library classes have already done this for us, and we can add not only strings to strings, but individual characters as well. To add the character in nChar to pDoc->data_string, all we have to do is to execute the following line:

```
void CKeyView::OnChar(UINT nChar, UINT nRepCnt, UINT nFlags)
{
    CKeyDoc* pDoc = GetDocument();
    pDoc->data_string += nChar; CView::OnChar(nChar, nRepCnt, nFlags);
    :
}
```

That's it; now we have stored the new data in the document as we planned:

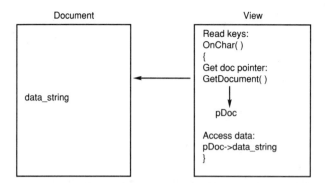

Document

data_string

View

Read keys:
OnChar( )
{
Get doc pointer:
GetDocument( )

pDoc

Access data:
pDoc->data_string
}

The next step is to display this data on the screen (that is the view's job). We do that by getting a device context to work in (before, in OnDraw( ), a pointer to a device context was passed to us—here we will have to get one ourselves). The simplest way of doing that is to create a new device context object corresponding to the client area of our view (which is also the client area of our window) with the CClientDC class. Using this device context is easier than using other, more general device contexts (which we will see later). To attach a client-area device context to our view object, we need to pass a pointer to that object to CClientDC's constructor. That is done with the "this" keyword.

The "this" Keyword

The "this" keyword is implicit in all objects in C++; in fact, it is a built-in pointer to the current object. For example, our stack class's push( ) function was written in the following way:

```
int stack_class::push(int push_this)
{
if(stack_ptr >= 99)
     return 0;
else
     stack_data[++stack_ptr] = push_this;
     return 1;
}
```

But each variable could have been prefaced with the "this" keyword used as a pointer as follows (note that stack_ptr has become this->stack_ptr, etc.):

```
int stack_class::push(int push_this)
{
if(this->stack_ptr >= 99)
     return 0;
else
     this->stack_data[++this->stack_ptr] = push_this;
     return 1;
}
```

The this keyword is used at times just like this one: When we need to pass a function a pointer to the current object. In OnChar( ), it works this way (note that you can declare variables and objects in the middle of C++ programs this way):

```
void CKeyView::OnChar(UINT nChar, UINT nRepCnt, UINT nFlags)
{
    CKeyDoc* pDoc = GetDocument();
    pDoc->data_string += nChar;
    CView::OnChar(nChar, nRepCnt, nFlags);

    CClientDC dc(this);
        :
}
```

Now we have a device context attached to our view, and we can print in it using TextOut( ) as we have seen before. That looks like this, where we print out pDoc->data_string:

```
void CKeyView::OnChar(UINT nChar, UINT nRepCnt, UINT nFlags)
{
        CKeyDoc* pDoc = GetDocument();
        pDoc->data_string += nChar;
        CView::OnChar(nChar, nRepCnt, nFlags);
        CClientDC dc(this);
        dc.TextOut(0, 0, pDoc->data_string, pDoc->data_string.GetLength());    :
}
```

And that's really all there is to OnChar( ). At this point, our string appears on the screen as we type it, as shown in figure 3.3. We have completed our first true Windows program. Our key-reading program is a success.

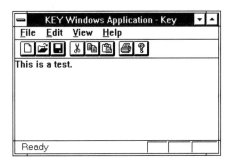

Figure 3.3. Using our first true Windows program.

There are one or two more things we can do here. If there were multiple views into this same document—for example, we might split our window to show two sections of the same document—we would somehow have to inform the other views that our current view has updated the document with data. That is done with the MFC CDocument class function UpdateAllViews( ). When we call it, the document calls the OnUpDate( ) function in all currently active views, enabling them to update their displays as well:

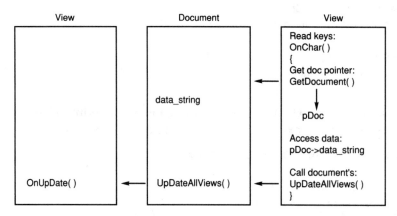

We will see more about this later, but for now it is easy to add to our program if you want to; just add the following line to OnChar( ):

```
void CKeyView::OnChar(UINT nChar, UINT nRepCnt, UINT nFlags)
{
        CKeyDoc* pDoc = GetDocument();
        pDoc->data_string += nChar;
        CView::OnChar(nChar, nRepCnt, nFlags);
        CClientDC dc(this);
        dc.TextOut(0, 0, pDoc->data_string, pDoc->data_string.GetLength());
        pDoc->UpdateAllViews(this, 0L, 0);
}
```

This is a typical last line in message-handling functions is view classes. One last improvement to our program here might be to add drawing code in our OnDraw( ) function so our data will be correctly displayed if our window needs to be redrawn (if our window is uncovered when another window is moved). We can do that in the following way:

```
void CKeyView::OnDraw(CDC* pDC)
{
        CKeyDoc* pDoc = GetDocument();
        pDC->TextOut(0, 0, pDoc->data_string, pDoc->data_string.GetLength());
}
```

That's it; the code for this program, keyview.cpp, appears in listing 3.1.

Listing 3.1. A Key-reading Program

```cpp
// keyview.h : interface of the CKeyView class
//
/////////////////////////////////////////////////////////////////////////////
class CKeyView : public CView
{
protected: // create from serialization only
            CKeyView();
            DECLARE_DYNCREATE(CKeyView)
// Attributes
public:
            CKeyDoc* GetDocument();
// Operations
public:
// Implementation
public:
            virtual ~CKeyView();
            virtual void OnDraw(CDC* pDC);   // overridden to draw this view
#ifdef _DEBUG
            virtual void AssertValid() const;
            virtual void Dump(CDumpContext& dc) const;
#endif
            // Printing support
protected:
            virtual BOOL OnPreparePrinting(CPrintInfo* pInfo);
            virtual void OnBeginPrinting(CDC* pDC, CPrintInfo* pInfo);
            virtual void OnEndPrinting(CDC* pDC, CPrintInfo* pInfo);
// Generated message map functions
protected:
            //{{AFX_MSG(CKeyView)
            afx_msg void OnChar(UINT nChar, UINT nRepCnt, UINT nFlags);
            //}}AFX_MSG
            DECLARE_MESSAGE_MAP()
};
#ifndef _DEBUG  // debug version in keyview.cpp
inline CKeyDoc* CKeyView::GetDocument() { return (CKeyDoc*) m_pDocument; }
#endif
/////////////////////////////////////////////////////////////////////////////
// keyview.cpp : implementation of the CKeyView class
//
#include "stdafx.h"
```

continues

Listing 3.1. continued

```
#include "key.h"
#include "keydoc.h"
#include "keyview.h"
#ifdef _DEBUG
#undef THIS_FILE
static char BASED_CODE THIS_FILE[] = __FILE__;
#endif
/////////////////////////////////////////////////////////////////////////
// CKeyView
IMPLEMENT_DYNCREATE(CKeyView, CView)
BEGIN_MESSAGE_MAP(CKeyView, CView)
    //{{AFX_MSG_MAP(CKeyView)
    ON_WM_CHAR()
    //}}AFX_MSG_MAP
    // Standard printing commands
    ON_COMMAND(ID_FILE_PRINT, CView::OnFilePrint)
ON_COMMAND(ID_FILE_PRINT_PREVIEW, CView::OnFilePrintPreview)
END_MESSAGE_MAP()
/////////////////////////////////////////////////////////////////////////
// CKeyView construction/destruction
CKeyView::CKeyView()
{
    // TODO: add construction code here
}
CKeyView::~CKeyView()
{
}
/////////////////////////////////////////////////////////////////////////
// CKeyView drawing
void CKeyView::OnDraw(CDC* pDC)
{
    CKeyDoc* pDoc = GetDocument();
    pDC->TextOut(0, 0, pDoc->data_string, pDoc->data_string.GetLength());
}
/////////////////////////////////////////////////////////////////////////
// CKeyView printing
BOOL CKeyView::OnPreparePrinting(CPrintInfo* pInfo)
{
    // default preparation
    return DoPreparePrinting(pInfo);
}
```

```
void CKeyView::OnBeginPrinting(CDC* /*pDC*/, CPrintInfo* /*pInfo*/)
{
     // TODO: add extra initialization before printing
}
void CKeyView::OnEndPrinting(CDC* /*pDC*/, CPrintInfo* /*pInfo*/)
{
     // TODO: add cleanup after printing
}
/////////////////////////////////////////////////////////////////////////
// CKeyView diagnostics
#ifdef _DEBUG
void CKeyView::AssertValid() const
{
          CView::AssertValid();
}
void CKeyView::Dump(CDumpContext& dc) const
{
          CView::Dump(dc);
}
CKeyDoc* CKeyView::GetDocument() // non-debug version is inline
{
          ASSERT(m_pDocument->IsKindOf(RUNTIME_CLASS(CKeyDoc)));
          return (CKeyDoc*) m_pDocument;
}
#endif //_DEBUG
/////////////////////////////////////////////////////////////////////////
// CKeyView message handlers
void CKeyView::OnChar(UINT nChar, UINT nRepCnt, UINT nFlags)
{
// TODO: Add your message handler code here and/or call default
          CKeyDoc* pDoc = GetDocument();
          pDoc->data_string += nChar;
          CView::OnChar(nChar, nRepCnt, nFlags);
          CClientDC dc(this);
          dc.TextOut(0, 0, pDoc->data_string, pDoc->data_string.GetLength());
          pDoc->UpdateAllViews(this, 0L, 0);
}
// keydoc.h : interface of the CKeyDoc class
//
/////////////////////////////////////////////////////////////////////////
class CKeyDoc : public CDocument
{
```

continues

Listing 3.1. continued

```
protected: // create from serialization only
            CKeyDoc();
            DECLARE_DYNCREATE(CKeyDoc)
// Attributes
public:
// Operations
public:
            CString data_string;

// Implementation
public:
            virtual ~CKeyDoc();
virtual void Serialize(CArchive& ar);    // overridden for document i/o
#ifdef _DEBUG
            virtual void AssertValid() const;
            virtual void Dump(CDumpContext& dc) const;
#endif
protected:
            virtual BOOL    OnNewDocument();
// Generated message map functions
protected:
            //{{AFX_MSG(CKeyDoc)
            // NOTE - the Class Wizard will add and remove member functions here.
            //    DO NOT EDIT what you see in these blocks of generated code !
            //}}AFX_MSG
            DECLARE_MESSAGE_MAP()
};
//////////////////////////////////////////////////////////////////////////
// keydoc.cpp : implementation of the CKeyDoc class
//
#include "stdafx.h"
#include "key.h"
#include "keydoc.h"
#ifdef _DEBUG
#undef THIS_FILE
static char BASED_CODE THIS_FILE[] = __FILE__;
#endif
//////////////////////////////////////////////////////////////////////////
// CKeyDoc
```

```
IMPLEMENT_DYNCREATE(CKeyDoc, CDocument)
BEGIN_MESSAGE_MAP(CKeyDoc, CDocument)
            //{{AFX_MSG_MAP(CKeyDoc)
            // NOTE - the Class Wizard will add and remove mapping macros here.
            //    DO NOT EDIT what you see in these blocks of generated code !
            //}}AFX_MSG_MAP
END_MESSAGE_MAP()
/////////////////////////////////////////////////////////////////////////
// CKeyDoc construction/destruction
CKeyDoc::CKeyDoc()
{
            // TODO: add one-time construction code here
}
CKeyDoc::~CKeyDoc()
{
}
BOOL CKeyDoc::OnNewDocument()
{
            if (!CDocument::OnNewDocument())
      return FALSE;
            // TODO: add reinitialization code here
            // (SDI documents will reuse this document)
            return TRUE;
}
/////////////////////////////////////////////////////////////////////////
// CKeyDoc serialization
void CKeyDoc::Serialize(CArchive& ar)
{
            if (ar.IsStoring())
            {
      // TODO: add storing code here
            }
            else
            {
      // TODO: add loading code here
            }
}
/////////////////////////////////////////////////////////////////////////
// CKeyDoc diagnostics
#ifdef _DEBUG
void CKeyDoc::AssertValid() const
```

continues

Listing 3.1. continued

```
{
            CDocument::AssertValid();
}
void CKeyDoc::Dump(CDumpContext& dc) const
{
            CDocument::Dump(dc);
}
#endif //_DEBUG
/////////////////////////////////////////////////////////////////////
// CKeyDoc commands
```

Adding a Caret to Our Window

We have been able to read characters and type them in our window in the following way:

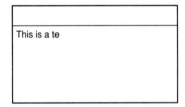

However, normal Windows programs use a caret (the short blinking line called a cursor in DOS) to indicate where the next struck key will appear:

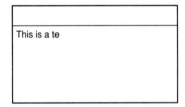

Let's add a caret to our program. Carets are associated with objects of the CWnd class, and the view class is derived from CView, which in turn does come from CWnd, so we will be able to associate a caret with our view. There are six main caret functions:

CreateCaret( )

CreateSolidCaret( )

SetCaretPos( )

ShowCaret( )

HideCaret( )

DestroyCaret( )

To add a caret, we will first create it when our view is created (using CreateSolidCaret( )). Next, we will start it at position (0, 0) (using ShowCaret( )):

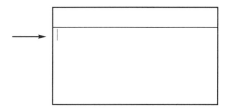

Then, as we type, we will advance it, showing where the next character will go (using SetCaretPos( )):

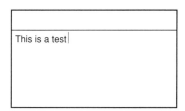

We might begin by starting a project named caret.mak and adding the code from key.mak to it; so far, then, our program does all that the key project did. Next, let's reserve space for our caret's location in the window in a CPoint object named caret_location. This object has two members: caret_location.x and caret_location.y. Since the caret is associated with the view, we add this object to the view class in caretvw.h:

```
class CCaretView : public CView
{
protected: // create from serialization only
```

```
        CCaretView();
        DECLARE_DYNCREATE(CCaretView)
// Attributes
public:
        CCaretDoc* GetDocument();
        CPoint caret_location;
// Operations
public:
```

Next, we have to design and display our caret when the view is first created. Use Class Wizard (the last item in Visual C++'s Browse menu) to add skeletal support for the *OnCreate( )* view class member function. We have already done this for the WM_CHAR message, giving us OnChar( ); repeat the process now for the WM_CREATE message to add OnCreate( ) to caretvw.cpp as shown in figure 3.4.

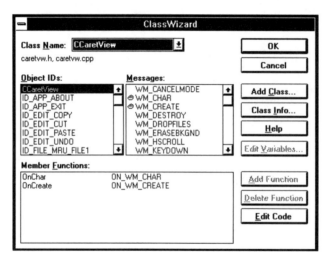

Figure 3.4. Intercepting the WM_CREATE message.

This produces the following outline for OnCreate( ):

```
int CCaretView::OnCreate(LPCREATESTRUCT lpCreateStruct)
{
    if (CView::OnCreate(lpCreateStruct) == -1)
            return -1;
    return 0;
}
```

Microsoft Foundation Class Library Programming

This is the appropriate place to create the caret (not in the constructor because there the view window has not yet been created); we can do that with the function CreateSolidCaret( ). To do that, we will have to indicate the size and shape of the caret we want; to do *that* we need to determine some characteristics of our view—in particular, the average width and height of characters. That's done by creating a device context object and using its member function GetTextMetrics( ). That function takes a pointer to a structure of type TEXTMETRIC which hold characteristics of the font we are using like this:

```
typedef struct tagTEXTMETRIC
            {
    int      tmHeight;
    int      tmAscent;
    int      tmDescent;
    int      tmInternalLeading;
    int      tmExternalLeading;
    int      tmAveCharWidth;
    int      tmMaxCharWidth;
    int      tmWeight;
    BYTE     tmItalic;
    BYTE     tmUnderlined;
    BYTE     tmStruckOut;
    BYTE     tmFirstChar;
    BYTE     tmLastChar;
    BYTE     tmDefaultChar;
    BYTE     tmBreakChar;
    BYTE     tmPitchAndFamily;
    BYTE     tmCharSet;
    int      tmOverhang;
    int      tmDigitizedAspectX;
    int      tmDigitizedAspectY;
            } TEXTMETRIC;
```

We will create a caret of one-eighth the width of the average character (tmAveCharWidth/8) and the same height as the character itself (tmHeight). That looks like the following in OnCreate( ):

```
int CCaretView::OnCreate(LPCREATESTRUCT lpCreateStruct)
{
    TEXTMETRIC tm;
    if (CView::OnCreate(lpCreateStruct) == -1)
                return -1;
    CClientDC dc(this);
    dc.GetTextMetrics(&tm);
    CreateSolidCaret(tm.tmAveCharWidth/8, tm.tmHeight);
    :
}
```

All that remains now is to initialize the caret_location object to (0, 0) with SetCaretPos( ) and to display the caret with ShowCaret( ) like this:

```
int CCaretView::OnCreate(LPCREATESTRUCT lpCreateStruct)
{
        TEXTMETRIC tm;
        if (CView::OnCreate(lpCreateStruct) == -1)
        return -1;
        CClientDC dc(this);
        dc.GetTextMetrics(&tm);
        CreateSolidCaret(tm.tmAveCharWidth/8, tm.tmHeight);
        caret_location.x = caret_location.y = 0;
        SetCaretPos(caret_location);
        ShowCaret();
        return 0;
}
```

That's it. So far, then a blinking caret appears in our window as barely visible (upper left of client area) in figure 3.5.

Figure 3.5. Our Window's caret.

The next step, of course, is to move the caret to the end of the text as we read and type it in OnChar( ). So far, OnChar( ) looks something like the following:

```
void CCaretView::OnChar(UINT nChar, UINT nRepCnt, UINT nFlags)
{
        CView::OnChar(nChar, nRepCnt, nFlags);
        CCaretDoc* pDoc = GetDocument();
        pDoc->data_string += nChar;
        CClientDC dc(this);
        dc.TextOut(0, 0, pDoc->data_string, pDoc->data_string.GetLength()); }
```

Each time through, we print out the full string; our job here is to add the caret at the end of the text as it appears on the screen. For that, we use the device context member function GetTextExtent( ). That is, most Windows fonts have variable widths character by character; GetTextExtent( ) gives us an easy way to determine how long a string will be when displayed. This function returns an object of type CSize, and the length of the string we pass will be stored in that object's cx member. That means we can set the caret's x location this way:

```
void CCaretView::OnChar(UINT nChar, UINT nRepCnt, UINT nFlags)
{
            CView::OnChar(nChar, nRepCnt, nFlags);
            CCaretDoc* pDoc = GetDocument();
            pDoc->data_string += nChar;
            CClientDC dc(this);
            dc.TextOut(0, 0, pDoc->data_string, pDoc->data_string.GetLength());
            CSize string_size = dc.GetTextExtent(pDoc->data_string, \
            pDoc->data_string.GetLength());
            caret_location.x = string_size.cx;
    :
}
```

All that remains now is to set the caret location on the screen to match this new location and to make sure it is displayed with ShowCaret( ). In fact, it is best to hide the caret before printing and to show it again after you are finished; that looks like the following in OnChar( ):

```
void CCaretView::OnChar(UINT nChar, UINT nRepCnt, UINT nFlags)
{
            CView::OnChar(nChar, nRepCnt, nFlags);
            CCaretDoc* pDoc = GetDocument();
            pDoc->data_string += nChar;
            CClientDC dc(this);
                HideCaret();
            dc.TextOut(0, 0, pDoc->data_string, pDoc->data_string.GetLength());
            CSize string_size = dc.GetTextExtent(pDoc->data_string, \
            pDoc->data_string.GetLength());
            caret_location.x = string_size.cx;
        SetCaretPos(caret_location);
        ShowCaret();
}
```

That's it for displaying the caret; the new program appears in figure 3.6, and the new versions of caretvw.h and caretvw.cpp appear in listing 3.2. Our text handling has been a complete success. Now we're ready to move on to handling the mouse.

Figure 3.6. Our program with a working Windows caret.

Listing 3.2. Key-reading Program with Caret

```
// caretvw.h : interface of the CCaretView class
//
/////////////////////////////////////////////////////////////////////////
class CCaretView : public CView
{
protected: // create from serialization only
         CCaretView();
         DECLARE_DYNCREATE(CCaretView)
// Attributes
public:
         CCaretDoc* GetDocument();
         CPoint caret_location;
// Operations
public:
// Implementation
public:
         virtual ~CCaretView();
         virtual void OnDraw(CDC* pDC);  // overridden to draw this view
#ifdef _DEBUG
         virtual void AssertValid() const;
         virtual void Dump(CDumpContext& dc) const;
#endif
    // Printing support
protected:
         virtual BOOL OnPreparePrinting(CPrintInfo* pInfo);
         virtual void OnBeginPrinting(CDC* pDC, CPrintInfo* pInfo);
         virtual void OnEndPrinting(CDC* pDC, CPrintInfo* pInfo);
// Generated message map functions
protected:
```

```
        //{{AFX_MSG(CCaretView)
    afx_msg void OnChar(UINT nChar, UINT nRepCnt, UINT nFlags);
    afx_msg int OnCreate(LPCREATESTRUCT lpCreateStruct);
    //}}AFX_MSG
        DECLARE_MESSAGE_MAP()
    };
    #ifndef _DEBUG  // debug version in caretvw.cpp
    inline CCaretDoc* CCaretView::GetDocument() { return (CCaretDoc*) m_pDocument; }
    #endif
    /////////////////////////////////////////////////////////////////////////////
    // caretvw.cpp : implementation of the CCaretView class
    //
    #include "stdafx.h"
    #include "caret.h"
    #include "caretdoc.h"
    #include "caretvw.h"
    #ifdef _DEBUG
    #undef THIS_FILE
    static char BASED_CODE THIS_FILE[] = __FILE__;
    #endif
    /////////////////////////////////////////////////////////////////////////////
    // CCaretView
    IMPLEMENT_DYNCREATE(CCaretView, CView)
    BEGIN_MESSAGE_MAP(CCaretView, CView)
        //{{AFX_MSG_MAP(CCaretView)
        ON_WM_CHAR()
        ON_WM_CREATE()
        //}}AFX_MSG_MAP
        // Standard printing commands
    ON_COMMAND(ID_FILE_PRINT, CView::OnFilePrint)
    ON_COMMAND(ID_FILE_PRINT_PREVIEW, CView::OnFilePrintPreview)
    END_MESSAGE_MAP()
    /////////////////////////////////////////////////////////////////////////////
    // CCaretView construction/destruction
    CCaretView::CCaretView()
    {
        // TODO: add construction code here
    }
    CCaretView::~CCaretView()
    {
    }
    /////////////////////////////////////////////////////////////////////////////
```

continues

Listing 3.2. continued

```
// CCaretView drawing
void CCaretView::OnDraw(CDC* pDC)
{
        CCaretDoc* pDoc = GetDocument();
        // TODO: add draw code here
}
/////////////////////////////////////////////////////////////////////////////
// CCaretView printing
BOOL CCaretView::OnPreparePrinting(CPrintInfo* pInfo)
{
        // default preparation
        return DoPreparePrinting(pInfo);
}
void CCaretView::OnBeginPrinting(CDC* /*pDC*/, CPrintInfo* /*pInfo*/)
{
        // TODO: add extra initialization before printing
}
void CCaretView::OnEndPrinting(CDC* /*pDC*/, CPrintInfo* /*pInfo*/)
{
        // TODO: add cleanup after printing
}
/////////////////////////////////////////////////////////////////////////////
// CCaretView diagnostics
#ifdef _DEBUG
void CCaretView::AssertValid() const
{
        CView::AssertValid();
}
void CCaretView::Dump(CDumpContext& dc) const
{
        CView::Dump(dc);
}
CCaretDoc* CCaretView::GetDocument() // non-debug version is inline
{
        ASSERT(m_pDocument->IsKindOf(RUNTIME_CLASS(CCaretDoc)));
        return (CCaretDoc*) m_pDocument;
}
#endif //_DEBUG
/////////////////////////////////////////////////////////////////////////////
 // CCaretView message handlers
```

```
void CCaretView::OnChar(UINT nChar, UINT nRepCnt, UINT nFlags)
{
        CView::OnChar(nChar, nRepCnt, nFlags);
        CCaretDoc* pDoc = GetDocument();
        pDoc->data_string += nChar;
        CClientDC dc(this);
        HideCaret();
        dc.TextOut(0, 0, pDoc->data_string, pDoc->data_string.GetLength());
        CSize string_size = dc.GetTextExtent(pDoc->data_string, \
        pDoc->data_string.GetLength());
        caret_location.x = string_size.cx;
        SetCaretPos(caret_location);
        ShowCaret();
}
int CCaretView::OnCreate(LPCREATESTRUCT lpCreateStruct)
{
        TEXTMETRIC tm;
        if (CView::OnCreate(lpCreateStruct) == -1)
        return -1;
        CClientDC dc(this);
        dc.GetTextMetrics(&tm);
        CreateSolidCaret(tm.tmAveCharWidth/8, tm.tmHeight);
        caret_location.x = caret_location.y = 0;
        SetCaretPos(caret_location);
        ShowCaret();
        return 0;
}
```

The Mouse and Mouse Events

As you might expect, mouse events such as clicking, double clicking, or moving are all communicated to our View class through Windows messages like these:

Mouse Message	Means
WM_MOUSEMOVE	Mouse was moved
WM_LBUTTONUP	Left button up
WM_LBUTTONDBLCLK	Left button double click
WM_LBUTTONDOWN	Left button down

continues

Mouse Message	Means
WM_RBUTTONUP	Right button up
WM_RBUTTONDBLCLK	Right button double click
WM_RBUTTONDOWN	Right button down
WM_MBUTTONUP	Middle button up
WM_MBUTTONDBLCLK	Middle button double click
WM_MBUTTONDOWN	Middle button down

We should also note that Windows does not generate a WM_MOUSEMOVE message for every pixel location over which the mouse cursor travels. Instead, as the mouse moves, it sends only so many messages a second, as we will see when we construct our paint application in Chapter 8.

Controlling the Mouse
It is also important to know that if the user moves the mouse out of our window, we may get a WM_LBUTTONDOWN message without ever getting a WM_LBUTTONUP message (or the reverse), so beware of programming these in pairs.

The above mouse messages all refer to the client area of our window—that is, the area under our control. But our program also sees non-client area messages (for the menu bar, the system menu if there is one, and so on). Using these messages, Windows knows when to move, resize, or close our window. Although Windows applications very rarely use such messages, here they are for reference (note that NC stands for non-client area):

Non-Client Mouse Message	Means
WM_NCMOUSEMOVE	Non-client mouse move
WM_NCLBUTTONDOWN	Non-client left button down
WM_NCLBUTTONUP	Non-client left button up
WM_NCLBUTTONDBLCLK	Non-client left button double-click
WM_NCRBUTTONDOWN	Non-client right button down
WM_NCRBUTTONUP	Non-client right button up

Microsoft Foundation Class Library Programming

Non-Client Mouse Message	Means
WM_NCRBUTTONDBLCLK	Non-client right button double-click
WM_NCMBUTTONDOWN	Non-client middle button down
WM_NCMBUTTONUP	Non-client middle button up
WM_NCMBUTTONDBLCLK	Non-client middle button double-click

Note that because these messages refer to non-client areas, they cannot use client area coordinates (unless they use negative values). Instead, they use *screen area coordinates* like this (starting in the upper left corner of the screen):

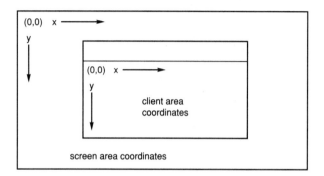

The most important messages for our use will involve the right or left buttons: WM_LBUTTONDOWN, WM_LBUTTONUP, WM_RBUTTONDOWN, and WM_RBUTTONUP. Using these messages and decoding the data sent to us in the associated OnXXX( ) functions, we will be able to determine where the mouse cursor is when some action was taken with the buttons.

Using the Mouse in Code

Using direct mouse information is made very easy through the use of mouse messages. In our case, we just want to move the text insertion point to a new location in the view. We start at (0,0):

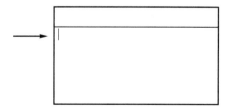

When the caret is there, we can type our messages:

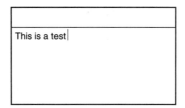

Next, we might move the mouse cursor somewhere else and click it. The caret should then move to that location:

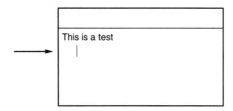

We should be able to type again, as follows:

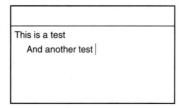

The way we will do this is by keeping track of not only the caret location in caret_location, but also the location of the beginning of the string in a new origin on the screen called origin_location.

We will always print the string starting at the position origin_location in our window. When we start the program, origin_location will be set to the point (0, 0) in the client area:

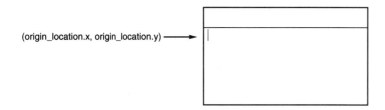

If the mouse moves the caret to some other location, we will reset the origin_location there so we can print out text starting at that point:

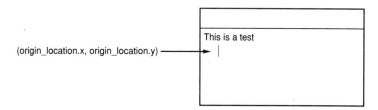

That means that we can add origin_location as an embedded CPoint object in our view class declaration in caretvw.h (note that because setting a new origin doesn't affect the way data is stored, only the way it is displayed, we don't make this change to the document class):

```
class CCaretView : public CView
{
protected: // create from serialization only
    CCaretView();
    DECLARE_DYNCREATE(CCaretView)
// Attributes
public:
    CCaretDoc* GetDocument();
    CPoint caret_location;
    CPoint origin_location;
// Operations
public:
              :
```

Now we have to enable our program to handle mouse button clicks—specifically, we want to move the origin location when the user clicks the mouse at some point in our window's client area.

To do that, we want to handle the WM_LBUTTONDOWN message, so we can create a skeletal function named OnLButtonDown() with Class Wizard. Start Visual C++'s Class Wizard (last item in the Browse menu) and add the WM_LBUTTONDOWN message to CCaretView as shown in figure 3.7.

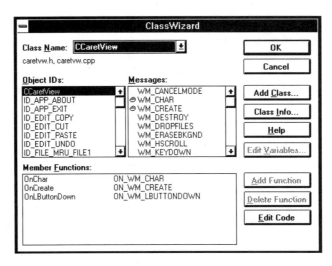

Figure 3.7. Using a mouse message.

Click the OK button now to add OnLButtonDown( ) to the class CCaretView. In caretvw.cpp, that function looks like the following:

```
void CCaretView::OnLButtonDown(UINT nFlags, CPoint point)
{
    CView::OnLButtonDown(nFlags, point);
}
```

The nFlags parameter is an unsigned integer that can take these values, which indicate the state of the mouse buttons (and associated keyboard keys):

nFlags	Means
MK_CONTROL	Control key was down
MK_LBUTTON	Left mouse button down
MK_MBUTTON	Middle mouse button down
MK_RBUTTON	Right mouse button down
MK_SHIFT	Shift key was down

The point parameter is an object of class CPoint, holding the screen location like this: (point.x, point.y). If this function is called, the user has clicked the mouse at some new location in the window, and we should set both the origin_location (the origin of the string on the screen) and the caret_location (the caret goes at the end of the string, but we will set the string length to 0 here to start a new string) to the new mouse location:

```
void CCaretView::OnLButtonDown(UINT nFlags, CPoint point)
{
    CView::OnLButtonDown(nFlags, point);
    origin_location = caret_location = point;
                :
}
```

Now that the user has moved the origin, the next step is to clear our string's data, which we can do with the CString member function Empty( ). First, we have to reach the document, which we do with GetDocument( ); next we clear the string in the following way:

```
void CCaretView::OnLButtonDown(UINT nFlags, CPoint point)
{
        CView::OnLButtonDown(nFlags, point);
        origin_location = caret_location = point;
        CCaretDoc* pDoc = GetDocument();
        pDoc->data_string.Empty();
    :
}
```

Finally, we hide the caret, move it to its new position, and display it again:

```
void CCaretView::OnLButtonDown(UINT nFlags, CPoint point)
{
        CView::OnLButtonDown(nFlags, point);
        origin_location = caret_location = point;
        CCaretDoc* pDoc = GetDocument();
        pDoc->data_string.Empty();
        HideCaret();
        SetCaretPos(caret_location);
        ShowCaret();
}
```

Note that it is a good idea to hide the caret before moving it, otherwise, you might leave its image in the old location (if it was blinking on when you moved it).

Now of course, we have to update OnChar( )—when the user types keys, we want them to appear starting at the new location, origin_location. We do that like this in the TextOut( ) call:

```
void CCaretView::OnChar(UINT nChar, UINT nRepCnt, UINT nFlags)
{
```

```
        CView::OnChar(nChar, nRepCnt, nFlags);
        CCaretDoc* pDoc = GetDocument();
        pDoc->data_string += nChar;
        CClientDC dc(this);
        HideCaret();
        dc.TextOut(origin_location.x, origin_location.y, \
        pDoc->data_string, pDoc-
        >data_string.GetLength());
        ⋮
}
```

The string will be displayed starting at the new origin, as it should be. Now that we have printed the string out, we want to set the new caret position to the end of the string, which starts at origin_location, not (0, 0). That means that we update caret_location.x in the following way (caret_location.y was already set when the user moved the mouse and clicked):

```
void CCaretView::OnChar(UINT nChar, UINT nRepCnt, UINT nFlags)
{
        CView::OnChar(nChar, nRepCnt, nFlags);
        CCaretDoc* pDoc = GetDocument();
        pDoc->data_string += nChar;
        CClientDC dc(this);
        HideCaret();
        dc.TextOut(origin_location.x, origin_location.y, \
        pDoc->data_string, pDoc->data_string.GetLength());
        CSize string_size = dc.GetTextExtent(pDoc->data_string, \
        pDoc->data_string.GetLength());
        caret_location.x = origin_location.x + string_size.cx;
        SetCaretPos(caret_location);
        ShowCaret();
}
```

That's all there is to it. Now we can type in our window, click the mouse in a new location, and type there, as shown in figure 3.8. All the final files appear below in these listings:

Listing	Contains
Listing 3.3	Mainfrm.H
Listing 3.4	Mainfrm.Cpp
Listing 3.5	Caret.H
Listing 3.6	Caret.Cpp
Listing 3.7	Caretvw.H

Listing	Contains
Listing 3.8	Caretvw.Cpp
Listing 3.9	Caretdoc.H
Listing 3.10	Caretdoc.Cpp

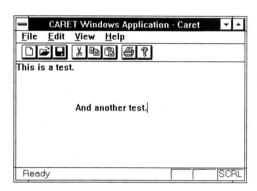

Figure 3.8. Moving the insertion caret around.

Note that we should add code to OnDraw( ) if we want our window redrawn properly after it's uncovered.

Listing 3.3.   mainfrm.h

```
// mainfrm.h : interface of the CMainFrame class
//
///////////////////////////////////////////////////////////////////
class CMainFrame : public CFrameWnd
{
protected: // create from serialization only
        CMainFrame();
        DECLARE_DYNCREATE(CMainFrame)
// Attributes
public:
// Operations
public:
// Implementation
public:
        virtual ~CMainFrame();
```

continues

Listing 3.3. continued

```
#ifdef _DEBUG
          virtual     void AssertValid() const;
          virtual     void Dump(CDumpContext& dc) const;
#endif
protected:     // control bar embedded members
          CStatusBar     m_wndStatusBar;
          CToolBar     m_wndToolBar;
// Generated message map functions
protected:
          //{{AFX_MSG(CMainFrame)
          afx_msg int OnCreate(LPCREATESTRUCT lpCreateStruct);
// NOTE - the ClassWizard will add and remove member functions here.
//     DO NOT EDIT what you see in these blocks of generated code !
          //}}AFX_MSG
          DECLARE_MESSAGE_MAP()
};
//////////////////////////////////////////////////////////////////////
```

Listing 3.4. mainfrm.cpp

```
// mainfrm.cpp : implementation of the CMainFrame class
//
#include "stdafx.h"
#include "caret.h"
#include "mainfrm.h"
#ifdef _DEBUG
#undef THIS_FILE
static char BASED_CODE THIS_FILE[] = __FILE__;
#endif
//////////////////////////////////////////////////////////////////////
// CMainFrame
IMPLEMENT_DYNCREATE(CMainFrame, CFrameWnd)
BEGIN_MESSAGE_MAP(CMainFrame, CFrameWnd)
          //{{AFX_MSG_MAP(CMainFrame)
              // NOTE - the ClassWizard will add and remove mapping macros here.
              //     DO NOT EDIT what you see in these blocks of generated code !
          ON_WM_CREATE()
          //}}AFX_MSG_MAP
END_MESSAGE_MAP()
```

```
/////////////////////////////////////////////////////////////////////////
// arrays of IDs used to initialize control bars
// toolbar buttons - IDs are command buttons
static UINT BASED_CODE buttons[] =
{
            // same order as in the bitmap 'toolbar.bmp'
            ID_FILE_NEW,
            ID_FILE_OPEN,
            ID_FILE_SAVE,
      ID_SEPARATOR,
            ID_EDIT_CUT,
            ID_EDIT_COPY,
            ID_EDIT_PASTE,
      ID_SEPARATOR,
            ID_FILE_PRINT,
            ID_APP_ABOUT,
};

static UINT BASED_CODE indicators[] =
{
            ID_SEPARATOR,            // status line indicator
            ID_INDICATOR_CAPS,
            ID_INDICATOR_NUM,
            ID_INDICATOR_SCRL,
};
/////////////////////////////////////////////////////////////////////////
// CMainFrame construction/destruction
CMainFrame::CMainFrame()
{
            // TODO: add member initialization code here
}
CMainFrame::~CMainFrame()
{
}
int CMainFrame::OnCreate(LPCREATESTRUCT lpCreateStruct)
{
            if (CFrameWnd::OnCreate(lpCreateStruct) == -1)
            return -1;
            if (!m_wndToolBar.Create(this)
            ¦¦ !m_wndToolBar.LoadBitmap(IDR_MAINFRAME) ¦¦
            !m_wndToolBar.SetButtons(buttons, sizeof(buttons)/sizeof(UINT)))
```

continues

Listing 3.4. continued

```
            {
    TRACE("Failed to create toolbar\n");
return -1;           // fail to create
            }
if (!m_wndStatusBar.Create(this) ||
!m_wndStatusBar.SetIndicators(indicators,
sizeof(indicators)/sizeof(UINT)))
            {
TRACE("Failed to create status bar\n"); return -1;          // fail to create
            }
            return 0;
}
///////////////////////////////////////////////////////////////////////////
// CMainFrame diagnostics
#ifdef _DEBUG
void CMainFrame::AssertValid() const
{
            CFrameWnd::AssertValid();
}
void CMainFrame::Dump(CDumpContext& dc) const
{
            CFrameWnd::Dump(dc);
}
#endif //_DEBUG
///////////////////////////////////////////////////////////////////////////
// CMainFrame message handlers
```

Listing 3.5. caret.h

```
// caret.h : main header file for the CARET application
//
#ifndef __AFXWIN__
            #error include 'stdafx.h' before including this file for PCH
#endif
#include "resource.h"         // main symbols
///////////////////////////////////////////////////////////////////////////
// CCaretApp:
// See caret.cpp for the implementation of this class
//
class CCaretApp : public CWinApp
{
```

```
public:
            CCaretApp();
// Overrides
            virtual BOOL InitInstance();
// Implementation
            //{{AFX_MSG(CCaretApp)
            afx_msg void OnAppAbout();
                // NOTE - the ClassWizard will add and remove member functions here.
                //    DO NOT EDIT what you see in these blocks of generated code !
            //}}AFX_MSG
            DECLARE_MESSAGE_MAP()
};
/////////////////////////////////////////////////////////////////////////////
```

Listing 3.6.   caret.cpp

```
// caret.cpp : Defines the class behaviors for the application.
//
#include "stdafx.h"
#include "caret.h"
#include "mainfrm.h"
#include "caretdoc.h"
#include "caretvw.h"
#ifdef _DEBUG
#undef THIS_FILE
static char BASED_CODE THIS_FILE[] = __FILE__;
#endif
/////////////////////////////////////////////////////////////////////////////
// CCaretApp
BEGIN_MESSAGE_MAP(CCaretApp, CWinApp)
            //{{AFX_MSG_MAP(CCaretApp)
            ON_COMMAND(ID_APP_ABOUT, OnAppAbout)
                // NOTE - the ClassWizard will add and remove mapping macros here.
                //    DO NOT EDIT what you see in these blocks of generated code !
            //}}AFX_MSG_MAP
            // Standard file based document commands
ON_COMMAND(ID_FILE_NEW, CWinApp::OnFileNew)
ON_COMMAND(ID_FILE_OPEN, CWinApp::OnFileOpen)
// Standard print setup command
ON_COMMAND(ID_FILE_PRINT_SETUP, CWinApp::OnFilePrintSetup)
```

continues

Listing 3.6. continued

```
END_MESSAGE_MAP()
///////////////////////////////////////////////////////////////////////
// CCaretApp construction
CCaretApp::CCaretApp()
{
        // TODO: add construction code here,
        // Place all significant initialization in InitInstance
}
///////////////////////////////////////////////////////////////////////
// The one and only CCaretApp object
CCaretApp NEAR theApp;
///////////////////////////////////////////////////////////////////////
// CCaretApp initialization
BOOL CCaretApp::InitInstance()
{
// Standard initialization
// If you are not using these features and wish to reduce the size
//  of your final executable, you should remove from the following
//  the specific initialization routines you do not need.
SetDialogBkColor();        // set dialog background color to gray
LoadStdProfileSettings();
// Load standard INI file options
// Register the application's document templates.  Document templates
//  serve as the connection between documents, frame windows and views.
AddDocTemplate(new CSingleDocTemplate(IDR_MAINFRAME, RUNTIME_CLASS(CCaretDoc),
RUNTIME_CLASS(CMainFrame),     // main SDI frame window RUNTIME_CLASS(CCaretView)));
        // create a new (empty) document
        OnFileNew();
        if (m_lpCmdLine[0] != '\0')
        {
    // TODO: add command line processing here
        }
        return TRUE;
}
///////////////////////////////////////////////////////////////////////
// CAboutDlg dialog used for App About
class CAboutDlg : public CDialog
{
```

```
public:
            CAboutDlg();
// Dialog Data
            //{{AFX_DATA(CAboutDlg)
            enum { IDD = IDD_ABOUTBOX };
            //}}AFX_DATA
// Implementation
protected:
virtual void DoDataExchange(CDataExchange* pDX);      // DDX/DDV support
            //{{AFX_MSG(CAboutDlg)
            // No message handlers
            //}}AFX_MSG
            DECLARE_MESSAGE_MAP()
};
CAboutDlg::CAboutDlg() : CDialog(CAboutDlg::IDD)
{
            //{{AFX_DATA_INIT(CAboutDlg)
            //}}AFX_DATA_INIT
}
void CAboutDlg::DoDataExchange(CDataExchange* pDX)
{
            CDialog::DoDataExchange(pDX);
            //{{AFX_DATA_MAP(CAboutDlg)
            //}}AFX_DATA_MAP
}
BEGIN_MESSAGE_MAP(CAboutDlg, CDialog)
            //{{AFX_MSG_MAP(CAboutDlg)
     // No message handlers
            //}}AFX_MSG_MAP
END_MESSAGE_MAP()
// App command to run the dialog
void CCaretApp::OnAppAbout()
{
            CAboutDlg aboutDlg;
            aboutDlg.DoModal();
}
/////////////////////////////////////////////////////////////////////////////
// CCaretApp commands
```

Listing 3.7. Mouse-enabled caretvw.h

```
// caretvw.h : interface of the CCaretView class
//
/////////////////////////////////////////////////////////////////////////////
class CCaretView : public CView
{
protected: // create from serialization only
          CCaretView();
          DECLARE_DYNCREATE(CCaretView)
// Attributes
public:
          CCaretDoc* GetDocument();
          CPoint caret_location;
          CPoint origin_location;
// Operations
public:
// Implementation
public:
    virtual ~CCaretView();
    virtual void OnDraw(CDC* pDC);  // overridden to draw this view #ifdef _DEBUG
    virtual void AssertValid() const;
    virtual void Dump(CDumpContext& dc) const;
#endif
    // Printing support
protected:
    virtual BOOL OnPreparePrinting(CPrintInfo* pInfo);
    virtual void OnBeginPrinting(CDC* pDC, CPrintInfo* pInfo);
    virtual void OnEndPrinting(CDC* pDC, CPrintInfo* pInfo);
// Generated message map functions
protected:
    //{{AFX_MSG(CCaretView)
afx_msg void OnChar(UINT nChar, UINT nRepCnt, UINT nFlags);
afx_msg int OnCreate(LPCREATESTRUCT lpCreateStruct);
afx_msg void OnLButtonDown(UINT nFlags, CPoint point);
//}}AFX_MSG
    DECLARE_MESSAGE_MAP()
};
#ifndef _DEBUG  // debug version in caretvw.cpp
inline CCaretDoc* CCaretView::GetDocument() { return (CCaretDoc*) m_pDocument; }
#endif
```

Listing 3.8. Mouse-enabled caretvw.cpp

```cpp
/////////////////////////////////////////////////////////////////////
// caretvw.cpp : implementation of the CCaretView class
//
#include "stdafx.h"
#include "caret.h"
#include "caretdoc.h"
#include "caretvw.h"
#ifdef _DEBUG
#undef THIS_FILE
static char BASED_CODE THIS_FILE[] = __FILE__;
#endif
/////////////////////////////////////////////////////////////////////
// CCaretView
IMPLEMENT_DYNCREATE(CCaretView, CView)
BEGIN_MESSAGE_MAP(CCaretView, CView)
    //{{AFX_MSG_MAP(CCaretView)
    ON_WM_CHAR()
    ON_WM_CREATE()
    ON_WM_LBUTTONDOWN()
    //}}AFX_MSG_MAP
    // Standard printing commands
ON_COMMAND(ID_FILE_PRINT, CView::OnFilePrint)
ON_COMMAND(ID_FILE_PRINT_PREVIEW, CView::OnFilePrintPreview)
END_MESSAGE_MAP()


/////////////////////////////////////////////////////////////////////
// CCaretView construction/destruction
CCaretView::CCaretView()
{
        // TODO: add construction code here
}
CCaretView::~CCaretView()
{
}
/////////////////////////////////////////////////////////////////////
// CCaretView drawing
void CCaretView::OnDraw(CDC* pDC)
{
        CCaretDoc* pDoc = GetDocument();
        // TODO: add draw code here
```

continues

Listing 3.8. continued

```
}
////////////////////////////////////////////////////////////////////////////
// CCaretView printing
BOOL CCaretView::OnPreparePrinting(CPrintInfo* pInfo)
{
        // default preparation
        return DoPreparePrinting(pInfo);
}
void CCaretView::OnBeginPrinting(CDC* /*pDC*/, CPrintInfo* /*pInfo*/)
{
        // TODO: add extra initialization before printing
}
void CCaretView::OnEndPrinting(CDC* /*pDC*/, CPrintInfo* /*pInfo*/)
{
        // TODO: add cleanup after printing
}
////////////////////////////////////////////////////////////////////////////
// CCaretView diagnostics
#ifdef _DEBUG
void CCaretView::AssertValid() const
{
        CView::AssertValid();
}
void CCaretView::Dump(CDumpContext& dc) const
{
        CView::Dump(dc);
}
CCaretDoc* CCaretView::GetDocument() // non-debug version is inline
{
        ASSERT(m_pDocument->IsKindOf(RUNTIME_CLASS(CCaretDoc)));
        return (CCaretDoc*) m_pDocument;
}
#endif //_DEBUG
////////////////////////////////////////////////////////////////////////////
// CCaretView message handlers
void CCaretView::OnChar(UINT nChar, UINT nRepCnt, UINT nFlags)
{
```

```
// TODO: Add your message handler code here and/or call default CView::OnChar(nChar,
nRepCnt, nFlags);
            CCaretDoc* pDoc = GetDocument();
            pDoc->data_string += nChar;
            CClientDC dc(this);
            HideCaret();
            dc.TextOut(origin_location.x, origin_location.y, \
            pDoc->data_string, pDoc->data_string.GetLength());
            CSize string_size = dc.GetTextExtent(pDoc->data_string, \
            pDoc->data_string.GetLength());
            caret_location.x = origin_location.x + string_size.cx;
            SetCaretPos(caret_location);
            ShowCaret();
}
int CCaretView::OnCreate(LPCREATESTRUCT lpCreateStruct)
{
            TEXTMETRIC tm;
            if (CView::OnCreate(lpCreateStruct) == -1)
            return -1;
            CClientDC dc(this);
            dc.GetTextMetrics(&tm);
            CreateSolidCaret(tm.tmAveCharWidth/8, tm.tmHeight);
            caret_location.x = caret_location.y = 0;
            origin_location.x = origin_location.y = 0; SetCaretPos(caret_location);
            ShowCaret();
            // TODO: Add your specialized creation code here
            return 0;
}
void CCaretView::OnLButtonDown(UINT nFlags, CPoint point)
{
            CView::OnLButtonDown(nFlags, point);
            origin_location = caret_location = point;
            CCaretDoc* pDoc = GetDocument();
            pDoc->data_string.Empty();
            HideCaret();
            SetCaretPos(caret_location);
            ShowCaret();
}
```

Listing 3.9. caretdoc.h

```
// caretdoc.h : interface of the CCaretDoc class
//
/////////////////////////////////////////////////////////////////////////////
class CCaretDoc : public CDocument
{
protected: // create from serialization only
    CCaretDoc();
    DECLARE_DYNCREATE(CCaretDoc)
// Attributes
public:
            CString data_string;
// Operations
public:
// Implementation
public:
    virtual ~CCaretDoc();
virtual void Serialize(CArchive& ar);    // overridden for document i/o
#ifdef _DEBUG
    virtual void AssertValid() const;
    virtual void Dump(CDumpContext& dc) const;
#endif
protected:
    virtual BOOL    OnNewDocument();
// Generated message map functions
protected:
    //{{AFX_MSG(CCaretDoc)
        // NOTE - the ClassWizard will add and remove member functions here
        //    DO NOT EDIT what you see in these blocks of generated code !
    //}}AFX_MSG
    DECLARE_MESSAGE_MAP()
};
/////////////////////////////////////////////////////////////////////////////
```

Listing 3.10. caretdoc.cpp

```
// caretdoc.cpp : implementation of the CCaretDoc class
//
#include "stdafx.h"
#include "caret.h"
#include "caretdoc.h"
```

Microsoft Foundation Class Library Programming

```
#ifdef _DEBUG
#undef THIS_FILE
static char BASED_CODE THIS_FILE[] = __FILE__;
#endif
/////////////////////////////////////////////////////////////////////////////
// CCaretDoc
IMPLEMENT_DYNCREATE(CCaretDoc, CDocument)
BEGIN_MESSAGE_MAP(CCaretDoc, CDocument)
    //{{AFX_MSG_MAP(CCaretDoc)
        // NOTE - 2the ClassWizard will add and remove mapping macros here.
        //    DO NOT EDIT what you see in these blocks of generated code !
    //}}AFX_MSG_MAP
END_MESSAGE_MAP()
/////////////////////////////////////////////////////////////////////////////
// CCaretDoc construction/destruction
CCaretDoc::CCaretDoc()
{
            // TODO: add one-time construction code here
}
CCaretDoc::~CCaretDoc()
{
}
BOOL CCaretDoc::OnNewDocument()
{
            if (!CDocument::OnNewDocument())
    return FALSE;
            // TODO: add reinitialization code here
            // (SDI documents will reuse this document)
            return TRUE;
}
/////////////////////////////////////////////////////////////////////////////
// CCaretDoc serialization
void CCaretDoc::Serialize(CArchive& ar)
{
            if (ar.IsStoring())
            {
    // TODO: add storing code here
            }
            else
            {
    // TODO: add loading code here
            }
```

continues

Listing 3.10. continued

```
}
///////////////////////////////////////////////////////////////////////
// CCaretDoc diagnostics
#ifdef _DEBUG
void CCaretDoc::AssertValid() const
{
         CDocument::AssertValid();
}
void CCaretDoc::Dump(CDumpContext& dc) const
{
         CDocument::Dump(dc);
}
#endif //_DEBUG
///////////////////////////////////////////////////////////////////////
// CCaretDoc commands
```

That is an overview of how to use the View and Document classes when handling and storing input in a program. We will see more about using views and documents later; in the meantime, let's turn to another very popular Windows topic—creating and using menus.

New Classes and Members:

********** CPoint	
CPoint	Constructs CPoint object
Offset	Adds values to x and y members of point
operator !=	Checks inequality of two points
operator +	Returns CPoint offset
operator +=	Offsets CPoint
operator -	Returns CPoint offset by negative size
operator -	Returns size difference between two points
operator -=	Subtracts size from CPoint
operator ==	Checks equality of two points
x	X coordinate of point
y	Y coordinate of point

********** CSize

CSize	Constructs CSize object
cx	X dimension
cy	Y dimension
operator !=	Checks for inequality
operator +	Adds two sizes
operator +=	Adds size to CSize
operator -	Subtracts two sizes
operator -=	Subtracts size from CSize
operator ==	Checks equality between CSize and a size

********** CWnd

ArrangeIconicWindows	Arranges minimized (iconic)
Windows Attach	Attachs Windows handle to a CWnd object
BeginPaint	Prepares CWnd for painting
BringWindowToTop	Brings CWnd to top of a stack of windows
CalcWindowRect	Called to calculate the window's rectangle
CheckDlgButton	Places a check mark next to dialog button
CheckRadioButton	Checks specified radio button
ClientToScreen	Converts client coordinates to screen coordinates
Create	Creates and initializes child window
CreateCaret	Creates new shape for system caret
CreateEx	Creates window and attaches it to CWnd object
CreateGrayCaret	Creates a gray block caret
CreateSolidCaret	Creates a solid caret
CWnd	Constructs CWnd object

continues

DefWindowProc	Calls default window procedure
DestroyWindow	Destroys attached Windows window
Detach	Detaches Windows handle from a CWnd object
DlgDirList	Fills list box with a file or directory list
DlgDirListComboBox	Fills list box of a combo box with a directory
DlgDirSelect	Gets current selection from a list
DlgDirSelectComboBox	Gets current selection from combo box
DoDataExchange	Used in dialog data exchange
DragAcceptFiles	If true, window will accept dragged files
DrawMenuBar	(Re)draw menu bar
EnableScrollBar	Enables or disables scroll bar arrows
EnableScrollBarCtrl	Enables or disables a sibling scrollbar
EnableWindow	Enables or disables mouse/keyboard input
EndPaint	Indicates end of painting
FindWindow	Returns handle of the window
FlashWindow	Flashes window once
FromHandle	Returns pointer to a CWnd object
GetActiveWindow	Gets active window
GetCapture	Gets CWnd which has the mouse
GetCaretPos	Gets coordinates of the caret
GetCheckedRadioButton	Returns ID of current radio button
GetClientRect	Gets dimension of CWnd client area
GetClipboardOwner	Gets pointer to current clipboard owner
GetCurrentMessage	Returns pointer to current message
GetDC	Gets display context for client area

GetDescendantWindow	Searches all descendant windows
GetDesktopWindow	Gets Windows desktop window
GetDlgItem	Gets control with specified ID
GetDlgItemInt	Translates text of a control
GetDlgItemText	Gets caption or text in a dialog item
GetExStyle	Returns Window's extended style
GetFocus	Gets CWnd that has the input focus
GetFont	Gets current font
GetLastActivePopup	Gets last pop-up window
GetMenu	Gets pointer to specified menu
GetNextDlgGroupItem	Searches for the next dialog item
GetNextDlgTabItem	Gets first tab-target control
GetNextWindow	Returns next window
GetOpenClipboardWindow	Gets pointer to the window
GetParent	Gets parent window of CWnd
GetParentFrame	Returns CWnd object's parent frame
GetSafeHwnd	Returns mWnd
GetScrollBarCtrl	Returns sibling scrollbar control
GetScrollPos	Gets current position of a scrollbar
GetScrollRange	Gets scroll range
GetStyle	Returns current window style
GetSystemMenu	Accesses System menu
GetTopWindow	Returns first child window
GetUpdateRect	Gets coordinates of the smallest update rectangle
GetUpdateRgn	Gets CWnd update region

continues

GetWindow	Returns window with specified relationship
GetWindowDC	Gets display context for the whole window
GetWindowPlacement	Gets show state of window
GetWindowRect	Gets screen coordinates of CWnd
GetWindowText	Returns window text or caption title
GetWindowTextLength	Returns length of the window's text
HideCaret	Hides caret
HiliteMenuItem	Highlights menu item
Invalidate	Invalidates entire client area
InvalidateRect	Invalidates client area in given rectangle
InvalidateRgn	Invalidates client area in given region
IsChild	True if CWnd is a child window
IsDlgButtonChecked	True if dialog button control is checked
IsIconic	True if CWnd is minimized (iconic)
IsWindowEnabled	True if window is enabled
IsWindowVisible	True if window is visible
IsZoomed	True if CWnd is maximized
KillTimer	Kills a system timer
LockWindowUpdate	Disables window updates
MessageBox	Creates and displays message box
MoveWindow	Moves window to new position
mWnd	Handles this CWnd
OnActivate	Called when CWnd is activated
OnActivateApp	Called when the application is about to be
OnChar	Called on keystroke

OnChildActivate	Called for multiple document interface
OnChildNotify	Called by parent window when child is notified
OnClose	Called when CWnd should be closed
OnCommand	Called when user chooses a command
OnCompacting	Called system is being compacted
OnCompareItem	Called to compare items
OnCreate	Called when window is created
OnDeadChar	Called when keystroke is not in valid list
OnDeleteItem	Called when an owner-draw item is deleted
OnDestroy	Called when CWnd is destroyed
OnDestroyClipboard	Called when Clipboard is emptied
OnDrawClipboard	Called when contents of clipboard are drawn
OnDrawItem	Called when owner-draw item is drawn
OnDropFiles	Called when user releases dragged file
OnEnable	Called when CWnd is enabled or disabled
OnEndSession	Called when session is ending
OnEnterIdle	Called when entering idle
OnEraseBkgnd	Called when window background is erased
OnFontChange	Called when fonts are changed
OnGetDlgCode	Called for a dialog control
OnHScroll	Called when horizontal scroll clicked
OnHScrollClipboard	Called when Clipboard owner should scroll
OnIconEraseBkgnd	Called when CWnd is minimized (iconic)
OnInitMenu	Called when menu is about to become active
OnInitMenuPopup	Called when a pop-up menu is about to be active

continues

159

OnKeyDown	Called when nonsystem key pressed
OnKeyUp	Called when nonsystem key released
OnKillFocus	Called immediately before CWnd loses focus
OnLButtonDblClk	Called when user double-clicks left mouse button
OnLButtonDown	Called when user presses left mouse button
OnLButtonUp	Called when user releases left mouse button
OnMButtonDblClk	Called when user double-clicks middle mouse button
OnMButtonDown	Called when user presses middle mouse button
OnMButtonUp	Called when user releases middle mouse button
OnMDIActivate	Called when MDI child window is activated
OnMeasureItem	Called when owner-draw combo box is measured
OnMenuChar	Called when user presses a menu mnemonic
OnMenuSelect	Called when user selects a menu item
OnMouseMove	Called when mouse cursor moves
OnMove	Called after position of CWnd has changed
OnNcActivate	Called when non-client area is activated
OnNcCalcSize	Called when size of non-client area is calculated
OnNcCreate	Called before OnCreate
OnNcDestroy	Called when non-client area is destroyed
OnNcLButtonDblClk	Called when user double-clicks left mouse button
OnNcLButtonDown	Called when user presses left mouse button
OnNcLButtonUp	Called when user releases left mouse button
OnNcMButtonDblClk	Called when user double-clicks middle button
OnNcMButtonDown	Called when user presses middle mouse button
OnNcMButtonUp	Called when user releases middle mouse button

OnNcMouseMove	Called when cursor is moved in non-client area
OnNcPaint	Called when non-client area needs to be redrawn
OnNcRButtonDblClk	Called when user double-clicks right mouse button
OnNcRButtonDown	Called when user presses right mouse button
OnNcRButtonUp	Called when user releases right mouse button
OnPaint	Called to repaint portion of window
OnPaintClipboard	Called when client area of Clipboard is painted
OnPaletteChanged	Called when palette is changed
OnParentNotify	Called when child window is created
OnQueryDragIcon	Called when minimized (iconic) CWnd is dragged
OnQueryEndSession	Called when user ends session
OnQueryNewPalette	CWnd is about to receive new palette
OnQueryOpen	Called when CWnd is an icon and user opens it
OnRButtonDblClk	Called when user double-clicks right mouse button
OnRButtonDown	Called when user presses right mouse button
OnRButtonUp	Called when user releases right mouse button
OnSetFocus	Called after CWnd gets focus
OnShowWindow	Called when CWnd should be hidden or shown
OnSize	Called after size of CWnd has changed
OnSizeClipboard	Called when size of the Clipboard changes
OnSpoolerStatus	Called from Print Manager spooler
OnSysChar	Called when keystroke is a system character
OnSysColorChange	Called for Windows when system color changes
OnSysCommand	Called when the user selects system command
OnSysDeadChar	Called when keystroke is a dead character

continues

OnSysKeyDown	Called when user holds down ALT key
OnSysKeyUp	Called when user releases system key
OnTimer	Called after interval specified in SetTimer
OnVScroll	Called when user clicks window's vertical scroll
OnVScrollClipboard	Called when owner should scroll Clipboard
OnWindowPosChanged	Called when size, position of window changes
OnWindowPosChanging	Called when size, position of window is changing
OnWinIniChange	Called after INI file changes
OpenClipboard	Opens Clipboard
PostMessage	Places message in application queue
PreCreateWindow	Called before creation of window
PreTranslateMessage	Used by CWinApp to filter window messages
RedrawWindow	Updates specified rectangle/region in window
ReleaseDC	Releases client device context
RepositionBars	Repositions control bars
ScreenToClient	Converts screen coordinates to client coordinates
ScrollWindow	Scrolls client area
SendDlgItemMessage	Sends message to specified dialog item
SendMessage	Sends a message to CWnd object
SendMessageToDescendants	Sends message to all descendants
SetActiveWindow	Activates the window
SetCapture	Causes all mouse input to be sent to this window
SetCaretPos	Moves caret to an indicated position
SetDlgItemInt	Sets text of a dialog control to given integer
SetDlgItemText	Sets caption or text of a control

********** Cwnd

SetFocus	Claims the input focus
SetFont	Sets current font
SetMenu	Sets menu to specified menu
SetParent	Changes parent window
SetRedraw	Enables changes in CWnd to be redrawn
SetScrollPos	Sets position of a scroll box
SetScrollRange	Sets minimum and maximum values for scroll bar
SetTimer	Installs a system timer
SetWindowPos	Changes size, position of window
SetWindowText	Sets window text or caption title
ShowCaret	Shows caret
ShowOwnedPopups	Shows or hide all pop-up windows
ShowScrollBar	Displays or hide a scroll bar
ShowWindow	Shows or hide window
SubclassDlgItem	Attaches Windows control to CWnd
SubclassWindow	Attaches window to CWnd object
UpdateData	Initializes data from dialog
UpdateDialogControls	Calls to update state of dialog control
UpdateWindow	Updates client area
ValidateRect	Validates client area within given rectangle
ValidateRgn	Validates client area within the given region
WindowFromPoint	Identifies window that contains given point
WindowProc	Windows procedure for CWnd

Using the CMenu Class

We are all familiar with menus under Windows; they enable users to select from a variety of program options. In the MFC library, menus are supported with the CMenu class. In this chapter, we will see all the techniques necessary to handle menus with the MFC library; how to interface a menu to our program; how to add accelerator keys; how to gray out menu items; and how to add check marks to menu items. (For some of these skills, we will not even need to access the CMenu class at all.) We even will see how to add menu items at run time when we write a phone book program that will enable us to add people's names to a menu.

Menu Conventions

The types of menus we will be adding to our program are called *pop-up menus*—or *drop-down menus* or *submenus*—which appear on command. At the top of the window is the title bar, directly below that is the program's menu bar—or the main menu or top-level menu. The following is a sample window with Title and Menu Bars:

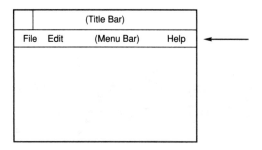

The sample window illustrates three of the most common menus—File, Edit, and Help. When the user selects one of these, like the File menu, the corresponding pop-up menu appears, as follows:

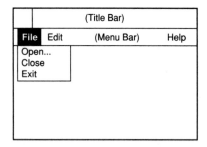

It is standard for Windows applications to have a File menu (even if they do not handle files), because the user has come to expect it. The final menu item in the File menu is almost always the Exit item, which enables the user to quit the program. Notice that the Open... item has an ellipsis after it, denoting to the user that selecting this item opens a dialog box.

Other standards with menu items include graying out menu items that are inappropriate and adding check marks in front of items to indicate that a certain option is (and will remain) selected. We will adhere to these user expectations in our programs as well.

Adding Menus to Our Programs

We can create a menu example by adding a Hello menu with one item in it, which we will call Hello Item. It will appear in the following way:

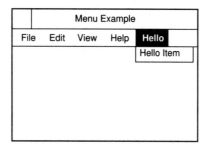

When we select that item, we can print `Hello, world.` in our window's client area, as follows:

In Windows, we usually design menus, icons, and dialog boxes—known as *resources*—before adding them to our program. For example, we will be able to design the shape, location, type, and size of dialog boxes before writing any C++ code, and we will place that specification into a *resource file* that has the extension .rc. In Visual C++, we can do the same for menus using the App Studio. After we design our menu, we will examine the lines that App Studio added to our .rc file.

Creating the Menu

Let us call this new project menu.mak. We create the menu project now using Visual C++'s App Wizard, and we make it a single window by making sure that the Multiple Document Interface check box is not checked. After creating this new project, Visual C++ automatically opens it. If you create and run menu.exe at this point, you will see the window in figure 4.1, which already has some basic menus in it.

Now let us add our own menu named Hello. To do so, we will use Visual C++'s App Studio and then dissect what it did. We start App Studio from the Tools menu. The App Studio appears as shown in figure 4.2.

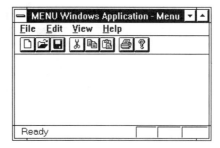

Figure 4.1. An initial window from Visual C++'s App Wizard.

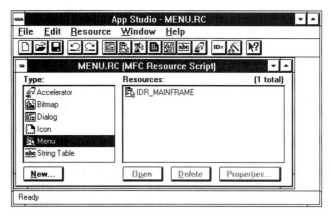

Figure 4.2. Visual C++'s App Studio screen.

In App Studio's Type box, we click the menu icon and a menu icon called IDR_MAINFRAME appears in the box labeled Resources. The IDR prefix stands for Resource ID. When we create menu items, they will be prefixed with IDM for Menu ID, following the standard Windows procedure.

The reason we see IDR_MAINFRAME here is because the menus are actually connected to the mainframe window, not to our view. (Note that this will make matters tricky when we want to alter that menu from inside the view.) Double-click IDR_MAINFRAME now, opening our program's menu system, shown in figure 4.3.

The small dotted box in the menu bar indicates that App Studio is ready to accept a new menu to the menu bar; here, we will be adding the Hello menu. Double-click the dotted box in the menu bar now, opening the Menu Item Properties box, as shown in figure 4.4. Type Hello as the

Microsoft Foundation Class Library Programming

new menu's Caption, also shown in figure 4.4. Now close the dialog box by clicking the small system box in its upper left corner.

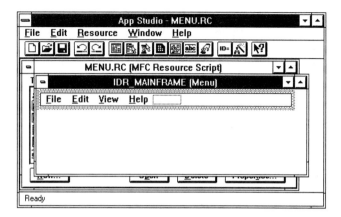

Figure 4.3. The Menu system.

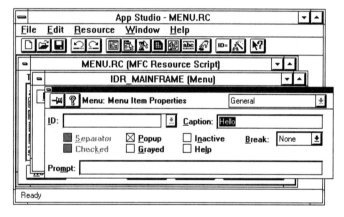

Figure 4.4. A Menu Item Properties box.

After you do so, you will see a new menu in our program's menu bar, as shown in figure 4.5. The dotted outline box has moved over one space to the right, enabling us to add another menu.

Instead, click the new Hello menu. A new dotted box appears in it, as shown in figure 4.6. Double-click that box now, and the Menu Item Properties box opens again.

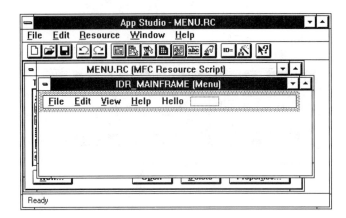

Figure 4.5. A new menu with a Hello Menu added.

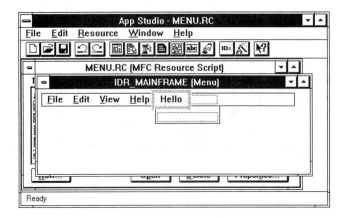

Figure 4.6. The new dotted box.

Give this new menu item the Caption Hello Item—and in the ID IDMELLO, as shown in figure 4.7, App Studio will give this constant a value automatically. What is important for us is the name IDMELLO. Save the new menu system with App Studio's Save menu item; then exit App Studio.

Microsoft Foundation Class Library Programming

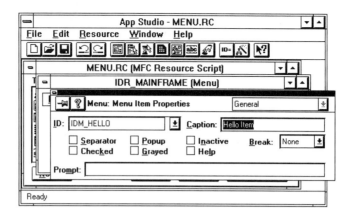

Figure 4.7. The Menu Item Properties box with the Caption Hello Item.

Now let us look at what App Studio actually has done. Look inside menu.rc, our project's resource file. The section there that sets up the menu system appears as follows:

```
IDR_MAINFRAME MENU PRELOAD DISCARDABLE
BEGIN
        POPUP "&File"
        BEGIN
                MENUITEM "&New\tCtrl+N",              ID_FILE_NEW
                MENUITEM "&Open...\tCtrl+O",          ID_FILE_OPEN
                MENUITEM "&Save\tCtrl+S",             ID_FILE_SAVE
                MENUITEM "Save &As...",               ID_FILE_SAVE_AS
                MENUITEM SEPARATOR
                MENUITEM "&Print...\tCtrl+P",         ID_FILE_PRINT
                MENUITEM "Print Pre&view",            ID_FILE_PRINT_PREVIEW
                MENUITEM "P&rint Setup...",           ID_FILE_PRINT_SETUP
                MENUITEM SEPARATOR
                MENUITEM "Recent File",               ID_FILE_MRU_FILE1, GRAYED
                MENUITEM SEPARATOR
                MENUITEM "E&xit",                     ID_APP_EXIT
        END
        POPUP "&Edit"
        BEGIN
                MENUITEM "&Undo\tCtrl+Z",             ID_EDIT_UNDO
                MENUITEM SEPARATOR
                MENUITEM "Cu&t\tCtrl+X",              ID_EDIT_CUT
```

```
                MENUITEM "&Copy\tCtrl+C",            ID_EDIT_COPY
                MENUITEM "&Paste\tCtrl+V",           ID_EDIT_PASTE
        END
        POPUP "&View"
        BEGIN
                MENUITEM "&Toolbar",                 ID_VIEW_TOOLBAR
                MENUITEM "&Status Bar",              ID_VIEW_STATUS_BAR
        END
        POPUP "&Help"
        BEGIN
                MENUITEM "&About MENU...",           ID_APP_ABOUT
        END
        POPUP "Hello"
        BEGIN
                MENUITEM "Hello Item",               IDMELLO
        END
END
```

Almost all of the menu system deals with the default menus that Visual C++ places in our
program. We will examine the options used there more thoroughly soon. For now, look at the
last four lines that specify the menu and menu item we have just created, as follows:

```
        POPUP "Hello"
        BEGIN
                MENUITEM "Hello Item",               IDMELLO
        END
```

As you can see, our Hello menu is a pop-up menu with one item in it: Hello Item. In addition,
the constant value IDMELLO is connected with that menu item.

App Studio has given a value to IDMELLO, which we can find at the top of the file resource.h
in the following manner:

```
        // App Studio generated include file.
        // Used by MENU.RC
        //
        #define IDR_MAINFRAME            2
        #define IDD_ABOUTBOX             100
        #define IDM_HELLO                32768
                    :
                    :
```

In addition, note the name given to our menu resource: IDR_MAINFRAME (from menu.rc):

```
IDR_MAINFRAME MENU PRELOAD DISCARDABLE
BEGIN
```

```
POPUP "&File"
BEGIN
                MENUITEM "&New\tCtrl+N",          ID_FILE_NEW
                MENUITEM "&Open...\tCtrl+O",      ID_FILE_OPEN
                MENUITEM "&Save\tCtrl+S",         ID_FILE_SAVE
                MENUITEM "Save &As...",           ID_FILE_SAVE_AS
```

This resource gets connected to our actual window when the window is created. That is done like this: where we set up the document template for our application and pass the resource ID IDR_MAINFRAME on to our template's constructor:

```
BOOL CMenuApp::InitInstance()
{
// Standard initialization
// If you are not using these features and wish to reduce the size
//  of your final executable, you should remove from the following
//  the specific initialization routines you do not need.
SetDialogBkColor();        // set dialog background color to gray
LoadStdProfileSettings(); // Load standard INI file options
// Register the application's document templates.  Document templates
//  serve as the connection between documents, frame windows and views.
AddDocTemplate(new CSingleDocTemplate(IDR_MAINFRAME,
    RUNTIME_CLASS(CMenuDoc),
    RUNTIME_CLASS(CMainFrame),    // main SDI frame window
    RUNTIME_CLASS(CMenuView)));
```

Now that we have added a Hello menu with a menu item in it named Hello Item to our program, the next step is to connect it to our code so we can print our message when that item is selected. Our printed message appears as follows:

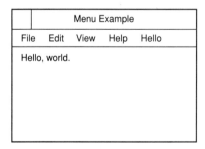

Connecting Menu Items to Code

You may recall that we were able to connect Windows messages like WM_CREATE to functions in our program. As you might expect, when the user selects a menu item, that fact is also communicated to us with a Windows message. We now will use Class Wizard to connect IDM_HELLO to code and then analyze what happened. We start Class Wizard and make sure that our view class, CMenuView, is selected in the Class Name box, as shown in figure 4.8. We will add the code that handles the Hello item to our view class, because we will not store any data here.

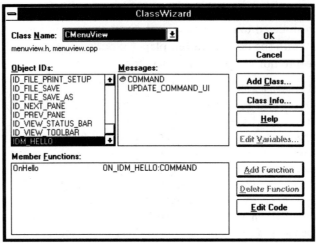

Figure 4.8.   Class Wizard with CMenuView in the Class Name box.

Next, we must connect a function to the resource ID IDM_HELLO. After we do so, that function will be called when the Hello Item menu item is selected. Find IDM_HELLO in the Object IDs box and click it, as shown in figure 4.8.

Two types of Windows messages will appear in the Messages box: COMMAND and UPDATE_COMMAND_UI. Click COMMAND here—a WM_COMMAND message is what actually is generated when a menu item is selected. We will see more about UPDATE_COMMAND_UI later.

Class Wizard will suggest a name of OnHello() for this new function in a dialog box; accept that name and close Class Wizard. Now our view class, CMenuView, has a new member function, OnHello(). To see that, open menuview.cpp now and you will find the following:

```
void CMenuView::OnHello()
{
        // TODO: Add your command handler code here
}
```

Now let us see what really happened. The actual connection of the Hello menu item to the function OnHello() is done in the BEGIN_MESSAGE_MAP macro, as follows (from menuview.cpp):

```
// menuview.cpp : implementation of the CMenuView class
//
#include "stdafx.h"
#include "menu.h"
            :
            :
IMPLEMENT_DYNCREATE(CMenuView, CView)
BEGIN_MESSAGE_MAP(CMenuView, CView)
        //{{AFX_MSG_MAP(CMenuView)
        ON_COMMAND(IDM_HELLO, OnHello)
        //}}AFX_MSG_MAP
        // Standard printing commands
        ON_COMMAND(ID_FILE_PRINT, CView::OnFilePrint)
        ON_COMMAND(ID_FILE_PRINT_PREVIEW, CView::OnFilePrintPreview)
END_MESSAGE_MAP()
        :
```

The ON_COMMAND() macro associates the command IDM_HELLO with the function OnHello(). For Windows messages like WM_CHAR, there are predefined macros like ON_WM_CHAR for use in the message map macros, and those macros translate into predefined functions like OnChar(). However, since there is no predefined Windows message named WMELLO, we have to use the ON_COMMAND() macro to connect the message IDM_HELLO to OnHello(), as follows:

```
BEGIN_MESSAGE_MAP(CMenuView, CView)
        //{{AFX_MSG_MAP(CMenuView)
        ON_COMMAND(IDM_HELLO, OnHello)
        //}}AFX_MSG_MAP
        // Standard printing commands
        ON_COMMAND(ID_FILE_PRINT, CView::OnFilePrint)
        ON_COMMAND(ID_FILE_PRINT_PREVIEW, CView::OnFilePrintPreview)
END_MESSAGE_MAP()
        :
```

In addition, the skeletal function OnHello() has already been set up (in menuview.cpp):

```
void CMenuView::OnHello()
{
        // TODO: Add your command handler code here
}
```

When the user selects the Hello menu item, we have set things up so that the OnHello() function is called.

Now let us add code to OnHello(). All we want to do here is print our message in the window, which we do by first setting up the text in a CString object, as follows:

```
void CMenuView::OnHello()
{
        CString hello_string = "Hello, world.";
            :
}
```

Next we create a device context object and use its member function TextOut() to print the message, as follows:

```
void CMenuView::OnHello()
{
        CString hello_string = "Hello, world.";
        CClientDC dc(this);
        dc.TextOut(0, 0, hello_string, hello_string.GetLength());
}
```

Now our new menu appears as in figure 4.9; selecting it causes our message to appear, as in figure 4.10. Our first menu program is a success. We have seen how to do two things: create entirely new menus and create menu items. Note that although we created an entirely new menu here, this process enables you to add menu items to the default menus also.

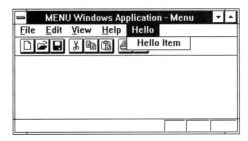

Figure 4.9.   The menu.

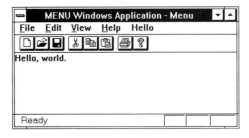

Figure 4.10.   The menu program's message.

Microsoft Foundation Class Library Programming

Adding Shortcut Keys in Windows

Some of the menus and menu items in Windows have one of the letters underlined, as shown in figure 4.11. This indicates a *shortcut* key. When a menu with shortcut keys is open, the user can select a particular menu or menu item simply by typing Alt and the shortcut key. For example, to open the File menu while running our program, the user can type Alt+F (see figure 4.11).

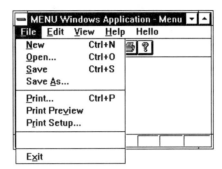

Figure 4.11. A File Menu displaying shortcut keys.

We can add shortcut keys to our menu. To do so in Visual C++, open App Studio again and select the menu IDR_MAINFRAME corresponding to our main frame window's menu system. Now double-click the Hello menu; the Menu Item Properties dialog box opens. One important rule about shortcut keys is that they must be unique at their own level. That is, no two menu names should have the same shortcut key in the same menu bar. This avoids confusion.

Since H is already used by the Help menu, and E is used by the Edit menu, we can make the first L in our Hello menu into its shortcut key. The way we design shortcut keys is by typing an ampersand (&) in front of the appropriate letter in the menu's (or menu item's) name, as follows:

```
IDR_MAINFRAME MENU PRELOAD DISCARDABLE
BEGIN
        POPUP "&File"
        BEGIN
                MENUITEM "&New\tCtrl+N",              ID_FILE_NEW
                MENUITEM "&Open...\tCtrl+O",          ID_FILE_OPEN
                MENUITEM "&Save\tCtrl+S",             ID_FILE_SAVE
                MENUITEM "Save &As...",               ID_FILE_SAVE_AS
```

Here, that means we will change Hello to He&llo. After you do, click the Menu Item Properties box's system box to close it. Next, open the Hello menu by clicking it and double-click Hello

Item. We can make the I in Item the shortcut key here. Change the name of this item to Hello &Item as shown in figure 4.12. Finally, save the changes with App Studio's Save menu item.

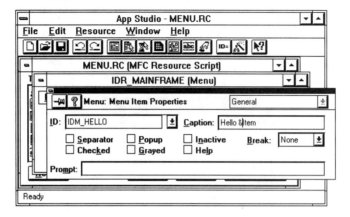

Figure 4.12. An example of Hello &Item as a shortcut key.

Now when we rebuild and run our program, we can see that shortcut keys have been added, as in figure 4.13.

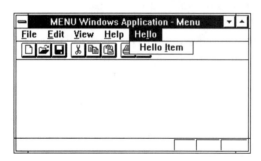

Figure 4.13. A screen with added shortcut keys.

Adding Accelerator Keys in Windows

You might also notice the accelerator keys in figure 4.11. Those are the key combinations that appear in the right side of menus. For example, the accelerator key corresponding to the New... item is Ctrl+N; the accelerator key for Open... is Ctrl+O; and so forth. Unlike shortcut keys, a menu does not have to be open to use accelerator keys; they are always valid. Therefore, you

Microsoft Foundation Class Library Programming

should choose ones that will not interfere with the keystrokes you normally use while running your program.

We can add accelerator keys to our program using App Studio, or by editing the file menu.rc directly. Here, we can open App Studio and click IDR_MAINFRAME. Next, double-click the Hello Item in the Hello menu, opening the Menu Item Properties box. Our job here is to change the menu item's caption so that the accelerator key is displayed. We can make that key Ctrl+H by changing the text in the Caption box to read "Hello &Item\tCtrl+H", as shown in figure 4.14.

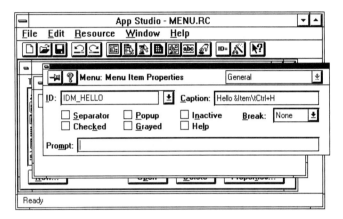

Figure 4.14. The caption box displaying an accelerator key.

The \t here works just as the normal C printf() code for a tab, and its job is to move the accelerator key to the right of the menu. Next, we type the name of the key, which is Ctrl+H here. Other valid options include Alt+, Shift+, and the function keys, F1-F12. App Studio will place this new text in our menu, as shown in figure 4.15. We have not activated it yet.

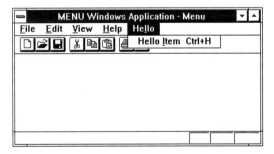

Figure 4.15. The new accelerator key in the menu.

To connect our accelerator key to our menu item, we need to use the Accelerator Table Editor. Just open App Studio again and click the Accelerator resource icon (at the top of the left list box) instead of the Menu resource icon (see figure 4.2). This indicates that we want to work on the accelerator table instead of menu items. Accelerators are treated as separate resources in Windows.

When you select the accelerator icon, a dialog box appears showing the current accelerator keys for our program, as shown in figure 4.16. Our accelerator key does not exist yet, so there is no entry for it. Click the button marked New at the bottom of the dialog box.

Figure 4.16. An Accelerator key dialog box.

This opens to Accelerator Table Editor as shown in figure 4.17. To associate the accelerator key Ctrl+H with the IDM_HELLO message—for example, when the user types Ctrl+H, an IDM_HELLO message will be sent to our program—type IDM_HELLO in the ID box as shown in figure 4.17.

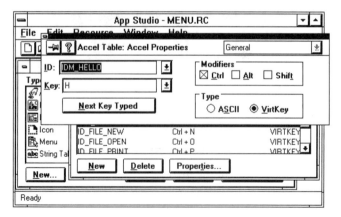

Figure 4.17. The Accelerator Table Editor.

Microsoft Foundation Class Library Programming

Next, set up the accelerator key. Type H in the Key box and click the Ctrl check box in the Modifiers box as shown in figure 4.17. Now when the user types Ctrl+H, he gets an IDM_HELLO message whether or not a menu is open—which is why accelerators are treated as a separate resource. They are not dependent on the menus, thus you can use them anytime.

Close the Accelerator Table Editor now and save the changes using App Studio's Save menu item. When you run the new program, you will be able to use the new accelerator key, Ctrl+H. The accelerator table is stored in the file menu.rc and looks like the following (note the declaration connected to Ctrl+H):

```
IDR_MAINFRAME ACCELERATORS PRELOAD MOVEABLE PURE
BEGIN
        "C",          ID_EDIT_COPY,      VIRTKEY,CONTROL, NOINVERT
        "H",          IDMELLO,           VIRTKEY,CONTROL, NOINVERT
        "N",          ID_FILE_NEW,       VIRTKEY,CONTROL, NOINVERT
        "O",          ID_FILE_OPEN,      VIRTKEY,CONTROL, NOINVERT
        "P",          ID_FILE_PRINT,     VIRTKEY,CONTROL, NOINVERT
        "S",          ID_FILE_SAVE,      VIRTKEY,CONTROL, NOINVERT
        "V",          ID_EDIT_PASTE,     VIRTKEY,CONTROL, NOINVERT
        VK_BACK,      ID_EDIT_UNDO,      VIRTKEY,ALT, NOINVERT
        VK_DELETE,    ID_EDIT_CUT,       VIRTKEY,SHIFT, NOINVERT
      . VK_F6,        ID_NEXT_PANE,      VIRTKEY,NOINVERT
        VK_F6,        ID_PREV_PANE,      VIRTKEY,SHIFT, NOINVERT
        VK_INSERT,    ID_EDIT_COPY,      VIRTKEY,CONTROL, NOINVERT
        VK_INSERT,    ID_EDIT_PASTE,     VIRTKEY,SHIFT, NOINVERT
        "X",          ID_EDIT_CUT,       VIRTKEY,CONTROL, NOINVERT
        "Z",          ID_EDIT_UNDO,      VIRTKEY,CONTROL, NOINVERT
END
```

So far, we have been able create a menu with a menu item, complete with shortcut and accelerator keys. The code for menuview.cpp appears in listing 4.1; the menu section of menu.rc appears in listing 4.2; menu.cpp appears in listing 4.3; and mainframe.cpp appears in listing 4.4.

Listing 4.1. menuview.cpp.

```
// menuview.cpp : implementation of the CMenuView class
//
#include "stdafx.h"
#include "menu.h"
#include "menudoc.h"
#include "menuview.h"
#ifdef _DEBUG
#undef THIS_FILE
```

continues

Listing 4.1. continued

```
static char BASED_CODE THIS_FILE[] = __FILE__;
#endif
///////////////////////////////////////////////////////////////////////
// CMenuView
IMPLEMENT_DYNCREATE(CMenuView, CView)
BEGIN_MESSAGE_MAP(CMenuView, CView)
        //{{AFX_MSG_MAP(CMenuView)
        ON_COMMAND(IDMELLO, OnHello)
        //}}AFX_MSG_MAP
        // Standard printing commands
        ON_COMMAND(ID_FILE_PRINT, CView::OnFilePrint)
        ON_COMMAND(ID_FILE_PRINT_PREVIEW, CView::OnFilePrintPreview)
END_MESSAGE_MAP()
///////////////////////////////////////////////////////////////////////
// CMenuView construction/destruction
CMenuView::CMenuView()
{
        // TODO: add construction code here
}
CMenuView::~CMenuView()
{
}
///////////////////////////////////////////////////////////////////////
// CMenuView drawing
void CMenuView::OnDraw(CDC* pDC)
{
        CMenuDoc* pDoc = GetDocument();
        // TODO: add draw code here
}
///////////////////////////////////////////////////////////////////////
// CMenuView printing
BOOL CMenuView::OnPreparePrinting(CPrintInfo* pInfo)
{
        // default preparation
        return DoPreparePrinting(pInfo);
}
void CMenuView::OnBeginPrinting(CDC* /*pDC*/, CPrintInfo* /*pInfo*/)
{
        // TODO: add extra initialization before printing
}
void CMenuView::OnEndPrinting(CDC* /*pDC*/, CPrintInfo* /*pInfo*/)
{
```

```
                // TODO: add cleanup after printing
}
///////////////////////////////////////////////////////////////////////////
// CMenuView diagnostics
#ifdef _DEBUG
void CMenuView::AssertValid() const
{
            CView::AssertValid();
}
void CMenuView::Dump(CDumpContext& dc) const
{
            CView::Dump(dc);
}
CMenuDoc* CMenuView::GetDocument() // non-debug version is inline
{
            ASSERT(m_pDocument->IsKindOf(RUNTIME_CLASS(CMenuDoc)));
            return (CMenuDoc*) m_pDocument;
}
#endif //_DEBUG
///////////////////////////////////////////////////////////////////////////
// CMenuView message handlers
void CMenuView::OnHello()
{
            // TODO: Add your command handler code here
            CString hello_string = "Hello, world.";
            CClientDC dc(this);
            dc.TextOut(0, 0, hello_string, hello_string.GetLength());
}
```

Listing 4.2. Menu Section of menu.rc.

```
//Microsoft App Studio generated resource script.
//
#include "resource.h"
IDR_MAINFRAME                   ICON    DISCARDABLE     "RES\\MENU.ICO"
///////////////////////////////////////////////////////////////////////////
//
// Bitmap
//
IDR_MAINFRAME                   BITMAP  MOVEABLE PURE   "RES\\TOOLBAR.BMP"
///////////////////////////////////////////////////////////////////////////
//
// Menu
```

```
//
IDR_MAINFRAME MENU PRELOAD DISCARDABLE
BEGIN
        POPUP "&File"
        BEGIN
                MENUITEM "&New\tCtrl+N",        ID_FILE_NEW
                MENUITEM "&Open...\tCtrl+O",     ID_FILE_OPEN
                MENUITEM "&Save\tCtrl+S",        ID_FILE_SAVE
                MENUITEM "Save &As...",          ID_FILE_SAVE_AS
                MENUITEM SEPARATOR
                MENUITEM "&Print...\tCtrl+P",    ID_FILE_PRINT
                MENUITEM "Print Pre&view",       ID_FILE_PRINT_PREVIEW
                MENUITEM "P&rint Setup...",      ID_FILE_PRINT_SETUP
                MENUITEM SEPARATOR
                MENUITEM "Recent File",          ID_FILE_MRU_FILE1, GRAYED
                MENUITEM SEPARATOR
                MENUITEM "E&xit",                ID_APP_EXIT
        END
        POPUP "&Edit"
        BEGIN
                MENUITEM "&Undo\tCtrl+Z",        ID_EDIT_UNDO
                MENUITEM SEPARATOR
                MENUITEM "Cu&t\tCtrl+X",         ID_EDIT_CUT
                MENUITEM "&Copy\tCtrl+C",        ID_EDIT_COPY
                MENUITEM "&Paste\tCtrl+V",       ID_EDIT_PASTE
        END
        POPUP "&View"
        BEGIN
                MENUITEM "&Toolbar",             ID_VIEW_TOOLBAR
                MENUITEM "&Status Bar",          ID_VIEW_STATUS_BAR
        END
        POPUP "&Help"
        BEGIN
                MENUITEM "&About MENU...",       ID_APP_ABOUT
        END
        POPUP "He&llo"
        BEGIN
                MENUITEM "Hello &Item\tCtrl+H", IDM_HELLO
        END
END
/////////////////////////////////////////////////////////////////////////
//
// Accelerator
//
```

Microsoft Foundation Class Library Programming

```
IDR_MAINFRAME ACCELERATORS PRELOAD MOVEABLE PURE
BEGIN
        "C",             ID_EDIT_COPY,          VIRTKEY,CONTROL, NOINVERT
        "H",             IDMELLO,               VIRTKEY,CONTROL, NOINVERT
        "N",             ID_FILE_NEW,           VIRTKEY,CONTROL, NOINVERT
        "O",             ID_FILE_OPEN,          VIRTKEY,CONTROL, NOINVERT
        "P",             ID_FILE_PRINT,         VIRTKEY,CONTROL, NOINVERT
        "S",             ID_FILE_SAVE,          VIRTKEY,CONTROL, NOINVERT
        "V",             ID_EDIT_PASTE,         VIRTKEY,CONTROL, NOINVERT
        VK_BACK,         ID_EDIT_UNDO,          VIRTKEY,ALT, NOINVERT
        VK_DELETE,       ID_EDIT_CUT,           VIRTKEY,SHIFT, NOINVERT
        VK_F6,           ID_NEXT_PANE,          VIRTKEY,NOINVERT
        VK_F6,           ID_PREV_PANE,          VIRTKEY,SHIFT, NOINVERT
        VK_INSERT,       ID_EDIT_COPY,          VIRTKEY,CONTROL, NOINVERT
        VK_INSERT,       ID_EDIT_PASTE,         VIRTKEY,SHIFT, NOINVERT
        "X",             ID_EDIT_CUT,           VIRTKEY,CONTROL, NOINVERT
        "Z",             ID_EDIT_UNDO,          VIRTKEY,CONTROL, NOINVERT
END
```

Listing 4.3. menu.cpp.

```cpp
// menu.cpp : Defines the class behaviors for the application.
//
#include "stdafx.h"
#include "menu.h"
#include "mainfrm.h"
#include "menudoc.h"
#include "menuview.h"
#ifdef _DEBUG
#undef THIS_FILE
static char BASED_CODE THIS_FILE[] = __FILE__;
#endif
/////////////////////////////////////////////////////////////////////////////
// CMenuApp
BEGIN_MESSAGE_MAP(CMenuApp, CWinApp)
        //{{AFX_MSG_MAP(CMenuApp)
        ON_COMMAND(ID_APP_ABOUT, OnAppAbout)
            // NOTE - the ClassWizard will add and remove mapping macros here.
            //    DO NOT EDIT what you see in these blocks of generated code !
        //}}AFX_MSG_MAP
        // Standard file based document commands
        ON_COMMAND(ID_FILE_NEW, CWinApp::OnFileNew)
        ON_COMMAND(ID_FILE_OPEN, CWinApp::OnFileOpen)
```

```
                // Standard print setup command
                ON_COMMAND(ID_FILE_PRINT_SETUP, CWinApp::OnFilePrintSetup)
END_MESSAGE_MAP()
///////////////////////////////////////////////////////////////////////////
// CMenuApp construction
CMenuApp::CMenuApp()
{
                // TODO: add construction code here,
                // Place all significant initialization in InitInstance
}
///////////////////////////////////////////////////////////////////////////
// The one and only CMenuApp object
CMenuApp NEAR theApp;
///////////////////////////////////////////////////////////////////////////
// CMenuApp initialization
BOOL CMenuApp::InitInstance()
{
                // Standard initialization
                // If you are not using these features and wish to reduce the size
                //  of your final executable, you should remove from the following
                //  the specific initialization routines you do not need.
                SetDialogBkColor();                     // set dialog background color to gray
                LoadStdProfileSettings();               // Load standard INI file options
                // Register the application's document templates.  Document templates
                //  serve as the connection between documents, frame windows and views.
AddDocTemplate(new CSingleDocTemplate(IDR_MAINFRAME,
                RUNTIME_CLASS(CMenuDoc),
                RUNTIME_CLASS(CMainFrame),              // main SDI frame window
                RUNTIME_CLASS(CMenuView)));
                // create a new (empty) document
                OnFileNew();
                if (m_lpCmdLine[0] != '\0')
                {
                        // TODO: add command line processing here
                }
                return TRUE;
}
///////////////////////////////////////////////////////////////////////////
// CAboutDlg dialog used for App About
class CAboutDlg : public CDialog
{
public:
                CAboutDlg();
```

```
// Dialog Data
        //{{AFX_DATA(CAboutDlg)
        enum { IDD = IDD_ABOUTBOX };
        //}}AFX_DATA
// Implementation
protected:
        virtual void DoDataExchange(CDataExchange* pDX);        // DDX/DDV support
        //{{AFX_MSG(CAboutDlg)
                // No message handlers
        //}}AFX_MSG
        DECLARE_MESSAGE_MAP()
};
CAboutDlg::CAboutDlg() : CDialog(CAboutDlg::IDD)
{
        //{{AFX_DATA_INIT(CAboutDlg)
        //}}AFX_DATA_INIT
}
void CAboutDlg::DoDataExchange(CDataExchange* pDX)
{
        CDialog::DoDataExchange(pDX);
        //{{AFX_DATA_MAP(CAboutDlg)
        //}}AFX_DATA_MAP
}
BEGIN_MESSAGE_MAP(CAboutDlg, CDialog)
        //{{AFX_MSG_MAP(CAboutDlg)
                // No message handlers
        //}}AFX_MSG_MAP
END_MESSAGE_MAP()
// App command to run the dialog
void CMenuApp::OnAppAbout()
{
        CAboutDlg aboutDlg;
        aboutDlg.DoModal();
}
/////////////////////////////////////////////////////////////////////////////
// CMenuApp commands
```

Listing 4.4. mainfrm.cpp.

```
// mainfrm.cpp : implementation of the CMainFrame class
//
#include "stdafx.h"
```

```
#include "menu.h"
#include "mainfrm.h"
#ifdef _DEBUG
#undef THIS_FILE
static char BASED_CODE THIS_FILE[] = __FILE__;
#endif
//////////////////////////////////////////////////////////////////////////
// CMainFrame
IMPLEMENT_DYNCREATE(CMainFrame, CFrameWnd)
BEGIN_MESSAGE_MAP(CMainFrame, CFrameWnd)
        //{{AFX_MSG_MAP(CMainFrame)
            // NOTE - the ClassWizard will add and remove mapping macros here.
            //    DO NOT EDIT what you see in these blocks of generated code !
        ON_WM_CREATE()
        //}}AFX_MSG_MAP
END_MESSAGE_MAP()
//////////////////////////////////////////////////////////////////////////
// arrays of IDs used to initialize control bars
// toolbar buttons - IDs are command buttons
static UINT BASED_CODE buttons[] =
{
        // same order as in the bitmap 'toolbar.bmp'
        ID_FILE_NEW,
        ID_FILE_OPEN,
        ID_FILE_SAVE,
                    ID_SEPARATOR,
        ID_EDIT_CUT,
        ID_EDIT_COPY,
        ID_EDIT_PASTE,
                    ID_SEPARATOR,
        ID_FILE_PRINT,
        ID_APP_ABOUT,
};
static UINT BASED_CODE indicators[] =
{
        ID_SEPARATOR,              // status line indicator
        ID_INDICATOR_CAPS,
        ID_INDICATOR_NUM,
        ID_INDICATOR_SCRL,
};
//////////////////////////////////////////////////////////////////////////
// CMainFrame construction/destruction
```

Microsoft Foundation Class Library Programming

```
CMainFrame::CMainFrame()
{
         // TODO: add member initialization code here
}
CMainFrame::~CMainFrame()
{
}
int CMainFrame::OnCreate(LPCREATESTRUCT lpCreateStruct)
{
         if (CFrameWnd::OnCreate(lpCreateStruct) == -1)
            return -1;
         if (!m_wndToolBar.Create(this) ¦¦
            !m_wndToolBar.LoadBitmap(IDR_MAINFRAME) ¦¦
            !m_wndToolBar.SetButtons(buttons,
              sizeof(buttons)/sizeof(UINT)))
         {
            TRACE("Failed to create toolbar\n");
            return -1;        // fail to create
         }
         if (!m_wndStatusBar.Create(this) ¦¦
         !m_wndStatusBar.SetIndicators(indicators,
           sizeof(indicators)/sizeof(UINT)))
         {
          TRACE("Failed to create status bar\n");
          return -1;         // fail to create
         }
         return 0;
}
///////////////////////////////////////////////////////////////////////////
// CMainFrame diagnostics
#ifdef _DEBUG
void CMainFrame::AssertValid() const
{
         CFrameWnd::AssertValid();
}
void CMainFrame::Dump(CDumpContext& dc) const
{
         CFrameWnd::Dump(dc);
}
#endif //_DEBUG
///////////////////////////////////////////////////////////////////////////
 // CMainFrame message handlers
```

The next step in menu handling is to change the appearance of the menu items as the program runs, moving us up to the next level of control. The two possibilities that we will examine first are graying menu items—to indicate they are disabled—and marking menu items with a check—to indicate that they represent a selected option.

Checking Menu Items

Let us add a check mark to our Hello item after it has been selected to indicate that the Hello, world. string is already printed. This appears in figure 4.18.

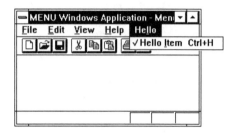

Figure 4.18. A check mark added to the menu.

We will do this by adding code to the OnHello() member function, which currently looks like the following:

```
void CMenuView::OnHello()
{
        CString hello_string = "Hello, world.";
        CClientDC dc(this);
        dc.TextOut(0, 0, hello_string, hello_string.GetLength());
}
```

The MFC CheckMenuItem() function is the one we want. That function works as follows:

```
CheckMenuItem(nItem, nFlags)
```

Here, nItem indicates the menu item we want checked either by ID number—for example, IDM_HELLO—or by position (0 corresponds to the first menu or menu item). The nFlags parameter indicates which of these two addressing schemes we want and what action to take, as follows (these values can be ORed together):

nFlags	Means
MF_BYCOMMAND	We are indicating what menu item to work on by menu ID value (default).
MF_BYPOSITION	We are indicating what menu item to work on by passing the 0-based position of menu item.
MF_CHECKED	Check the menu item.
MF_UNCHECKED	Remove check mark.

We can check the Hello item like this: CheckMenuItem(IDMELLO, MF_CHECKED). However, there is a problem; the menu system is attached to the mainframe window, not to the view. How can we reach it?

You may recall that the view is a child window of the main window. That means that we can use a function called GetParent() to get a pointer to the main window, as follows:

```
void CMenuView::OnHello()
{
        CString hello_string = "Hello, world.";
        CClientDC dc(this);
        dc.TextOut(0, 0, hello_string, hello_string.GetLength());
        CWnd* pParent = GetParent();
                    :
}
```

Now we get a pointer to the main window's menu object, which is an object of the MFC class CMenu, as follows:

```
void CMenuView::OnHello()
{
        CString hello_string = "Hello, world.";
        CClientDC dc(this);
        dc.TextOut(0, 0, hello_string, hello_string.GetLength());
```

```
        CWnd* pParent = GetParent();
        CMenu* pMenu = pParent->GetMenu();
                :
}
```

At this point, we have a pointer to our program's menu system. (We will see another way of overcoming the problem with UPDATE_COMMAND_UI messages soon.) To execute CheckMenuItem(IDM_HELLO, MF_CHECKED), we do the following:

```
void CMenuView::OnHello()
{
        CString hello_string = "Hello, world.";
        CClientDC dc(this);
        dc.TextOut(0, 0, hello_string, hello_string.GetLength());
        CWnd* pParent = GetParent();
        CMenu* pMenu = pParent->GetMenu();
        pMenu->CheckMenuItem(IDMELLO, MF_CHECKED);
}
```

Now our menu item appears with a check mark.

Graying Menu Items

We also can gray out menu items using the CMenu function EnableMenuItem(). This function works as follows:

```
EnableMenuItem(nItem, nFlags)
```

As before, nItem indicates the menu item we want checked either by ID number—for example, IDM_HELLO—or by position (0 corresponds to the first menu or menu item). And as before, the nFlags parameter indicates which of these two addressing schemes we want and what action to take, as follows (these values can be ORed together):

nFlags	Means
MF_BYCOMMAND	We are indicating what menu item to work on by menu ID value (default).
MF_BYPOSITION	We are indicating what menu item to work on by passing the 0-based position of menu item.

nFlags	Means
MF_DISABLED	Disables menu item so it cannot be selected but does not gray it
MF_ENABLED	Enables menu item
MFRAYED	Dims and disables menu item

We can indicate what menu item we want to change either by menu ID value (the default—MF_BYCOMMAND) or by position (MF_BYPOSITION). If you select a menu item by position, the first item in a menu is item 0; the next is item 1; a nd so on. However, you might be surprised to learn that this code (where we use MF_BYPOSITION) grays out the *File* item in the menu bar, not Hello, the first item in that menu in the following way:

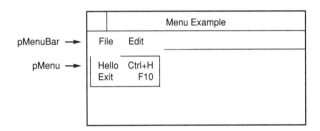

```
CMenu* pMenu = GetMenu();
pMenu->EnableMenuItem(0, MF_BYPOSITION | MFRAYED);
```

The reason for this is that pMenu is actually a pointer to the menu object for our whole menu system—for example, for all menus that appear in the menu bar. When we refer to the first item in the menu system, that is our first menu, not our first menu item, as follows:

The next menu (Edit above) is item 1 and so on. We did not have to worry about this when we selected menu items with MF_BYCOMMAND (the default) because only one menu item in the whole menu system has the ID IDM_HELLO. Here, however, to indicate the menu item's correct position, we have to make an object out of the File pop-up menu before we can use pMenu->EnableMenuItem(0, MF_BYPOSITION | MFRAYED), and before we can create that object with GetSubMenu(). In the example below, GetSubMenu(0) returns a pointer to the menu object which holds the first submenu, File, as follows:

```
CMenu* pMenuBar = GetMenu();
CMenu* pMenu = pMenuBar->GetSubMenu(0);
pMenu->EnableMenuItem(0, MF_BYPOSITION | MFRAYED);
```

Now pMenu is a pointer to the File menu, and these lines will gray the first item in that menu. Note that to do so, we had to get two pointers to menu objects in the following way:

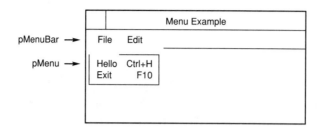

Handling User-Interface Update Messages

There is another mechanism that the MFC library provides for us here as well. The philosophy of C++ is that each object should be as self-contained as possible, but so far we have been calling a great number of menu functions—like EnableMenuItem(). There is another way to set a menu item's state; the MFC scheme maintains that the best object to handle that task is the object that handles the menu item itself. In other words, since our CMenuView object handles the Hello Message menu item—for example, when it is clicked, CMenuView::OnHello() is called—the MFC framework of our program will send a message before displaying that menu item, asking our view object what the status (enabled or disabled) should be. This way, our view object does not have to interact with the insides of the CMenu object.

This kind of message, which is sent just before a menu item or button is displayed, is called an UPDATE_COMMAND_UI message (UI stands for User Interface). We can intercept these as well. In Visual C++, we use Class Wizard, where you will notice that the menu item IDM_HELLO (see figure 4.8) has two types of commands we can write handlers for: COMMAND messages—for example, the menu item was selected by the user—and UPDATE_COMMAND_UI messages—for example, the menu item is about to be displayed and we are being asked about its state. Associate a function with IDMELLO's UPDATE_COMMAND_UI message now; accept the name that Class Wizard gives it: OnUpdateHello(). For example, we give update functions the name OnUpdateXXX() in the MFC library, as follows:

```
void CMenuView::OnUpdateHello(CCmdUI* pCmdUI)
{
}
```

As you might expect, IDM_HELLO is connected to OnUpdateHello() in the BEGIN_MESSAGE_MAP() macro, as follows:

```
// menuview.cpp : implementation of the CMenuView class
//
#include "stdafx.h"
#include "menu.h"
            :
IMPLEMENT_DYNCREATE(CMenuView, CView)
BEGIN_MESSAGE_MAP(CMenuView, CView)
        //{{AFX_MSG_MAP(CMenuView)
        ON_COMMAND(ID_HMELLO, OnHello)
        ON_UPDATE_COMMAND_UI(IDM_HELLO, OnUpdateHello)
        //}}AFX_MSG_MAP
        // Standard printing commands
        ON_COMMAND(ID_FILE_PRINT, CView::OnFilePrint)
        ON_COMMAND(ID_FILE_PRINT_PREVIEW, CView::OnFilePrintPreview)
END_MESSAGE_MAP()
```

That is all there is to it; now add the following line:

```
void CMenuView::OnUpdateHello(CCmdUI* pCmdUI)
{
    pCmdUI->Enable(FALSE);
}
```

The pCmdUI parameter is a pointer to the object we are being queried about—in this case, to the Hello menu item. To gray it out so that it is displayed as disabled, we can use the Enable() member function, as follows:

```
void CMenuView::OnUpdateHello(CCmdUI* pCmdUI)
{
    pCmdUI->Enable(FALSE);
}
```

In this way, the MFC library enables us to handle the state of the menu items without worrying about the parent window's menu system. That is, it lets our code become more modular. This means that we can overcome the problem of having to use GetParent() and GetMenu() to modify a menu item's state if we instead just handle UPDATE_COMMAND_UI messages.

Adding Menu Items in Code

Another exciting aspect of using menus is that we can add menu items at run time. For example, we can design a phonebook. We might type a name and a phone number, as follows:

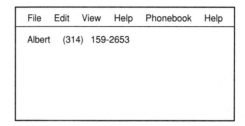

This would erase the string we have typed and add the name Albert to our Phonebook menu, as follows:

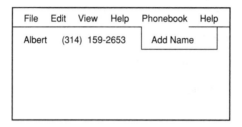

We can add other names the same way, as follows:

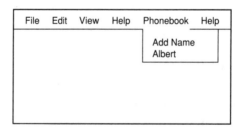

Then when we can select a name from our Phonebook, such as Albert, and the original string (including phone number) will reappear, as follows:

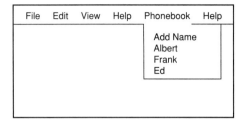

To begin the Phonebook, we start App Wizard and create an SDI (Single Document Interface) project named phone.mak. Open the menu system and add a menu named &Phonebook to the menubar before the Help menu. Give that menu one item—Add Name, with the ID IDM_ADDNAME. So far, our program looks like the one in figure 4.19.

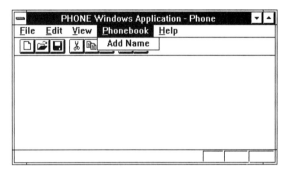

Figure 4.19.   An initial Phonebook application.

Next, connect the IDM_ADDNAME ID to a new function in CPhoneView you can create with Class Wizard named OnAddname(). Now when the user selects the Add name item, we will execute code, as follows:

```
void CPhoneView::OnAddname()
{
}
```

This is where we will add the code that appends items to our Phonebook menu. First, however, we have to have a typed-in string to append, so add a function named OnChar()—for example, connect it to WM_CHAR—to CPhoneView. Next, add this character-reading code—exactly like the code we have seen before for this purpose—to OnChar(), as follows:

```
void CPhoneView::OnChar(UINT nChar, UINT nRepCnt, UINT nFlags)
{
        out_string += nChar;
        CClientDC dc(this);
```

```
            dc.TextOut(0, 0, out_string, out_string.GetLength());
            CView::OnChar(nChar, nRepCnt, nFlags);
}
```

Here we are using a CString object named out_string to hold the characters as they are typed—for example, we do not want to store them in the document until the user selects the Add Name menu item—so add that object to phonevw.h, as follows:

```
class CPhoneView : public CView
{
protected: // create from serialization only
          CPhoneView();
          DECLARE_DYNCREATE(CPhoneView)
// Attributes
public:
CString out_string;
// Operations
public:
            :
```

Now we can type characters, and they are stored in out_string, as follows:

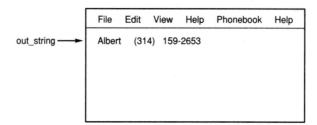

After the string is typed, the user can select the Add Name menu item, calling our function OnAddName(). At this point, we are supposed to add this name to the Phonebook menu. We can get a pointer to the parent window, then to the menubar as follows (here we have to use pointers to the parent window's menu system because we will have to use the CMenu member function AppendMenu() soon):

```
void CPhoneView::OnAddname()
{
          CWnd* pParent = GetParent();
          CMenu* pMenuBar = pParent->GetMenu();
                    :
}
```

Microsoft Foundation Class Library Programming

Next, we need to get a pointer to the menu we want to append items to. We do that with GetSubMenu( ), as we have seen before. As we have designed it, our Phonebook menu is menu number 3 (File = 0) in the menubar, as follows:

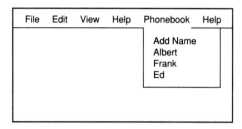

That means we can get the pointer we need as follows:

```
void CPhoneView::OnAddname()
{
        CWnd* pParent = GetParent();
        CMenu* pMenuBar = pParent->GetMenu();
        CMenu* pMenu = pMenuBar->GetSubMenu(3);
                        :
}
```

The next step is to append the name that the user has typed to the menu. To do so, we can use the CMenu member function AppendMenu( ) to append out_string to the Phonebook menu. This CMenu member function takes three parameters. The first is a constant indicating what kind of menu item we are adding, as shown in table 4.1. We will use MF_STRING, indicating that the item we are adding is a string. The second parameter is the menu ID value; the third is a pointer to the new menu item's text.

Table 4.1.   AppendMenu() Values.

MF Value	Means
MF_CHECKED	Places check mark next to item
MF_DISABLED	Disables menu item
MF_ENABLED	Enables menu item
MFRAYED	Disables menu item and dims it
MF_MENUBARBREAK	Places item on new column in pop-up menus
MF_MENUBREAK	Places item on new column in pop-up menus
MF_OWNERDRAW	Item is an owner-draw item like a bitmap

continues

Table 4.1. continued

MF Value	Means
MF_POPUP	New menu item has pop-up menu associated with it
MF_SEPARATOR	Draws separator bar
MF_STRING	Menu item is a string
MF_UNCHECKED	Removes check next to item

Note that we want only to append the name to the menu, not the typed phone number. We can do that by appending all text up to the first space in our out_strings, which now look like this: "Albert (314) 159-2653". To find that space, we use the CString function Find( ); to use only the text up to that location (so we can add it to the menu), we use the CString function Left(n)—which returns the leftmost n characters of a string—as follows:

```
void CPhoneView::OnAddname()
{
        CWnd* pParent = GetParent();
        CMenu* pMenuBar = pParent->GetMenu();
        CMenu* pMenu = pMenuBar->GetSubMenu(3);
        pMenu->AppendMenu(MF_STRING | MF_ENABLED, new_menu_ID++, \
            out_string.Left(out_string.Find(" ")));
                :
}
```

Now, provided we can find a good value for new_menu_ID, the person's name will be added to the Phonebook menu, as follows (we have not yet erased out_string in the window):

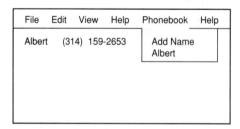

The problem is finding a good value for the new menu item's ID, new_menu_ID. The MFC library functions get in our way here by insisting that new menu items be associated with an ID number that is already connected to a OnXXX() function. (For example, IDM_ADDNAME is already connected to OnAddname( ).) If we use an ID not already connected to a function—for example, make up an ID number—the program will display our new menu item as grayed (or disabled) and will not let us enable it. That is a problem, because none of our new menu items (like Albert) are connected to OnXXX( ) functions. In other words, we cannot enable a menu item unless it is already connected to a function.

The typical solution here is to create a number of dummy menu IDs connected to dummy functions and then to use those ID values. To do that, add a new (dummy) menu after the Help menu with App Studio. So this new menu will not appear, give it the Caption " " and mark it as Inactive as shown in figure 4.20. This means the user will not be able to select it (it will be invisible as well).

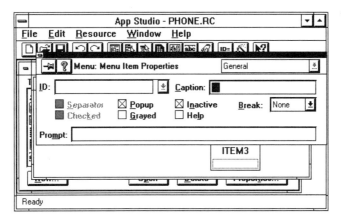

Figure 4.20. A Dummy Menu marked inactive.

Next, add menu items ITEM0 - ITEM3 as shown in figure 4.21 and give them IDs IDM_ITEM0 - IDM_ITEM3.

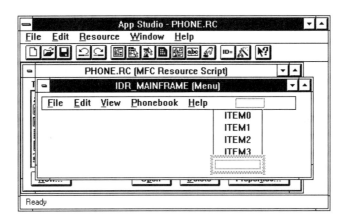

Figure 4.21. A Dummy Menu with menu items added.

New values will be created for our dummy menu items in resource.h, as follows:

#define IDR_MAINFRAME	2
#define IDD_ABOUTBOX	100
#define IDM_ADDNAME	32768
#define IDM_ITEM0	32772
#define IDM_ITEM1	32773
#define IDM_ITEM2	32774
#define IDM_ITEM3	32775

Using Visual C++'s Class Wizard, we can connect them to the functions OnItem0() - OnItem3() in CPhoneView, as follows:

```
void CPhoneView::OnItem0()
{
}
void CPhoneView::OnItem1()
{
}
void CPhoneView::OnItem2()
{
}
void CPhoneView::OnItem3()
{
}
```

Now we can use the legal ID numbers IDM_ITEM0 to IDM_ITEM3 in AppendMenu(). To keep track of the values we are using, we add an unsigned integer—new_menu_ID—to phonevw.h, right after out_string, as follows:

```
class CPhoneView : public CView
{
protected: // create from serialization only
        CPhoneView();
        DECLARE_DYNCREATE(CPhoneView)
// Attributes
public:
        CString out_string;
        UINT new_menu_ID;
```

```
// Operations
public:
```

Next, we initialize it with IDM_ITEM0, the first of our legal menu IDs, in CPhoneView's constructor (phonevw.cpp) as follows:

```
CPhoneView::CPhoneView()
{
new_menu_ID = IDM_ITEM0;     // TODO: add construction code here
}
```

Now we can add the person's name from out_string to our Phonebook menu as follows (note that we increment new_menu_ID; in a real application we should make sure that it does not go past IDM_ITEM3):

```
void CPhoneView::OnAddname()
{
        CWnd* pParent = GetParent();
        CMenu* pMenuBar = pParent->GetMenu();
        CMenu* pMenu = pMenuBar->GetSubMenu(3);
        CPhoneDoc* pDoc = GetDocument();
        pMenu->AppendMenu(MF_STRING | MF_ENABLED, new_menu_ID++, \
            out_string.Left(out_string.Find(" ")));
            :
}
```

The remaining steps here are to store the data—for example, the complete user-typed string now in out_string—in the document and to erase it from the screen so that the user can enter another name and number. To store it, we will set up an array of four CStrings named data_string[] in phonedoc.h, as follows:

```
class CPhoneDoc : public CDocument
{
protected: // create from serialization only
        CPhoneDoc();
        DECLARE_DYNCREATE(CPhoneDoc)
// Attributes
public:
        CString data_string[4];
// Operations
public:
    :
```

That is where our data—now in out_string—will be stored. Of course, we also have to keep track of our location in the data_string[] array, so let us add an index to that array named data_index as well in the following way:

```
class CPhoneDoc : public CDocument
{
protected: // create from serialization only
            CPhoneDoc();
            DECLARE_DYNCREATE(CPhoneDoc)
// Attributes
public:
            CString data_string[4];
            int data_index;
// Operations
public:
    :
```

Now we add out_string to data_string[] in the document as follows (note that we increment data_index as well):

```
void CPhoneView::OnAddname()
{
            CWnd* pParent = GetParent();
            CMenu* pMenuBar = pParent->GetMenu();
            CMenu* pMenu = pMenuBar->GetSubMenu(3);
            CPhoneDoc* pDoc = GetDocument();
            pMenu->AppendMenu(MF_STRING | MF_ENABLED, new_menu_ID++, \
                out_string.Left(out_string.Find(" ")));
            pDoc->data_string[pDoc->data_index++] = out_string;
                :
}
```

The final step is to erase out_string from the screen, which we can do by typing over it using text that has been set to the window's background color. (Note: this is a typical method of erasing text in Windows.) To do so, we get a device context object and set the Text color in it to the background color using the MFC CDC member functions SetTextColor() and GetBkColor(), as follows:

```
void CPhoneView::OnAddname()
{
            CWnd* pParent = GetParent();
            CMenu* pMenuBar = pParent->GetMenu();
            CMenu* pMenu = pMenuBar->GetSubMenu(3);
            CPhoneDoc* pDoc = GetDocument();
            pMenu->AppendMenu(MF_STRING | MF_ENABLED, new_menu_ID++, \
                out_string.Left(out_string.Find(" ")));
            pDoc->data_string[pDoc->data_index++] = out_string;
```

Microsoft Foundation Class Library Programming

```
                CClientDC dc(this);
                DWORD OldTextColor = dc.SetTextColor(dc.GetBkColor());
                    :
}
```

Note that SetTextColor() returns the current text color, a DWORD (doubleword) value, which we store in OldTextColor so that we can restore it later. In fact, all we have to do is type out_string again to erase it, restore the text color, and clear out_string in preparation for a new name and number, as follows:

```
void CPhoneView::OnAddname()
{
        CWnd* pParent = GetParent();
        CMenu* pMenuBar = pParent->GetMenu();
        CMenu* pMenu = pMenuBar->GetSubMenu(3);
        CPhoneDoc* pDoc = GetDocument();
        pMenu->AppendMenu(MF_STRING | MF_ENABLED, new_menu_ID++, \
            out_string.Left(out_string.Find(" ")));
        pDoc->data_string[pDoc->data_index++] = out_string;
        CClientDC dc(this);
        DWORD OldTextColor = dc.SetTextColor(dc.GetBkColor());
        dc.TextOut(0, 0, out_string, out_string.GetLength());
        dc.SetTextColor(OldTextColor);
        out_string.Empty();
}
```

That concludes OnAddname(); now the user can type a name and number, select Add Name, and the name added to the Phonebook menu appears, as follows (note that the window is cleared as well to accept the next name and number):

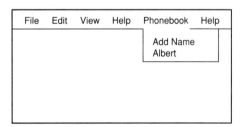

The question now is how do we connect the new menu items to our program? When the first item is selected, OnItem0() will be called, when the second item is called, OnItem1() will be called, and so on in the following manner:

```
void CPhoneView::OnItem0()
{
```

```
}
void CPhoneView::OnItem1()
{
}
void CPhoneView::OnItem2()
{
}
void CPhoneView::OnItem3()
{
}
```

We could place code in each of these dummy functions, responding when each on is called in turn. This, however, becomes awkward—what if we have a dozen or more dummy functions, for instance? A better option is to go behind the scenes in the MFC library and intercept the calls to OnItem0() - OnItem3() before they are made. This will give us considerably more MFC expertise.

When a menu item is selected, our main window actually gets a WM_COMMAND Windows message, which is handled in the OnCommand() function in CMainFrame. That function actually comes from the base class CFrameWnd (CMainFrame is derived from CFrameWnd). However, we can override it in CMainFrame by designing our own OnCommand() function in mainfrm.cpp, as follows:

```
BOOL CMainFrame::OnCommand(WPARAM wParam, LPARAM lParam)
{
}
```

The menu item's ID is in the wParam parameter, and we can intercept those messages in the following way:

```
BOOL CMainFrame::OnCommand(WPARAM wParam, LPARAM lParam)
{
        if(wParam >= IDM_ITEM0 && wParam <= IDM_ITEM3){
                ... Handle our menu items ...
        }
        else
        CFrameWnd::OnCommand(wParam, lParam);
}
```

Note that we passed all messages, except the ones we planned to handle, on to the base class version of OnCommand(). This means that our dummy functions will no longer be called; instead, we can handle our menu items.

All that is required here is to print the string from data_string[] that matches the menu item selected. That item will be number wParam - IDM_ITEM0, so we simply have to print data_string[wParam - IDM_ITEM0] in our view's window. To do that, we have to reach both the view and the document from the CMainFrame object, something we have never done before.

Fortunately that is not difficult; the CMainFrame class has two member functions named GetActiveView() and GetActiveDocument() that return pointers to the currently active CView and CDocument objects. That is almost what we want. We actually need pointers to our derived CPhoneView and CPhoneDoc objects, which are derived from CView and CDocument. This is because only pointers to our derived objects will be able to reach members we have added in those objects like data_string[]—for example, data_string[] is not part of the CDoc class.

We can use a cast to get the pointers we want. First we inform the compiler of the structure of CPhoneView and CPhoneDoc by including their header files in mainframe.cpp, as follows:

```
// mainfrm.cpp : implementation of the CMainFrame class
//
    #include "stdafx.h"
    #include "phone.h"
    #include "phonedoc.h"
    #include "phonevw.h"
    #include "mainfrm.h"
```

Next, we cast the pointers we get from GetActiveView() and GetActiveDocument() in OnCommand() in the following way:

```
BOOL CMainFrame::OnCommand(WPARAM wParam, LPARAM lParam)
{
    if(wParam >= IDM_ITEM0 && wParam <= IDM_ITEM3){
    CPhoneView* pView = (CPhoneView*) GetActiveView();
    CPhoneDoc* pDoc = (CPhoneDoc*) GetActiveDocument();
              :
    }
    else
    CFrameWnd::OnCommand(wParam, lParam);
    return TRUE;
}
```

All that remains is to get a device context for our view and display the correct string from the document in it, as follows:

```
BOOL CMainFrame::OnCommand(WPARAM wParam, LPARAM lParam)
{
    if(wParam >= IDM_ITEM0 && wParam <= IDM_ITEM3){
    CPhoneView* pView = (CPhoneView*) GetActiveView();
    CPhoneDoc* pDoc = (CPhoneDoc*) GetActiveDocument();
```

```
CClientDC dc(pView);
dc.TextOut(0, 0, pDoc->data_string[wParam - IDM_ITEM0],\
    pDoc->data_string[wParam - IDM_ITEM0].GetLength());        }
else
CFrameWnd::OnCommand(wParam, lParam);
return TRUE;
}
```

And that is it; the phonebook application is complete. We can place names in the Phonebook menu as follows:

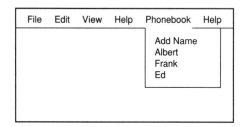

When we want to retrieve the names, we can select them in that menu and the full text reappears as follows:

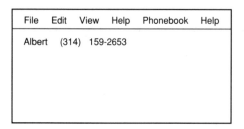

That completes the program; the working phonebook appears in figure 4.22.

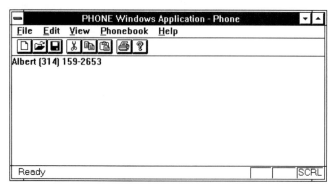

Figure 4.22.   A functioning Phonebook application.

The code for our phone application appears in the following listings:

Listing	Contains
Listing 4.5	Mainfrm.H
Listing 4.6	Mainfrm.Cpp
Listing 4.7	Phone.H
Listing 4.8	Phone.Cpp
Listing 4.9	Phonevw.H
Listing 4.10	Phonevw.Cpp
Listing 4.11	Phonedoc.H
Listing 4.12	Phonedoc.Cpp

Listing 4.5. mainfrm.h.

```
// mainfrm.h : interface of the CMainFrame class
//
//////////////////////////////////////////////////////////////////////
class CMainFrame : public CFrameWnd
{
protected: // create from serialization only
        CMainFrame();
        DECLARE_DYNCREATE(CMainFrame)
// Attributes
public:
// Operations
public:
        BOOL OnCommand(WPARAM wParam, LPARAM lParam);
// Implementation
public:
        virtual ~CMainFrame();
#ifdef _DEBUG
        virtual void AssertValid() const;
        virtual void Dump(CDumpContext& dc) const;
#endif
protected:  // control bar embedded members
        CStatusBar  m_wndStatusBar;
```

continues

Listing 4.5. continued

```
            CToolBar      m_wndToolBar;
// Generated message map functions
protected:
            //{{AFX_MSG(CMainFrame)
            afx_msg int OnCreate(LPCREATESTRUCT lpCreateStruct);
                // NOTE - the ClassWizard will add and remove member functions here.
                //    DO NOT EDIT what you see in these blocks of generated code !
            //}}AFX_MSG
            DECLARE_MESSAGE_MAP()
};
////////////////////////////////////////////////////////////////////////////
```

Listing 4.6. mainfrm.cpp.

```
// mainfrm.cpp : implementation of the CMainFrame class
//
#include "stdafx.h"
#include "phone.h"
#include "phonedoc.h"
#include "phonevw.h"
#include "mainfrm.h"
#ifdef _DEBUG
#undef THIS_FILE
static char BASED_CODE THIS_FILE[] = __FILE__;
#endif
////////////////////////////////////////////////////////////////////////////
// CMainFrame
IMPLEMENT_DYNCREATE(CMainFrame, CFrameWnd)
BEGIN_MESSAGE_MAP(CMainFrame, CFrameWnd)
            //{{AFX_MSG_MAP(CMainFrame)
                // NOTE - the Class Wizard will add and remove mapping macros here.
                // DO NOT EDIT what you see in these blocks of generated code !
            ON_WM_CREATE()
            //}}AFX_MSG_MAP
END_MESSAGE_MAP()
////////////////////////////////////////////////////////////////////////////
// arrays of IDs used to initialize control bars
// toolbar buttons - IDs are command buttons
static UINT BASED_CODE buttons[] =
{
            // same order as in the bitmap 'toolbar.bmp'
```

```
            ID_FILE_NEW,
            ID_FILE_OPEN,
            ID_FILE_SAVE,
                        ID_SEPARATOR,
            ID_EDIT_CUT,
            ID_EDIT_COPY,
            ID_EDIT_PASTE,
                        ID_SEPARATOR,
            ID_FILE_PRINT,
            ID_APP_ABOUT,
};
static UINT BASED_CODE indicators[] =
{
            ID_SEPARATOR,               // status line indicator
            ID_INDICATOR_CAPS,
            ID_INDICATOR_NUM,
            ID_INDICATOR_SCRL,
};
///////////////////////////////////////////////////////////////////////////
// CMainFrame construction/destruction
CMainFrame::CMainFrame()
{
            // TODO: add member initialization code here
}
CMainFrame::~CMainFrame()
{
}
int CMainFrame::OnCreate(LPCREATESTRUCT lpCreateStruct)
{
            if (CFrameWnd::OnCreate(lpCreateStruct) == -1)
               return -1;
            if (!m_wndToolBar.Create(this) ||
                !m_wndToolBar.LoadBitmap(IDR_MAINFRAME) ||
                !m_wndToolBar.SetButtons(buttons,
                    sizeof(buttons)/sizeof(UINT)))
            {
                TRACE("Failed to create toolbar\n");
                return -1;      // fail to create
            }
            if (!m_wndStatusBar.Create(this) ||
                !m_wndStatusBar.SetIndicators(indicators,
                    sizeof(indicators)/sizeof(UINT)))
            {
```

continues

Listing 4.6. continued

```
                    TRACE("Failed to create status bar\n");
                    return -1;        // fail to create
            }
            return 0;
}
////////////////////////////////////////////////////////////////////////
// CMainFrame diagnostics
#ifdef _DEBUG
void CMainFrame::AssertValid() const
{
            CFrameWnd::AssertValid();
}
void CMainFrame::Dump(CDumpContext& dc) const
{
            CFrameWnd::Dump(dc);
}
#endif //_DEBUG
////////////////////////////////////////////////////////////////////////
// CMainFrame message handlers
BOOL CMainFrame::OnCommand(WPARAM wParam, LPARAM lParam)
{
            if(wParam >= IDM_ITEM0 && wParam <= IDM_ITEM3){
                CPhoneView* pView = (CPhoneView*) GetActiveView();
                CPhoneDoc* pDoc = (CPhoneDoc*) GetActiveDocument();
                CClientDC dc(pView);
                dc.TextOut(0, 0, pDoc->data_string[wParam - IDM_ITEM0], \
                    pDoc->data_string[wParam - IDM_ITEM0].GetLength());
            }
            else
                CFrameWnd::OnCommand(wParam, lParam);
            return TRUE;

}
```

Listing 4.7. phone.h.

```
// phone.h : main header file for the PHONE application
//
#ifndef __AFXWIN__
    #error include 'stdafx.h' before including this file for PCH
#endif
```

```
#include "resource.h"        // main symbols
//////////////////////////////////////////////////////////////////////
// CPhoneApp:
// See phone.cpp for the implementation of this class
//
class CPhoneApp : public CWinApp
{
public:
            CPhoneApp();
// Overrides
            virtual BOOL InitInstance();
// Implementation
            //{{AFX_MSG(CPhoneApp)
            afx_msg void OnAppAbout();
                // NOTE - the ClassWizard will add and remove member functions here.
                //    DO NOT EDIT what you see in these blocks of generated code !
            //}}AFX_MSG
            DECLARE_MESSAGE_MAP()
};
//////////////////////////////////////////////////////////////////////
```

Listing 4.8. phone.cpp.

```
// phone.cpp : Defines the class behaviors for the application.
//
#include "stdafx.h"
#include "phone.h"
#include "mainfrm.h"
#include "phonedoc.h"
#include "phonevw.h"
#ifdef _DEBUG
#undef THIS_FILE
static char BASED_CODE THIS_FILE[] = __FILE__;
#endif
//////////////////////////////////////////////////////////////////////
// CPhoneApp
BEGIN_MESSAGE_MAP(CPhoneApp, CWinApp)
            //{{AFX_MSG_MAP(CPhoneApp)
            ON_COMMAND(ID_APP_ABOUT, OnAppAbout)
                // NOTE - the ClassWizard will add and remove mapping macros here.
                // DO NOT EDIT what you see in these blocks of generated code !
            //}}AFX_MSG_MAP
```

continues

Listing 4.8. continued

```
            // Standard file based document commands
            ON_COMMAND(ID_FILE_NEW, CWinApp::OnFileNew)
            ON_COMMAND(ID_FILE_OPEN, CWinApp::OnFileOpen)
            // Standard print setup command
            ON_COMMAND(ID_FILE_PRINT_SETUP, CWinApp::OnFilePrintSetup)
END_MESSAGE_MAP()
//////////////////////////////////////////////////////////////////////////
// CPhoneApp construction
CPhoneApp::CPhoneApp()
{
            // TODO: add construction code here,
            // Place all significant initialization in InitInstance
}
//////////////////////////////////////////////////////////////////////////
// The one and only CPhoneApp object
CPhoneApp NEAR theApp;
//////////////////////////////////////////////////////////////////////////
// CPhoneApp initialization
BOOL CPhoneApp::InitInstance()
{
            // Standard initialization
            // If you are not using these features and wish to reduce the size
            //  of your final executable, you should remove from the following
            //  the specific initialization routines you do not need.
            SetDialogBkColor();          // set dialog background color to gray
            LoadStdProfileSettings();  // Load standard INI file options
            // Register the application's document templates.  Document templates
            //  serve as the connection between documents, frame windows and views.
            AddDocTemplate(new CSingleDocTemplate(IDR_MAINFRAME,
                RUNTIME_CLASS(CPhoneDoc),
                RUNTIME_CLASS(CMainFrame),      // main SDI frame window
                RUNTIME_CLASS(CPhoneView)));
            // create a new (empty) document
            OnFileNew();
            if (m_lpCmdLine[0] != '\0')
            {
                    // TODO: add command line processing here
            }
            return TRUE;
}
//////////////////////////////////////////////////////////////////////////
```

```cpp
// CAboutDlg dialog used for App About
class CAboutDlg : public CDialog
{
public:
          CAboutDlg();
// Dialog Data
          //{{AFX_DATA(CAboutDlg)
          enum { IDD = IDD_ABOUTBOX };
          //}}AFX_DATA
// Implementation
protected:
          virtual void DoDataExchange(CDataExchange* pDX);     // DDX/DDV support
          //{{AFX_MSG(CAboutDlg)
                    // No message handlers
          //}}AFX_MSG
          DECLARE_MESSAGE_MAP()
};
CAboutDlg::CAboutDlg() : CDialog(CAboutDlg::IDD)
{
          //{{AFX_DATA_INIT(CAboutDlg)
          //}}AFX_DATA_INIT
}
void CAboutDlg::DoDataExchange(CDataExchange* pDX)
{
          CDialog::DoDataExchange(pDX);
          //{{AFX_DATA_MAP(CAboutDlg)
          //}}AFX_DATA_MAP
}
BEGIN_MESSAGE_MAP(CAboutDlg, CDialog)
          //{{AFX_MSG_MAP(CAboutDlg)
                    // No message handlers
          //}}AFX_MSG_MAP
END_MESSAGE_MAP()
// App command to run the dialog
void CPhoneApp::OnAppAbout()
{
          CAboutDlg aboutDlg;
          aboutDlg.DoModal();
}
/////////////////////////////////////////////////////////////////////////////

// CPhoneApp commands
```

Listing 4.9. phonevw.h.

```
// phonevw.h : interface of the CPhoneView class
//
/////////////////////////////////////////////////////////////////////////
class CPhoneView : public CView
{
protected: // create from serialization only
                    CPhoneView();
                    DECLARE_DYNCREATE(CPhoneView)
// Attributes
public:
                    CString out_string;
                    CPhoneDoc* GetDocument();
                    UINT new_menu_ID;
// Operations
public:
// Implementation
public:
                    virtual ~CPhoneView();
                    virtual void OnDraw(CDC* pDC);   // overridden to draw this view
#ifdef _DEBUG
                    virtual void AssertValid() const;
                    virtual void Dump(CDumpContext& dc) const;
#endif
                    // Printing support
protected:
                    virtual BOOL OnPreparePrinting(CPrintInfo* pInfo);
                    virtual void OnBeginPrinting(CDC* pDC, CPrintInfo* pInfo);
                    virtual void OnEndPrinting(CDC* pDC, CPrintInfo* pInfo);
// Generated message map functions
protected:
                    //{{AFX_MSG(CPhoneView)
                    afx_msg void OnChar(UINT nChar, UINT nRepCnt, UINT nFlags);
                    afx_msg void OnAddname();
                    afx_msg void OnItem1();
                    afx_msg void OnItem2();
                    afx_msg void OnItem3();
                    afx_msg void OnItem0();
                    //}}AFX_MSG
                    DECLARE_MESSAGE_MAP()
};
#ifndef _DEBUG  // debug version in phonevw.cpp inline CPhoneDoc*
```

```
CPhoneView::GetDocument()
          { return (CPhoneDoc*) m_pDocument; }
#endif
//////////////////////////////////////////////////////////////////////
```

Listing 4.10. phonevw.cpp.

```cpp
// phonevw.cpp : implementation of the CPhoneView class
//
#include "stdafx.h"
#include "phone.h"
#include "phonedoc.h"
#include "phonevw.h"
#ifdef _DEBUG
#undef THIS_FILE
static char BASED_CODE THIS_FILE[] = __FILE__;
#endif
//////////////////////////////////////////////////////////////////////
// CPhoneView
IMPLEMENT_DYNCREATE(CPhoneView, CView)
BEGIN_MESSAGE_MAP(CPhoneView, CView)
                    //{{AFX_MSG_MAP(CPhoneView)
                          ON_WM_CHAR()
                          ON_COMMAND(IDM_ADDNAME, OnAddname)
                          ON_COMMAND(IDM_ITEM1, OnItem1)
                          ON_COMMAND(IDM_ITEM2, OnItem2)
                          ON_COMMAND(IDM_ITEM3, OnItem3)
                          ON_COMMAND(IDM_ITEM0, OnItem0)
                          //}}AFX_MSG_MAP
                // Standard printing commands
                ON_COMMAND(ID_FILE_PRINT, CView::OnFilePrint)
                ON_COMMAND(ID_FILE_PRINT_PREVIEW, CView::OnFilePrintPreview)
END_MESSAGE_MAP()
//////////////////////////////////////////////////////////////////////
// CPhoneView construction/destruction
CPhoneView::CPhoneView()
{
                    new_menu_ID = IDM_ITEM0;    // TODO: add construction code here
}
CPhoneView::~CPhoneView()
```

continues

Listing 4.10. continued

```
{
}
//////////////////////////////////////////////////////////////////////////
// CPhoneView drawing
void CPhoneView::OnDraw(CDC* pDC)
{
                    CPhoneDoc* pDoc = GetDocument();
                    //CString hello_string = "Hello!";
                    CClientDC dc(this);
                    dc.TextOut(0, 0, out_string, out_string.GetLength());
}
//////////////////////////////////////////////////////////////////////////
// CPhoneView printing
BOOL CPhoneView::OnPreparePrinting(CPrintInfo* pInfo)
{
                    // default preparation
                    return DoPreparePrinting(pInfo);
}
void CPhoneView::OnBeginPrinting(CDC* /*pDC*/, CPrintInfo* /*pInfo*/)
{
                    // TODO: add extra initialization before printing
}
void CPhoneView::OnEndPrinting(CDC* /*pDC*/, CPrintInfo* /*pInfo*/)
{
        // TODO: add cleanup after printing
}
//////////////////////////////////////////////////////////////////////////
// CPhoneView diagnostics
#ifdef _DEBUG
void CPhoneView::AssertValid() const
{
        CView::AssertValid();
}
void CPhoneView::Dump(CDumpContext& dc) const
{
        CView::Dump(dc);
}
CPhoneDoc* CPhoneView::GetDocument() // non-debug version is inline
{
        ASSERT(m_pDocument->IsKindOf(RUNTIME_CLASS(CPhoneDoc)));
        return (CPhoneDoc*) m_pDocument;
```

```
}
#endif //_DEBUG
///////////////////////////////////////////////////////////////////////////
// CPhoneView message handlers
void CPhoneView::OnChar(UINT nChar, UINT nRepCnt, UINT nFlags)
{
                    // TODO: Add your message handler code here and/or call default
        out_string += nChar;
        CClientDC dc(this);
                    dc.TextOut(0, 0, out_string, out_string.GetLength());
                    CView::OnChar(nChar, nRepCnt, nFlags);
}
void CPhoneView::OnAddname()
{
        CWnd* pParent = GetParent();
        CMenu* pMenuBar = pParent->GetMenu();
        CMenu* pMenu = pMenuBar->GetSubMenu(3);
        CPhoneDoc* pDoc = GetDocument();
        pMenu->AppendMenu(MF_STRING | MF_ENABLED, new_menu_ID++, \
                    out_string.Left(out_string.Find(" ")));
        pDoc->data_string[pDoc->data_index++] = out_string;
        CClientDC dc(this);
        DWORD OldTextColor = dc.SetTextColor(dc.GetBkColor());
        dc.TextOut(0, 0, out_string, out_string.GetLength());
        dc.SetTextColor(OldTextColor);
        out_string.Empty();
}
void CPhoneView::OnItem0()
{
                    // TODO: Add your command handler code here
}
void CPhoneView::OnItem1()
{
                    // TODO: Add your command handler code here
}
void CPhoneView::OnItem2()
{
                    // TODO: Add your command handler code here
}
void CPhoneView::OnItem3()
{
                    // TODO: Add your command handler code here
}
```

Listing 4.11. phonedoc.h.

```cpp
// phonedoc.h : interface of the CPhoneDoc class
//
/////////////////////////////////////////////////////////////////////////
class CPhoneDoc : public CDocument
{
protected: // create from serialization only
        CPhoneDoc();
        DECLARE_DYNCREATE(CPhoneDoc)
// Attributes
public:
        int data_index;
        CString data_string[4];
// Operations
public:
// Implementation
public:
        virtual ~CPhoneDoc();
virtual void Serialize(CArchive& ar);    // overridden for document i/o
#ifdef _DEBUG
        virtual void AssertValid() const;
        virtual void Dump(CDumpContext& dc) const;
#endif
protected:
        virtual BOOL    OnNewDocument();
// Generated message map functions
protected:
        //{{AFX_MSG(CPhoneDoc)
            // NOTE - the ClassWizard will add and remove member functions here.
            //     DO NOT EDIT what you see in these blocks of generated code !
        //}}AFX_MSG
        DECLARE_MESSAGE_MAP()
};
/////////////////////////////////////////////////////////////////////////
```

Listing 4.12. phonedoc.cpp.

```cpp
// phonedoc.cpp : implementation of the CPhoneDoc class
//
#include "stdafx.h"
#include "phone.h"
```

```cpp
#include "phonedoc.h"
#ifdef _DEBUG
#undef THIS_FILE
static char BASED_CODE THIS_FILE[] = __FILE__;
#endif
/////////////////////////////////////////////////////////////////////////////
// CPhoneDoc
IMPLEMENT_DYNCREATE(CPhoneDoc, CDocument)
BEGIN_MESSAGE_MAP(CPhoneDoc, CDocument)
        //{{AFX_MSG_MAP(CPhoneDoc)
            // NOTE - the Class Wizard will add and remove mapping macros here.
            //DO NOT EDIT what you see in these blocks of generated code !
        //}}AFX_MSG_MAP
END_MESSAGE_MAP()
/////////////////////////////////////////////////////////////////////////////
// CPhoneDoc construction/destruction
CPhoneDoc::CPhoneDoc()
{
        data_index = 0;
        // TODO: add one-time construction code here
}
CPhoneDoc::~CPhoneDoc()
{
}
BOOL CPhoneDoc::OnNewDocument()
{
        if (!CDocument::OnNewDocument())
            return FALSE;
        // TODO: add reinitialization code here
        // (SDI documents will reuse this document)
        return TRUE;
}
/////////////////////////////////////////////////////////////////////////////
// CPhoneDoc serialization
void CPhoneDoc::Serialize(CArchive& ar)
{
        if (ar.IsStoring())
        {
                // TODO: add storing code here
        }
        else
        {
                // TODO: add loading code here
```

continues

Listing 4.12. continued

```
}
}
/////////////////////////////////////////////////////////////////////////////
// CPhoneDoc diagnostics
#ifdef _DEBUG
void CPhoneDoc::AssertValid() const
{
        CDocument::AssertValid();
}

void CPhoneDoc::Dump(CDumpContext& dc) const
{
        CDocument::Dump(dc);
}
#endif //_DEBUG
/////////////////////////////////////////////////////////////////////////////

// CPhoneDoc commands
```

That completes our survey of the CMenu class for now. As you can see, there is a great deal of utility here. We have created menus, grayed and disabled menu items, added check marks, accelerator keys, shortcut keys, and tailored our menus directly at run time. All this makes for a very powerful package. Of course, there is a great deal more to Windows. Now that we have menus under our belts, we can press on to the next chapter about dialog boxes.

New Classes and Members:

********** CMenu	
AppendMenu	Appends new item to end of menu
Attach	Attachs menu handle to CMenu object
CheckMenuItem	Puts or removes check marks next to menu item
CMenu	Constructs CMenuobject
CreateMenu	Creates empty menu, attaches it to CMenu object
CreatePopupMenu	Creates empty pop-up menu, attaches it to CMenu object
DeleteMenu	Deletes indicated item from menu

DeleteTempMap	Deletes temporary CMenu object(s) created by FromHandle
DestroyMenu	Destroys menu attached to CMenu object
Detach	Detaches Windows menu handle from CMenu object
DrawItem	Called by the framework when owner-drawn menu changes
EnableMenuItem	Enables, disables, or grays a menu item
FromHandle	Returns a pointer to CMenu object given menu handle
GetMenuItemCount	Determines number of items in a menu
GetMenuItemID	Obtains menu-item ID
GetMenuState	Returns status of indicated menu item
GetMenuString	Gets label of indicated menu
GetSafeHmenu	Returns mMenu connected to this CMenu object
GetSubMenu	Gets pointer to a pop-up menu
InsertMenu	Inserts new menu item
LoadMenu	Loads menu resource
LoadMenuIndirect	Loads menu from menu template in memory
MeasureItem	Called by framework to get menu dimensions
ModifyMenu	Changes existing menu item
mMenu	Handles to Windows menu attached to the Cmenu object
RemoveMenu	Deletes menu item
SetMenuItemBitmaps	Connects check-mark bitmap to menu item
TrackPopupMenu	Displays floating pop-up menu, tracks selection of items

Using the CDialog Class: Dialog Boxes I

We have all seen dialog boxes. In Windows, they represent the standard way of receiving control input from the user beyond the menu level. The Windows user uses dialog boxes to open files, to rename files, to customize windows or application parameters, to select colors, or to do almost anything that a menu selection cannot specify. Dialog boxes are so common that the user already knows that menu items with an ellipsis (three dots) after them, like Save As..., open dialog boxes.

In this chapter, we will start putting together dialog boxes of our own using the MFC CDialog class. In addition, we will start seeing the kind of objects that the user can manipulate in dialog boxes—specifically, buttons and text boxes. These types of objects are called controls in Windows (controls include buttons, text boxes—which are also called edit controls—scroll bars, list boxes, and so on). These controls have their own MFC classes—for example, CButton, CScroll, CListBox—but it is more common to place controls like these into your programs with a special tool designed expressly for that purpose. After the controls are placed in our dialog boxes the way we want them, we will integrate them into our programs. Designing dialog boxes used to be difficult, but it has become a lot easier with tools like the ones that come in Visual C++. Let us begin immediately with a quick way to place dialog boxes on the screen.

Message Boxes

The quickest way to put a dialog box on the screen is with the CWnd member function MessageBox( ) as follows:

```
int MessageBox(lpText, lpCaption = NULL, wType = MB_OK);
```

Here, lpText is a far pointer to the text we want in our message box (we can use a CString object); lpCaption is a far pointer to the caption text we want to appear in the message box's title bar (we also can use a CString object here); and wType specifies the *controls* you can have in your message box, as we will see.

The term controls include buttons, text boxes, scroll bars, list boxes, and so on—for example, just about every active element in a Windows program that is not itself a window. Note also that the "= NULL" and "= MB_OK" string in MessageBox's declaration appear in the following way:

```
int MessageBox(lpText, lpCaption = NULL, wType = MB_OK);
```

These are C++ *default* values. In C++, you can declare default values in a function's declaration as above. If you then omit values for these parameters when calling that function, the default values are used. For example, we could simply use MessageBox( ) in the following way:

```
CString hello_string = "Hello, world."
MessageBox(hello_string);
```

This passes NULL for the long pointer to the message box caption (which means that the caption will give the name of the project) and the value MB_OK for wType—which means that a single button marked OK will appear in our message box.

MessageBox( ) enables you to design a dialog box to a certain extent, and enables the user to communicate to your program through buttons: OK, Cancel, Abort, Retry, Ignore, Yes, or No. To see how MessageBox( ) works, we might create a small program that places a window on the screen with a menu item named Message Box... in a menu named Message.

We can create a new project named msg.mak with Visual C++'s App Wizard, add a Message menu with App Studio, and give that menu one item with the caption Message... and the ID value IDM_MESSAGE. Next, use Class Wizard to connect IDM_MESSAGE to a new view class function

Microsoft Foundation Class Library Programming

named OnMessage(). Double click OnMessage() in Class Wizard, opening OnMessage() in msgview.cpp, as follows:

```
void CMsgView::OnMessage()
{
}
```

Now just place our code there in the following way:

```
void CMsgView::OnMessage()
{
CString hello_string = "Hello, world."
MessageBox(hello_string);
}
```

Note that since our view class is derived from CWnd (for example, all views are themselves child windows), we have access to MessageBox(). The resulting menu is as shown in figure 5.1. (Note that we are including three dots after the name Message Box to indicate that a dialog box will appear.)

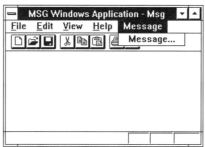

Figure 5.1. A message box menu.

When the user selects the Message Box... item, the program calls the OnMessage() member function and our message box appears, as shown in figure 5.2.

Figure 5.2. A message box.

There are specific values we can pass in the wType parameter. These values appear in table 5.1 (if you want to use more than one, OR them together). Two of the more important MB types are: MB_APPLMODAL and MB_SYSTEMMODAL. We say a dialog box is *modal* when we expect the user to deal with it before continuing with the rest of the program (as opposed to nonmodal dialog boxes, which can appear and operate side by side with other windows). An MB_APPLMODAL message box is one that is modal on the application level; that is, before the user can continue using the application, they have to finish using a dialog box. Clicking any other windows belonging to the application results in a beep. MB_SYSTEMMODAL message boxes, however, do not even enable the user to switch to other applications before closing the message box.

About Cancel Buttons

Almost every dialog box that has buttons should have a Cancel button in it, because Windows users expect them. Cancel buttons enable users to close the dialog box without making changes in the course of the rest of the program.

Table 5.1.   Message Box Types

wType	Means
MB_ABORTRETRYIGNORE	Abort, Retry, Ignore buttons
MB_APPLMODAL	Modal on application level
MB_DEFBUTTON1	First button is default
MB_DEFBUTTON2	Second button is default
MB_DEFBUTTON3	Third button is default
MB_ICONASTERISK	Same as MB_ICONINFORMATION
MB_ICONEXCLAMATION	Include exclamation point icon
MB_ICONHAND	Same as MB_ICONSTOP
MB_ICONINFORMATION	Include circle i icon
MB_ICONQUESTION	Include question mark icon
MB_ICONSTOP	Include stop sign icon

wType	Means
MB_OK	OK button
MB_OKCANCEL	OK and Cancel buttons
MB_RETRYCANCEL	Retry and Cancel buttons
MB_SYSTEMMODAL	Modal on system level
MB_YESNO	Yes and No buttons
MB_YESNOCANCEL	Yes, No, Cancel buttons

As you can see, we have placed a dialog box on the screen. It was that easy. When the user clicks a button in or closes a message box, we get an integer return value from the Message Box () function, corresponding to one of these constants, as follows:

Return Value	Means
IDABORT	User clicked Abort Button
IDCANCEL	User clicked Cancel Button
IDIGNORE	User clicked Ignore Button
IDNO	User clicked No Button
IDOK	User clicked Ok Button
IDRETRY	User clicked Retry Button
IDYES	User clicked Yes Button

Checking the return value of MessageBox() against this list will enable you to determine what action the user took.

As helpful as MessageBox() is, we can go much farther when we design our own dialog boxes, as we will see. For example, what if we wanted to add a text box to the message box in figure 5.2? In that case, we would have to design our own dialog box. Fortunately, tools like Visual C++'s Dialog Editor makes that an easy job.

Designing Dialog Boxes

Let us say that our goal is to set up a dialog box much like the one in figure 5.2, except that we want to add a text box and a button marked Click Me. When the user clicks this button, we can put the phrase Hello, world. into the text box. Here our goal is to produce a dialog box that appears in the following way:

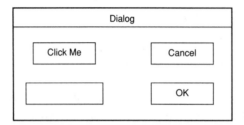

After the user clicks the Click Me button, the Hello, world. message appears in the text box as follows:

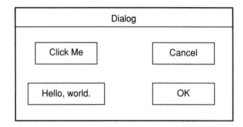

To do this, we create a new project named dlg.mak with App Wizard. Make it a Single Document Interface (SDI) application. Now we have got to design our dialog box like the one above. To do so, open App Studio and click the dialog resource type—the third icon down in the Type box on the left. The built-in dialog box we already have, an About box, appears in the Resources box as resource IDD_ABOUTBOX. We want to create our own dialog box, so click App Studio's New... button. A box opens, asking what new type of resource we want; select Dialog. This creates a new dialog resource named IDD_DIALOG1 and opens the Dialog Editor, as shown in figure 5.3.

The vertical button bar you see in figure 5.3 is called the toolbar, and it is filled with the types of controls we can add to our dialog box. As you can see, there are already two buttons there in the dialog box under design: OK and Cancel. There is even functioning code connected to them, as we will see.

To add a button with the caption Click Me, press the left mouse button when the mouse cursor is over the button tool in the toolbar (the third tool down on the right). Next, drag (or, move the mouse cursor keeping the mouse button down) the mouse cursor over to the dialog box we have been designing as shown in figure 5.4.

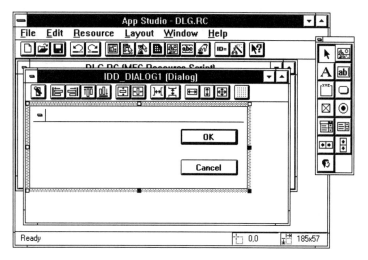

Figure 5.3. App Studio's Dialog Editor.

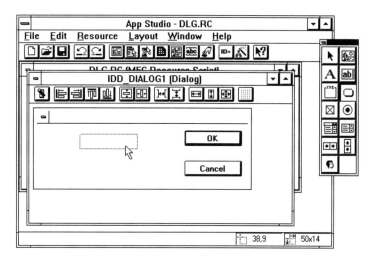

Figure 5.4. A button placed in the dialog box.

Now release the mouse button to create the new button. Click the new button to bring up the Push Button Properties box as shown in figure 5.5. Give this button the caption Click Me, as also shown in figure 5.5.

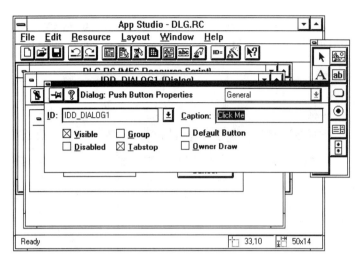

Figure 5.5. The Push Button Properties box.

Next, we can create our text box. Press the mouse button while the cursor is over the text box tool (second tool down on the right in the toolbar) and move the text box to our dialog as shown in figure 5.6.

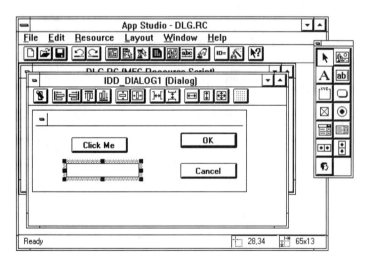

Figure 5.6. A new text box.

The eight small squares around the periphery of the new text box are called *sizing handles*. You can use them to reshape controls the way you want them with the mouse. If you double-click this text box, you will see that the Dialog Editor gives it the ID IDC_EDIT1 (IDC stands for control ID). That concludes our dialog box design.

We have completed our dialog box, resource number IDD_DIALOG1. Save it now with the App Studio Save menu item; this dialog box specification is added to dlg.rc:

```
IDD_DIALOG1 DIALOG DISCARDABLE  0, 0, 185, 57
STYLE DS_MODALFRAME ¦ WS_POPUP ¦ WS_VISIBLE ¦ WS_CAPTION ¦ WS_SYSMENU
FONT 8, "MS Sans Serif"
BEGIN
        DEFPUSHBUTTON       "OK",IDOK,129,6,50,14
        PUSHBUTTON          "Cancel",IDCANCEL,129,34,50,14
        PUSHBUTTON          "Click Me",IDC_BUTTON1,33,10,50,14
        EDITTEXT            IDC_EDIT1,28,34,65,13,ES_AUTOHSCROLL
END
```

Our complete dialog box is specified here—from the font used to the location of the controls. Our next step is to associate variables with the new controls we have created. To do so, we first must create a new class for the dialog box. This class will be derived from the CDialog MFC class. You will find that one of the items in AppStudio's Resource menu is Class Wizard. Open Class Wizard now to create our new dialog class, which we will call CHelloDlg.

Class Wizard realizes that this is a new class and the first thing it does is open a dialog box prompting you for a name for the new class. (Note that class type CDialog is already selected.) Give the name CHelloDlg and click the Create Class button. Now Class Wizard itself opens, displaying our class and its members, as shown in figure 5.7.

This is what our new class looks like so far:

```
class CHelloDlg : public CDialog
{
// Construction
public:
        CHelloDlg(CWnd* pParent = NULL);    // standard constructor
// Dialog Data
        //{{AFX_DATA(CHelloDlg)
        enum { IDD = IDD_DIALOG1 };
        //}}AFX_DATA
// Implementation
protected:
        // Generated message map functions
        //{{AFX_MSG(CHelloDlg)
        //}}AFX_MSG
        DECLARE_MESSAGE_MAP()
};
```

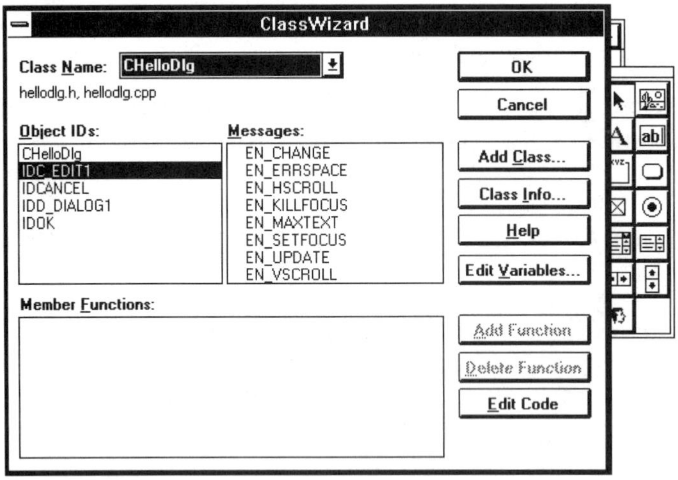

Figure 5.7. A Class Wizard dialog.

We will want to handle button pushes, so let us add a member function named OnClickMeButton( ) now. The name given to our push button was IDC_BUTTON1, so select that now in Class Wizard. The possible messages connected with this button appear in the Messages box: BN_CLICKED and BN_DOUBLECLICKED. These are button messages, and the one we want to handle is BN_CLICKED. Select that now and click Class Wizard's Add Function button as shown in figure 5.8.

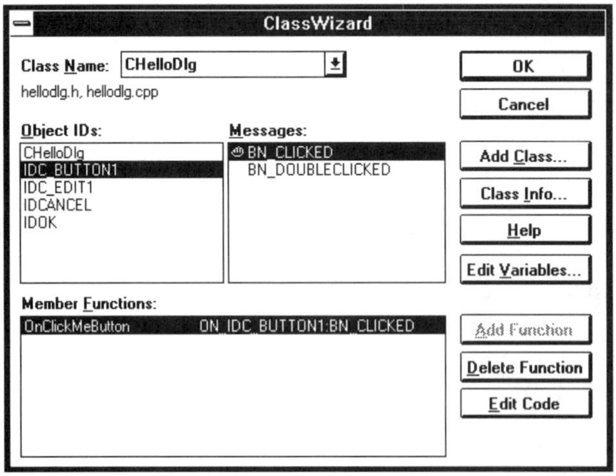

Figure 5.8. A dialog member function.

Class Wizard will ask for the name of the new function in the Add Member Function dialog box; give it the name OnClickMeButton(). This creates a new member function of our CHelloDlg class as shown in figure 5.8. This function is connected to the button click in hellodlg.cpp in the following way :

```
// hellodlg.cpp : implementation file
//
#include "stdafx.h"
#include "dlg.h"
#include "hellodlg.h"
/////////////////////////////////////////////////////////////////////////////
// CHelloDlg dialog
CHelloDlg::CHelloDlg(CWnd* pParent /*=NULL*/)
      : CDialog(CHelloDlg::IDD, pParent)
{
}
BEGIN_MESSAGE_MAP(CHelloDlg, CDialog)
      //{{AFX_MSG_MAP(CHelloDlg)
      ON_BN_CLICKED(IDC_BUTTON1, OnClickMeButton)
      //}}AFX_MSG_MAP
END_MESSAGE_MAP()
```

In addition, it is declared in hellodlg.h in the following way:

```
class CHelloDlg : public CDialog
{
// Construction
public:
      CHelloDlg(CWnd* pParent = NULL);    // standard constructor
// Dialog Data
      //{{AFX_DATA(CHelloDlg)
      enum { IDD = IDD_DIALOG1 };
      //}}AFX_DATA
// Implementation
protected:
      // Generated message map functions
      //{{AFX_MSG(CHelloDlg)
      afx_msg void OnClickMeButton();
      //}}AFX_MSG
      DECLARE_MESSAGE_MAP()
};
```

The code for this function already looks like this in class CHelloDlg (hellodlg.cpp):

```
void CHelloDlg::OnClickMeButton()
{
}
```

When the user clicks the button, the code we place here will be executed. We want to place the text Hello, world. in the text box, whose ID is IDC_EDIT1. There are two ways to do this: we can use the CDialog member function SetDlgItemText( ), or we can use the new MFC library member variable methods.

Using CDialog Member Functions to Update Data

The first method of updating is to use the CDialog member function SetDlgItemText( ). We begin by setting up a string named hello_string as follows:

```
void CHelloDlg::OnClickMeButton()
{
        CString hello_string;
}
```

Now we use SetDlgItemText( ). Since our text box has the ID value IDC_EDIT1, we only have to do the following:

```
void CHelloDlg::OnClickMeButton()
{
        CString hello_string;
        SetDlgItemText(IDC_EDIT1, hello_string);
}
```

Now our CHelloDlg class is complete. To pop the dialog box on the screen, however, we have to tie it to a menu item. Use App Studio to add a Hello... item (ID value IDMELLO) to our program's File menu, as shown in figure 5.9.

Now use Class Wizard to connect a function named OnHello( ) to IDMELLO, then double click OnHello( ) in Class Wizard, opening OnHello( ) in the following way:

```
void CMainFrame::OnHello()
{
}
```

This is the function that will be executed when we select the Hello... menu item. To display our dialog box, we only have to create an object of class CHelloDlg as follows:

```
void CMainFrame::OnHello()
{
                CHelloDlg dlg;
                      :
}
```

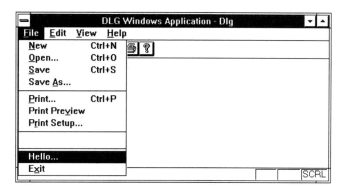

Figure 5.9.   An App Studio dialog with a Hello added.

Then we display it with the CDialog function DoModal( ), which pops our dialog box on the screen as a modal dialog box in the following way:

```
void CMainFrame::OnHello()
{
                CHelloDlg dlg;
                dlg.DoModal();
}
```

Note that in addition, we have to include hellodlg.h at the top of the same file, mainfrm.cpp, so the compiler will know about the CHelloDlg class:

```
// mainfrm.cpp : implementation of the CMainFrame class
//
            #include "stdafx.h"
            #include "dlg.h"
            #include "mainfrm.h"
            #include "hellodlg.h"
                :
```

Now our dialog box program is ready to use. When we select the Hello... item, we create a dialog box of class CHelloDlg and then display it using the member function DoModal( ). DoModal( )

returns IDOK and IDCancel; in fact, you can select any of these for your buttons from the dropdown list box in the Push Button Properties box (you should make the button's caption match their intended functions as follows):

Return Value	Means
IDABORT	User clicked Abort Button
IDCANCEL	User clicked Cancel Button
IDIGNORE	User clicked Ignore Button
IDNO	User clicked No Button
IDOK	User clicked Ok Button
IDRETRY	User clicked Retry Button
IDYES	User clicked Yes Button

When the dialog box is open, the user can click the button marked Click Me and the following function is executed:

```
void CHelloDlg::OnClickMeButton()
{
        CString hello_string;
        SetDlgItemText(IDC_EDIT1, hello_string);
}
```

Then, our message appears in the text box as follows:

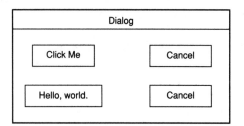

The final result appears in figure 5.10. Using SetDlgItemText( ) is one way of filling our text box. Another is to connect data members to our controls with Visual C++.

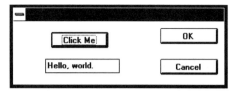

Figure 5.10. A completed custom dialog box.

Using MFC Member Variables to Update

So far, we have connected the function OnClickMeButton( ) to our Click Me button with Class Wizard as follows:

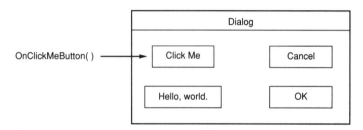

As you know, object oriented programming enables us to connect not only member functions to objects but also to member data. For example, we can use Class Wizard to create a member function m_EditBoxText that holds the string in the text box as follows:

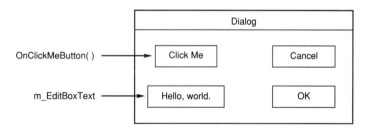

Consequently, we can update the data in the text box as follows in OnClickMeButton():

```
void CHelloDlg::OnClickMeButton()
{
        m_EditBoxText = "Hello, world.";
                        :
}
```

Let us see how to do this next. Start Class Wizard now and select the class CHelloDlg now as shown in figure 5.11.

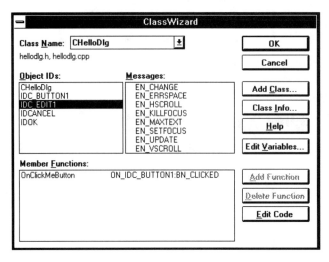

Figure 5.11. The Class Wizard CHelloDlg.

In the Messages box you can see the messages that a text box can send—for example, EN_CHANGE stands for Edit Notification Change—and it is issued when the text in the box is changed. You can connect member functions to such messages that will be called when the corresponding event occurs. Some of the more common notification messages from Windows controls appear in Table 5.2.

Table 5.2. Windows Controls Notification Codes

Return Value	Means
BN_CLICKED	Button has been clicked
BN_DOUBLECLICKED	Button has been double-clicked
EN_CHANGE	Edit control (text box) contents changed
EN_ERRSPACE	Edit control is out of space
ENSCROLL	Edit control's horizontal scroll clicked
EN_KILLFOCUS	Edit control lost input focus
EN_MAXTEXT	Insertion exceeded specified number of characters
EN_SETFOCUS	Edit control got input focus
EN_UPDATE	Edit control to display altered text

Return Value	Means
EN_VSCROLL	Edit control's vertical scroll clicked
LBN_DBLCLK	List box string was double-clicked
LBN_ERRSPACE	System is out of memory
LBN_KILLFOCUS	List box lost input focus
LBN_SELCHANGE	List box selection has changed
LBN_SETFOCUS	List box got input focus
CBN_DBLCLK	Combo box string was double-clicked
CBN_DROPDOWN	Combo box's list box to be dropped down
CBN_EDITCHANGE	User has changed text in the edit control
CBN_EDITUPDATE	Edit control to display altered text
CBN_ERRSPACE	System is out of memory
CBN_KILLFOCUS	Combo box lost input focus
CBN_SELCHANGE	Combo box selection was changed
CBN_SETFOCUS	Combo box got input focus

Now, however, we want to add a data member to the CHelloDlg class to hold the string in the text box. Select the Edit Variables... button, opening the Edit Member Variables dialog box, as shown in figure 5.12.

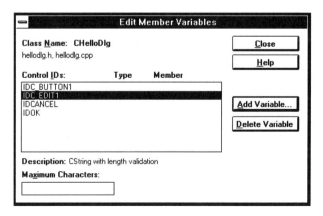

Figure 5.12.   The Edit Member Variables box.

Select the Add Variable... button, opening the Add Member Variable box as shown in figure 5.13.

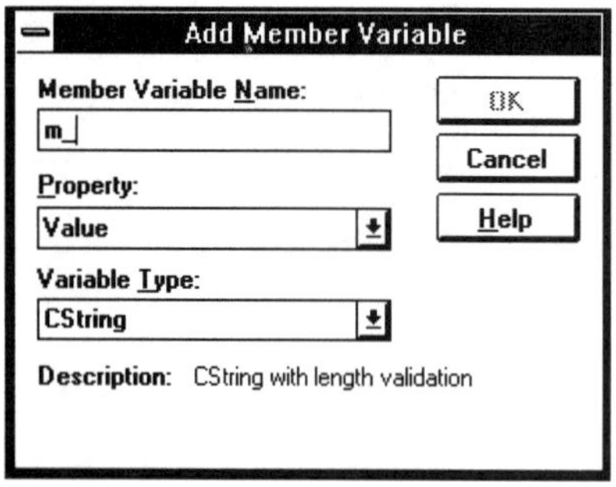

Figure 5.13. The Add Member Variable box.

You can see that the type CString is already selected. Type the name of this new variable: m_EditBoxText and click OK. Close Class Wizard.

What it actually has done is connect m_EditBoxText to the text in the button IDC_EDIT1 like the following in a function named DoDataExchange( ) (note also that m_EditBoxText is set to "" in CHelloDlg's constructor):

```
// hellodlg.cpp : implementation file
//
#include "stdafx.h"
#include "dlg.h"
#include "hellodlg.h"
#ifdef _DEBUG
#undef THIS_FILE
static char BASED_CODE THIS_FILE[] = __FILE__;
#endif
/////////////////////////////////////////////////////////////////////////////
// CHelloDlg dialog
CHelloDlg::CHelloDlg(CWnd* pParent /*=NULL*/)
      : CDialog(CHelloDlg::IDD, pParent)
{
      //{{AFX_DATA_INIT(CHelloDlg)
      m_EditBoxText = "";
      //}}AFX_DATA_INIT
}
void CHelloDlg::DoDataExchange(CDataExchange* pDX)
{
      CDialog::DoDataExchange(pDX);
      //{{AFX_DATA_MAP(CHelloDlg)
```

```
        DDX_Text(pDX, IDC_EDIT1, m_EditBoxText);
      //}}AFX_DATA_MAP
}
BEGIN_MESSAGE_MAP(CHelloDlg, CDialog)
      //{{AFX_MSG_MAP(CHelloDlg)
      ON_BN_CLICKED(IDC_BUTTON1, OnClickMeButton)
      //}}AFX_MSG_MAP
END_MESSAGE_MAP()
```

Our member variable is also declared in hellodlg.h as follows:

```
// hellodlg.h : header file
//
/////////////////////////////////////////////////////////////////////////////
// CHelloDlg dialog
class CHelloDlg : public CDialog
{
// Construction
public:
      CHelloDlg(CWnd* pParent = NULL);   // standard constructor
// Dialog Data
            //{{AFX_DATA(CHelloDlg)
            enum { IDD = IDD_DIALOG1 };
            CString     m_EditBoxText;
            //}}AFX_DATA
```

Now we have a member variable named m_EditBoxText in our CHelloDlg class. To reach it, simply add the following code in CHelloDlg::OnClickMeButton( ):

```
                void CHelloDlg::OnClickMeButton()
                {
                    m_EditBoxText = "Hello, world.";
                          :
                }
```

This alone, however, does not update the text in the text box. Instead, we have to call a function named UpdateData( ) as follows:

```
                void CHelloDlg::OnClickMeButton()
                {
                m_EditBoxText = "Hello, world.";
                UpdateData(FALSE);  //FALSE -> write to screen
                }
```

Calling UpdateData() with an argument of FALSE makes the program update the text box. For example, FALSE causes UpdateData() to update the data member. An argument of TRUE causes the member variable to be updated from the text box. Using UpdateData() is called DDX (Dialog Data Exchange) in the MFC library.

Note that when a dialog box is displayed or hidden, the appropriate version of UpdateData() is called automatically, transferring data—if the user has clicked the OK button. If the user has clicked the Cancel button, UpdateData() is not called. This means that we will only have to use UpdateData() when we are moving data around between controls while the dialog box is displayed or while it is hidden, but not just before it is displayed or hidden.

With the new version of OnClickMeButton() as follows

```
void CHelloDlg::OnClickMeButton()
{
    m_EditBoxText = "Hello, world.";
    UpdateData(FALSE);  //FALSE —> write to screen
}
```

the data member m_EditBoxText is updated and the string Hello, world. is displayed as follows:

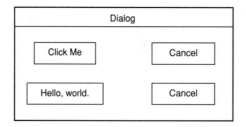

This version of the code is ready. The program works as before, shown in figure 5.10. The listing of mainfrm.cpp appears in listing 5.1, dlg.rc in listing 5.2, hellodlg.h in listing 5.3, and hellodlg.cpp in listing 5.4.

Listing 5.1.   mainfrm.cpp.

```
// mainfrm.cpp : implementation of the CMainFrame class
//
#include "stdafx.h"
#include "dlg.h"
#include "mainfrm.h"
#include "hellodlg.h"
#ifdef _DEBUG
#undef THIS_FILE
```

```
static char BASED_CODE THIS_FILE[] = __FILE__;
#endif
/////////////////////////////////////////////////////////////////////////
// CMainFrame
IMPLEMENT_DYNCREATE(CMainFrame, CFrameWnd)
BEGIN_MESSAGE_MAP(CMainFrame, CFrameWnd)
        //{{AFX_MSG_MAP(CMainFrame)
        ON_WM_CREATE()
        ON_COMMAND(IDMello, OnHello)
        //}}AFX_MSG_MAP
END_MESSAGE_MAP()
/////////////////////////////////////////////////////////////////////////
// arrays of IDs used to initialize control bars
// toolbar buttons - IDs are command buttons
static UINT BASED_CODE buttons[] =
{
        // same order as in the bitmap 'toolbar.bmp'
        ID_FILE_NEW,
        ID_FILE_OPEN,
        ID_FILE_SAVE,
                ID_SEPARATOR,
        ID_EDIT_CUT,
        ID_EDIT_COPY,
        ID_EDIT_PASTE,
                ID_SEPARATOR,
        ID_FILE_PRINT,
        ID_APP_ABOUT,
};
static UINT BASED_CODE indicators[] =
{
        ID_SEPARATOR,              // status line indicator
        ID_INDICATOR_CAPS,
        ID_INDICATOR_NUM,
        ID_INDICATOR_SCRL,
};
/////////////////////////////////////////////////////////////////////////
// CMainFrame construction/destruction
CMainFrame::CMainFrame()
{
        // TODO: add member initialization code here
}
```

continues

Listing 5.1. continued

```
CMainFrame::~CMainFrame()
{
}
int CMainFrame::OnCreate(LPCREATESTRUCT lpCreateStruct)
{
        if (CFrameWnd::OnCreate(lpCreateStruct) == -1)
               return -1;
        if (!m_wndToolBar.Create(this) ||
           !m_wndToolBar.LoadBitmap(IDR_MAINFRAME) ||
           !m_wndToolBar.SetButtons(buttons,
              sizeof(buttons/sizeof(UINT)))
        {
               TRACE("Failed to create toolbar\n");
               return -1;        // fail to create
        }
        if (!m_wndStatusBar.Create(this) ||
           !m_wndStatusBar.SetIndicators(indicators,
              sizeof(indicators)/sizeof(UINT)))
        {
               TRACE("Failed to create status bar\n");
               return -1;        // fail to create
        }
        return 0;
}
/////////////////////////////////////////////////////////////////////////
// CMainFrame diagnostics
#ifdef _DEBUG
void CMainFrame::AssertValid() const
{
        CFrameWnd::AssertValid();
}
void CMainFrame::Dump(CDumpContext& dc) const
{
        CFrameWnd::Dump(dc);
}
#endif //_DEBUG
/////////////////////////////////////////////////////////////////////////
```

```
// CMainFrame message handlers
void CMainFrame::OnHello()
{
        CHelloDlg dlg;
        dlg.DoModal();
}
```

Listing 5.2. pertinent sections of dlg.rc.

```
//Microsoft App Studio generated resource script.
//
#include "resource.h"
/////////////////////////////////////////////////////////////////////////////
//
// Icon
//
IDR_MAINFRAME               ICON    DISCARDABLE       "RES\\DLG.ICO"
/////////////////////////////////////////////////////////////////////////////
//
// Bitmap
//
IDR_MAINFRAME               BITMAP  MOVEABLE PURE        "RES\\TOOLBAR.BMP"
/////////////////////////////////////////////////////////////////////////////
//
// Menu
//
IDR_MAINFRAME MENU PRELOAD DISCARDABLE
BEGIN
        POPUP "&File"
        BEGIN
                MENUITEM "&New\tCtrl+N",        ID_FILE_NEW
                MENUITEM "&Open...\tCtrl+O",    ID_FILE_OPEN
                MENUITEM "&Save\tCtrl+S",       ID_FILE_SAVE
                MENUITEM "Save &As...",         ID_FILE_SAVE_AS
                MENUITEM SEPARATOR
                MENUITEM "&Print...\tCtrl+P",   ID_FILE_PRINT
                MENUITEM "Print Pre&view",      ID_FILE_PRINT_PREVIEW
                MENUITEM "P&rint Setup...",     ID_FILE_PRINT_SETUP
```

continues

Listing 5.2.   continued

```
                MENUITEM SEPARATOR
                MENUITEM "Recent File",        ID_FILE_MRU_FILE1, GRAYED
                MENUITEM SEPARATOR
                MENUITEM "Hello...",           IDMello
                MENUITEM "E&xit",              ID_APP_EXIT
        END
        POPUP "&Edit"
        BEGIN
                MENUITEM "&Undo\tCtrl+Z",      ID_EDIT_UNDO
                MENUITEM SEPARATOR
                MENUITEM "Cu&t\tCtrl+X",       ID_EDIT_CUT
                MENUITEM "&Copy\tCtrl+C",      ID_EDIT_COPY
                MENUITEM "&Paste\tCtrl+V",     ID_EDIT_PASTE
        END
        POPUP "&View"
        BEGIN
                MENUITEM "&Toolbar",           ID_VIEW_TOOLBAR
                MENUITEM "&Status Bar",        ID_VIEW_STATUS_BAR
        END
        POPUP "&Help"
        BEGIN
                MENUITEM "&About DLG...",      ID_APP_ABOUT
        END
END
/////////////////////////////////////////////////////////////////////////////
//
// Accelerator
//
IDR_MAINFRAME ACCELERATORS PRELOAD MOVEABLE PURE
BEGIN
        "N",        ID_FILE_NEW,        VIRTKEY,CONTROL
        "O",        ID_FILE_OPEN,       VIRTKEY,CONTROL
        "S",        ID_FILE_SAVE,       VIRTKEY,CONTROL
        "P",        ID_FILE_PRINT,      VIRTKEY,CONTROL
        "Z",        ID_EDIT_UNDO,       VIRTKEY,CONTROL
        "X",        ID_EDIT_CUT,        VIRTKEY,CONTROL
        "C",        ID_EDIT_COPY,       VIRTKEY,CONTROL
        "V",        ID_EDIT_PASTE,      VIRTKEY,CONTROL
        VK_BACK,    ID_EDIT_UNDO,       VIRTKEY,ALT
        VK_DELETE,  ID_EDIT_CUT,        VIRTKEY,SHIFT
```

```
        VK_INSERT,        ID_EDIT_COPY,       VIRTKEY,CONTROL
        VK_INSERT,        ID_EDIT_PASTE,      VIRTKEY,SHIFT
        VK_F6,            ID_NEXT_PANE,       VIRTKEY
        VK_F6,            ID_PREV_PANE,       VIRTKEY,SHIFT
END
/////////////////////////////////////////////////////////////////////////
//
// Dialog
//
IDD_ABOUTBOX DIALOG DISCARDABLE  34, 22, 217, 55
STYLE DS_MODALFRAME ¦ WS_POPUP ¦ WS_CAPTION ¦ WS_SYSMENU
CAPTION "About DLG"
FONT 8, "MS Sans Serif"
BEGIN
        ICON            IDR_MAINFRAME,IDC_STATIC,11,17,20,20
        LTEXT           "DLG Application Version 1.0",IDC_STATIC,40,10,119,8
        LTEXT           "Copyright \251 1993",IDC_STATIC,40,25,119,8
        DEFPUSHBUTTON   "OK",IDOK,176,6,32,14,WSROUP
END
IDD_DIALOG1 DIALOG DISCARDABLE  0, 0, 185, 57
STYLE DS_MODALFRAME ¦ WS_POPUP ¦ WS_VISIBLE ¦ WS_CAPTION ¦ WS_SYSMENU
FONT 8, "MS Sans Serif"
BEGIN
        DEFPUSHBUTTON   "OK",IDOK,129,6,50,14
        PUSHBUTTON      "Cancel",IDCANCEL,129,34,50,14
        PUSHBUTTON      "Click Me",IDC_BUTTON1,33,10,50,14
        EDITTEXT        IDC_EDIT1,28,34,65,13,ES_AUTOHSCROLL
END
```

Listing 5.3. hellodlg.h.

```
// hellodlg.h : header file
//
/////////////////////////////////////////////////////////////////////////
// CHelloDlg dialog
class CHelloDlg : public CDialog
{
// Construction
public:
        CHelloDlg(CWnd* pParent = NULL);     // standard constructor
```

continues

Listing 5.3. continued

```
// Dialog Data
        //{{AFX_DATA(CHelloDlg)
        enum { IDD = IDD_DIALOG1 };
        CString    m_EditBoxText;
        //}}AFX_DATA
// Implementation
protected:
        virtual void DoDataExchange(CDataExchange* pDX);      // DDX/DDV support
        // Generated message map functions
        //{{AFX_MSG(CHelloDlg)
        afx_msg void OnClickMeButton();
        //}}AFX_MSG
        DECLARE_MESSAGE_MAP()
};
```

Listing 5.4. hellodlg.cpp.

```
// hellodlg.cpp : implementation file
//
#include "stdafx.h"
#include "dlg.h"
#include "hellodlg.h"
#ifdef _DEBUG
#undef THIS_FILE
static char BASED_CODE THIS_FILE[] = __FILE__;
#endif
/////////////////////////////////////////////////////////////////////////////
// CHelloDlg dialog
CHelloDlg::CHelloDlg(CWnd* pParent /*=NULL*/)
        : CDialog(CHelloDlg::IDD, pParent)
{
        //{{AFX_DATA_INIT(CHelloDlg)
        m_EditBoxText = "";
        //}}AFX_DATA_INIT
}
void CHelloDlg::DoDataExchange(CDataExchange* pDX)
{
        CDialog::DoDataExchange(pDX);
        //{{AFX_DATA_MAP(CHelloDlg)
        DDX_Text(pDX, IDC_EDIT1, m_EditBoxText);
        //}}AFX_DATA_MAP
```

```
}
BEGIN_MESSAGE_MAP(CHelloDlg, CDialog)
      //{{AFX_MSG_MAP(CHelloDlg)
      ON_BN_CLICKED(IDC_BUTTON1, OnClickMeButton)
      //}}AFX_MSG_MAP
END_MESSAGE_MAP()
//////////////////////////////////////////////////////////////////////
// CHelloDlg message handlers
void CHelloDlg::OnClickMeButton()
{
      m_EditBoxText = "Hello, world.";
      UpdateData(FALSE);  //FALSE —> write to screen
}
```

A Calculator Example

Let us work with the controls we are familiar with so far—buttons and text boxes—to create a new example: a pop-up calculator that will let us add numbers. We will create a new SDI project with App Studio named calc.mak. Start the App Studio once again and give a new dialog box the caption Calculator. Next, we add two text boxes as shown in figure 5.14.

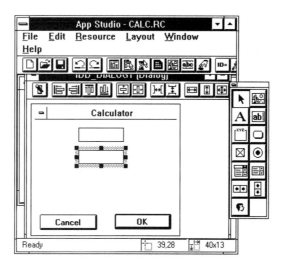

Figure 5.14. A Calculator template with two text boxes.

Now add a push button with the caption "=" under the text boxes, and, using the Text tool (first tool down on the left), place a plus sign + next to the second text box, as shown in figure 5.15.

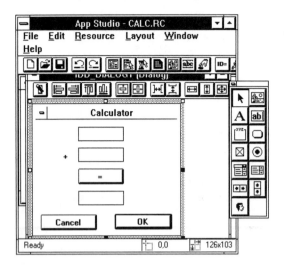

Figure 5.15. A complete calculator template.

At this point, we have arranged our controls as follows:

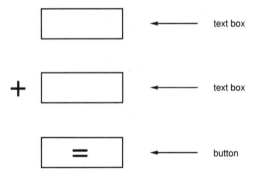

We can place numbers in the two text boxes when the dialog box is active as follows:

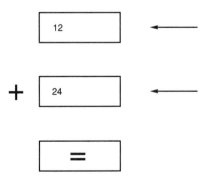

Microsoft Foundation Class Library Programming

The next step is to display the answer when we click the = button as follows:

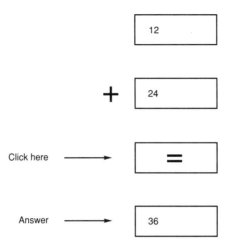

Place a final text box below the = button, as shown in figure 5.15. Now save your work and select the Class Wizard menu item. Give the new dialog class the name CCalcDlg and click the Create Class button. The following are the IDs of our controls:

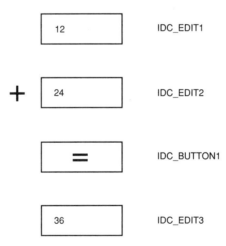

Connect a function to IDC_BUTTON1 using Class Wizard and name it OnClickedButton1( ) in our dialog box class, CCalcDlg, as follows:

```
void CCalcDlg::OnClickedButton1()
{
}
```

We will write our program in two ways: we can connect data members to each of our controls and work with them in OnClickedButton1(), or we can use the CDialog functions GetDlgItemInt() and SetDlgItemInt(). (These functions are inherited from the CWnd class, CDialog's base class.) Let us use the CDialog functions GetDlgItemInt() and SetDlgItemInt() first.

Here, we will restrict our calculator to using only integer values, so we can get the integer now stored in the top text box with the GetDlgItemInt() function as follows: GetDlgItemInt(IDC_EDIT1), and the integer in the second text box as follows: GetDlgItemInt(IDC_EDIT2). We can add those two values and place them in the result box with SetDlgItemInt() as follows:

```
void CCalcDlg::OnClickedButton1()
{
      SetDlgItemInt(IDC_EDIT3, GetDlgItemInt(IDC_EDIT1) + \
         GetDlgItemInt(IDC_EDIT2);
      }
```

You may recall that we placed text into a text box earlier with the SetDlgItemText() function. That function is one of four we can use to read and set values in text boxes and labels:

CDialog (CWnd) Function	Means
GetDlgItemInt()	Get text from dialogcontrol
GetDlgItemText()	Get int value as displayed in control
SetDlgItemInt()	Display text in dialog control
SetDlgItemText()	Displayed int value in control

Reading Floating Point Numbers from a Text Box
If you want to use floating point numbers instead of integers, you can read values using GetDlgItemText() and convert them to floating point with the atof() function. Then you can use ftoa(), which converts floating point values to text, along with SetDlgItemText() to display the result.

Now connect the calculator dialog box to a menu item in the File menu named Calculator... in our view class, CCalcView, and add this code to the function matching it, which we can call OnCalc():

```
      void CCalcView::OnCalc()
      {
```

```
        CCalcDlg dlg;
        dlg.DoModal();
}
```

Include the file calcdlg.h in the beginning of calcview.cpp with #include so the compiler knows about CCalcDlg, and we are done. Compile and link the program and try it out, as in figure 5.16. When you bring the calculator up, you can plug (integer) values into the two text boxes, click the = button, and see the answer.

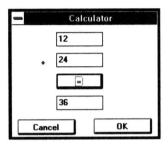

Figure 5.16.   A sample calculator.

The other way to write this program is to connect member variables to our text boxes. You can connect other types of variables besides Cstrings to text boxes—for example, you can connect integer variables to them by selecting the int type in the Class Wizard's Add Member Variable dialog box (make the selection in that dialog's Variable Type box). Let us do that now to add three member int variables to our CCalcDlg class as follows:

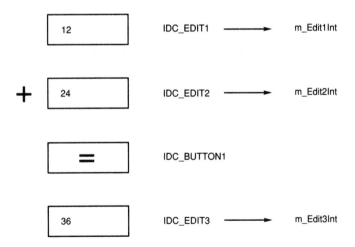

This operation adds the following code to calcdlg.cpp:

```cpp
// calcdlg.cpp : implementation file
//
#include "stdafx.h"
#include "calc.h"
#include "calcdlg.h"
#ifdef _DEBUG
#undef THIS_FILE
static char BASED_CODE THIS_FILE[] = __FILE__;
#endif
/////////////////////////////////////////////////////////////////////////////
// CCalcDlg dialog
CCalcDlg::CCalcDlg(CWnd* pParent /*=NULL*/)
        : CDialog(CCalcDlg::IDD, pParent)
{
        //{{AFX_DATA_INIT(CCalcDlg)
        m_Edit1Int = 0;
        m_Edit2Int = 0;
        m_Edit3Int = 0;
        //}}AFX_DATA_INIT
}
void CCalcDlg::DoDataExchange(CDataExchange* pDX)
{
        CDialog::DoDataExchange(pDX);
        //{{AFX_DATA_MAP(CCalcDlg)
        DDX_Text(pDX, IDC_EDIT1, m_Edit1Int);
        DDX_Text(pDX, IDC_EDIT2, m_Edit2Int);
        DDX_Text(pDX, IDC_EDIT3, m_Edit3Int);
        //}}AFX_DATA_MAP
}
```

In addition, m_Edit1Int, m_Edit2Int, and m_Edit3Int were declared in calcdlg.h as follows:

```cpp
// calcdlg.h : header file
//
/////////////////////////////////////////////////////////////////////////////
// CCalcDlg dialog
class CCalcDlg : public CDialog
{
// Construction
public:
        CCalcDlg(CWnd* pParent = NULL);      // standard constructor
```

```
// Dialog Data
//{{AFX_DATA(CCalcDlg)
enum { IDD = IDD_DIALOG1 };
int          m_Edit1Int;
int          m_Edit2Int;
int          m_Edit3Int;
//}}AFX_DATA
```

Now our function CCalcDlg::OnClickedButton1() looks like the following (note that we have to use UpdateData() twice—once to read the data from the text boxes and once to write it):

```
void CCalcDlg::OnClickedButton1()
{
        UpdateData(TRUE);
        m_Edit3Int = m_Edit1Int + m_Edit2Int;
        UpdateData(FALSE);
}
```

The result is the same as before. Our calculator works both ways: with Get- and SetDlgItemInt() and with MFC data members.

That is it for the calculator. The listings follow as detailed here:

Listing	Contains
Listing 5.5	Mainfrm.H
Listing 5.6	Mainfrm.Cpp
Listing 5.7	Calc.H
Listing 5.8	Calc.Cpp
Listing 5.9	Calcview.H
Listing 5.10	Calcview.Cpp
Listing 5.11	Calcdoc.H
Listing 5.12	Calcdoc.Cpp
Listing 5.13	Calcdlg.H
Listing 5.14	Calcdlg.Cpp
Listing 5.15	Calc.Rc
Listing 5.16	Calc.Mak

Listing 5.5. mainfrm.h.

```
// mainfrm.h : interface of the CMainFrame class
//
/////////////////////////////////////////////////////////////////////////////
class CMainFrame : public CFrameWnd
{
protected: // create from serialization only
      CMainFrame();
      DECLARE_DYNCREATE(CMainFrame)
// Attributes
public:
// Operations
public:
// Implementation
public:
      virtual ~CMainFrame();
#ifdef _DEBUG
      virtual    void AssertValid() const;
      virtual    void Dump(CDumpContext& dc) const;
#endif
protected:    // control bar embedded members
      CStatusBar     m_wndStatusBar;
      CToolBar        m_wndToolBar;
// Generated message map functions
protected:
      //{{AFX_MSG(CMainFrame)
      afx_msg int OnCreate(LPCREATESTRUCT lpCreateStruct);
          // NOTE - the ClassWizard will add and remove member functions here.
          //    DO NOT EDIT what you see in these blocks of generated code !
      //}}AFX_MSG
      DECLARE_MESSAGE_MAP()
};
/////////////////////////////////////////////////////////////////////////////
```

Listing 5.6. mainfrm.cpp.

```
// mainfrm.cpp : implementation of the CMainFrame class
//
#include "stdafx.h"
#include "calc.h"
#include "mainfrm.h"
```

```
#ifdef _DEBUG
#undef THIS_FILE
static char BASED_CODE THIS_FILE[] = __FILE__;
#endif
/////////////////////////////////////////////////////////////////////////
// CMainFrame
IMPLEMENT_DYNCREATE(CMainFrame, CFrameWnd)
BEGIN_MESSAGE_MAP(CMainFrame, CFrameWnd)
        //{{AFX_MSG_MAP(CMainFrame)
                // NOTE - the ClassWizard will add and remove mapping macros here.
                //    DO NOT EDIT what you see in these blocks of generated code !
        ON_WM_CREATE()
        //}}AFX_MSG_MAP
END_MESSAGE_MAP()
/////////////////////////////////////////////////////////////////////////
// arrays of IDs used to initialize control bars
// toolbar buttons - IDs are command buttons
static UINT BASED_CODE buttons[] =
{
        // same order as in the bitmap 'toolbar.bmp'
        ID_FILE_NEW,
        ID_FILE_OPEN,
        ID_FILE_SAVE,
                ID_SEPARATOR,
        ID_EDIT_CUT,
        ID_EDIT_COPY,
        ID_EDIT_PASTE,
                ID_SEPARATOR,
        ID_FILE_PRINT,
        ID_APP_ABOUT,
};
static UINT BASED_CODE indicators[] =
{
        ID_SEPARATOR,            // status line indicator
        ID_INDICATOR_CAPS,
        ID_INDICATOR_NUM,
        ID_INDICATOR_SCRL,
};
/////////////////////////////////////////////////////////////////////////
// CMainFrame construction/destruction
CMainFrame::CMainFrame()
{
```

continues

Listing 5.6. continued

```
            // TODO: add member initialization code here
}
CMainFrame::~CMainFrame()
{
}
int CMainFrame::OnCreate(LPCREATESTRUCT lpCreateStruct)
{
        if (CFrameWnd::OnCreate(lpCreateStruct) == -1)
            return -1;
        if (!m_wndToolBar.Create(this) ||
            !m_wndToolBar.LoadBitmap(IDR_MAINFRAME) ||
             !m_wndToolBar.SetButtons(buttons,
sizeof(buttons)/sizeof(UINT)))
{
        TRACE("Failed to create toolbar\n");
        return -1;          // fail to create
     }
        if (!m_wndStatusBar.Create(this) ||
            !m_wndStatusBar.SetIndicators(indicators,
             sizeof(indicators)/sizeof(UINT)))
     {
       TRACE("Failed to create status bar\n");
       return -1;          // fail to create
     }
        return 0;
}
////////////////////////////////////////////////////////////////////////
// CMainFrame diagnostics
#ifdef _DEBUG
void CMainFrame::AssertValid() const
{
        CFrameWnd::AssertValid();
}
void CMainFrame::Dump(CDumpContext& dc) const
{
        CFrameWnd::Dump(dc);
}
#endif //_DEBUG
////////////////////////////////////////////////////////////////////////
// CMainFrame message handlers
```

Listing 5.7. calc.h.

```
// calc.h : main header file for the CALC application
//
#ifndef __AFXWIN__
        #error include 'stdafx.h' before including this file for PCH
#endif
#include "resource.h"              // main symbols
//////////////////////////////////////////////////////////////////////
// CCalcApp:
// See calc.cpp for the implementation of this class
//
class CCalcApp : public CWinApp
{
public:
        CCalcApp();
// Overrides
        virtual BOOL InitInstance();
// Implementation
        //{{AFX_MSG(CCalcApp)
        afx_msg void OnAppAbout();
            // NOTE - the ClassWizard will add and remove member functions here.
            //    DO NOT EDIT what you see in these blocks of generated code !
        //}}AFX_MSG
        DECLARE_MESSAGE_MAP()
};
//////////////////////////////////////////////////////////////////////
```

Listing 5.8. calc.cpp.

```
// calc.cpp : Defines the class behaviors for the application.
//
#include "stdafx.h"
#include "calc.h"
#include "mainfrm.h"
#include "calcdoc.h"
#include "calcview.h"
#ifdef _DEBUG
```

Listing 5.8. continued

```
#undef THIS_FILE
static char BASED_CODE THIS_FILE[] = __FILE__;
#endif
////////////////////////////////////////////////////////////////////////
// CCalcApp
BEGIN_MESSAGE_MAP(CCalcApp, CWinApp)
       //{{AFX_MSG_MAP(CCalcApp)
       ON_COMMAND(ID_APP_ABOUT, OnAppAbout)
            // NOTE - the ClassWizard will add and remove mapping macros here.
            //    DO NOT EDIT what you see in these blocks of generated code !
       //}}AFX_MSG_MAP
       // Standard file based document commands
       ON_COMMAND(ID_FILE_NEW, CWinApp::OnFileNew)
       ON_COMMAND(ID_FILE_OPEN, CWinApp::OnFileOpen)
       // Standard print setup command
       ON_COMMAND(ID_FILE_PRINT_SETUP, CWinApp::OnFilePrintSetup)
END_MESSAGE_MAP()
////////////////////////////////////////////////////////////////////////
// CCalcApp construction
CCalcApp::CCalcApp()
{
       // TODO: add construction code here,
       // Place all significant initialization in InitInstance
}
////////////////////////////////////////////////////////////////////////
// The one and only CCalcApp object
CCalcApp NEAR theApp;
////////////////////////////////////////////////////////////////////////
// CCalcApp initialization
BOOL CCalcApp::InitInstance()
{
       // Standard initialization
       // If you are not using these features and wish to reduce the size
       // of your final executable, you should remove from the following
       // the specific initialization routines you do not need.
SetDialogBkColor();        // set dialog background color to gray
LoadStdProfileSettings();  // Load standard INI file options
// Register the application's document templates.  Document templates
// serve as the connection between documents, frame windows and views.
AddDocTemplate(new CSingleDocTemplate(IDR_MAINFRAME,
```

```
            RUNTIME_CLASS(CCalcDoc),
            RUNTIME_CLASS(CMainFrame),      // main SDI frame window
            RUNTIME_CLASS(CCalcView)));
        // create a new (empty) document
        OnFileNew();
        if (m_lpCmdLine[0] != '\0')
        {
                // TODO: add command line processing here
        }
        return TRUE;
}
//////////////////////////////////////////////////////////////////////////
// CAboutDlg dialog used for App About
class CAboutDlg : public CDialog
{
public:
        CAboutDlg();
// Dialog Data
        //{{AFX_DATA(CAboutDlg)
        enum { IDD = IDD_ABOUTBOX };
        //}}AFX_DATA
// Implementation
protected:
virtual void DoDataExchange(CDataExchange* pDX);      // DDX/DDV support
        //{{AFX_MSG(CAboutDlg)
                // No message handlers
        //}}AFX_MSG
        DECLARE_MESSAGE_MAP()
};
CAboutDlg::CAboutDlg() : CDialog(CAboutDlg::IDD)
{
        //{{AFX_DATA_INIT(CAboutDlg)
        //}}AFX_DATA_INIT
}
void CAboutDlg::DoDataExchange(CDataExchange* pDX)
{
        CDialog::DoDataExchange(pDX);
        //{{AFX_DATA_MAP(CAboutDlg)
        //}}AFX_DATA_MAP
}
BEGIN_MESSAGE_MAP(CAboutDlg, CDialog)
```

continues

Listing 5.8. continued

```
        //{{AFX_MSG_MAP(CAboutDlg)
                // No message handlers
        //}}AFX_MSG_MAP
END_MESSAGE_MAP()
// App command to run the dialog
void CCalcApp::OnAppAbout()
{
        CAboutDlg aboutDlg;
        aboutDlg.DoModal();
}
/////////////////////////////////////////////////////////////////////////
// CCalcApp commands
```

Listing 5.9. calcview.h.

```
// calcview.h : interface of the CCalcView class
//
/////////////////////////////////////////////////////////////////////////
class CCalcView : public CView
{
protected: // create from serialization only
        CCalcView();
        DECLARE_DYNCREATE(CCalcView)
// Attributes
public:
        CCalcDoc* GetDocument();
// Operations
public:
// Implementation
public:
        virtual ~CCalcView();
        virtual void OnDraw(CDC* pDC);  // overridden to draw this view
#ifdef _DEBUG
        virtual void AssertValid() const;
        virtual void Dump(CDumpContext& dc) const;
#endif
        // Printing support
protected:
        virtual BOOL OnPreparePrinting(CPrintInfo* pInfo);
        virtual void OnBeginPrinting(CDC* pDC, CPrintInfo* pInfo);
```

```
              virtual void OnEndPrinting(CDC* pDC, CPrintInfo* pInfo);
// Generated message map functions
protected:
              //{{AFX_MSG(CCalcView)
              afx_msg void OnCalc();
              //}}AFX_MSG
              DECLARE_MESSAGE_MAP()
};
#ifndef _DEBUG     // debug version in calcview.cpp
inline CCalcDoc* CCalcView::GetDocument()
       { return (CCalcDoc*) m_pDocument; }
#endif
/////////////////////////////////////////////////////////////////////////
```

Listing 5.10.   calcview.cpp.

```
// calcview.cpp : implementation of the CCalcView class
//
#include "stdafx.h"
#include "calc.h"
#include "calcdlg.h"
#include "calcdoc.h"
#include "calcview.h"
#ifdef _DEBUG
#undef THIS_FILE
static char BASED_CODE THIS_FILE[] = __FILE__;
#endif
/////////////////////////////////////////////////////////////////////////
// CCalcView
IMPLEMENT_DYNCREATE(CCalcView, CView)
BEGIN_MESSAGE_MAP(CCalcView, CView)
     //{{AFX_MSG_MAP(CCalcView)
     ON_COMMAND(IDM_CALC, OnCalc)
     //}}AFX_MSG_MAP
     // Standard printing commands
     ON_COMMAND(ID_FILE_PRINT, CView::OnFilePrint)
     ON_COMMAND(ID_FILE_PRINT_PREVIEW, CView::OnFilePrintPreview)
END_MESSAGE_MAP()
/////////////////////////////////////////////////////////////////////////
// CCalcView construction/destruction
CCalcView::CCalcView()
{
```

continues

Listing 5.10. continued

```
                    // TODO: add construction code here
}
CCalcView::~CCalcView()
{
}
///////////////////////////////////////////////////////////////////////////
// CCalcView drawing
void CCalcView::OnDraw(CDC* pDC)
{
                CCalcDoc* pDoc = GetDocument();

        // TODO: add draw code here
}
///////////////////////////////////////////////////////////////////////////
// CCalcView printing
BOOL CCalcView::OnPreparePrinting(CPrintInfo* pInfo)
{
        // default preparation
        return DoPreparePrinting(pInfo);
}
void CCalcView::OnBeginPrinting(CDC* /*pDC*/, CPrintInfo* /*pInfo*/)
{
        // TODO: add extra initialization before printing
}
void CCalcView::OnEndPrinting(CDC* /*pDC*/, CPrintInfo* /*pInfo*/)
{
        // TODO: add cleanup after printing
}
///////////////////////////////////////////////////////////////////////////
// CCalcView diagnostics
#ifdef _DEBUG
void CCalcView::AssertValid() const
{
        CView::AssertValid();
}
void CCalcView::Dump(CDumpContext& dc) const
{
        CView::Dump(dc);
}
```

```
CCalcDoc* CCalcView::GetDocument() // non-debug version is inline
{
        ASSERT(m_pDocument->IsKindOf(RUNTIME_CLASS(CCalcDoc)));
        return (CCalcDoc*) m_pDocument;
}
#endif //_DEBUG
//////////////////////////////////////////////////////////////////////////
// CCalcView message handlers
void CCalcView::OnCalc()
{
        CCalcDlg dlg;
        dlg.DoModal();
}
```

Listing 5.11. calcdoc.h.

```
// calcdoc.h : interface of the CCalcDoc class
//
//////////////////////////////////////////////////////////////////////////
class CCalcDoc : public CDocument
{
protected: // create from serialization only
        CCalcDoc();
        DECLARE_DYNCREATE(CCalcDoc)
// Attributes
public:
// Operations
public:
// Implementation
public:
        virtual ~CCalcDoc();
        virtual void Serialize(CArchive& ar);      // overridden for document i/o
#ifdef _DEBUG
        virtual    void AssertValid() const;
        virtual    void Dump(CDumpContext& dc) const;
#endif
protected:
        virtual    BOOL    OnNewDocument();
// Generated message map functions
protected:
```

continues

Listing 5.11. continued

```
        //{{AFX_MSG(CCalcDoc)
            // NOTE - the ClassWizard will add and remove member functions here.
            //      DO NOT EDIT what you see in these blocks of generated code !
        //}}AFX_MSG
        DECLARE_MESSAGE_MAP()
};
/////////////////////////////////////////////////////////////////////////////
```

Listing 5.12. calcdoc.cpp.

```
// calcdoc.cpp : implementation of the CCalcDoc class
//
#include "stdafx.h"
#include "calc.h"
#include "calcdoc.h"
#ifdef _DEBUG
#undef THIS_FILE
static char BASED_CODE THIS_FILE[] = __FILE__;
#endif
/////////////////////////////////////////////////////////////////////////////
// CCalcDoc
IMPLEMENT_DYNCREATE(CCalcDoc, CDocument)
BEGIN_MESSAGE_MAP(CCalcDoc, CDocument)
        //{{AFX_MSG_MAP(CCalcDoc)
            // NOTE - the ClassWizard will add and remove mapping macros here.
            //      DO NOT EDIT what you see in these blocks of generated code !
        //}}AFX_MSG_MAP
END_MESSAGE_MAP()
/////////////////////////////////////////////////////////////////////////////
// CCalcDoc construction/destruction
CCalcDoc::CCalcDoc()
{
        // TODO: add one-time construction code here
}
CCalcDoc::~CCalcDoc()
{
}
BOOL CCalcDoc::OnNewDocument()
{
        if (!CDocument::OnNewDocument())
```

```
                return FALSE;
        // TODO: add reinitialization code here
        // (SDI documents will reuse this document)
        return TRUE;
}
///////////////////////////////////////////////////////////////////////
// CCalcDoc serialization
void CCalcDoc::Serialize(CArchive& ar)
{
        if (ar.IsStoring())
        {
                // TODO: add storing code here
        }
        else
        {
                // TODO: add loading code here
        }
}
///////////////////////////////////////////////////////////////////////
// CCalcDoc diagnostics
#ifdef _DEBUG
void CCalcDoc::AssertValid() const
{
        CDocument::AssertValid();
}
void CCalcDoc::Dump(CDumpContext& dc) const
{
        CDocument::Dump(dc);
}
#endif //_DEBUG
///////////////////////////////////////////////////////////////////////
// CCalcDoc commands
```

Listing 5.13. calcdlg.h

```
// calcdlg.h : header file
//
///////////////////////////////////////////////////////////////////////
// CCalcDlg dialog
class CCalcDlg : public CDialog
{
```

continues

Listing 5.13. continued

```
// Construction
public:
        CCalcDlg(CWnd* pParent = NULL);      // standard constructor
// Dialog Data
        //{{AFX_DATA(CCalcDlg)
        enum { IDD = IDD_DIALOG1 };
        int         m_Edit1Int;
        int         m_Edit2Int;
        int         m_Edit3Int;
//}}AFX_DATA
// Implementation
protected:
        virtual void DoDataExchange(CDataExchange* pDX);
        // DDX/DDV support
        // Generated message map functions
        //{{AFX_MSG(CCalcDlg)
        afx_msg void OnClickedButton1();
        //}}AFX_MSG
        DECLARE_MESSAGE_MAP()
};
```

Listing 5.14 calcdlg.cpp.

```
// calcdlg.cpp : implementation file
//
#include "stdafx.h"
#include "calc.h"
#include "calcdlg.h"
#ifdef _DEBUG
#undef THIS_FILE
static char BASED_CODE THIS_FILE[] = __FILE__;
#endif
/////////////////////////////////////////////////////////////////////////////
// CCalcDlg dialog
CCalcDlg::CCalcDlg(CWnd* pParent /*=NULL*/)
        : CDialog(CCalcDlg::IDD, pParent)
{
        //{{AFX_DATA_INIT(CCalcDlg)
        m_Edit1Int = 0;
        m_Edit2Int = 0;
        m_Edit3Int = 0;
```

```
        //}}AFX_DATA_INIT
}
void CCalcDlg::DoDataExchange(CDataExchange* pDX)
{
        CDialog::DoDataExchange(pDX);
        //{{AFX_DATA_MAP(CCalcDlg)
        DDX_Text(pDX, IDC_EDIT1, m_Edit1Int);
        DDX_Text(pDX, IDC_EDIT2, m_Edit2Int);
        DDX_Text(pDX, IDC_EDIT3, m_Edit3Int);
        //}}AFX_DATA_MAP
}
BEGIN_MESSAGE_MAP(CCalcDlg, CDialog)
        //{{AFX_MSG_MAP(CCalcDlg)
        ON_BN_CLICKED(IDC_BUTTON1, OnClickedButton1)
        //}}AFX_MSG_MAP
END_MESSAGE_MAP()
/////////////////////////////////////////////////////////////////////
// CCalcDlg message handlers
void CCalcDlg::OnClickedButton1()
{
        UpdateData(TRUE);
        m_Edit3Int = m_Edit1Int + m_Edit2Int;
        UpdateData(FALSE);
}
```

Listing 5.15. calc.rc.

```
//Microsoft App Studio generated resource script.
//
#include "resource.h"
#define APSTUDIO_READONLY_SYMBOLS /////////////////////////////////////////
/////////////////////////
//
// Generated from the TEXTINCLUDE 2 resource.
//
#include "afxres.h"
/////////////////////////////////////////////////////////////////////
#undef APSTUDIO_READONLY_SYMBOLS
#ifdef APSTUDIO_INVOKED
/////////////////////////////////////////////////////////////////////
```

continues

Listing 5.15. continued

```
//
// TEXTINCLUDE
//
1 TEXTINCLUDE DISCARDABLE
BEGIN
        "resource.h\0"
END
2 TEXTINCLUDE DISCARDABLE
BEGIN
        "#include ""afxres.h""\r\n"
        "\0"
END
3 TEXTINCLUDE DISCARDABLE
BEGIN
        "#include ""res\\calc.rc2""  // non-App Studio edited resources\r\n"
        "\r\n"
        "#include ""afxres.rc""  // Standard components\r\n"
        "#include ""afxprint.rc""  // printing/print preview resources\r\n"
        "\0"
END
/////////////////////////////////////////////////////////////////////////
#endif    // APSTUDIO_INVOKED
/////////////////////////////////////////////////////////////////////////
//
// Icon
//
IDR_MAINFRAME       ICON    DISCARDABLE     "RES\\CALC.ICO"
/////////////////////////////////////////////////////////////////////////
//
// Bitmap
//
IDR_MAINFRAME               BITMAP  MOVEABLE PURE       "RES\\TOOLBAR.BMP"
/////////////////////////////////////////////////////////////////////////
//
// Menu
//
IDR_MAINFRAME MENU PRELOAD DISCARDABLE
BEGIN
        POPUP "&File"
        BEGIN
```

```
                MENUITEM "&New\tCtrl+N",          ID_FILE_NEW
                MENUITEM "&Open...\tCtrl+O",      ID_FILE_OPEN
                MENUITEM "&Save\tCtrl+S",         ID_FILE_SAVE
                MENUITEM "Save &As...",           ID_FILE_SAVE_AS
                MENUITEM SEPARATOR
                MENUITEM "&Print...\tCtrl+P",     ID_FILE_PRINT
                MENUITEM "Print Pre&view",        ID_FILE_PRINT_PREVIEW
                MENUITEM "P&rint Setup...",       ID_FILE_PRINT_SETUP
                MENUITEM SEPARATOR
                MENUITEM "Recent File",           ID_FILE_MRU_FILE1, GRAYED
                MENUITEM SEPARATOR
                MENUITEM "Calculator...",         IDM_CALC
                MENUITEM "E&xit",                 ID_APP_EXIT
        END
        POPUP "&Edit"
        BEGIN
                MENUITEM "&Undo\tCtrl+Z",         ID_EDIT_UNDO
                MENUITEM SEPARATOR
                MENUITEM "Cu&t\tCtrl+X",          ID_EDIT_CUT
                MENUITEM "&Copy\tCtrl+C",         ID_EDIT_COPY
                MENUITEM "&Paste\tCtrl+V",        ID_EDIT_PASTE
        END
        POPUP "&View"
        BEGIN
                MENUITEM "&Toolbar",              ID_VIEW_TOOLBAR
                MENUITEM "&Status Bar",           ID_VIEW_STATUS_BAR
        END
        POPUP "&Help"
        BEGIN
                MENUITEM "&About CALC...",        ID_APP_ABOUT
        END
END
/////////////////////////////////////////////////////////////////////////
//
// Accelerator
//
IDR_MAINFRAME ACCELERATORS PRELOAD MOVEABLE PURE
BEGIN
        "N",        ID_FILE_NEW,        VIRTKEY,CONTROL
        "O",        ID_FILE_OPEN,       VIRTKEY,CONTROL
```

continues

Listing 5.15. continued

```
            "S",         ID_FILE_SAVE,      VIRTKEY,CONTROL
            "P",         ID_FILE_PRINT,     VIRTKEY,CONTROL
            "Z",         ID_EDIT_UNDO,      VIRTKEY,CONTROL
            "X",         ID_EDIT_CUT,       VIRTKEY,CONTROL
            "C",         ID_EDIT_COPY,      VIRTKEY,CONTROL
            "V",         ID_EDIT_PASTE,     VIRTKEY,CONTROL
            VK_BACK,     ID_EDIT_UNDO,      VIRTKEY,ALT
            VK_DELETE,   ID_EDIT_CUT,       VIRTKEY,SHIFT
            VK_INSERT,   ID_EDIT_COPY,      VIRTKEY,CONTROL
            VK_INSERT,   ID_EDIT_PASTE,     VIRTKEY,SHIFT
            VK_F6,       ID_NEXT_PANE,      VIRTKEY
            VK_F6,       ID_PREV_PANE,      VIRTKEY,SHIFT
END
///////////////////////////////////////////////////////////////////////// //
// Dialog
//
IDD_ABOUTBOX DIALOG DISCARDABLE  34, 22, 217, 55
STYLE DS_MODALFRAME ¦ WS_POPUP ¦ WS_CAPTION ¦ WS_SYSMENU
CAPTION "About CALC"
FONT 8, "MS Sans Serif"
BEGIN
        ICON            IDR_MAINFRAME,IDC_STATIC,11,17,20,20
        LTEXT           "CALC Application Version 1.0",IDC_STATIC,40,10,119,8
        LTEXT           "Copyright \251 1993",IDC_STATIC,40,25,119,8
        DEFPUSHBUTTON   "OK",IDOK,176,6,32,14,WSROUP
END
IDD_DIALOG1 DIALOG DISCARDABLE  0, 0, 135, 116
STYLE DS_MODALFRAME ¦ WS_POPUP ¦ WS_VISIBLE ¦ WS_CAPTION ¦ WS_SYSMENU
CAPTION "Calculator"
FONT 8, "MS Sans Serif"
BEGIN
        DEFPUSHBUTTON   "OK",IDOK,78,102,50,14
        PUSHBUTTON      "Cancel",IDCANCEL,10,102,50,14
        EDITTEXT        IDC_EDIT1,45,15,40,13,ES_AUTOHSCROLL
        EDITTEXT        IDC_EDIT2,45,36,40,13,ES_AUTOHSCROLL
        PUSHBUTTON      "=",IDC_BUTTON1,46,57,39,14
        EDITTEXT        IDC_EDIT3,45,79,40,13,ES_AUTOHSCROLL
        LTEXT           "+",IDC_STATIC,29,39,9,8
END
```

Listing 5.16. calc.mak.

```
# Microsoft Visual C++ generated build script - Do not modify
PROJ = CALC
DEBUG = 1
PROGTYPE = 0
CALLER =
ARGS =
DLLS =
D_RCDEFINES = /d_DEBUG
R_RCDEFINES = /dNDEBUG
ORIGIN = MSVC
ORIGIN_VER = 1.00
PROJPATH = X:\CALC\
USEMFC = 1
CC = cl
CPP = cl
CXX = cl
CCREATEPCHFLAG =
CPPCREATEPCHFLAG = /YcSTDAFX.H
CUSEPCHFLAG =
CPPUSEPCHFLAG = /YuSTDAFX.H
FIRSTC =
FIRSTCPP = STDAFX.CPP
RC = rc
CFLAGS_D_WEXE = /nologo /G2 /W3 /Zi /AM /Od /D "_DEBUG" /FR /GA /Fd"CALC.PDB"
CFLAGS_R_WEXE = /nologo /Gs /G2 /W3 /AM /O1 /D "NDEBUG" /FR /GA
LFLAGS_D_WEXE = /NOLOGO /NOD /PACKC:61440 /STACK:10240
              /ALIGN:16 /ONERROR:NOEXE /CO
LFLAGS_R_WEXE = /NOLOGO /NOD /PACKC:61440 /STACK:10240
              /ALIGN:16 /ONERROR:NOEXE
LIBS_D_WEXE = mafxcwd oldnames libw mlibcew commdlg olesvr olecli shell
LIBS_R_WEXE = mafxcw oldnames libw mlibcew commdlg olesvr olecli shell
RCFLAGS = /nologo /z
RESFLAGS = /nologo /t
RUNFLAGS =
DEFFILE = CALC.DEF
OBJS_EXT =
LIBS_EXT =
!if "$(DEBUG)" == "1"
CFLAGS = $(CFLAGS_D_WEXE)
```

continues

Listing 5.16. continued

```
LFLAGS = $(LFLAGS_D_WEXE)
LIBS = $(LIBS_D_WEXE)
MAPFILE = nul
RCDEFINES = $(D_RCDEFINES)
!else
CFLAGS = $(CFLAGS_R_WEXE)
LFLAGS = $(LFLAGS_R_WEXE)
LIBS = $(LIBS_R_WEXE)
MAPFILE = nul
RCDEFINES = $(R_RCDEFINES)
!endif
!if [if exist MSVC.BND del MSVC.BND]
!endif
SBRS = STDAFX.SBR \
            CALC.SBR \
            MAINFRM.SBR \
            CALCDOC.SBR \
            CALCVIEW.SBR \
            CALCDLG.SBR
CALC_RCDEP = x:\calc\res\calc.ico \
      x:\calc\res\toolbar.bmp \
      x:\calc\res\calc.rc2
STDAFX_DEP = x:\calc\stdafx.h
CALC_DEP = x:\calc\stdafx.h \
      x:\calc\calc.h \
      x:\calc\mainfrm.h \
      x:\calc\calcdoc.h \
      x:\calc\calcview.h
MAINFRM_DEP = x:\calc\stdafx.h \
      x:\calc\calc.h \
      x:\calc\mainfrm.h
CALCDOC_DEP = x:\calc\stdafx.h \
      x:\calc\calc.h \
      x:\calc\calcdoc.h
CALCVIEW_DEP = x:\calc\stdafx.h \
      x:\calc\calc.h \
      x:\calc\calcdoc.h \
      x:\calc\calcview.h
all:      $(PROJ).EXE $(PROJ).BSC
CALC.RES:   CALC.RC $(CALC_RCDEP)
```

```
        $(RC) $(RCFLAGS) $(RCDEFINES) -r CALC.RC
STDAFX.OBJ:     STDAFX.CPP $(STDAFX_DEP)
$(CPP) $(CFLAGS) $(CPPCREATEPCHFLAG) /c STDAFX.CPP
CALC.OBJ:    CALC.CPP $(CALC_DEP)
        $(CPP) $(CFLAGS) $(CPPUSEPCHFLAG) /c CALC.CPP
MAINFRM.OBJ:       MAINFRM.CPP $(MAINFRM_DEP)
$(CPP) $(CFLAGS) $(CPPUSEPCHFLAG) /c MAINFRM.CPP
CALCDOC.OBJ:       CALCDOC.CPP $(CALCDOC_DEP)
$(CPP) $(CFLAGS) $(CPPUSEPCHFLAG) /c CALCDOC.CPP
CALCVIEW.OBJ:       CALCVIEW.CPP $(CALCVIEW_DEP)
$(CPP) $(CFLAGS) $(CPPUSEPCHFLAG) /c CALCVIEW.CPP
CALCDLG.OBJ:       CALCDLG.CPP $(CALCDLG_DEP)
$(CPP) $(CFLAGS) $(CPPUSEPCHFLAG) /c CALCDLG.CPP
$(PROJ).EXE::       CALC.RES
$(PROJ).EXE::       STDAFX.OBJ CALC.OBJ MAINFRM.OBJ CALCDOC.OBJ
        CALCVIEW.OBJ CALCDLG.OBJ $(OBJS_EXT) $(DEFFILE)
        echo >NUL @<<$(PROJ).CRF
STDAFX.OBJ +
CALC.OBJ +
MAINFRM.OBJ +
CALCDOC.OBJ +
CALCVIEW.OBJ +
CALCDLG.OBJ +
$(OBJS_EXT)
$(PROJ).EXE
$(MAPFILE)
c:\msvc\lib\+
c:\msvc\mfc\lib\+
$(LIBS)
$(DEFFILE);
<<
        link $(LFLAGS) @$(PROJ).CRF
        $(RC) $(RESFLAGS) CALC.RES $@
        @copy $(PROJ).CRF MSVC.BND
$(PROJ).EXE::       CALC.RES
        if not exist MSVC.BND      $(RC) $(RESFLAGS) CALC.RES $@
run: $(PROJ).EXE
        $(PROJ) $(RUNFLAGS)
$(PROJ).BSC: $(SBRS)
        bscmake @<<
/o$@ $(SBRS)
<<
```

In the next chapter, we will continue exploring dialog boxes with some new controls, and we will learn how to put a dialog box into our program's main window. In addition we will see how we can rely on Window's text boxes to handle most of the details of text handling. This means that we will be able to put together a notepad example, complete with word wrap and Cut and Paste capabilities.

```
        New Classes and Members:
********** CDialog
CDialog    Construct CDialog object
Create                Create dialog box and attach it to CDialog object
CreateIndirect Create dialog box from template in memory
DoModal    Activates modal dialog box; return when done
EndDialog Close modal dialog box
GetDefID  Get ID of default pushbutton control
GotoDlgCtrl  Move focus to indicated dialog-box control
InitModalIndirect   Create modal dialog box from a memory template
IsDialogMessage      True if message is intended for dialog box
MapDialogRect  Convert rectangle from dialog-box units to screen units
NextDlgCtrl        Move focus to next dialog-box control
OnCancel  Override to perform Cancel or ESC operations
OnInitDialog         Override to change dialog-box initialization
OnOK              Override to perform OK button action
OnSetFont Override to choose font that dialog-box control uses
PrevDlgCtrl        Move focus to previous dialog-box control
SetDefID  Change default pushbutton control
SetHelpID Set context-sensitive help ID for dialog box
```

Using the CDialog Class: Dialog Boxes II

In this chapter, we will work on connecting the controls in a dialog box by seeing how to send messages to dialog box controls using CDialog member functions. The example used in this chapter is a notepad with Cut and Paste buttons.

In addition, there are other dialog box controls to examine. Windows users are very familiar with listboxes and combo boxes. A listbox presents a number of text string choices to select from; clicking one of the listed choices highlights and selects that choice. Listboxes are used when we have predetermined options we want to present to the user. Combo boxes are similar to listboxes, but they also have a text box connected to them, allowing text entry.

In this chapter, we will put together a small database example; you learn how to add items to a listbox and retrieve them on command.

Finally, you may have noticed how easy it is to add controls to dialog boxes; all we have to do is to draw what we want using tools from the toolbar. And you may wish that you could do the same thing with the main window itself—draw controls where you want them. In fact, there is a way of doing that with the MFC library. We can derive our view class from our dialog box, enabling us to use dialog-box controls in our main window. You will see how that works at the end of this chapter. First, however, we begin with the notepad example.

A Notepad Example

Using Visual C++, we can create a new application named pad.mak with App Wizard, and then start App Studio, creating a new dialog box. We add a large text box, using the text box tool, as shown in figure 6.1. Next, give this dialog box the name Notepad in the Caption box and click the text box twice to open the Edit Properties dialog box. To edit the style of text box, select Styles in the drop-down list box in the upper right corner of this box, enabling us to specify the text box's style, as shown in figure 6.2.

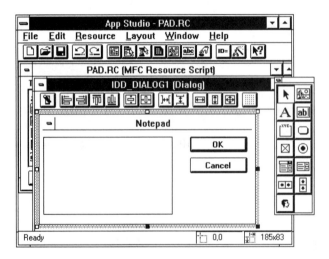

Figure 6.1. Starting the notepad template.

To create our notepad, click the Multi-line and Vert. Scroll boxes and then make sure that Auto HScroll is not clicked. Click the OK button, making our notepad multi-line and giving it a vertical scroll bar. Finally, add two buttons labeled Cut (ID = IDC_CUT) and Paste (ID = IDC_PASTE), as shown in figure 6.3.

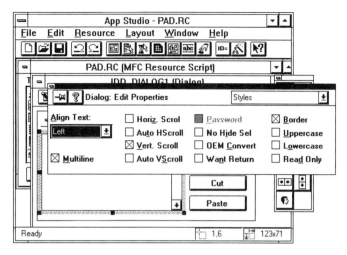

Figure 6.2. The Edit Field Styles dialog box.

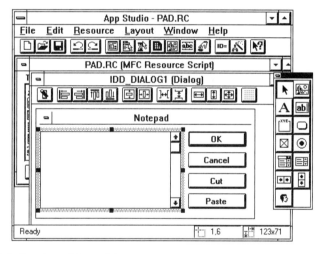

Figure 6.3. The completed notepad template.

About Horizontal Scrolling

By making sure that automatic horizontal scroll is off in a text box, we ensure that automatic word wrap is turned on.

At this point, we are ready to integrate the new notepad into the program. Open Class Wizard (from App Studio's Resources menu) and associate a class named CPadDlg with our new dialog box. Next, use Class Wizard to connect two functions, OnCut( ) and OnPaste( ), with IDC_CUT and IDC_PASTE to CPadDlg. Open OnCut( ):

```
void CPadDlg::OnCut()
{
}
```

The text box itself—IDC_EDIT1—will handle most of the details of text entry and will even let the user select text (for example, the user can press the left mouse button at some location and move the cursor to another location; when the mouse button is released, the text between the locations will be highlighted). We can operate on the selected text (if any) with the CDialog function SendDlgItemMessage( ) as follows (where the text box has control ID number 101) in OnCut( ) and OnPaste( ):

```
SendDlgItemMessage(101, WM_CUT, 0, 0L);    //Cut text
SendDlgItemMessage(101, WM_COPY, 0, 0L);   //Copy text
SendDlgItemMessage(101, WM_CLEAR, 0, 0L);  //Clear text
SendDlgItemMessage(101, WM_PASTE, 0, 0L);  //Paste text
```

These statements instruct the text box to cut (to the Windows Clipboard), copy (to the Clipboard), clear, or paste (from the Clipboard) the selected text. That means that cutting and pasting is actually very simple; any time the Cut or Paste button is clicked, we just have to send the appropriate message to the text box that handles all the details for you (note that if no text is selected, no text is cut or pasted). That process looks like the following in OnCut( ):

```
void CPadDlg::OnCut()
{
SendDlgItemMessage(IDC_EDIT1, WM_CUT);
}
```

In OnPaste( ), it looks like this:

```
void CPadDlg::OnPaste()
{
SendDlgItemMessage(IDC_EDIT1, WM_Paste);
}
```

That's all that is required to make our Cut and Paste buttons active. In fact, that's all we need to make our notepad dialog box work.

Now we have to make sure that the notepad is displayed on the screen. Use Class Wizard to add a Notepad menu item to our program's File menu, giving it the ID IDC_NOTEPAD. Add a function named OnNotepad ( ) to your view class (CPadView) to handle the Notepad menu item.

Microsoft Foundation Class Library Programming

```
void CPadView::OnNotepad()
{
}
```

This code connects OnNotepad() to the Notepad item as discussed in the last chapter.

Next, we use the following code:

```
void CPadView::OnNotepad()
{
    CPadDlg dlg;
    dlg.DoModal();
}
```

Let's store the pad's data in your document—that way you can restore it to the pad if the pad is put back on the screen (that is, when the pad is removed from the screen, its destructor is called and the data is erased). To do that, add a CString object named m_PadText to our document in paddoc.h, as follows:

```
// paddoc.h : interface of the CPadDoc class
//
/////////////////////////////////////////////////////////////////////////////
class CPadDoc : public CDocument
{
protected: // create from serialization only
        CPadDoc();
        DECLARE_DYNCREATE(CPadDoc)
// Attributes
public:
    CString m_PadText;
// Operations
```

This is where you will store your data. You get a pointer to your document in OnNotepad() in the view like the following:

```
void CPadView::OnNotepad()
{
    CPadDoc* pDoc = GetDocument();
    CPadDlg dlg;
    dlg.DoModal();
          :
}
```

Use Class Wizard to connect a CString member variable named m_PadText to the text box (you can use the Edit Variables button followed by the Add Variable button). This way, you can restore CPadDlg::m_PadText from the document's copy of this string, pDoc->m_PadText before showing the pad on the screen, as follows:

```
void CPadView::OnNotepad()
{
    CPadDoc* pDoc = GetDocument();
    CPadDlg dlg;
    dlg.m_PadText = pDoc->m_PadText;
    dlg.DoModal();
        :
}
```

(Recall that when a dialog box is displayed or hidden, UpdateData() is called automatically, so you can omit it for this example). After the pad is closed, you can retrieve its data (before the dlg object goes out of scope and its destructor is called):

```
void CPadView::OnNotepad()
{
    CPadDoc* pDoc = GetDocument();
    CPadDlg dlg;
    dlg.m_PadText = pDoc->m_PadText;
    dlg.DoModal();
    pDoc->m_PadText = dlg.m_PadText;
}
```

Now we can use a pop-up notepad that will preserve its contents every time we pop it up. The notepad program is a success (see fig. 6.4). If we want, we can mark text for cutting and pasting, as shown in figure 6.5.

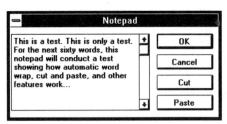

Figure 6.4.   The notepad at work.

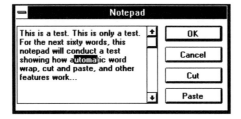

Figure 6.5. The Cut and Paste options.

The file padview.h appears in listing 6.1, padview.cpp in listing 6.2, pad.rc in listing 6.3, paddlg.h in listing 6.4, paddlg.cpp in listing 6.5, and paddoc.h in listing 6.6.

Listing 6.1.   padview.h

```
// padview.h : interface of the CPadView class
//
///////////////////////////////////////////////////////////////////////
class CPadView : public CView
{
protected: // create from serialization only
        CPadView();
        DECLARE_DYNCREATE(CPadView)
// Attributes
public:
        CPadDoc* GetDocument();
// Operations
public:
// Implementation
public:
        virtual ~CPadView();
        virtual void OnDraw(CDC* pDC);  // overridden to draw this view
#ifdef _DEBUG
        virtual void AssertValid() const;
        virtual void Dump(CDumpContext& dc) const;
#endif
        // Printing support
protected:
        virtual BOOL OnPreparePrinting(CPrintInfo* pInfo);
        virtual void OnBeginPrinting(CDC* pDC, CPrintInfo* pInfo);
        virtual void OnEndPrinting(CDC* pDC, CPrintInfo* pInfo);
```

continues

Listing 6.1.   continued

```
// Generated message map functions
protected:
        //{{AFX_MSG(CPadView)
        afx_msg void OnNotepad();
        //}}AFX_MSG
        DECLARE_MESSAGE_MAP()
};
#ifndef _DEBUG      // debug version in padview.cpp
inline CPadDoc* CPadView::GetDocument()
    { return (CPadDoc*) m_pDocument; }
#endif
/////////////////////////////////////////////////////////////////////////
```

Listing 6.2.   padview.cpp

```
// padview.cpp : implementation of the CPadView class
//
#include "stdafx.h"
#include "pad.h"
#include "paddlg.h"
#include "paddoc.h"
#include "padview.h"
#ifdef _DEBUG
#undef THIS_FILE
static char BASED_CODE THIS_FILE[] = __FILE__;
#endif
/////////////////////////////////////////////////////////////////////////
// CPadView
IMPLEMENT_DYNCREATE(CPadView, CView)
BEGIN_MESSAGE_MAP(CPadView, CView)
    //{{AFX_MSG_MAP(CPadView)
    ON_COMMAND(IDM_NOTEPAD, OnNotepad)
    //}}AFX_MSG_MAP
    // Standard printing commands
    ON_COMMAND(ID_FILE_PRINT, CView::OnFilePrint)
ON_COMMAND(ID_FILE_PRINT_PREVIEW, CView::OnFilePrintPreview)
END_MESSAGE_MAP()
```

```
/////////////////////////////////////////////////////////////////////////
// CPadView construction/destruction
CPadView::CPadView()
{
    // TODO: add construction code here
}
CPadView::~CPadView()
{
}
/////////////////////////////////////////////////////////////////////////
// CPadView drawing
void CPadView::OnDraw(CDC* pDC)
{
    CPadDoc* pDoc = GetDocument();
    // TODO: add draw code here
}
/////////////////////////////////////////////////////////////////////////
// CPadView printing
BOOL CPadView::OnPreparePrinting(CPrintInfo* pInfo)
{
    // default preparation
    return DoPreparePrinting(pInfo);
}
void CPadView::OnBeginPrinting(CDC* /*pDC*/, CPrintInfo* /*pInfo*/)
{
    // TODO: add extra initialization before printing
}
void CPadView::OnEndPrinting(CDC* /*pDC*/, CPrintInfo* /*pInfo*/)
{
    // TODO: add cleanup after printing
}
/////////////////////////////////////////////////////////////////////////
// CPadView diagnostics
#ifdef _DEBUG
void CPadView::AssertValid() const
{
    CView::AssertValid();
}
void CPadView::Dump(CDumpContext& dc) const
{
    CView::Dump(dc);
}
```

continues

Listing 6.2. continued

```
CPadDoc* CPadView::GetDocument() // non-debug version is inline
{
    ASSERT(m_pDocument->IsKindOf(RUNTIME_CLASS(CPadDoc)));
    return (CPadDoc*) m_pDocument;
}
#endif //_DEBUG
///////////////////////////////////////////////////////////////////////////
// CPadView message handlers
void CPadView::OnNotepad()
{
    CPadDoc* pDoc = GetDocument();
    CPadDlg dlg;
    dlg.m_PadText = pDoc->m_PadText;
    dlg.DoModal();
    pDoc->m_PadText = dlg.m_PadText;
}
```

Listing 6.3. Pertinent Sections of pad.rc

```
//Microsoft App Studio generated resource script.
//
#include "resource.h"
#define APSTUDIO_READONLY_SYMBOLS
///////////////////////////////////////////////////////////////////////////
//
// Generated from the TEXTINCLUDE 2 resource.
//
#include "afxres.h"
///////////////////////////////////////////////////////////////////////////
#undef APSTUDIO_READONLY_SYMBOLS
#ifdef APSTUDIO_INVOKED
///////////////////////////////////////////////////////////////////////////
//
// TEXTINCLUDE
//

1 TEXTINCLUDE DISCARDABLE
BEGIN
    "resource.h\0"
END
```

```
2 TEXTINCLUDE DISCARDABLE
BEGIN
    "#include ""afxres.h""\r\n"
    "\0"
END
3 TEXTINCLUDE DISCARDABLE
BEGIN
    "#include ""res\\pad.rc2""    // non-App Studio edited resources\r\n"
    "\r\n"
    "#include ""afxres.rc""  // Standard components\r\n"
    "#include ""afxprint.rc""// printing/print preview resources\r\n"
    "\0"
END
/////////////////////////////////////////////////////////////////////////////
#endif    // APSTUDIO_INVOKED
/////////////////////////////////////////////////////////////////////////////
//
// Icon
//
IDR_MAINFRAME          ICON    DISCARDABLE     "RES\\PAD.ICO"
/////////////////////////////////////////////////////////////////////////////
//
// Bitmap
//
IDR_MAINFRAME          BITMAP  MOVEABLE PURE    "RES\\TOOLBAR.BMP"
/////////////////////////////////////////////////////////////////////////////
//
// Menu
//
IDR_MAINFRAME MENU PRELOAD DISCARDABLE
BEGIN
    POPUP "&File"
    BEGIN
        MENUITEM "&New\tCtrl+N",      ID_FILE_NEW
        MENUITEM "&Open...\tCtrl+O",  ID_FILE_OPEN
        MENUITEM "&Save\tCtrl+S",     ID_FILE_SAVE
        MENUITEM "Save &As...",       ID_FILE_SAVE_AS
        MENUITEM SEPARATOR
        MENUITEM "&Print...\tCtrl+P", ID_FILE_PRINT
        MENUITEM "Print Pre&view",    ID_FILE_PRINT_PREVIEW
        MENUITEM "P&rint Setup...",   ID_FILE_PRINT_SETUP
        MENUITEM SEPARATOR
        MENUITEM "Recent File",       ID_FILE_MRU_FILE1, GRAYED
        MENUITEM SEPARATOR
        MENUITEM "E&xit",             ID_APP_EXIT
```

continues

Listing 6.3. continued

```
        END
        POPUP "&Edit"
        BEGIN
            MENUITEM "&Undo\tCtrl+Z",       ID_EDIT_UNDO
            MENUITEM SEPARATOR
            MENUITEM "Cu&t\tCtrl+X",         ID_EDIT_CUT
            MENUITEM "&Copy\tCtrl+C",        ID_EDIT_COPY
            MENUITEM "&Paste\tCtrl+V",       ID_EDIT_PASTE
        END
        POPUP "&View"
        BEGIN
            MENUITEM "&Toolbar",             ID_VIEW_TOOLBAR
            MENUITEM "&Status Bar",          ID_VIEW_STATUS_BAR
        END
        POPUP "&Help"
        BEGIN
            MENUITEM "&About PAD...",        ID_APP_ABOUT
        END
        POPUP "&Notepad"
        BEGIN
            MENUITEM "Notepad...",           IDM_NOTEPAD
        END
END
/////////////////////////////////////////////////////////////////////////////
//
// Accelerator
//
IDR_MAINFRAME ACCELERATORS PRELOAD MOVEABLE PURE
BEGIN
    "N",        ID_FILE_NEW,        VIRTKEY,CONTROL
    "O",        ID_FILE_OPEN,       VIRTKEY,CONTROL
    "S",        ID_FILE_SAVE,       VIRTKEY,CONTROL
    "P",        ID_FILE_PRINT,      VIRTKEY,CONTROL
    "Z",        ID_EDIT_UNDO,       VIRTKEY,CONTROL
    "X",        ID_EDIT_CUT,        VIRTKEY,CONTROL
    "C",        ID_EDIT_COPY,       VIRTKEY,CONTROL
    "V",        ID_EDIT_PASTE,      VIRTKEY,CONTROL
    VK_BACK,    ID_EDIT_UNDO,       VIRTKEY,ALT
    VK_DELETE,  ID_EDIT_CUT,        VIRTKEY,SHIFT
    VK_INSERT,  ID_EDIT_COPY,       VIRTKEY,CONTROL
    VK_INSERT,  ID_EDIT_PASTE,      VIRTKEY,SHIFT
    VK_F6,      ID_NEXT_PANE,       VIRTKEY
    VK_F6,      ID_PREV_PANE,       VIRTKEY,SHIFT
```

```
END
///////////////////////////////////////////////////////////////////////////////
//
// Dialog
//
IDD_ABOUTBOX DIALOG DISCARDABLE  34, 22, 217, 55
STYLE DS_MODALFRAME ¦ WS_POPUP ¦ WS_CAPTION ¦ WS_SYSMENU
CAPTION "About PAD"
FONT 8, "MS Sans Serif"
BEGIN
    ICON            IDR_MAINFRAME,IDC_STATIC,11,17,20,20
    LTEXT           "PAD Application Version 1.0",IDC_STATIC,40,10,119,8
    LTEXT           "Copyright \251 1993",IDC_STATIC,40,25,119,8
    DEFPUSHBUTTON "OK",IDOK,176,6,32,14,WSROUP
END
IDD_DIALOG1 DIALOG DISCARDABLE  0, 0, 185, 83
STYLE DS_MODALFRAME ¦ WS_POPUP ¦ WS_VISIBLE ¦ WS_CAPTION ¦ WS_SYSMENU CAPTION
"Notepad"
FONT 8, "MS Sans Serif"
BEGIN
    DEFPUSHBUTTON "OK",IDOK,130,6,50,14
    PUSHBUTTON    "Cancel",IDCANCEL,130,25,50,14
    EDITTEXT      IDD_DIALOG1,1,6,123,71,ES_MULTILINE ¦ WS_VSCROLL
    PUSHBUTTON    "Cut",IDC_CUT,130,44,50,14
    PUSHBUTTON    "Paste",IDC_PASTE,130,63,50,14
END
///////////////////////////////////////////////////////////////////////////////
//
// String Table
//
```

Listing 6.4. paddlg.h

```
// paddlg.h : header file
//
///////////////////////////////////////////////////////////////////////////////
//
CPadDlg dialog
class CPadDlg : public CDialog
{
// Construction
public:
    CPadDlg(CWnd* pParent = NULL);     // standard constructor
```

continues

Listing 6.4. continued

```
// Dialog Data
    //{{AFX_DATA(CPadDlg)
    enum { IDD = IDD_DIALOG1 };
    CString     m_PadText;
    //}}AFX_DATA
// Implementation
protected:
    virtual void DoDataExchange(CDataExchange* pDX);     // DDX/DDV support
    // Generated message map functions
    //{{AFX_MSG(CPadDlg)
    afx_msg void OnCut();
    afx_msg void OnPaste();
    //}}AFX_MSG
    DECLARE_MESSAGE_MAP()
};
```

Listing 6.5. paddlg.cpp

```
// paddlg.cpp : implementation file
//
#include "stdafx.h"
#include "pad.h"
#include "paddlg.h"
#include "paddoc.h"
#include "padview.h"
#ifdef _DEBUG
#undef THIS_FILE
static char BASED_CODE THIS_FILE[] = __FILE__;
#endif
///////////////////////////////////////////////////////////////////////////
// CPadDlg dialog
CPadDlg::CPadDlg(CWnd* pParent /*=NULL*/)
: CDialog(CPadDlg::IDD, pParent)
{
   //{{AFX_DATA_INIT(CPadDlg) m_PadText = "";
   //}}AFX_DATA_INIT
}
void CPadDlg::DoDataExchange(CDataExchange* pDX)
{
        CDialog::DoDataExchange(pDX);
        //{{AFX_DATA_MAP(CPadDlg)
```

```
          DDX_Text(pDX, IDC_EDIT1, m_PadText);
          //}}AFX_DATA_MAP
}
BEGIN_MESSAGE_MAP(CPadDlg, CDialog)
          //{{AFX_MSG_MAP(CPadDlg)
          ON_BN_CLICKED(IDC_CUT, OnCut)
          ON_BN_CLICKED(IDC_PASTE, OnPaste)
          //}}AFX_MSG_MAP
END_MESSAGE_MAP()
/////////////////////////////////////////////////////////////////////////////
// CPadDlg message handlers
void CPadDlg::OnCut()
{
          SendDlgItemMessage(IDC_EDIT1, WM_CUT);
}
void CPadDlg::OnPaste()
{
          SendDlgItemMessage(IDC_EDIT1, WM_PASTE);
}
```

Listing 6.6.   paddoc.h

```
// paddoc.h : interface of the CPadDoc class
//
/////////////////////////////////////////////////////////////////////////////
class CPadDoc : public CDocument
{
protected: // create from serialization only
          CPadDoc();
          DECLARE_DYNCREATE(CPadDoc)
// Attributes
public:
    CString m_PadText;
// Operations
public:
// Implementation
public:
          virtual ~CPadDoc();
          virtual void Serialize(CArchive& ar);     // overridden for document i/o
#ifdef _DEBUG
```

continues

Listing 6.2. continued

```
            virtual    void AssertValid() const;
            virtual    void Dump(CDumpContext& dc) const;
#endif
protected:
    virtual    BOOL    OnNewDocument();
// Generated message map functions
protected:
    //{{AFX_MSG(CPadDoc)
        // NOTE - the Class Wizard will add and remove member functions here.
        //    DO NOT EDIT what you see in these blocks of generated code !
    //}}AFX_MSG
    DECLARE_MESSAGE_MAP()
};
```

Listboxes and a Database Example

This section discusses listboxes. For this example, we put together a small database program using a listbox to display our data. Suppose, for example, that we loaned money to several people and want to keep track of those loans:

Frank	owes $36 due on 12/19
Charles	owes $400 due on 2/21
Jeff	owes $45 due on 3/2

As in the phone book program, we could type a name followed by the data we want to store in the main window, like this:

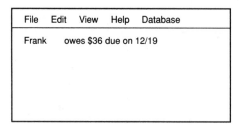

We could have an Add Item selection in a Database menu that would add "Frank," for example, to a list box. After we enter all data, we could display the list box by clicking another File menu item, which we might call Find Item, in which case a dialog box something like the following would be displayed:

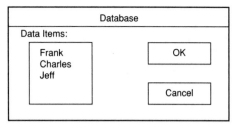

We want to be able to choose a database item (Frank, for example) from the list box. Then you can close the dialog box and display that item's data in the main window like the following:

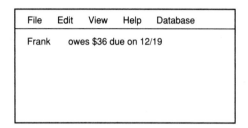

In other words, this will be much like the phone book application, except that we present your list of data items in a list box, not in a menu. If you want to adapt this program into a real database program, you can easily tailor each entry into a complete record, each with an entire collection of CString objects that can be stored and retrieved by selecting the appropriate keyword in the list box.

Note that there are two ways of selecting items from a list box: by selecting (highlighting) an item and then clicking an OK button or by double-clicking that item in the list box. We should allow for both methods in our program. To start, then, we need to learn about list boxes, so let's dig into that topic immediately.

List Boxes

Create a new SDI application now called db.mak using App Wizard. Next, bring up App Studio and create a new dialog box (IDD_DIALOG1). Use the list box tool to draw a list box, stretching it as shown in figure 6.6.

Next, give the dialog box the caption *Database* and give the list box the label *Data Items:* with the text tool as shown in figure 6.6. Double-click the new list box, displaying its options. Select the Styles option in the drop-down list box in the upper right corner in the options box, displaying the list box options as you see in figure 6.7.

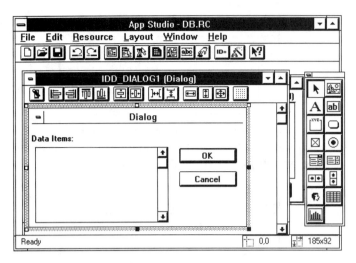

Figure 6.6. The database dialog box template.

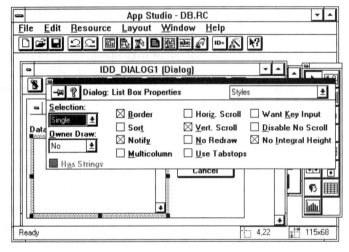

Figure 6.7. List box options.

Note in particular the Sort, Notify, and Vert. Scroll Bar options. Deselect Sort. If we click Sort, all entries in our list box will automatically be sorted in alphabetical order. (It will simplify things in our example program if we leave the entries in the order they are inserted; then their location in the list box corresponds to their location in our arrays of strings.) The Notify option, which is already set, makes sure that we are notified when changes are made in the list box. That is exactly what we want: to get messages from our list box when changes are made to it. Following is a list of the notification codes (with the prefix LBN) that we can get from a list box:

List Box Notification	Meaning
LBN_ERRSPACE	List box cannot get enough memory space
LBN_SELCHANGE	Selection was changed
LBN_DBLCLK	List box selection was double-clicked
LBN_SELCANCEL	Selection was canceled
LBN_SETFOCUS	List box got the focus
LBN_KILLFOCUS	List box lost the focus

The list box notification we are interested in is LBN_DBLCLK, which you will see when a selection is clicked twice. (The other way the user makes a selection in the example is by clicking the OK button, in which case they will get a message from the OK button, not the list box). Let's put this to work.

Save the new dialog box in a file with App Studio's Save item, adding these lines to db.rc (note the declaration of our list box):

```
IDD_DIALOG1 DIALOG DISCARDABLE  0, 0, 185, 92
STYLE DS_MODALFRAME ¦ WS_POPUP ¦ WS_VISIBLE ¦ WS_CAPTION ¦ WS_SYSMENU
CAPTION "Database"
FONT 8, "MS Sans Serif"
BEGIN
    DEFPUSHBUTTON   "OK",IDOK,129,23,50,14
    PUSHBUTTON      "Cancel",IDCANCEL,129,44,50,14
    LTEXT           "Data Items:",IDC_STATIC,0,9,49,7
    LISTBOX         IDC_LIST1,4,22,115,68,LBS_NOINTEGRALHEIGHT ¦ WS_VSCROLL ¦
                    WS_TABSTOP
END
```

Next, select the Class Wizard item in App Studio's Resource menu, giving the new dialog class the name of CDataDlg. Create this class now, opening Class Wizard. The first thing to do in Class Wizard is to add code to our view class to handle keyboard input. We do that by adding code —named OnChar()—to handle the WM_CHAR message, (as you have seen before in dbview.cpp) as follows:

```
void CDbView::OnChar(UINT nChar, UINT nRepCnt, UINT nFlags)
{
        out_string += nChar;
        CClientDC dc(this);
```

```
    dc.TextOut(0, 0, out_string, out_string.GetLength());
    CView::OnChar(nChar, nRepCnt, nFlags);
}
```

Also, add out_string to dbview.h as a CString object, like the following:

```
// dbview.h : interface of the CDbView class
//
/////////////////////////////////////////////////////////////////////////
class CDbView : public CView
{
protected: // create from serialization only
    CDbView();
    DECLARE_DYNCREATE(CDbView)
// Attributes
public:
    CDbDoc* GetDocument();
    CString out_string;
// Operations
public:
                :
```

Now you are ready to accept keystrokes:

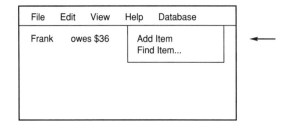

The next step is to handle that data with the Add Item menu item, which will store the data in our document (and erase out_string from the window):

Using App Studio, add two menu items to our IDR_MAINFRAME menu: Add Item (give it the ID IDM_ADDITEM) and Find Item (ID IDM_FINDITEM) and connect them to the functions OnAdditem() and OnFinditem(), respectively.

OnAdditem() now appears in the following way:

```
void CDbView::OnAdditem()
{
}
```

The primary goal is to store what has been typed in our document, so add a CString array called data_string[] and an index in that array called data_index to our document (dbdoc.h):

```
class CDbDoc : public CDocument
{
protected: // create from serialization only
          CDbDoc();
          DECLARE_DYNCREATE(CDbDoc)
// Attributes
public:
     CString data_string[10];
     int data_index;
               :
```

In addition, set data_index to 0 in CDbDoc's constructor (in dbdoc.cpp):

```
CDbDoc::CDbDoc()
{
     data_index = 0;
}
```

Now, in OnAdditem(), you store out_string in pDoc->data_string[pDoc->data_index] and erase it from the screen in preparation for accepting more data:

```
void CDbView::OnAdditem()
{
     CDbDoc* pDoc = GetDocument();
     pDoc->data_string[pDoc->data_index++] = out_string;
     CClientDC dc(this);
     DWORD OldTextColor = dc.SetTextColor(dc.GetBkColor());
     dc.TextOut(0, 0, out_string,out_string.GetLength());
     dc.SetTextColor(OldTextColor);
     out_string.Empty();
}
```

After all the data has been stored, the next step is to add it to our dialog box's list box. We do that in OnFinditem(), called when the user clicks Find Item in our Database menu.

Until now, we have declared our dialog box objects in the function that used them like the following:

```
void CDbView::OnFinditem()
{
        CDataDlg dlg;
        dlg.DoModal;
}
```

However, this means that the dialog box object goes out of scope when you leave the function, making it inaccesible to the rest of the program. If we want other functions to have access to data in the dlg object, we can declare it as an embedded object. The following code, dbview.h, does that. (Notice that in this code, we also #include datadlg.h to tell the compiler about the CDataDlg class):

```
// dbview.h : interface of the CDbView class
//
////////////////////////////////////////////////////////////////////////
#include "datadlg.h"
class CDbView : public CView
{
protected: // create from serialization only
     CDbView();
     DECLARE_DYNCREATE(CDbView)
// Attributes
public:
     CDbDoc* GetDocument();
     CString out_string;
     CDataDlg dlg;
// Operations
public:
     :
```

How do we transfer data from the document's data_string[] array and data_index variable to the dlg object? We can add a similar array and data item to the CDataDlg class:

```
// datadlg.h : header file
//
////////////////////////////////////////////////////////////////////////
// CDataDlg dialog
```

```
class CDataDlg : public CDialog
{
// Construction
public:
    CString data_string[10];
    int data_index;
                    :
```

Now we can transfer data to our dlg object like this in OnFinditem():

```
void CDbView::OnFinditem()
{
  CDbDoc* pDoc = GetDocument();
  for (int loop_index = 0; loop_index < pDoc->data_index; loop_index++){
      dlg.data_string[loop_index] = pDoc->data_string[loop_index];
  }
  dlg.data_index = pDoc->data_index;
           :

}
```

The data has been transferred. The next step is to show the dialog box:

```
void CDbView::OnFinditem()
{
    CDbDoc* pDoc = GetDocument();
for (int loop_index = 0; loop_index < pDoc->data_index; loop_index++){
    dlg.data_string[loop_index] = pDoc->data_string[loop_index];
    }
    dlg.data_index = pDoc->data_index;
    dlg.DoModal();
              :

}
```

When the dialog box is being prepared for display, we can add the data strings in data_string[] to the list box. We do that by sending an LB_INSERTSTRING message to the list box (ID number IDC_LIST1). The messages we can send to list boxes appear in table 6.1.

Table 6.1.   List Box Control Messages

List Box Message	Meaning
LB_ADDSTRING	Add a string
LB_INSERTSTRING	Insert a string

continues

Table 6.1. continued

List Box Message	Meaning
LB_DELETESTRING	Delete a string
LB_RESETCONTENT	Clear box
LB_SETSEL	Set selection state
LB_SETCURSEL	Set currently selected item
LBETSEL	Get selection state
LBETCURSEL	Get currently selected item
LBETTEXT	Get item at some index
LBETTEXTLEN	Get item's text length
LBETCOUNT	Get number of items in list box
LB_SELECTSTRING	Select a string
LB_DIR	Display directory files
LBETTOPINDEX	Get item at top (not 0 if box is scrolled)
LB_FINDSTRING	Locate a string
LBETSELCOUNT	Get selection count
LBETSELITEMS	Get indices of selected items
LB_SETTABSTOPS	Set tabs
LBETHORIZONTALEXTENT	Width in pixels box can be scrolled horizontally
LB_SETHORIZONTALEXTENT	Width in pixels box can be scrolled vertically
LB_SETCOLUMNWIDTH	Set column width in multi-column boxes
LB_SETTOPINDEX	Set top item's index
LBETITEMRECT	Get bounding rectangle for item
LBETITEMDATA	Get user supplied data associated with item
LB_SETITEMDATA	Set user supplied data associated with item
LB_SELITEMRANGE	Set a range of items

To add the data strings to the list box, we use Class Wizard to connect a function named OnInitDialog( ) to the WM_INITDIALOG message in our CDataDlg class. That's the correct place to add items to a list box (not the dialog box's constructor, because the actual list box doesn't exist at that point). Actually, we only want the first word of our data strings (that is, up to the first space) added to the list box. We cycle through the data_string[] array like this in CDataDlg::OnInitDialog():

```
BOOL CDataDlg::OnInitDialog()
{
    CDialog::OnInitDialog();
    for (int loop_index = 0; loop_index < data_index; loop_index++){
    SendDlgItemMessage(IDC_LIST1, LB_INSERTSTRING, loop_index, \
    (LONG) (LPSTR) (const char*) \
    data_string[loop_index].Left(data_string[loop_index].Find(" ")));
    }
    return TRUE;   // return TRUE  unless you set the focus to a control
}
```

Note the parameters we used in SendDlgItemMessage():

```
SendDlgItemMessage(IDC_LIST1, LB_INSERTSTRING, loop_index, \
    (LONG) (LPSTR) (const char*)\
    data_string[loop_index].Left(data_string[loop_index].Find(" ")));
```

The first item is the list box's ID number; the next is the message we want to send. This is followed by the new item's location in the list box (0-based), and a long value that holds a pointer to the string we want to add. This long value is a little tricky because our data is stored in a CString object. We have to cast the CString object to a char string first, which we do with (const char*). The "const" is important because we're pointing to private CString data which we're not allowed to change (you cannot cast a CString object to a simple char*). Next, we cast the result of that first cast to another type, a Windows long pointer to a string, using the (LPSTR) cast (defined in windows.h). Finally, we cast the result of that cast into a long value with (LONG) and we're set, without any loss of data.

There are other operations we could perform with SendDlgItemMessage() on list boxes. For example, we can get the length of the current selection in the list box like the following:

```
nLen = (int) SendDlgItemMessage(IDC_LIST1, LBETTEXT, nIndex, \
(LONG) (LPSTR) szString);
```

Or, we could have highlighted an item (selected it) with index nIndex like the following:

```
SendDlgItemMessage(IDC_LIST1, LB_SETCURSEL, nIndex, 0L);
```

We can even get the length of the current selection like the following:

```
nLen = SendDlgItemMessage(IDC_LIST1, LBETTEXTLEN, nIndex, 0L);
```

That's it; now our list box is filled with key words, and the dialog box appears like the following:

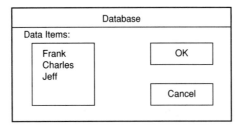

When the user double-clicks one of the items, or selects a item and clicks OK, you want to display the matching data string:

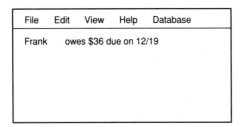

We do that by connecting a function to the list box's LBN_DBLCLK notification message in Class Wizard, as shown in figure 6.8.

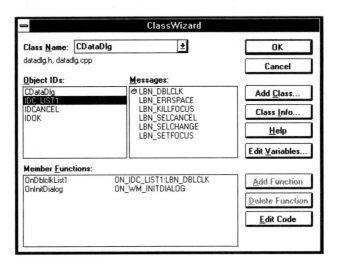

Figure 6.8. Connecting to the LBN_DBLCLK notification.

Microsoft Foundation Class Library Programming

The name Class Wizard gives this function is CDataDlg::OnDblclkList1(). Open it now by double-clicking it in Class Wizard:

```
void CDataDlg::OnDblclkList1()
{
}
```

We need to communicate to the rest of the program what item was selected, and we do that by sending a LBETCURSEL message to IDC_LIST1:

```
void CDataDlg::OnDblclkList1()
{
    selected_item = (int) SendDlgItemMessage(IDC_LIST1, LBETCURSEL, 0, 0L);
         :
}
```

The usual return value for SendDlgItemMessage() is a long integer, but we cast it into an integer value named selected_item, which we can add to CDataDlg in datadlg.h:

```
// datadlg.h : header file
//
/////////////////////////////////////////////////////////////////////////////
// CDataDlg dialog
class CDataDlg : public CDialog
{
// Construction
public:
    CString data_string[10];
    int data_index;
    int selected_item;
      :
```

Now our view will be able to access the selected item as dlg.selected_item. Note that this value is simply the index value of the item selected by the user in the list box. Because we loaded the list box directly from our array data_string[], it's also the index value in that array of the selected item. Finally, in OnDblclkList1(), we want to remove the dialog box from the screen, and we can do that by using the CDialog::OnOK() function, just as if the OK button had been clicked:

```
void CDataDlg::OnDblclkList1()
{
    selected_item = (int) SendDlgItemMessage(IDC_LIST1, LBETCURSEL, 0, 0L);
    CDialog::OnOK();
}
```

In fact, that's the other option (clicking the OK button after making a selection), so we should intercept the OK button's code here as well. To do that, simply use Class Wizard to connect a function to the BN_CLICKED notification message of the OK button (ID = IDOK). When we do, we will find that function looks like the following:

```
void CDataDlg::OnOK()
{
    CDialog::OnOK();
}
```

Add our code here to make sure that selected_item is set correctly:

```
void CDataDlg::OnOK()
{
    selected_item = (int) SendDlgItemMessage(IDC_LIST1, LBETCURSEL, 0, 0L);
    CDialog::OnOK();
}
```

Now the item we want to display on the screen is simply pDoc->data_string[dlg.selected_item] from the view's perspective, so we put that full string on the screen:

```
void CDbView::OnFinditem()
{
    CDbDoc* pDoc = GetDocument();
    for (int loop_index = 0; loop_index < pDoc->data_index; loop_index++){
    dlg.data_string[loop_index] = pDoc->data_string[loop_index];
    }
    dlg.data_index = pDoc->data_index;
    dlg.DoModal();
    CClientDC dc(this);
    dc.TextOut(0, 0, pDoc->data_string[dlg.selected_item], \
            pDoc->data_string[dlg.selected_item].GetLength());
}
```

That's all there is to it; our database is a success. We can fill it with values as shown in figure 6.9 and retrieve them as shown in figure 6.10.

The file datadlg.h appears in listing 6.7, datadlg.cpp in listing 6.8, dbview.h in listing 6.9, dbview.cpp in listing 6.10, and dbdoc.h in listing 6.11.

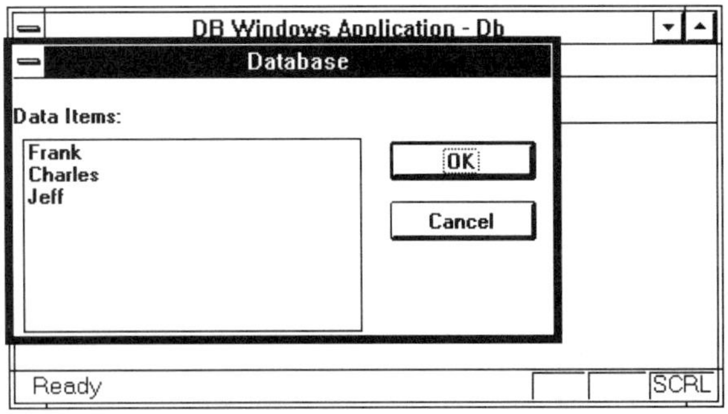

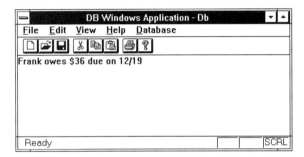

Figure 6.9. The list box with items in it.

Figure 6.10. Retrieving database items.

> **Clicking a Button From Code**
>
> We can even make the OK button appear to click itself when the user double-clicks the list box selection:
>
> ```
> SendDlgItemMessage(IDOK, BM_SETSTATE, 1, 0L); SendDlgItemMessage(IDOK,
> BM_SETSTATE, 0, 0L);.
> ```

Listing 6.7. datadlg.h

```
// datadlg.h : header file
//
/////////////////////////////////////////////////////////////////////////
// CDataDlg dialog
```

continues

Listing 6.7. continued

```
class CDataDlg : public CDialog
{
// Construction
public:
    CString data_string[10];
    int data_index;
    int selected_item;
    CDataDlg(CWnd* pParent = NULL);     // standard constructor
// Dialog Data
    //{{AFX_DATA(CDataDlg)
    enum { IDD = IDD_DIALOG1 };
    CString     m_ListText;
    //}}AFX_DATA
// Implementation
protected:
    virtual void DoDataExchange(CDataExchange* pDX);    // DDX/DDV support
    // Generated message map functions
    //{{AFX_MSG(CDataDlg)
    virtual BOOL OnInitDialog();
    afx_msg void OnDblclkList1();
    virtual void OnOK();
    //}}AFX_MSG
    DECLARE_MESSAGE_MAP()
};
```

Listing 6.8. datadlg.cpp

```
// datadlg.cpp : implementation file
//
#include "stdafx.h"
#include "db.h"
#include "dbdoc.h"
#include "dbview.h"
#ifdef _DEBUG
#undef THIS_FILE
static char BASED_CODE THIS_FILE[] = __FILE__;
#endif
/////////////////////////////////////////////////////////////////////////////
// CDataDlg dialog
CDataDlg::CDataDlg(CWnd* pParent /*=NULL*/)
    : CDialog(CDataDlg::IDD, pParent)
```

```
{
    //{{AFX_DATA_INIT(CDataDlg)
    m_ListText = "";
    //}}AFX_DATA_INIT
}
void CDataDlg::DoDataExchange(CDataExchange* pDX)
{
    CDialog::DoDataExchange(pDX);
    //{{AFX_DATA_MAP(CDataDlg)
    DDX_LBString(pDX, IDC_LIST1, m_ListText);
    //}}AFX_DATA_MAP
}
BEGIN_MESSAGE_MAP(CDataDlg, CDialog)
    //{{AFX_MSG_MAP(CDataDlg)
    ON_LBN_DBLCLK(IDC_LIST1, OnDblclkList1)
    //}}AFX_MSG_MAP
END_MESSAGE_MAP()
//////////////////////////////////////////////////////////////////////
// CDataDlg message handlers
BOOL CDataDlg::OnInitDialog()
{
    CDialog::OnInitDialog();
    for (int loop_index = 0; loop_index < data_index; loop_index++){
    SendDlgItemMessage(IDC_LIST1, LB_INSERTSTRING, loop_index, \
      (LONG) (LPSTR) (const char*) \
      data_string[loop_index].Left(data_string[loop_index].Find(" ")));
    }
    return TRUE;  // return TRUE  unless you set the focus to a control
}
void CDataDlg::OnDblclkList1()
{
    selected_item = (int) SendDlgItemMessage(IDC_LIST1, LBETCURSEL, 0, 0L);
    CDialog::OnOK();
}
void CDataDlg::OnOK()
{
    selected_item = (int) SendDlgItemMessage(IDC_LIST1, LBETCURSEL, 0, 0L);
    CDialog::OnOK();
}
```

Listing 6.9. dbview.h

```
// dbview.h : interface of the CDbView class
//
/////////////////////////////////////////////////////////////////////////////
#include "dbdlg.h"
#include "datadlg.h"
class CDbView : public CView
{
protected: // create from serialization only
        CDbView();
        DECLARE_DYNCREATE(CDbView)
// Attributes
public:
        CDbDoc* GetDocument();
        CString out_string;
        CDataDlg dlg;
// Operations
public:
// Implementation
public:
            virtual ~CDbView();
            virtual void OnDraw(CDC* pDC);  // overridden to draw this view
#ifdef _DEBUG
            virtual void AssertValid() const;
            virtual void Dump(CDumpContext& dc) const;
#endif
            // Printing support
protected:
      virtual BOOL OnPreparePrinting(CPrintInfo* pInfo);
      virtual void OnBeginPrinting(CDC* pDC, CPrintInfo* pInfo);
      virtual void OnEndPrinting(CDC* pDC, CPrintInfo* pInfo);
// Generated message map functions
protected:
      //{{AFX_MSG(CDbView)
      afx_msg void OnChar(UINT nChar, UINT nRepCnt, UINT nFlags);
      afx_msg void OnAdditem();
      afx_msg void OnFinditem();
      //}}AFX_MSG
      DECLARE_MESSAGE_MAP()
};
#ifndef _DEBUG          // debug version in dbview.cpp
inline CDbDoc* CDbView::GetDocument()
    { return (CDbDoc*) m_pDocument; }
```

```
#endif
/////////////////////////////////////////////////////////////////////////////
```

Listing 6.10. dbview.cpp

```cpp
// dbview.cpp : implementation of the CDbView class
//
#include "stdafx.h"
#include "db.h"
#include "dbdoc.h"
#include "dbview.h"
#ifdef _DEBUG
#undef THIS_FILE
static char BASED_CODE THIS_FILE[] = __FILE__;
#endif
/////////////////////////////////////////////////////////////////////////////
// CDbView
IMPLEMENT_DYNCREATE(CDbView, CView)
BEGIN_MESSAGE_MAP(CDbView, CView)
    //{{AFX_MSG_MAP(CDbView)
    ON_WM_CHAR()
    ON_COMMAND(IDM_ADDITEM, OnAdditem)
    ON_COMMAND(IDM_FINDITEM, OnFinditem)
    //}}AFX_MSG_MAP
    // Standard printing commands
    ON_COMMAND(ID_FILE_PRINT, CView::OnFilePrint)
    ON_COMMAND(ID_FILE_PRINT_PREVIEW, CView::OnFilePrintPreview)
END_MESSAGE_MAP()
/////////////////////////////////////////////////////////////////////////////
// CDbView construction/destruction
CDbView::CDbView()
{
    // TODO: add construction code here
}
CDbView::~CDbView()
{
}
/////////////////////////////////////////////////////////////////////////////
// CDbView drawing
void CDbView::OnDraw(CDC* pDC)
{
    CDbDoc* pDoc = GetDocument();
```

continues

Listing 6.10. continued

```
        // TODO: add draw code here
}
//////////////////////////////////////////////////////////////////////
// CDbView printing
BOOL CDbView::OnPreparePrinting(CPrintInfo* pInfo)
{
        // default preparation
        return DoPreparePrinting(pInfo);
}
void CDbView::OnBeginPrinting(CDC* /*pDC*/, CPrintInfo* /*pInfo*/)
{
        // TODO: add extra initialization before printing
}
void CDbView::OnEndPrinting(CDC* /*pDC*/, CPrintInfo* /*pInfo*/)
{
        // TODO: add cleanup after printing
}


//////////////////////////////////////////////////////////////////////
// CDbView diagnostics
#ifdef _DEBUG
void CDbView::AssertValid() const
{
                CView::AssertValid();
}
void CDbView::Dump(CDumpContext& dc) const
{
                CView::Dump(dc);
}
CDbDoc* CDbView::GetDocument() // non-debug version is inline
{
                ASSERT(m_pDocument->IsKindOf(RUNTIME_CLASS(CDbDoc)));
                return (CDbDoc*) m_pDocument;
}
#endif //_DEBUG
//////////////////////////////////////////////////////////////////////
// CDbView message handlers
void CDbView::OnChar(UINT nChar, UINT nRepCnt, UINT nFlags)
{
                out_string += nChar;
                CClientDC dc(this);
                dc.TextOut(0, 0, out_string, out_string.GetLength());
```

```
            CView::OnChar(nChar, nRepCnt, nFlags);
}
void CDbView::OnAdditem()
{
    CDbDoc* pDoc = GetDocument();
    pDoc->data_string[pDoc->data_index++] = out_string;
    CClientDC dc(this);
    DWORD OldTextColor = dc.SetTextColor(dc.GetBkColor());
    dc.TextOut(0, 0, out_string, out_string.GetLength());
    dc.SetTextColor(OldTextColor);
    out_string.Empty();
}
void CDbView::OnFinditem()
{
    CDbDoc* pDoc = GetDocument();
    for (int loop_index = 0; loop_index < pDoc->data_index;
    loop_index++){
    dlg.data_string[loop_index] = pDoc->data_string[loop_index];
    }
    dlg.data_index = pDoc->data_index;
    dlg.DoModal();
    CClientDC dc(this);
    dc.TextOut(0, 0, pDoc->data_string[dlg.selected_item], \
    pDoc->data_string[dlg.selected_item].GetLength());
}
```

Listing 6.11. Applicable Section of dbdoc.h

```
// dbdoc.h : interface of the CDbDoc class
//
/////////////////////////////////////////////////////////////////////////////
class CDbDoc : public CDocument
{
protected: // create from serialization only
    CDbDoc();
    DECLARE_DYNCREATE(CDbDoc)
// Attributes
public:
    CString data_string[10];
    int data_index;
// Operations
public:
```

continues

Listing 6.11. continued

```
// Implementation
public:
    virtual ~CDbDoc();
    virtual void Serialize(CArchive& ar);
#ifdef _DEBUG
    virtual        void AssertValid() const;
    virtual        void Dump(CDumpContext& dc) const;
#endif
protected:
    virtual        BOOL        OnNewDocument();
// Generated message map functions
protected:
    //{{AFX_MSG(CDbDoc)
    // NOTE - the ClassWizard will add and remove member functions.
    // DO NOT EDIT what you see in these blocks of generated code !
    //}}AFX_MSG
    DECLARE_MESSAGE_MAP()
};
/////////////////////////////////////////////////////////////////////////////
```

Combo Boxes

It is worth mentioning that in addition to list boxes, we can also use combo boxes, which are simply list boxes with an added text box. This way, users are not restricted to selecting items as presented in a list but can enter their own text in the text box. We can draw combo boxes with the combo box tool in the App Studio's toolbox (it is the fourth tool down on the right). Using combo boxes, we get many of the same kinds of messages as you have already seen in list boxes, as follows (CBN stands for combo box notification):

Combo Box Notifications	Means
CBN_ERRSPACE	Combo box cannot get enough memory space
CBN_SELCHANGE	Selection was changed
CBN_DBLCLK	Combo box selection was double-clicked
CBN_SETFOCUS	Combo box got the focus
CBN_KILLFOCUS	List box lost the focus

In addition, however, we can also get these notification codes in wParam when the text in the text box is changed:

Combo Box Notifications	Means
CBN_EDITCHANGE	Text in text box edited
CBN_EDITUPDATE	Text in text box updated from list
CBN_DROPDOWN	Drop down combo box was opened

We can handle combo boxes in the same way as list boxes: with SendDlgItemMessage(). The combo box control messages that are available, as shown in table 6.2, are much like the ones we saw for the list boxes.

Table 6.2.   Combo Box Control Messages

Combo Box Message	Means
CBETEDITSEL	Get text box selection
CB_LIMITTEXT	Limit text length in text box
CB_SETEDITSEL	Selects characters in the text box
CB_ADDSTRING	Add a string to the list box
CB_DELETESTRING	Delete a string from the list box
CB_DIR	Display directory data
CBETCOUNT	Get count of items in list box
CBETCURSEL	Get index of selected item if any
CBETLBTEXT	Get string from list box
CBETLBTEXTLEN	Get length of string in list box
CB_INSERTSTRING	Insert a string
CB_RESETCONTENT	Clear list and text boxes
CB_FINDSTRING	Find a string
CB_SELECTSTRING	Select string matching a prefix
CB_SETCURSEL	Select a string
CB_SHOWDROPDOWN	Shows or hides dropdown list box

continues

Table 6.2. continued

Combo Box Message	Means
CBETITEMDATA	Get user supplied data for this item
CB_SETITEMDATA	Set user supplied data for this item

Using a Dialog Box as the Main Window

We have seen the most common controls in dialog boxes already, and we have seen how easy it is to put them there. It would be great if we could design your view the same way so that we can use controls in our main window just as we can in a dialog box. In fact, we can, and it's called creating a Form View (based on the MFC class CFormView).

Form views are just like normal views, except that they can be designed with App Studio. You can put in the controls you want, and you can connect OnXXX() functions to those controls just as you would for any MFC project.

To get started, design the form view as a dialog box, putting all the controls you want in it (in this case, you'll just use a large text box). Next, double-click the dialog box, opening the Dialog Properties box. Select Styles from the dropdown list box at upper right. Select Child in the Style box, select None in the Border box, and deselect the Visible property, as shown in figure 6.11.

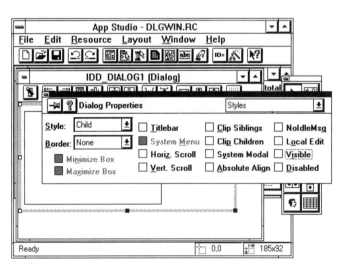

Figure 6.11. Designing a form view.

Microsoft Foundation Class Library Programming

The next step is to select General from the dropdown list box at upper right and and erase your dialog box's caption so that nothing appears in the Caption box. Finally, close the Dialog Properties box.

Now you have to connect the dialog box to a class derived from CFormView. To do that, open Class Wizard from App Studio and select CFormView as the base class in the Class Type box. Give this class the name CDlgView and click OK. This creates the class you need, CDlgView, which looks like the following (from dlgview.h):

```
// dlgview.h : header file
//
/////////////////////////////////////////////////////////////////////////////
// CDlgView form view
#ifndef __AFXEXT__
#include <afxext.h>
#endif
class CDlgView : public CFormView
{
    DECLARE_DYNCREATE(CDlgView)
protected:
    CDlgView();        // protected constructor used by dynamic creation
// Form Data
public:
    //{{AFX_DATA(CDlgView)
    enum { IDD = IDD_DIALOG2 };
        // NOTE: the ClassWizard will add data members here
    //}}AFX_DATA
// Attributes
public:
// Operations
public:
// Implementation
protected:
    virtual ~CDlgView();
    virtual void DoDataExchange(CDataExchange* pDX);
    // DDX/DDV support
    // Generated message map functions
    //{{AFX_MSG(CDlgView)
        // NOTE - the ClassWizard will add and remove member functions here.
    //}}AFX_MSG
    DECLARE_MESSAGE_MAP()
};
```

The final step is to replace our current view class, the default class CDlgwinView, with our newly designed class, CDlgView. To do that, we will have to alter our program's document template, which is in the main application file, dlgwin.cpp. Check the InitInstance( ) function, where you will find the following code:

```
BOOL CDlgwinApp::InitInstance()
{
SetDialogBkColor();          // set dialog background color to gray
LoadStdProfileSettings();  // Load standard INI file options
EnableVBX();                 // Initialize VBX support
// Register the application's document templates.  Document templates
//  serve as the connection between documents, frame windows and views.
    AddDocTemplate(new CSingleDocTemplate(IDR_MAINFRAME,
RUNTIME_CLASS(CDlgwinDoc),
RUNTIME_CLASS(CMainFrame),      // main SDI frame window
RUNTIME_CLASS(CDlgwinView)));
                         :
```

Change CDlgwinView in the last line to CDlgView, using the Form View class you have created for your dialog box:

```
BOOL CDlgwinApp::InitInstance()
{
SetDialogBkColor();          // set dialog background color to gray
LoadStdProfileSettings();  // Load standard INI file options
EnableVBX();                 // Initialize VBX support
// Register the application's document templates.  Document templates
//  serve as the connection between documents, frame windows and views.
AddDocTemplate(new CSingleDocTemplate(IDR_MAINFRAME,
        RUNTIME_CLASS(CDlgwinDoc),
        RUNTIME_CLASS(CMainFrame),      // main SDI frame window
        RUNTIME_CLASS(CDlgView)));
```

Our Form View program (in which we have only placed a text box) appears as shown in figure 6.12. Listing 6.12 is dlgwin.cpp

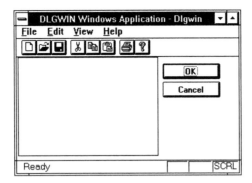

Figure 6.12. The form view at work.

Listing 6.12. dlgwin.cpp

```cpp
// dlgwin.cpp : Defines the class behaviors for the application.
//
#include "stdafx.h"
#include "dlgwin.h"
#include "mainfrm.h"
#include "dlgwidoc.h"
#include "dlgwivw.h"
#include "dlgview.h"
#ifdef _DEBUG
#undef THIS_FILE
static char BASED_CODE THIS_FILE[] = __FILE__;
#endif
/////////////////////////////////////////////////////////////////////////////
// CDlgwinApp
BEGIN_MESSAGE_MAP(CDlgwinApp, CWinApp)
    //{{AFX_MSG_MAP(CDlgwinApp)
    ON_COMMAND(ID_APP_ABOUT, OnAppAbout)
        // NOTE - the ClassWizard will add and remove mapping macros here.
        //    DO NOT EDIT what you see in these blocks of generated code !
    //}}AFX_MSG_MAP
    // Standard file based document commands
    ON_COMMAND(ID_FILE_NEW, CWinApp::OnFileNew)
    ON_COMMAND(ID_FILE_OPEN, CWinApp::OnFileOpen)
```

continues

Listing 6.12. continued

```
     // Standard print setup command
     ON_COMMAND(ID_FILE_PRINT_SETUP, CWinApp::OnFilePrintSetup)
END_MESSAGE_MAP()
///////////////////////////////////////////////////////////////////////
// CDlgwinApp construction
CDlgwinApp::CDlgwinApp()
{
     // TODO: add construction code here,
     // Place all significant initialization in InitInstance
}
///////////////////////////////////////////////////////////////////////
// The one and only CDlgwinApp object
CDlgwinApp NEAR theApp;
///////////////////////////////////////////////////////////////////////
// CDlgwinApp initialization
BOOL CDlgwinApp::InitInstance()
{
     // Standard initialization
     // If you are not using these features and want to reduce the size
     //  of your final executable, you should remove from the following
     //  the specific initialization routines you do not need.
     SetDialogBkColor();          // set dialog background color to gray
     LoadStdProfileSettings();  // Load standard INI file options EnableVBX();
// Initialize VBX support
// Register the application's document templates.  Document templates
//  serve as the connection between documents, frame windows and views.
AddDocTemplate(new CSingleDocTemplate(IDR_MAINFRAME,
     RUNTIME_CLASS(CDlgwinDoc),
     RUNTIME_CLASS(CMainFrame),       // main SDI frame window
     RUNTIME_CLASS(CDlgView)));
     // create a new (empty) document
     OnFileNew();
     if (m_lpCmdLine[0] != '\0')
     {
          // TODO: add command line processing here
     }
     return TRUE;
}
///////////////////////////////////////////////////////////////////////
// CAboutDlg dialog used for App About
class CAboutDlg : public CDialog
{
```

```
public:
    CAboutDlg();
// Dialog Data
    //{{AFX_DATA(CAboutDlg)
    enum { IDD = IDD_ABOUTBOX };
    //}}AFX_DATA
// Implementation
protected:
virtual void DoDataExchange(CDataExchange* pDX);    // DDX/DDV support
//{{AFX_MSG(CAboutDlg)
        // No message handlers
    //}}AFX_MSG
    DECLARE_MESSAGE_MAP()
};
CAboutDlg::CAboutDlg() : CDialog(CAboutDlg::IDD)
{
    //{{AFX_DATA_INIT(CAboutDlg)
    //}}AFX_DATA_INIT
}
void CAboutDlg::DoDataExchange(CDataExchange* pDX)
{
    CDialog::DoDataExchange(pDX);
    //{{AFX_DATA_MAP(CAboutDlg)
    //}}AFX_DATA_MAP
}
BEGIN_MESSAGE_MAP(CAboutDlg, CDialog)
    //{{AFX_MSG_MAP(CAboutDlg)
        // No message handlers
    //}}AFX_MSG_MAP
END_MESSAGE_MAP()
// App command to run the dialog
void CDlgwinApp::OnAppAbout()
{
    CAboutDlg aboutDlg;
    aboutDlg.DoModal();
}
/////////////////////////////////////////////////////////////////////////////
// VB-Event registration
// (calls to AfxRegisterVBEvent will be placed here by ClassWizard)
//{{AFX_VBX_REGISTER_MAP()
//}}AFX_VBX_REGISTER_MAP
/////////////////////////////////////////////////////////////////////////////
// CDlgwinApp commands
```

The Form View program is complete. You have learned how to design dialog boxes and how to use the most popular controls in them. In the next chapter, we continue our exploration of the MFC library as you learn how to use the predefined dialog boxes that the library includes.

New Classes and Members:

CFormView	
CFormView	Constructs a CFormView object

The Predefined MFC Dialog Boxes

I n this chapter, we will learn how to use the predefined dialog boxes that come with Windows 3.1 (in the commdlg.dll file that comes with Windows). Each of the dialog boxes is encapsulated in an MFC class. This chapter covers the following dialog boxes:

▼ Open File

▼ Save File

▼ Print

▼ Font

▼ Color

Let's begin with the Open File dialog box.

The Open File Dialog Box

It used to be quite difficult to design Open and Save File dialog boxes because of the number of controls involved (list boxes, dropdown list boxes, and combo boxes) not to mention filling each of them with file names. This was one chore the Windows programmer rarely looked forward to, and the result was that every programmer designed and displayed their own, unique file-handling dialog boxes. Starting with Windows 3.1, these and other dialog boxes have been standardized in the commdlg.dll file.

The File Open and File Save dialog boxes are encapsulated in the MFC CFileDialog class. Let's see how to put them to use. Using Visual C++, we will can create an SDI application named dialogs.mak. Add a new menu named Dialogs and give it two menu items, Open and Save As, as shown in figure 7.1.

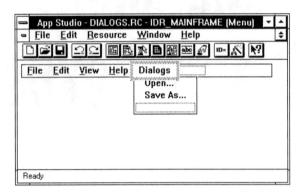

Figure 7.1.   Dialogs application's menu items.

Connect these two menu items to two functions named OnDialogsOpen() and OnDialogsSaveas(), respectively. Now open OnDialogsOpen() (from dialovw.cpp):

```
/////////////////////////////////////////////////////////////////////////////
// CDialogsView message handlers
void CDialogsView::OnDialogsOpen()
{
}
```

The first order of business is to create the file dialog object with CFileDialog's constructor. That constructor takes these arguments:

```
CFileDialog( BOOL bOpenFileDialog, LPCSTR lpszDefExt = NULL,
    LPCSTR lpszFileName = NULL, DWORD dwFlags = OFN_HIDEREADONLY |
    OFN_OVERWRITEPROMPT,        LPCSTR lpszFilter = NULL, CWnd*
    pParentWnd = NULL );
```

Here is what those arguments mean:

Argument	Meaning
bOpenFileDialog	Make TRUE for a File Open dialog box or FALSE for a File Save As dialog box
lpszDefExt	Default file name extension (if NULL, no default file name extension is used)
lpszFileName	Initial file name in the file name text box (if NULL, no file name appears)
dwFlags	One or more flags to customize the dialog box. See table 7.1 for description.
lpszFilter	String pairs that specify filters to apply to the file
pParentWnd	Pointer to file dialog box's parent window
	Note in particular the dwFlags argument, which enables we will to customize theCFileDialog object. The possible values for this argument appear in table 7.1.

Table 7.1. CFileDialog's dwFlags Argument

dwFlags Argument	Meaning
OFN_ALLOWMULTISELECT	Allow multiple selections
OFN_CREATEPROMPT	Display message box if file does not exist and ask if it should be created
OFN_ENABLEHOOK	Enables hook function pointed to by lpfnHook member
OFN_ENABLETEMPLATE	Uses dialog box template identified by hInstance and lpTemplateName
OFN_ENABLETEMPLATEHANDLE	If used, hInstance identifies data block containing preloaded dialog box template OFN_EXTENSIONDIFFERENT Indicates extension of returned file name is different from extension specified by lpstrDefExt

continues

Table 7.1.   continued

dwFlags Argument	Meaning
OFN_FILEMUSTEXIST	Indicates user can type names of only existing files
OFNIDEREADONLY	Hides Read Only check box
OFN_NOCHANGEDIR	Makes dialog box reset current directory to what it was when dialog box was created
OFN_NOREADONLYRETURN	Indicates file selected will not have Read Only attribute set and will not be in a write-protected directory
OFN_NOTESTFILECREATE	File will not be created before dialog box is closed
OFN_NOVALIDATE	Enables invalid characters in returned file name
OFN_OVERWRITEPROMPT	Generates a message box if the selected file already exists; user must confirm if OK to overwrite file
OFN_PATHMUSTEXIST	Users can type only valid paths
OFN_READONLY	Makes Read Only check box initially checked when dialog box is created
OFN_SHAREAWARE	If call to the OpenFile function has failed because of a network sharing violation, the error is ignored and the dialog box returns given file name
OFN_SHAREFALLTHROUGH	Specifies that file name is returned from dialog box
OFN_SHARENOWARN	Take no further warning action
OFN_SHAREWARN	Users will receive standard sharing warning message
OFN_SHOWHELP	Makes dialog box show Help button. (The hwndOwner parameter must not be NULL.)

All we will really have to do is to create our File Open dialog box in the following way:

```
void CDialogsView::OnDialogsOpen()
{
    CFileDialog dlg(TRUE);
            :
}
```

When we display our dialog box, we should include a file filter. Such a filter enables us to specify the kind of files displayed in our dialog box. If, for example, we use a filter of *.*, all files will be displayed. We will set the filter by pointing to pairs of successive null-terminated strings like this:

```
All Files (*.*)\0*.*\0\0
```

In this example, we are indicating that our filter will match all files and that the file pattern we are using is *.* (note that this pair of strings terminates with two null characters). If we wanted to enable the user to choose btween displaying all files and text files, for example, we will would use a filter in the following way:

```
All Files (*.*)\0*.*\0\0Text Files (*.txt)\0*.txt\0\0
```

We will pass this filter to the file dialog object by pointing to it with a long pointer named lpszFilter. We can either pass this pointer to CFileDialog's constructor or to its m_ofn data member after we will create the CFileDialog object. That member is actually a Windows OPENFILENAME structure, which looks like this:

```
#include <commdlg.h>
typedef struct tagOPENFILENAME { /* ofn */
    DWORD       lStructSize;
    HWND        hwndOwner;
    HINSTANCE   hInstance;
    LPCSTR      lpstrFilter;
    LPSTR       lpstrCustomFilter;
    DWORD       nMaxCustFilter;
    DWORD       nFilterIndex;
    LPSTR       lpstrFile;
    DWORD       nMaxFile;
    LPSTR       lpstrFileTitle;
    DWORD       nMaxFileTitle;
    LPCSTR      lpstrInitialDir;
```

```
        LPCSTR      lpstrTitle;
        DWORD       Flags;
        UINT        nFileOffset;
        UINT        nFileExtension;
        LPCSTR      lpstrDefExt;
        LPARAM      lCustData;
        UINT        (CALLBACK* lpfnHook) (HWND, UINT, WPARAM, LPARAM);
        LPCSTR      lpTemplateName;
} OPENFILENAME;
```

If we want to display all of the files in our dialog box, we can do so using a filter:

```
void CDialogsView::OnDialogsOpen()
{
    char FilterString[] = "All Files (*.*)\0*.*\0\0";
    CFileDialog dlg(TRUE);
    dlg.m_ofn.lpstrFilter = (LPSTR) FilterString;
        :
}
```

Now that we have prepared our dialog box, place it on the screen with the DoModal() member function. This function will return one of two values, IDOK or IDCANCEL, depending on which button the user clicked. If the user clicked the OK button, we should proceed, so first we will test DoModal()'s return value:

```
void CDialogsView::OnDialogsOpen()
{
    char FilterString[] = "All Files (*.*)\0*.*\0\0";
    CFileDialog dlg(TRUE);
    dlg.m_ofn.lpstrFilter = (LPSTR) FilterString;
    if(dlg.DoModal() == IDOK){
        :
    }
}
```

In this case, we can put the selected file's name into a message box. CFileDialog contains a number of functions, as follows, to retrieve the selected file's name and path:

CFileDialog Function	Meaning
GetFileExt()	Get selected file's extension
GetFileName()	Get selected file's name without extension

Microsoft Foundation Class Library Programming

CFileDialog Function	Meaning
GetFileTitle( )	Get selected file's name and extension
GetPathName( )	Get selected file's pathname

We will use GetFileTitle( ) in the following way:

```
void CDialogsView::OnDialogsOpen()
{
    CString msg = "File to open: ";
    char FilterString[] = "All Files (*.*)\0*.*\0\0";
    CFileDialog dlg(TRUE);
    dlg.m_ofn.lpstrFilter = (LPSTR) FilterString;
    if(dlg.DoModal() == IDOK){
            msg += dlg.GetFileTitle();
            MessageBox(msg);
    }
}
```

The Open File dialog box appears in figure 7.2, and the message box appears in figure 7.3.

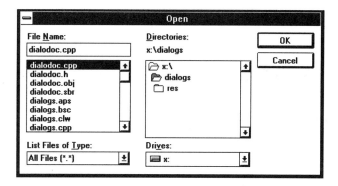

Figure 7.2. The MFC Open File dialog box.

Figure 7.3. The Open File dialog example at work.

The File Save Dialog Box

We can also place a File Save dialog box on the screen using the CFileDialog class. Open the OnDialogSaveas( ) function that we will created at the beginning of this chapter and copy the code we wrote for OnDialogOpen(), changing the argument we will pass to CFileDialog's constructor to FALSE (for a File Save dialog box):

```
void CDialogsView::OnDialogsSaveas()
{
    CString msg = "File to save in: ";
    char FilterString[] = "All Files (*.*)\0*.*\0\0";
    CFileDialog dlg(FALSE);
    dlg.m_ofn.lpstrFilter = (LPSTR) FilterString;
    if(dlg.DoModal() == IDOK){
        msg += dlg.GetFileTitle();
        MessageBox(msg);
    }
}
```

When we need to save a file, we can select the Save As item in our Dialogs menu, placing our Save File dialog box on the screen, as shown in figure 7.4. The user can select a file, and we will can retrieve it using CFileDialog::GetFileTitle( ), placing that name into a message box, as shown in figure 7.5.

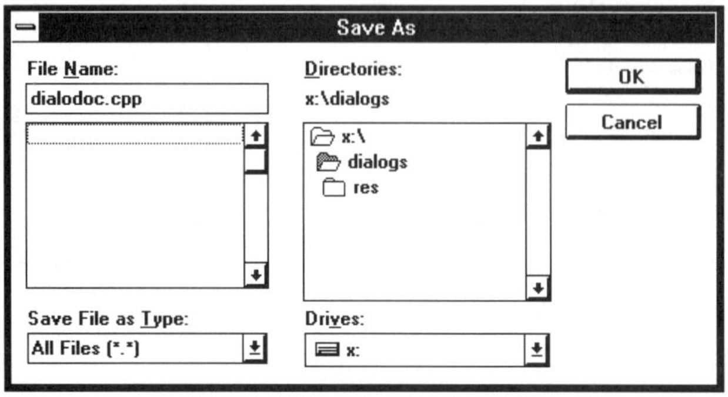

Figure 7.4. The MFC Save File dialog box.

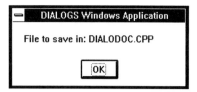

Figure 7.5. The Save File dialog example at work.

One nice feature is that the CFileDialog Save File object checks to see whether the file the user wants to write already exists. If so, the Save File object places a dialog box on-screen to check whether the user wants to overwrite that file. If, for example, the file selection is thesis.phd and that file already exists, the cautionary dialog box would look like this:

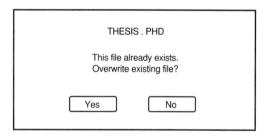

The listing of dialovw.h appears in listing 7.1 and dialovw.cpp in listing 7.2.

Listing 7.1. dialovw.h (Using CFileDialog)

```
// dialovw.h : interface of the CDialogsView class
//
/////////////////////////////////////////////////////////////////////////
class CDialogsView : public CView
{
protected: // create from serialization only
    CDialogsView();
    DECLARE_DYNCREATE(CDialogsView)
// Attributes
public:
    CDialogsDoc* GetDocument();
// Operations
public:
```

continues

Listing 7.1   continued

```
// Implementation
public:
        virtual ~CDialogsView();
        virtual void OnDraw(CDC* pDC);  // overridden to draw this view
#ifdef _DEBUG
        virtual void AssertValid() const;
        virtual void Dump(CDumpContext& dc) const;
#endif
        // Printing support
protected:
        virtual BOOL OnPreparePrinting(CPrintInfo* pInfo);
        virtual void OnBeginPrinting(CDC* pDC, CPrintInfo* pInfo);
        virtual void OnEndPrinting(CDC* pDC, CPrintInfo* pInfo);
// Generated message map functions
protected:
        //{{AFX_MSG(CDialogsView)
        afx_msg void OnDialogsOpen();
        afx_msg void OnDialogsSaveas();
        //}}AFX_MSG
        DECLARE_MESSAGE_MAP()
};
#ifndef _DEBUG    // debug version in dialovw.cpp
inline CDialogsDoc* CDialogsView::GetDocument()
        { return (CDialogsDoc*) m_pDocument; }
#endif
/////////////////////////////////////////////////////////////////////
```

Listing 7.2.   dialovw.cpp (Using CFileDialog)

```
// dialovw.cpp : implementation of the CDialogsView class
//
#include "stdafx.h"
#include "dialogs.h"
#include "dialodoc.h"
#include "dialovw.h"
#ifdef _DEBUG
#undef THIS_FILE
```

```
static char BASED_CODE THIS_FILE[] = __FILE__;
#endif
/////////////////////////////////////////////////////////////////////////
// CDialogsView
IMPLEMENT_DYNCREATE(CDialogsView, CView)
BEGIN_MESSAGE_MAP(CDialogsView, CView)
        //{{AFX_MSG_MAP(CDialogsView)
        ON_COMMAND(ID_DIALOGS_OPEN, OnDialogsOpen)
        ON_COMMAND(ID_DIALOGS_SAVEAS, OnDialogsSaveas)
        //}}AFX_MSG_MAP
        // Standard printing commands
        ON_COMMAND(ID_FILE_PRINT, CView::OnFilePrint)
        ON_COMMAND(ID_FILE_PRINT_PREVIEW, CView::OnFilePrintPreview)
END_MESSAGE_MAP()
/////////////////////////////////////////////////////////////////////////
// CDialogsView construction/destruction

CDialogsView::CDialogsView()
{
    // TODO: add construction code here
}
CDialogsView::~CDialogsView()
{
}
/////////////////////////////////////////////////////////////////////////
// CDialogsView drawing
void CDialogsView::OnDraw(CDC* pDC)
{
    CDialogsDoc* pDoc = GetDocument();
    // TODO: add draw code here
}
/////////////////////////////////////////////////////////////////////////
// CDialogsView printing
BOOL CDialogsView::OnPreparePrinting(CPrintInfo* pInfo)
{
    // default preparation
    return DoPreparePrinting(pInfo);
}
void CDialogsView::OnBeginPrinting(CDC* /*pDC*/, CPrintInfo* /*pInfo*/)
{
```

continues

Listing 7.2. continued

```
        // TODO: add extra initialization before printing
}
void CDialogsView::OnEndPrinting(CDC* /*pDC*/, CPrintInfo* /*pInfo*/)
{
        // TODO: add cleanup after printing
}
/////////////////////////////////////////////////////////////////////////
// CDialogsView diagnostics
#ifdef _DEBUG
void CDialogsView::AssertValid() const
{
        CView::AssertValid();
}
void CDialogsView::Dump(CDumpContext& dc) const
{
        CView::Dump(dc);
}
CDialogsDoc* CDialogsView::GetDocument() // non-debug version is inline
{
        ASSERT(m_pDocument->IsKindOf(RUNTIME_CLASS(CDialogsDoc)));
        return (CDialogsDoc*) m_pDocument;
}
#endif //_DEBUG
/////////////////////////////////////////////////////////////////////////
// CDialogsView message handlers
void CDialogsView::OnDialogsOpen()
{
            CString msg = "File to open: ";
            char FilterString[] = "All Files (*.*)\0*.*\0\0";
            CFileDialog dlg(TRUE);
            dlg.m_ofn.lpstrFilter = (LPSTR) FilterString;
            if(dlg.DoModal() == IDOK){
                msg += dlg.GetFileTitle();
                MessageBox(msg);
            }
}
void CDialogsView::OnDialogsSaveas()
{
            CString msg = "File to save in: ";
            char FilterString[] = "All Files (*.*)\0*.*\0\0";
            CFileDialog dlg(FALSE);
            dlg.m_ofn.lpstrFilter = (LPSTR) FilterString;
```

```
        if(dlg.DoModal() == IDOK){
            msg += dlg.GetFileTitle();
            MessageBox(msg);
        }
}
```

The Print Dialog Box

The next predefined dialog box is the Print dialog box. This dialog box enables the user to indicate which pages of the document to print and how many pages to print, and to make other choices as well. As with all the predefined dialog boxes, this one is encapsulated into an MFC class, the CPrintDialog class. The class' constructor is used like this:

```
CPrintDialog( BOOL bPrintSetupOnly, DWORD dwFlags = PD_ALLPAGES
¦ PD_USEDEVMODECOPIES ¦ PD_NOPAGENUMS ¦ PD_HIDEPRINTTOFILE
¦ PD_NOSELECTION, CWnd* pParentWnd = NULL );
```

The arguments are as follows:

Argument	Meaning
bPrintSetupOnly	TRUE for a standard Windows Print Setup dialog box, FALSE for a Windows Print dialog box
dwFlags	Flags we can use to customize the dialog box (see table 7.2.)
pParentWnd	Pointer to dialog box's parent window

Note in particular the dwFlags member, which enables us to customize the Print dialog box, as shown in table 7.2.

Table 7.2. CPrintDialog dwFlags Argument

dwFlags Argument	Meaning
PD_ALLPAGES	The All button was selected when the user closed the dialog box
PD_COLLATE	Makes Collate Copies check box checked when the dialog box is created. This flag also indicates state in which the user left the Collate Copies check box

continues

Table 7.2. continued

dwFlags Argument	Meaning
PD_DISABLEPRINTTOFILE	Disables the Print to File check box
PD_ENABLEPRINTHOOK	Enables hook function specified in the lpfnPrintHook member
PD_ENABLEPRINTTEMPLATE	Makes system use the dialog box template specified by hInstance and lpPrintTemplateName
PD_ENABLEPRINTTEMPLATEHANDLE	True if hPrintTemplate member specifies a data block containing a preloaded dialog box template
PD_ENABLESETUPHOOK	Enables hook function indicated by lpfnSetupHook member
PD_ENABLESETUPTEMPLATE	Makes system use the dialog box template specified by hInstance and lpSetupTemplateName to create Print Setup dialog box
PD_ENABLESETUPTEMPLATEHANDLE	True if hSetupTemplate member specifies a data block containing a preloaded setup dialog box template
PDIDEPRINTTOFILE	Hide Print to File check box
PD_NOPAGENUMS	Disables Pages button and connected text controls
PD_NOSELECTION	Disables Selection button
PD_NOWARNING	Prevents warning message when there is no default printer
PD_PAGENUMS	Makes Pages button selected when dialog box is created. On return, this flag is set if the Pages button is in the selected state
PD_PRINTSETUP	Makes system display Print Setup dialog box, not Print dialog box
PD_PRINTTOFILE	Checks Print to File box when dialog box is created

dwFlags Argument	Meaning
PD_RETURNDC	Makes PrintDlg function return a device context matching selections that user made. The device context's handle is returned in the hDC member
PD_RETURNDEFAULT	Makes PrintDlg function return DEVMODE and DEVNAMES structures that are initialized for system default printer
PD_RETURNIC	Makes PrintDlg function return an information context matching selections user made in the dialog box
PD_SELECTION	Makes Selection button selected when dialog box is created. When the PrintDlg function returns, this flag is set if Selection button is selected
PD_SHOWHELP	Makes dialog box show Help button. (If this flag is used, the hwndOwner must not be NULL)
PD_USEDEVMODECOPIES	Disables Copies text control if a printer driver does not support multiple copies

We can add a Print menu item to our Dialogs menu in the program we will have already developed in this chapter (simply add Print below the Save As menu item). Next, we will connect a function to the Print menu item and we will name that function OnDialogsPrint():

```
void CDialogsView::OnDialogsPrint()
{
}
```

Our first step is to create the CPrintDialog object. Indicate that we will want a Windows Print dialog box (not a Windows Print Setup dialog box), and that we want don't want any initial selection of the buttons in that dialog box:

```
void CDialogsView::OnDialogsPrint()
{
        CPrintDialog dlg(FALSE, PD_NOSELECTION);
              :
}
```

As with the File dialog box, we can customize the Print dialog box by setting members of a struture. In this example, that structure's name is m_pd, and is structure type PD, which looks like the following:

```
typedef struct tagPD {   /* pd */
     DWORD          lStructSize;
     HWND           hwndOwner;
     HGLOBAL        hDevMode;
     HGLOBAL        hDevNames;
     HDC             hDC;
     DWORD          Flags;
     UINT           nFromPage;
     UINT           nToPage;
     UINT           nMinPage;
     UINT           nMaxPage;
     UINT           nCopies;
     HINSTANCE      hInstance;
     LPARAM         lCustData;
     UINT      (CALLBACK* lpfnPrintHook)(HWND, UINT, WPARAM, LPARAM);
     UINT      (CALLBACK* lpfnSetupHook)(HWND, UINT, WPARAM, LPARAM);
     LPCSTR         lpPrintTemplateName;
     LPCSTR         lpSetupTemplateName;
     HGLOBAL        hPrintTemplate;
     HGLOBAL        hSetupTemplate;
} PRINTDLG;
```

If we want to enable the user to indicate a range of pages to print, it's important to set the nMaxPage member, because CPrintDialog checks to make sure that the user specifies a legal range of pages. We might say that our document has 100 pages, like this:

```
void CDialogsView::OnDialogsPrint()
{
     CPrintDialog dlg(FALSE, PD_NOSELECTION);
     dlg.m_pd.nMaxPage = 100;
            :
     }
}
```

Now we will place the dialog box on the screen and make sure that the return value was IDOK (that is, that the user clicked the OK button):

```
void CDialogsView::OnDialogsPrint()
{
```

```
    CPrintDialog dlg(FALSE, PD_NOSELECTION);
    dlg.m_pd.nMaxPage = 100;
    if(dlg.DoModal() == IDOK){
        :
    }
}
```

If the OK button was pressed, we can indicate the range of pages we are supposed to print with a message box and with the CPrintDialog member functions GetFromPage() (the first page to print) and GetToPage() (the last page to print):

```
void CDialogsView::OnDialogsPrint()
{
        char msg[25];
        CPrintDialog dlg(FALSE, PD_NOSELECTION);
        dlg.m_pd.nMaxPage = 100;
        if(dlg.DoModal() == IDOK){
                wsprintf(msg, "Print pages %d to %d", dlg.GetFromPage(),
                    dlg.GetToPage());
                MessageBox(msg);
    }
}
```

Following are some other useful CPrintDialog functions:

CPrintDialog Function	Meaning
GetCopies()	Get number of copies to be printed
GetFromPage()	Get first page to be printed
GetPrinterDC()	Get printer device context
GetToPage()	Get last page to print
PrintAll()	Returns TRUE if Print All button was pushed
PrintCollate()	Returns TRUE if Collate button was pushed
PrintRange()	Returns TRUE if a range of pages was specified

The Print dialog box appears as shown in figure 7.6. If we specify a range of pages to print, 1 to 24, for example, and then close the dialog box, our message box appears with that information, as shown in figure 7.7.

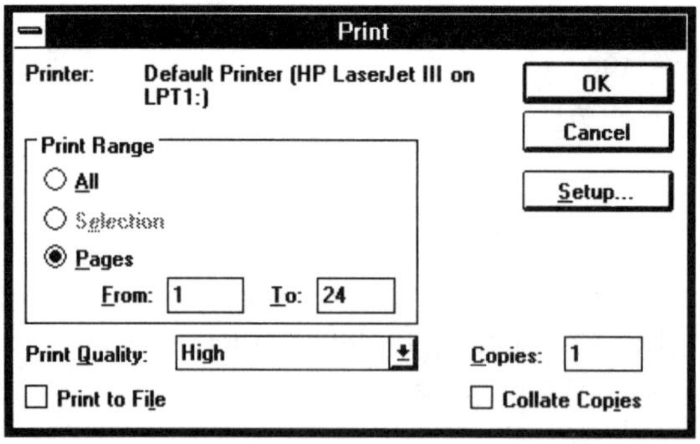

Figure 7.6. The Print dialog box.

Figure 7.7. The Print dialog box example at work.

The new listing of dialovw.h is in listing 7.3, and the new version of dialovw.cpp is in listing 7.4.

Listing 7.3. dialovw.h (Using CPrintDialog)

```
// dialovw.h : interface of the CDialogsView class
//
/////////////////////////////////////////////////////////////////////////////
class CDialogsView : public CView
{
protected: // create from serialization only
    CDialogsView();
    DECLARE_DYNCREATE(CDialogsView)
// Attributes
public:
    CDialogsDoc* GetDocument();
// Operations
public:
// Implementation
public:
    virtual ~CDialogsView();
```

```
    virtual void OnDraw(CDC* pDC);  // overridden to draw this view
#ifdef _DEBUG
    virtual void AssertValid() const;
    virtual void Dump(CDumpContext& dc) const;
#endif
        // Printing support
protected:
    virtual BOOL OnPreparePrinting(CPrintInfo* pInfo);
    virtual void OnBeginPrinting(CDC* pDC, CPrintInfo* pInfo);
    virtual void OnEndPrinting(CDC* pDC, CPrintInfo* pInfo);
// Generated message map functions
protected:
        //{{AFX_MSG(CDialogsView)
        afx_msg void OnDialogsOpen();
        afx_msg void OnDialogsSaveas();
        afx_msg void OnDialogsPrint();
        //}}AFX_MSG
        DECLARE_MESSAGE_MAP()
};
#ifndef _DEBUG    // debug version in dialovw.cpp
inline CDialogsDoc* CDialogsView::GetDocument()
    { return (CDialogsDoc*) m_pDocument; }
#endif
```

Listing 7.4. dialovw.cpp (Using CPrintDialog)

```
    ///////////////////////////////////////////////////////////////////////////
    // dialovw.cpp : implementation of the CDialogsView class
    //
    #include "stdafx.h"
    #include "dialogs.h"
    #include "dialodoc.h"
    #include "dialovw.h"
    #ifdef _DEBUG
    #undef THIS_FILE
    static char BASED_CODE THIS_FILE[] = __FILE__;
    #endif
    ///////////////////////////////////////////////////////////////////////////
    // CDialogsView
    IMPLEMENT_DYNCREATE(CDialogsView, CView)
```

continues

Listing 7.4. continued

```
BEGIN_MESSAGE_MAP(CDialogsView, CView)
        //{{AFX_MSG_MAP(CDialogsView)
        ON_COMMAND(ID_DIALOGS_OPEN, OnDialogsOpen)
        ON_COMMAND(ID_DIALOGS_SAVEAS, OnDialogsSaveas)
        ON_COMMAND(ID_DIALOGS_PRINT, OnDialogsPrint)
        //}}AFX_MSG_MAP
        // Standard printing commands
        ON_COMMAND(ID_FILE_PRINT, CView::OnFilePrint)
        ON_COMMAND(ID_FILE_PRINT_PREVIEW, CView::OnFilePrintPreview)
END_MESSAGE_MAP()
/////////////////////////////////////////////////////////////////////////
// CDialogsView construction/destruction
CDialogsView::CDialogsView()
{
    // TODO: add construction code here
}
CDialogsView::~CDialogsView()
{
}
/////////////////////////////////////////////////////////////////////////
// CDialogsView drawing
void CDialogsView::OnDraw(CDC* pDC)
{
    CDialogsDoc* pDoc = GetDocument();
    // TODO: add draw code here
}
/////////////////////////////////////////////////////////////////////////
// CDialogsView printing
BOOL CDialogsView::OnPreparePrinting(CPrintInfo* pInfo)
{
    // default preparation
    return DoPreparePrinting(pInfo);
}
void CDialogsView::OnBeginPrinting(CDC* /*pDC*/, CPrintInfo* /*pInfo*/)
{
    // TODO: add extra initialization before printing
}
void CDialogsView::OnEndPrinting(CDC* /*pDC*/, CPrintInfo* /*pInfo*/)
{
    // TODO: add cleanup after printing
}
/////////////////////////////////////////////////////////////////////////
```

```
// CDialogsView diagnostics
#ifdef _DEBUG
void CDialogsView::AssertValid() const
{
    CView::AssertValid();
}
void CDialogsView::Dump(CDumpContext& dc) const
{
    CView::Dump(dc);
}
CDialogsDoc* CDialogsView::GetDocument() // non-debug version is inline
{
    ASSERT(m_pDocument->IsKindOf(RUNTIME_CLASS(CDialogsDoc)));
    return (CDialogsDoc*) m_pDocument;
}
#endif //_DEBUG
///////////////////////////////////////////////////////////////////////
// CDialogsView message handlers
void CDialogsView::OnDialogsOpen()
{
    CString msg = "File to open: ";
    char FilterString[] = "All Files (*.*)\0*.*\0\0";
    CFileDialog dlg(TRUE);
    dlg.m_ofn.lpstrFilter = (LPSTR) FilterString;
    if(dlg.DoModal() == IDOK){
        msg += dlg.GetFileTitle();
        MessageBox(msg);
    }
}
void CDialogsView::OnDialogsSaveas()
{
    CString msg = "File to save in: ";
    char FilterString[] = "All Files (*.*)\0*.*\0\0";
    CFileDialog dlg(FALSE);
    dlg.m_ofn.lpstrFilter = (LPSTR) FilterString;
    if(dlg.DoModal() == IDOK){
        msg += dlg.GetFileTitle();
        MessageBox(msg);
    }
}
void CDialogsView::OnDialogsPrint()
{
```

continues

Listing 7.4. continued

```
    char msg[25];
    CPrintDialog dlg(FALSE, PD_NOSELECTION);
    dlg.m_pd.nMaxPage = 100;
    if(dlg.DoModal() == IDOK){
        wsprintf(msg, "Print pages %d to %d", dlg.GetFromPage(),
            dlg.GetToPage());
        MessageBox(msg);
    }
}
```

The Font Dialog Box

Another of the predefined dialog boxes is the Font dialog box as encapsulated in the MFC class CFontDialog. This dialog box enables the user to select a font from among all the fonts loaded into Windows.

After control returns from CFontDialog::DoModal( ), we can use a function to find out what font was selected, as follows:

CFontDialog Function	Meaning
GetColor( )	Get color of selected font
GetCurrentFont( )	Fill a LOGFONT structure
GetFacename( )	Get name of font (= face name)
GetSize( )	Get size of font in points
GetStyleName( )	Get style of font
GetWeight( )	Get weight of selected font
IsBold( )	TRUE if font is bold
IsItalic( )	TRUE if font is italic
IsStrikeOut( )	TRUE if font is struck out
IsUnderline( )	TRUE if font is underlined

Note in particular the GetCurrentFont() function; this function fills a structure of type LOGFONT:

```
typedef struct tagLOGFONT
    {
        int     lfHeight;
        int     lfWidth;
        int     lfEscapement;
        int     lfOrientation;
        int     lfWeight;
        BYTE    lfItalic;
        BYTE    lfUnderline;
        BYTE    lfStrikeOut;
        BYTE    lfCharSet;
        BYTE    lfOutPrecision;
        BYTE    lfClipPrecision;
        BYTE    lfQuality;
        BYTE    lfPitchAndFamily;
        BYTE    lfFaceName[LF_FACESIZE];
    } LOGFONT;
```

To install the selected font into a device context, we can create an object of type CFont, pass the structure to CFont::CreateFontIndirect() (after filling the structure with CFontDialog::GetCurrentFont()), and then load the newly created CFont object into the device context with CDC::SelectObject().

Our task now is to use the font dialog box. We can add a Font item to our Dialogs menu, as shown in figure 7.8.

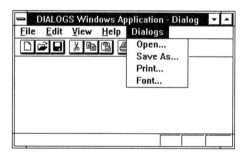

Figure 7.8. Dialogs menu showing Font item.

Connect a function named OnDialogsFont() to this menu item, and open the function:

```
void CDialogsView::OnDialogsFont()
{
}
```

Next, create and display the font dialog box:

```
void CDialogsView::OnDialogsFont()
{
    CFontDialog dlg;
    if (dlg.DoModal() == IDOK){
    }
}
```

Finally, display the chosen font in a message box:

```
void CDialogsView::OnDialogsFont()
{
    CString msg = "Chosen font: ";
    CFontDialog dlg;
    if (dlg.DoModal() == IDOK){
        msg += dlg.GetFaceName();
        MessageBox(msg);
    }
}
```

On the screen, our font dialog box looks like the one shown in figure 7.9. When we choose a font, Times New Roman, for example, we will see the message box shown in figure 7.10. Our font dialog box is a success.

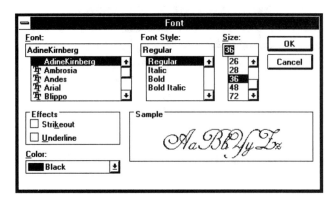

Figure 7.9. Our Font dialog box.

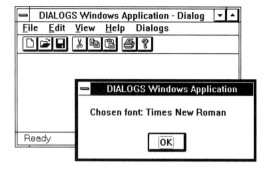

Figure 7.10. Choosing a font.

The new versions of dialovw.h and dialovw.cpp appear in listings 7.5 and 7.6.

Listing 7.5. dialovw.h (Using CFontDialog)

```
// dialovw.h : interface of the CDialogsView class
//
//////////////////////////////////////////////////////////////////////////////
class CDialogsView : public CView
{
protected: // create from serialization only
        CDialogsView();
        DECLARE_DYNCREATE(CDialogsView)
// Attributes
public:
        CDialogsDoc* GetDocument();
// Operations
public:
// Implementation
public:
        virtual ~CDialogsView();
        virtual void OnDraw(CDC* pDC);  // overridden to draw this view
#ifdef _DEBUG
        virtual void AssertValid() const;
        virtual void Dump(CDumpContext& dc) const;
#endif
        // Printing support
protected:
        virtual BOOL OnPreparePrinting(CPrintInfo* pInfo);
        virtual void OnBeginPrinting(CDC* pDC, CPrintInfo* pInfo);
        virtual void OnEndPrinting(CDC* pDC, CPrintInfo* pInfo);
```

continues

Listing 7.5. continued

```
// Generated message map functions
protected:
        //{{AFX_MSG(CDialogsView)
        afx_msg void OnDialogsOpen();
        afx_msg void OnDialogsSaveas();
        afx_msg void OnDialogsPrint();
        afx_msg void OnDialogsFont();
        //}}AFX_MSG
        DECLARE_MESSAGE_MAP()
};
#ifndef _DEBUG    // debug version in dialovw.cpp
inline CDialogsDoc* CDialogsView::GetDocument()
        { return (CDialogsDoc*) m_pDocument; }
#endif
/////////////////////////////////////////////////////////////////////////////
```

Listing 7.6. dialovw.cpp (Using CFontDialog)

```
// dialovw.cpp : implementation of the CDialogsView class
//
#include "stdafx.h"
#include "dialogs.h"
#include "dialodoc.h"
#include "dialovw.h"
#ifdef _DEBUG
#undef THIS_FILE
static char BASED_CODE THIS_FILE[] = __FILE__;
#endif
/////////////////////////////////////////////////////////////////////////////
// CDialogsView
IMPLEMENT_DYNCREATE(CDialogsView, CView)
BEGIN_MESSAGE_MAP(CDialogsView, CView)
    //{{AFX_MSG_MAP(CDialogsView)
    ON_COMMAND(ID_DIALOGS_OPEN, OnDialogsOpen)
    ON_COMMAND(ID_DIALOGS_SAVEAS, OnDialogsSaveas)
    ON_COMMAND(ID_DIALOGS_PRINT, OnDialogsPrint)
    ON_COMMAND(ID_DIALOGS_FONT, OnDialogsFont)
    //}}AFX_MSG_MAP
    // Standard printing commands
    ON_COMMAND(ID_FILE_PRINT, CView::OnFilePrint)
```

```
ON_COMMAND(ID_FILE_PRINT_PREVIEW, CView::OnFilePrintPreview)
END_MESSAGE_MAP()
/////////////////////////////////////////////////////////////////////////
// CDialogsView construction/destruction
CDialogsView::CDialogsView()
{
    // TODO: add construction code here
}
CDialogsView::~CDialogsView()
{
}
/////////////////////////////////////////////////////////////////////////
// CDialogsView drawing
void CDialogsView::OnDraw(CDC* pDC)
{
    CDialogsDoc* pDoc = GetDocument();
    // TODO: add draw code here
}
/////////////////////////////////////////////////////////////////////////
// CDialogsView printing
BOOL CDialogsView::OnPreparePrinting(CPrintInfo* pInfo)
{
    // default preparation
    return DoPreparePrinting(pInfo);
}
void CDialogsView::OnBeginPrinting(CDC* /*pDC*/, CPrintInfo* /*pInfo*/)
{
    // TODO: add extra initialization before printing
}
void CDialogsView::OnEndPrinting(CDC* /*pDC*/, CPrintInfo* /*pInfo*/)
{
    // TODO: add cleanup after printing
}
/////////////////////////////////////////////////////////////////////////
// CDialogsView diagnostics
#ifdef _DEBUG
void CDialogsView::AssertValid() const
{
    CView::AssertValid();
}
void CDialogsView::Dump(CDumpContext& dc) const
{
```

continues

Listing 7.6. continued

```
        CView::Dump(dc);
}
CDialogsDoc* CDialogsView::GetDocument() // non-debug version is inline
{
        ASSERT(m_pDocument->IsKindOf(RUNTIME_CLASS(CDialogsDoc)));
        return (CDialogsDoc*) m_pDocument;
}
#endif //_DEBUG
///////////////////////////////////////////////////////////////////////////
// CDialogsView message handlers
void CDialogsView::OnDialogsOpen()
{
        CString msg = "File to open: ";
        char FilterString[] = "All Files (*.*)\0*.*\0\0";
        CFileDialog dlg(TRUE);
        dlg.m_ofn.lpstrFilter = (LPSTR) FilterString;
        if(dlg.DoModal() == IDOK){
                msg += dlg.GetFileTitle();
                MessageBox(msg);
        }
}
void CDialogsView::OnDialogsSaveas()
{
        CString msg = "File to save in: ";
        char FilterString[] = "All Files (*.*)\0*.*\0\0";
        CFileDialog dlg(FALSE);
        dlg.m_ofn.lpstrFilter = (LPSTR) FilterString;
        if(dlg.DoModal() == IDOK){
                msg += dlg.GetFileTitle();
                MessageBox(msg);
        }
}
void CDialogsView::OnDialogsPrint()
{
        char msg[25];
        CPrintDialog dlg(FALSE, PD_NOSELECTION);
        dlg.m_pd.nMaxPage = 100;
        if(dlg.DoModal() == IDOK){
                wsprintf(msg, "Print pages %d to %d", dlg.GetFromPage(),
                        dlg.GetToPage());
                MessageBox(msg);
        }
```

```
    }
void CDialogsView::OnDialogsFont()
{
    CString msg = "Chosen font: ";
    CFontDialog dlg;
    if (dlg.DoModal() == IDOK){
        msg += dlg.GetFaceName();
        MessageBox(msg);
        }
}
```

The Color Dialog Box

Using the CColorDialog class, we can display a color selection dialog box on the screen. The CColorDialog's constructor is used this way:

```
CColorDialog(COLORREF clrInit = 0, DWORD dwFlags = 0,
CWnd* pParentWnd = NULL);
```

The arguments and their meanings appear in the following list:

Argument	Meaning
clrInit	Default color selection. The default for this argument is black (RGB(0, 0, 0))
dwFlags	Flags to customize the color dialog's appearance. See table 7.3
pParentWnd	Pointer to the dialog box's parent. Note in particular the dwFlags member, which enables we will to customize the Color dialog box as shown in table 7.3

Table 7.3.   CColorDialog dwFlags Argument

dwFlags Argument	Meaning
CC_ENABLEHOOK	Enables hook function pointed to by lpfnHook
CC_ENABLETEMPLATE	Makes system use dialog box template specified by hInstance and pointed to by lpTemplateName

continues

Table 7.3.   continued

dwFlags Argument	Meaning
CC_ENABLETEMPLATEHANDLE	Indicates that hInstance is a handle to a data block containing a preloaded dialog box template
CC_FULLOPEN	Cause entire dialog box to be displayed
CC_PREVENTFULLOPEN	Disables Define Custom Colors button
CC_RGBINIT	Causes dialog box to use color specified in rgbResult as initial color selection
CC_SHOWHELP	Causes the dialog box to show a Help button

Using this predefined dialog box is much like using the others; we can add a new menu item, Color, to the Dialogs menu and attach a function to it named OnDialogsColor():

```
void CDialogsView::OnDialogsColor()
{
}
```

We will begin by creating and showing the dialog box:

```
void CDialogsView::OnDialogsColor()
{
        CColorDialog dlg;
        if (dlg.DoModal() == IDOK){
    }
}
```

Now we can decipher the color that the user selected. After control returns from CColorDialog::DoModal(), here are some useful functions to find out what color that was:

CColorDialog Function	Means
GetColor()	Gets selected COLOREF color
OnColorOK()	Overrides for custom validation of color selection
SetColor()	Sets color (call after DoModal())

Use CColorDialog::GetColor() (note that the return value of this function is a COLORREF value; we will see more about such values in the next chapter):

```
void CDialogsView::OnDialogsColor()
{
    char msg[30];
    CColorDialog dlg;
    if (dlg.DoModal() == IDOK){
        COLORREF color = dlg.GetColor();
            :
    }
}
```

We can break that color into its component RGB values with the functions GetRValue(), GetGValue(), and GetBValue(), displaying the components of the selected color in a message box in the following way:

```
void CDialogsView::OnDialogsColor()
{
    char msg[30];
    CColorDialog dlg;
    if (dlg.DoModal() == IDOK){
        COLORREF color = dlg.GetColor();
        wsprintf(msg, "Color values chosen: %d, %d, %d", GetRValue(color),
                GetGValue(color), GetBValue(color));
        MessageBox(msg);
    }
}
```

The color selection dialog box is shown in figure 7.11. If we will choose pure blue, our program displays the message box we will see in figure 7.12. We will see that our color selection dialog box is a success.

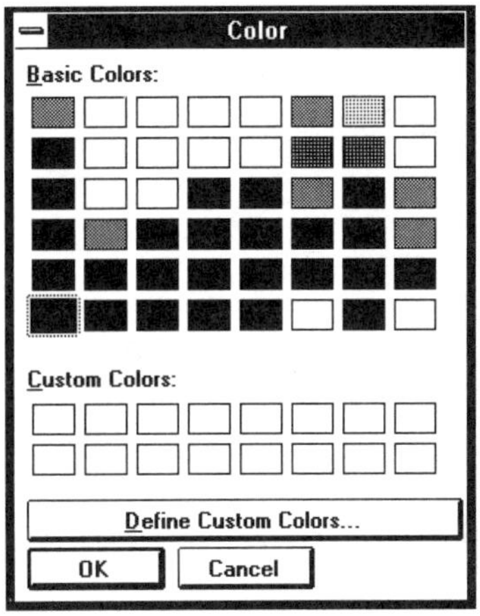

Figure 7.11. Our Color Selection dialog box

Figure 7.12. Choosing a color.

The program code appears in these listings:

Listing	Contains
7.7	dialovw.h
7.8	dialovw.cpp
7.9	mainfrm.h
7.10	mainfrm.cpp
7.11	dialogs.h
7.12	dialogs.cpp

Listing 7.7.   dialovw.h (Using CColorDialog)

```
// dialovw.h : interface of the CDialogsView class
//
/////////////////////////////////////////////////////////////////////////////
class CDialogsView : public CView
{
protected: // create from serialization only
        CDialogsView();
        DECLARE_DYNCREATE(CDialogsView)
// Attributes
public:
        CDialogsDoc* GetDocument();
// Operations
public:
// Implementation
public:
        virtual ~CDialogsView();
        virtual void OnDraw(CDC* pDC);  // overridden to draw this view
#ifdef _DEBUG
        virtual void AssertValid() const;
```

```
                virtual void Dump(CDumpContext& dc) const;
#endif
                // Printing support
protected:
                virtual BOOL OnPreparePrinting(CPrintInfo* pInfo);
                virtual void OnBeginPrinting(CDC* pDC, CPrintInfo* pInfo);
                virtual void OnEndPrinting(CDC* pDC, CPrintInfo* pInfo);
// Generated message map functions
protected:
                //{{AFX_MSG(CDialogsView)
                afx_msg void OnDialogsOpen();
                afx_msg void OnDialogsSaveas();
                afx_msg void OnDialogsPrint();
                afx_msg void OnDialogsFont();
                afx_msg void OnDialogsColor();
                //}}AFX_MSG
                DECLARE_MESSAGE_MAP()
};
#ifndef _DEBUG            // debug version in dialovw.cpp
inline CDialogsDoc* CDialogsView::GetDocument()
                { return (CDialogsDoc*) m_pDocument; }
#endif
/////////////////////////////////////////////////////////////////////////
```

Listing 7.8. dialovw.cpp (Using CColorDialog)

```
// dialovw.cpp : implementation of the CDialogsView class
//
#include "stdafx.h"
#include "dialogs.h"
#include "dialodoc.h"
#include "dialovw.h"
#ifdef _DEBUG
#undef THIS_FILE
static char BASED_CODE THIS_FILE[] = __FILE__;
#endif
/////////////////////////////////////////////////////////////////////////
// CDialogsView
IMPLEMENT_DYNCREATE(CDialogsView, CView)
BEGIN_MESSAGE_MAP(CDialogsView, CView)
    //{{AFX_MSG_MAP(CDialogsView)
```

continues

Listing 7.8.   continued

```
    ON_COMMAND(ID_DIALOGS_OPEN, OnDialogsOpen)
    ON_COMMAND(ID_DIALOGS_SAVEAS, OnDialogsSaveas)
    ON_COMMAND(ID_DIALOGS_PRINT, OnDialogsPrint)
    ON_COMMAND(ID_DIALOGS_FONT, OnDialogsFont)
    ON_COMMAND(ID_DIALOGS_COLOR, OnDialogsColor)
    //}}AFX_MSG_MAP
    // Standard printing commands
    ON_COMMAND(ID_FILE_PRINT, CView::OnFilePrint)
    ON_COMMAND(ID_FILE_PRINT_PREVIEW, CView::OnFilePrintPreview)
END_MESSAGE_MAP()
///////////////////////////////////////////////////////////////////////
// CDialogsView construction/destruction
CDialogsView::CDialogsView()
{
    // TODO: add construction code here
}
CDialogsView::~CDialogsView()
{
}
///////////////////////////////////////////////////////////////////////
// CDialogsView drawing
void CDialogsView::OnDraw(CDC* pDC)
{
    CDialogsDoc* pDoc = GetDocument();
    // TODO: add draw code here
}
///////////////////////////////////////////////////////////////////////
// CDialogsView printing
BOOL CDialogsView::OnPreparePrinting(CPrintInfo* pInfo)
{
    // default preparation
    return DoPreparePrinting(pInfo);
}
void CDialogsView::OnBeginPrinting(CDC* /*pDC*/, CPrintInfo* /*pInfo*/)
{
    // TODO: add extra initialization before printing
}
void CDialogsView::OnEndPrinting(CDC* /*pDC*/, CPrintInfo* /*pInfo*/)
{
    // TODO: add cleanup after printing
```

```
}

///////////////////////////////////////////////////////////////////////////
// CDialogsView diagnostics
#ifdef _DEBUG
void CDialogsView::AssertValid() const
{
    CView::AssertValid();
}
void CDialogsView::Dump(CDumpContext& dc) const
{
    CView::Dump(dc);
}
CDialogsDoc* CDialogsView::GetDocument() // non-debug version is inline
{
    ASSERT(m_pDocument->IsKindOf(RUNTIME_CLASS(CDialogsDoc)));
    return (CDialogsDoc*) m_pDocument;
}
#endif //_DEBUG
///////////////////////////////////////////////////////////////////////////
// CDialogsView message handlers
void CDialogsView::OnDialogsOpen()
{
    CString msg = "File to open: ";
    char FilterString[] = "All Files (*.*)\0*.*\0\0";
    CFileDialog dlg(TRUE);
    dlg.m_ofn.lpstrFilter = (LPSTR) FilterString;
    if(dlg.DoModal() == IDOK){
        msg += dlg.GetFileTitle();
        MessageBox(msg);
    }
}
void CDialogsView::OnDialogsSaveas()
{
    CString msg = "File to save in: ";
    char FilterString[] = "All Files (*.*)\0*.*\0\0";
    CFileDialog dlg(FALSE);
    dlg.m_ofn.lpstrFilter = (LPSTR) FilterString;
    if(dlg.DoModal() == IDOK){
        msg += dlg.GetFileTitle();
        MessageBox(msg);
    }
```

continues

Listing 7.8.   continued

```
}
void CDialogsView::OnDialogsPrint()
{
    char msg[25];
    CPrintDialog dlg(FALSE, PD_NOSELECTION);
    dlg.m_pd.nMaxPage = 100;
    if(dlg.DoModal() == IDOK){
        wsprintf(msg, "Print pages %d to %d", dlg.GetFromPage(),
    dlg.GetToPage());
        MessageBox(msg);
    }
}
void CDialogsView::OnDialogsFont()
{
    CString msg = "Chosen font: ";
    CFontDialog dlg;
    if (dlg.DoModal() == IDOK){
        msg += dlg.GetFaceName();
        MessageBox(msg);
    }
}
void CDialogsView::OnDialogsColor()
{
    char msg[30];
    CColorDialog dlg;
    if (dlg.DoModal() == IDOK){
        COLORREF color = dlg.GetColor();
        wsprintf(msg, "Color values chosen: %d, %d, %d", GetRValue(color),
        GetGValue(color), GetBValue(color));
        MessageBox(msg);
    }
}
```

Listing 7.9.   mainfrm.h

```
// mainfrm.h : interface of the CMainFrame class
//
/////////////////////////////////////////////////////////////////////////
class CMainFrame : public CFrameWnd
{
protected: // create from serialization only
    CMainFrame();
```

```
    DECLARE_DYNCREATE(CMainFrame)
// Attributes
public:
// Operations
public:
// Implementation
public:
    virtual ~CMainFrame();
#ifdef _DEBUG
    virtual    void AssertValid() const;
    virtual    void Dump(CDumpContext& dc) const;
#endif
protected:    // control bar embedded members
    CStatusBar    m_wndStatusBar;
    CToolBar    m_wndToolBar;
// Generated message map functions
protected:
    //{{AFX_MSG(CMainFrame)
    afx_msg int OnCreate(LPCREATESTRUCT lpCreateStruct);
        // NOTE - the ClassWizard will add and remove member functions here.
        //    DO NOT EDIT what we will see in these blocks of generated code !
    //}}AFX_MSG
    DECLARE_MESSAGE_MAP()
};
```

Listing 7.10.   mainfrm.cpp

```
/////////////////////////////////////////////////////////////////////////////
// mainfrm.cpp : implementation of the CMainFrame class
//
#include "stdafx.h"
#include "dialogs.h"
#include "mainfrm.h"
#ifdef _DEBUG
#undef THIS_FILE
static char BASED_CODE THIS_FILE[] = __FILE__;
#endif
/////////////////////////////////////////////////////////////////////////////
// CMainFrame
IMPLEMENT_DYNCREATE(CMainFrame, CFrameWnd)
BEGIN_MESSAGE_MAP(CMainFrame, CFrameWnd)
```

continues

Listing 7.10. continued

```
    //{{AFX_MSG_MAP(CMainFrame)
        // NOTE - the ClassWizard will add and remove mapping macros here.
        //    DO NOT EDIT what we will see in these blocks of generated code !
    ON_WM_CREATE()
    //}}AFX_MSG_MAP
END_MESSAGE_MAP()
/////////////////////////////////////////////////////////////////////////////
// arrays of IDs used to initialize control bars
// toolbar buttons - IDs are command buttons
static UINT BASED_CODE buttons[] =
{
    // same order as in the bitmap 'toolbar.bmp'
    ID_FILE_NEW,
    ID_FILE_OPEN,
    ID_FILE_SAVE,
        ID_SEPARATOR,
    ID_EDIT_CUT,
    ID_EDIT_COPY,
    ID_EDIT_PASTE,
        ID_SEPARATOR,
    ID_FILE_PRINT,
    ID_APP_ABOUT,
};
static UINT BASED_CODE indicators[] =
{
    ID_SEPARATOR,            // status line indicator
    ID_INDICATOR_CAPS,
    ID_INDICATOR_NUM,
    ID_INDICATOR_SCRL,
};
/////////////////////////////////////////////////////////////////////////////
// CMainFrame construction/destruction
CMainFrame::CMainFrame()
{
    // TODO: add member initialization code here
}
CMainFrame::~CMainFrame()
{
}
int CMainFrame::OnCreate(LPCREATESTRUCT lpCreateStruct)
{
if (CFrameWnd::OnCreate(lpCreateStruct) == -1)
        return -1;
```

```
if (!m_wndToolBar.Create(this) ||
    !m_wndToolBar.LoadBitmap(IDR_MAINFRAME) ||
    !m_wndToolBar.SetButtons(buttons,
      sizeof(buttons)/sizeof(UINT)))
    {
        TRACE("Failed to create toolbar\n");
        return -1;        // fail to create
    }
if (!m_wndStatusBar.Create(this) ||
    !m_wndStatusBar.SetIndicators(indicators,
      sizeof(indicators)/sizeof(UINT)))
    {
    TRACE("Failed to create status bar\n");
    return -1;        // fail to create
    }
    return 0;
}
/////////////////////////////////////////////////////////////////////////////
// CMainFrame diagnostics
#ifdef _DEBUG
void CMainFrame::AssertValid() const
{
    CFrameWnd::AssertValid();
}
void CMainFrame::Dump(CDumpContext& dc) const
{
    CFrameWnd::Dump(dc);
}
#endif //_DEBUG
/////////////////////////////////////////////////////////////////////////////
// CMainFrame message handlers
```

Listing 7.11. dialogs.h

```
// dialogs.h : main header file for the DIALOGS application
//
#ifndef __AFXWIN__
    #error include 'stdafx.h' before including this file for PCH
#endif
#include "resource.h"        // main symbols
/////////////////////////////////////////////////////////////////////////////
// CDialogsApp:
```

continues

Listing 7.11. continued

```
// See dialogs.cpp for the implementation of this class
//
class CDialogsApp : public CWinApp
{
public:
    CDialogsApp();
// Overrides
    virtual BOOL InitInstance();
// Implementation
    //{{AFX_MSG(CDialogsApp)
    afx_msg void OnAppAbout();
        // NOTE - the ClassWizard will add and remove member functions here.
        //    DO NOT EDIT what we will see in these blocks of generated code !
    //}}AFX_MSG
    DECLARE_MESSAGE_MAP()
};
```

Listing 7.12. dialogs.cpp

```
/////////////////////////////////////////////////////////////////////////
// dialogs.cpp : Defines the class behaviors for the application.
//
#include "stdafx.h"
#include "dialogs.h"
#include "mainfrm.h"
#include "dialodoc.h"
#include "dialovw.h"
#ifdef _DEBUG
#undef THIS_FILE
static char BASED_CODE THIS_FILE[] = __FILE__;
#endif
/////////////////////////////////////////////////////////////////////////
// CDialogsApp
BEGIN_MESSAGE_MAP(CDialogsApp, CWinApp)
    //{{AFX_MSG_MAP(CDialogsApp)
    ON_COMMAND(ID_APP_ABOUT, OnAppAbout)
        // NOTE - the ClassWizard will add and remove mapping macros here.
        //    DO NOT EDIT what we will see in these blocks of generated code !
    //}}AFX_MSG_MAP
    // Standard file based document commands
```

```
    ON_COMMAND(ID_FILE_NEW, CWinApp::OnFileNew)
    ON_COMMAND(ID_FILE_OPEN, CWinApp::OnFileOpen)
    // Standard print setup command
    ON_COMMAND(ID_FILE_PRINT_SETUP, CWinApp::OnFilePrintSetup)
END_MESSAGE_MAP()
/////////////////////////////////////////////////////////////////////////
// CDialogsApp construction
CDialogsApp::CDialogsApp()
{
    // TODO: add construction code here,
    // Place all significant initialization in InitInstance
}
/////////////////////////////////////////////////////////////////////////
// The one and only CDialogsApp object
CDialogsApp NEAR theApp;
/////////////////////////////////////////////////////////////////////////
// CDialogsApp initialization
BOOL CDialogsApp::InitInstance()
{
    // Standard initialization
    // If we will are not using these features and wish to reduce the size
    //  of our final executable, you should remove from the following
    //  the specific initialization routines you do not need.
    SetDialogBkColor();        // set dialog background color to gray
    LoadStdProfileSettings();  // Load standard INI file options
    // Register the application's document templates.  Document templates
    //  serve as the connection between documents, frame windows and views.
    AddDocTemplate(new CSingleDocTemplate(IDR_MAINFRAME,
        RUNTIME_CLASS(CDialogsDoc),
        RUNTIME_CLASS(CMainFrame), // main SDI frame window
        RUNTIME_CLASS(CDialogsView)));
    // create a new (empty) document
    OnFileNew();
    if (m_lpCmdLine[0] != '\0')
    {
        // TODO: add command line processing here
    }
    return TRUE;
}
/////////////////////////////////////////////////////////////////////////
// CAboutDlg dialog used for App About
class CAboutDlg : public CDialog
```

continues

Listing 7.12. continued

```
{
public:
    CAboutDlg();
// Dialog Data
    //{{AFX_DATA(CAboutDlg)
    enum { IDD = IDD_ABOUTBOX };
    //}}AFX_DATA
// Implementation
protected:
    virtual void DoDataExchange(CDataExchange* pDX);    // DDX/DDV support
    //{{AFX_MSG(CAboutDlg)
        // No message handlers
    //}}AFX_MSG
    DECLARE_MESSAGE_MAP()
};
CAboutDlg::CAboutDlg() : CDialog(CAboutDlg::IDD)
{
    //{{AFX_DATA_INIT(CAboutDlg)
    //}}AFX_DATA_INIT
}
void CAboutDlg::DoDataExchange(CDataExchange* pDX)
{
    CDialog::DoDataExchange(pDX);
    //{{AFX_DATA_MAP(CAboutDlg)
    //}}AFX_DATA_MAP
}
BEGIN_MESSAGE_MAP(CAboutDlg, CDialog)
    //{{AFX_MSG_MAP(CAboutDlg)
    // No message handlers
    //}}AFX_MSG_MAP
END_MESSAGE_MAP()
// App command to run the dialog
void CDialogsApp::OnAppAbout()
{
CAboutDlg aboutDlg;
aboutDlg.DoModal();
}
////////////////////////////////////////////////////////////////////////////
// CDialogsApp commands
```

That's it for our coverage of the predefined dialog boxes; in this chapter, we will have seen the Open File, Save File, Print, Font, and Color predefined dialog boxes. Now, however, it is time to move on from dialog boxes and get into something that's an asset to any Windows program: graphics and drawing.

New Classes and Members:

CColorDialog	
clrSavedCustom	Array of RGB values for custom colors
m_cc	Structure used to customize dialog box
CColorDialog	Constructs CColorDialog object
DoModal	Displays dialog, enables user to make selection
GetColor	Gets COLORREF structure with selected color
SetCurrentColor	Makes specified color the current selection
OnColorOK	Overrides to validate color selected

CFileDialog	
CFileDialog	Constructs CFileDialog object
DoModal	Displays dialog, enables user to make selection
GetFileExt	Returns file extension of selected file
GetFileName	Returns file name of file (no extension)
GetFileTitle	Returns file name and extension of file
GetPathName	Returns path of selected file
GetReadOnlyPref	Returns read-only status of selected file
m_ofn	Holds the Windows OPENFILENAME structure
OnFileNameOK	Called to validate the file name entered
OnLBSelChangedNotify	Called when list box selection changes
OnShareViolation	Called when a share violation occurs.

CFont

CFont	Constructs CFont object
CreateFont	Initializes CFont with specified characteristics
CreateFontIndirect	Initializes CFont from a LOGFONT structure
FromHandle	Returns pointer to CFont object from Windows HFONT

CFontDialog

CFontDialog	Constructs CFontDialog object
DoModal	Displays dialog, enables user to make selection
GetCurrentFont	Gets name of selected font
GetFaceName	Gets face name of selected font
GetColor	Gets color of selected font
GetSize	Gets point size of selected font
GetStyleName	Gets style name of selected font
GetWeight	Gets weight of selected font
IsBold	TRUE if font is bold
IsItalic	TRUE if font is italic
IsStrikeOut	TRUE if font is displayed with strikeout
IsUnderline	TRUE if font is underlined
m_cf	Structure used to customize Font dialog

CPrintDialog

CPrintDialog	Constructs CPrintDialog object
DoModal	Displays dialog, enables user to make selection
GetCopies	Gets number of copies requested
GetDefaults	Gets device defaults
GetDeviceName	Gets name of current printer
GetDevMode	Gets the DEVMODE structure

CPrintDialog	
GetDriverName	Gets name of current printer driver
GetFromPage	Gets starting page of print range
GetToPage	Gets ending page of print range
GetPortName	Gets name of current printer port
GetPrinterDC	Gets handle to printer device context
m_pd	Structure used to customize Print dialog
PrintAll	TRUE if user specified toprint all pages
PrintCollate	TRUE if collated copies were requested
PrintRange	TRUE if user specified page range to print
PrintSelection	TRUE if user wants only selection printed

MFC Drawing Functions and a Paint Program

Most of you are familiar with paint programs. Using a paint program, you can draw graphics images by selecting and using graphics tools. You can, for example, select a line drawing tool, press the left mouse button at the location where you want to anchor one end of the line, move to the other end of the line you want to draw, and release the mouse button. When you do, the program draws the line for you. This is the kind of program you're going to develop in this chapter using the drawing functions available to you in the MFC library. With these functions, we will be able to create graphics images just like any paint program, and, more importantly, we will get an idea of how to work with graphics in Windows.

Creating the Paint Program's Menus

We can design the paint program's menus first by setting up the file paint.rc. First, we create an SDI application named paint.mak with App Wizard and open the IDR_MAINFRAME menu system with App Wizard.

We will see the traditional menus already there: File, Edit, View, and Help. Add a menu named Tools, as shown in figure 8.1.

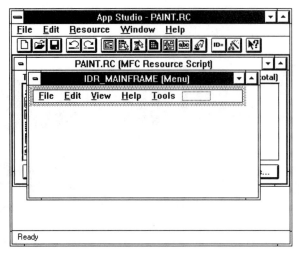

Figure 8.1. Paint Program's Tool menu.

The Tools menu will hold the painting tools for our program. Let's add items to that menu: Point (IDM_POINT—draw a single point), Draw (IDM_DRAW—freehand drawing), Line (IDM_LINE), Rectangle (IDM_RECTANGLE), Ellipse (IDM_ELLIPSE), and Fill (IDM_FILL—fill a figure with a solid color). These menu items appear in figure 8.2.

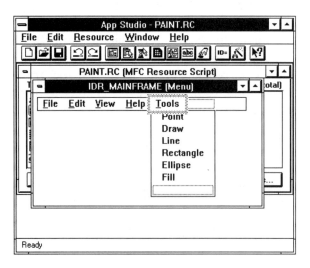

Figure 8.2. Paint Program's Tool menu items.

Save this now and App Studio adds our menu to paint.rc. The menu section of that file now appears in the following way:

```
IDR_MAINFRAME MENU PRELOAD DISCARDABLE
BEGIN
    POPUP "&File"
    BEGIN
        MENUITEM "&New\tCtrl+N",        ID_FILE_NEW
        MENUITEM "&Open...\tCtrl+O",     ID_FILE_OPEN
        MENUITEM "&Save\tCtrl+S",        ID_FILE_SAVE
        MENUITEM "Save &As...",          ID_FILE_SAVE_AS
        MENUITEM SEPARATOR
        MENUITEM "&Print...\tCtrl+P",    ID_FILE_PRINT
        MENUITEM "Print Pre&view",       ID_FILE_PRINT_PREVIEW
        MENUITEM "P&rint Setup...",      ID_FILE_PRINT_SETUP
        MENUITEM SEPARATOR
        MENUITEM "Recent File",          ID_FILE_MRU_FILE1, GRAYED
        MENUITEM SEPARATOR
        MENUITEM "E&xit",                ID_APP_EXIT
    END
    POPUP "&Edit"
    BEGIN
        MENUITEM "&Undo\tCtrl+Z",        ID_EDIT_UNDO
        MENUITEM SEPARATOR
        MENUITEM "Cu&t\tCtrl+X",         ID_EDIT_CUT
        MENUITEM "&Copy\tCtrl+C",        ID_EDIT_COPY
        MENUITEM "&Paste\tCtrl+V",       ID_EDIT_PASTE
    END
    POPUP "&View"
    BEGIN
        MENUITEM "&Toolbar",             ID_VIEW_TOOLBAR
        MENUITEM "&Status Bar",          ID_VIEW_STATUS_BAR
    END
    POPUP "&Help"
    BEGIN
        MENUITEM "&About PAINT...",      ID_APP_ABOUT
    END
    POPUP "&Tools"
    BEGIN
        MENUITEM "Point",                IDM_POINT
        MENUITEM "Draw",                 IDM_DRAW
        MENUITEM "Line",                 IDM_LINE
        MENUITEM "Rectangle",            IDM_RECTANGLE
```

```
            MENUITEM "Ellipse",              IDM_ELLIPSE
            MENUITEM "Fill",                 IDM_FILL
        END
END
```

Similarly, the new constants, IDM_POINT to IDM_FILL, are defined in resource.h like this:

```
#define IDM_POINT               32768
#define IDM_DRAW                32769
#define IDM_LINE                32770
#define IDM_RECTANGLE           32771
#define IDM_ELLIPSE             32772
#define IDM_FILL                32773
```

Now our menu system is ready to go; let's put together the program's code.

Writing the Paint Program

When the user selects a drawing tool from the menu we have just designed, it should remain active until another tool is chosen. We can do that by setting a boolean flag. If, for example, the user selects the Line option, we can set a boolean flag named bLine inside our window object and leave it set until the user chooses another drawing tool. When any part of our object needs to know what drawing tool is currently active, it can check these flags. We can define them as BOOL in the following way in our view object's header, paintvw.h:

```
// paintvw.h : interface of the CPaintView class
//
//////////////////////////////////////////////////////////////////////
class CPaintView : public CView
{
protected: // create from serialization only
    CPaintView();
DECLARE_DYNCREATE(CPaintView)
    BOOL bPoint;
  :  BOOL bDraw;
  :  BOOL bLine;
  :  BOOL bRectangle;
  :  BOOL bEllipse;
    BOOL bFill;
// Attributes
public:
    CPaintDoc* GetDocument();
// Operations
public:
        :
```

These flags will be set when the user selects one of the drawing options (Line, Point, Ellipse, and so forth). Only one flag (bLine) will be TRUE at any time, so every part of the program (which will be divided into mouse move events and so on) will know what we're supposed to be drawing. We'll need OnXXX( ) functions to respond to menu selections and set these flags appropriately, so let's add them now. We do that in Class Wizard. Connect OnLine( ) to IDM_LINE, OnRectangle( ) to IDM_RECTANGLE, and so on. Note that we should use a name like OnDrawItem( ) for IDM_DRAW because, of course, there already is a function named OnDraw( ). In addition, connect functions to the UPDATE_COMMAND_UI too, such as OnUpdatePoint( ), OnUpdateDraw( ) and so on, allowing we to set the checkmarks in the Tools menu correctly (that's what the UPDATE_COMMAND_UI is for). These are the functions produced:

```
void CPaintView::OnPoint()
{
}
void CPaintView::OnDrawItem()
{
}
void CPaintView::OnLine()
{
}
void CPaintView::OnRectangle()
{
}
void CPaintView::OnEllipse()
{
}
void CPaintView::OnFill()
{
}
void CPaintView::OnUpdatePoint(CCmdUI* pCmdUI)
{
}
void CPaintView::OnUpdateDraw(CCmdUI* pCmdUI)
{
}
void CPaintView::OnUpdateLine(CCmdUI* pCmdUI)
{
}
void CPaintView::OnUpdateRectangle(CCmdUI* pCmdUI)
{
}
```

```
void CPaintView::OnUpdateEllipse(CCmdUI* pCmdUI)
{
}
void CPaintView::OnUpdateFill(CCmdUI* pCmdUI)
{
}
```

Let's write some code. The first step is to write the constructor, which sets up things the way we want them. In this case, all we have to do is to set bPoint to TRUE, because the Point drawing tool is our default drawing tool (it's the first one in the Tools menu), and set the other ones FALSE:

```
CPaintView::CPaintView()
{
    bPoint = TRUE;
    bDraw = FALSE;
    bLine = FALSE;
    bRectangle = FALSE;
    bEllipse = FALSE;
    bFill = FALSE;
}
```

Now we can start working on the functions that respond to the Tools menu items: OnPoint(), OnDrawItem(), OnLine(), OnRectangle(), OnEllipse(), and OnFill(). The only job of those functions will be to set the boolean flags bPoint, bDraw, bLine, bRectangle, bEllipse, and bFill. Then, when the real action takes place with the mouse, we can check what type of figure we are supposed to be drawing (that is, when the mouse button goes up, we are supposed to draw the correct graphics figure on the screen). In addition, we have to set all the other flags FALSE. To save some code, we can define a function named SetFlagsFalse() in the following way:

```
void CPaintView::SetFlagsFalse()
{
    bPoint = FALSE;
    bDraw = FALSE;
    bLine = FALSE;
    bRectangle = FALSE;
    bEllipse = FALSE;
    bFill = FALSE;
}
```

And we add its declaration manually to our view's header, paintvw.h:

```
// paintvw.h : interface of the CPaintView class
//
```

```
/////////////////////////////////////////////////////////////////////////
class CPaintView : public CView
{
protected: // create from serialization only
         CPaintView();
         DECLARE_DYNCREATE(CPaintView)
         BOOL bPoint;
         BOOL bDraw;
         BOOL bLine;
         BOOL bRectangle;
         BOOL bEllipse;
         BOOL bFill;
         void SetFlagsFalse();
// Attributes
public:
     :
```

Now we can respond to menu items like this:

```
void CPaintView::OnPoint()
{
         SetFlagsFalse();
         bPoint = TRUE;
}
void CPaintView::OnDrawItem()
{
         SetFlagsFalse();
         bDraw = TRUE;
}
void CPaintView::OnLine()
{
         SetFlagsFalse();
         bLine = TRUE;
}
void CPaintView::OnRectangle()
{
         SetFlagsFalse();
         bRectangle = TRUE;
}
void CPaintView::OnEllipse()
{
         SetFlagsFalse();
         bEllipse = TRUE;
}
```

```
void CPaintView::OnFill()
{
        SetFlagsFalse();
        bFill = TRUE;
}
```

In addition, we should make sure that the check marks are set correctly when the Tools menu appears. That is what the OnUpdateXXX() functions are for. We may recall that Update() functions get a pointer to the user interface object like this in OnUpdatePoint():

```
void CPaintView::OnUpdatePoint(CCmdUI* pCmdUI)
{
}
```

When the corresponding tool's boolean flag is set, we need to make sure that menu item is marked with a check mark, like this:

```
void CPaintView::OnUpdatePoint(CCmdUI* pCmdUI)
{
    if (bPoint)
        pCmdUI->SetCheck(1);
                :
}
```

We give the SetCheck() function a value of 1, which places a check mark in front of the matching user interface object. On the other hand, if the flag is not set, we should remove the check mark there if there is one:

```
void CPaintView::OnUpdatePoint(CCmdUI* pCmdUI)
{
    if (bPoint)
        pCmdUI->SetCheck(1);
    else
        pCmdUI->SetCheck(0);
}
```

That's it; the user interface functions look like this, ensuring that the check marks are set correctly:

```
void CPaintView::OnUpdatePoint(CCmdUI* pCmdUI)
{
    if (bPoint)
        pCmdUI->SetCheck(1);
    else
```

```
            pCmdUI->SetCheck(0);
}
void CPaintView::OnUpdateDraw(CCmdUI* pCmdUI)
{
    if (bDraw)
        pCmdUI->SetCheck(1);
    else
        pCmdUI->SetCheck(0);
}
void CPaintView::OnUpdateLine(CCmdUI* pCmdUI)
{
    if (bLine)
        pCmdUI->SetCheck(1);
    else
        pCmdUI->SetCheck(0);
}
void CPaintView::OnUpdateRectangle(CCmdUI* pCmdUI)
{
    if (bRectangle)
        pCmdUI->SetCheck(1);
    else
        pCmdUI->SetCheck(0);
}
void CPaintView::OnUpdateEllipse(CCmdUI* pCmdUI)
{
    if (bEllipse)
        pCmdUI->SetCheck(1);
    else
        pCmdUI->SetCheck(0);
}
void CPaintView::OnUpdateFill(CCmdUI* pCmdUI)
{
    if (bFill)
        pCmdUI->SetCheck(1);
    else
        pCmdUI->SetCheck(0);
}
```

Now when the user makes a menu selection, the check mark will appear in front of it to indicate that that tool is the current drawing tool, and the correct boolean flag will be set. Next let's see what we can do about drawing in our window using the MFC CDC member functions.

Setting Individual Pixels in Windows

The action will take place when the user uses the mouse. Let's say, for example, that the user has selected our first drawing tool, Point, which sets individual points. To do use it, the user only needs to move the mouse cursor to a certain location and click the (left) mouse button. When the mouse button goes up, we can draw the point at that location. To do that, we will have to make sure that we are supposed to be drawing points (that is, bPoint is TRUE), and then we can use the device context function SetPixel() in the function we should connect to the WM_LBUTTONUP() message. Connect a function to that message now named OnLButtonUp(); doing so with Class Wizard adds the (predefined) ON_WM_LBUTTONUP() macro to the BEGIN_MESSAGE_MAP macro:

```
BEGIN_MESSAGE_MAP(CPaintView, CView)
    //{{AFX_MSG_MAP(CPaintView)
    ON_COMMAND(IDM_POINT, OnPoint)
    ON_UPDATE_COMMAND_UI(IDM_POINT, OnUpdatePoint)
    ON_UPDATE_COMMAND_UI(IDM_DRAW, OnUpdateDraw)
    ON_COMMAND(IDM_DRAW, OnDrawItem)
    ON_COMMAND(IDM_LINE, OnLine)
    ON_UPDATE_COMMAND_UI(IDM_LINE, OnUpdateLine)
    ON_COMMAND(IDM_RECTANGLE, OnRectangle)
    ON_UPDATE_COMMAND_UI(IDM_RECTANGLE, OnUpdateRectangle)
    ON_COMMAND(IDM_ELLIPSE, OnEllipse)
    ON_UPDATE_COMMAND_UI(IDM_ELLIPSE, OnUpdateEllipse)
    ON_COMMAND(IDM_FILL, OnFill)
    ON_UPDATE_COMMAND_UI(IDM_FILL, OnUpdateFill)
    ON_WM_LBUTTONUP()
    //}}AFX_MSG_MAP
// Standard printing commands
    ON_COMMAND(ID_FILE_PRINT, CView::OnFilePrint)
    ON_COMMAND(ID_FILE_PRINT_PREVIEW, CView::OnFilePrintPreview)
END_MESSAGE_MAP()
```

And this is what the corresponding function OnLButtonUp() looks like:

```
void CPaintView::OnLButtonUp(UINT nFlags, CPoint point)
{
}
```

We can get the location of the mouse cursor at the time that the button went up from the CPoint object named point like this (point.x, point.y). Next, we pass those coordinates to SetPixel() as well as the color we want our pixel to be.

We can set the color of the pixel to black with the RGB() macro. This macro returns a value of type COLORDEF, which is how Windows declares colors. RGB() takes three parameters, each of which range from 0 to 255, and each of which represent one of the primary color values: in order, red, green, and blue. This is the way to design colors in Windows, with separate values for the red, green, and blue components. Here, we're setting our pixel to black, all color components are 0 (RGB(0, 0, 0)), using the CDC member function SetPixel():

```
void CPaintView::OnLButtonUp(UINT nFlags, CPoint point)
{
    if(bPoint){
        CClientDC dc(this);
        dc.SetPixel(point.x, point.y, RGB(0, 0, 0));
    }
    :
}
```

Note that the three values RGB() takes can range from 0 to 255; if, for example, we wanted a red dot, we could have specified RGB(255, 0, 0).

That's it for drawing points. Now when the user wants to set individual pixels, they only have to select Point from the tools menu as shown in figure 8.3 (setting bPoint TRUE) and click the mouse button when the cursor is at the desired location (generating WM_LBUTTONDOWN and WM_LBUTTONUP events), drawing points, as shown in figure 8.4.

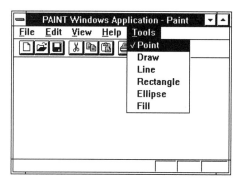

Figure 8.3. Our paint program's Point item.

We are drawing already, and all we needed was the OnLButtonUp() function. The next tool in the Tools menu—and the next graphics operation we will cover—is freehand drawing.

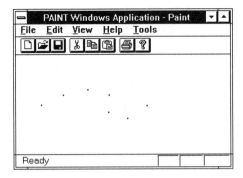

Figure 8.4. Points in our paint program.

Freehand Drawing in Our Paint Program

To let the user draw freehand, we should use the WM_MOUSEMOVE event. This event is generated as the mouse moves across the screen. Connect a function in Class Wizard to WM_MOUSEMOVE named OnMouseMove( ). Class Wizard creates the function like this:

```
void CPaintView::OnMouseMove(UINT nFlags, CPoint point)
{
}
```

Point holds the current mouse cursor position (x = point.x, y = point.y), and nFlags is encoded bit by bit to indicate what mouse buttons are down as follows (MK stands for mouse key):

nFlags	Meaning
MK_LBUTTON	Left button is down
MK_MBUTTON	Middle button is down
MK_RBUTTON	Right button is down

nFlags is made up of the appropriate combination of these constants, ORed together. When the user wants to draw, they will hold the left mouse button and move the mouse. We can check the left button and also determine whether the Draw tool is active by checking bDraw like this:

```
void CPaintView::OnMouseMove(UINT nFlags, CPoint point)
{
        if((nFlags && MK_LBUTTON) && bDraw){
                   :
        }
}
```

Microsoft Foundation Class Library Programming

Now we have to get a device context object, as follows:

```
void CPaintView::OnMouseMove(UINT nFlags, CPoint point)
{
        if((nFlags && MK_LBUTTON) && bDraw){
        CClientDC dc(this);
                        :
        }
}
```

The next step is to draw on the screen. Although we might think we should use SetPixel() here, mouse move events are not actually generated for every pixel we pass over. Instead, a limited number of these events are generated per second; if we simply drew a dot on the screen, we have end up with an unconnected trail of pixels. Instead, we should store the previous mouse location and draw a line from that location to our current position. The effect on the screen will be of a continuous path of set pixels, following the mouse cursor in our window.

Unlike setting individual pixels, we need two points for a line. When the user presses the left mouse button to start drawing, we can set one end of the line, which we can call the anchor point. Next, the user moves the cursor, and we should draw a line. In code, that means that we should set the anchor point, which we can store as (xAnchor, yAnchor) in paintvw.h:

```
// paintvw.h : interface of the CPaintView class
//
//////////////////////////////////////////////////////////////////////////////
class CPaintView : public CView
{
protected: // create from serialization only
    CPaintView();
    DECLARE_DYNCREATE(CPaintView)
    int xAnchor;
    int yAnchor;
    BOOL bPoint;
    BOOL bDraw;
    BOOL bLine;
    BOOL bRectangle;
    BOOL bEllipse;
    BOOL bFill;
    void SetFlagsFalse();
// Attributes
public:
    CPaintDoc* GetDocument();
                :
```

In CPaintView::OnLButtonDown( ) (the function called when the mouse button goes down), we can set the anchor point so that we can use it in CPaintView::OnMouseMove( ) later:

```
void CPaintView::OnLButtonDown(UINT nFlags, CPoint point)
{
        xAnchor = point.x;
        yAnchor = point.y;
}
```

In the WM_MOUSEMOVE event, we need to draw a line from (xAnchor, yAnchor) to (point.x, point.y). To draw lines, we use the CDC member functions MoveTo( ) and LineTo( ). We can pass the location of only one point to LineTo( ), and it draws a line from the current position to that point. To set the current position to the anchor point, we use MoveTo( ):

```
void CPaintView::OnMouseMove(UINT nFlags, CPoint point)
{
        if((nFlags && MK_LBUTTON) && bDraw){
            CClientDC dc(this);
            dc.MoveTo(xAnchor, yAnchor);
                :
        }
}
```

And then we can draw the line connecting the dots with LineTo( ):

```
void CPaintView::OnMouseMove(UINT nFlags, CPoint point)
{
        if((nFlags && MK_LBUTTON) && bDraw){
            CClientDC dc(this);
            dc.MoveTo(xAnchor, yAnchor);
            dc.LineTo(point.x, point.y);
                :
        }
}
```

Finally, we should update the anchor point so that the next time a mouse move event is generated, we will connect to the end of the line we just drew (note that the anchor point is only updated if bDraw is TRUE, that is, if we are drawing freehand):

```
void CPaintView::OnMouseMove(UINT nFlags, CPoint point)
{
        if((nFlags && MK_LBUTTON) && bDraw){
            CClientDC dc(this);
            dc.MoveTo(xAnchor, yAnchor);
            dc.LineTo(point.x, point.y);
```

```
            xAnchor = point.x;
            yAnchor = point.y;
      }
}
```

When the user selects the Draw tool, they can hold the left mouse button down and move the mouse cursor around, drawing as shown in figure 8.5.

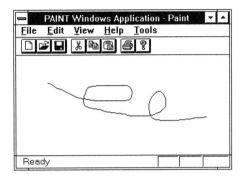

Figure 8.5.   Freehand drawing with our paint program.

The next step, and the next drawing tool, is Line, which enables the user to draw lines on the screen.

Drawing Lines

The usual way for the user to draw lines in a paint program is to select the Line tool, press the left button at one point on the screen:

a

Move the cursor to the other end of the line and release the left button:

a   b

At that time, the program connects the two points, the location where the left button went down and the location where it went up, as follows:

a ———————————————————— b

We already set the anchor point, which we will use as the first end of the line, in the WM_LBUTTONDOWN event:

```
void CPaintView::OnLButtonDown(UINT nFlags, CPoint point)
{
        xAnchor = point.x;
        yAnchor = point.y;
}
```

Next, when the button goes back up in OnLButtonUp( ), we can complete the line. Because we want to draw a line from (xAnchor, yAnchor) to the new location, which is encoded in point as (point.x, point.y), we can draw our line with the CDC member function LineTo( ) as follows:

```
void CPaintView::OnLButtonUp(UINT nFlags, CPoint point)
{
    if(bPoint){
        CClientDC dc(this);
        dc.SetPixel(point.x, point.y, RGB(0, 0, 0));
    }
    if(bLine){
        CClientDC dc(this);
        dc.MoveTo(xAnchor, yAnchor);
        dc.LineTo(point.x, point.y);
    }
}
```

Now we can draw lines, as shown in figure 8.6. We just select the Line tool (setting bLine TRUE), press the left mouse button at some location (setting the anchor point in the OnLButtonDown( ) function), move to the final location, and release the mouse button (drawing the line with MoveTo( ) and LineTo( ) in OnLButtonUp( )).

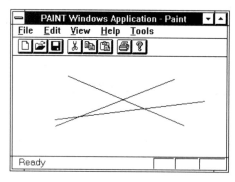

Figure 8.6.   Drawing lines in our paint program.

There are more options; we can draw in different colors as well.

Selecting Colors and Pens

We do not specify the drawing colors for lines in the same way that we do for points (where we included a color value in the SetPixel() call). Instead, we have to design a new pen. We draw figures in Windows with pens, and, as we will see, we can fill in the figures with brushes. When we use the MFC library, we use pens of the CPen class. Once we place a pen into a device context object, it stays there until changed. To change the pen in a device context object, we can use SelectStockObject() like this:

```
dc.SelectStockObject(STOCK_OBJECT);
```

The available stock objects are shown in table 8.1; we can select from these three: NULL_PEN, BLACK_PEN, and WHITE_PEN. Another option is to design our own pen.

Table 8.1.   Device Context Stock Objects

Stock Object	Description
BLACK_BRUSH	Black brush
DKGRAY_BRUSH	Dark gray brush
GRAY_BRUSH	Gray brush
HOLLOW_BRUSH	Hollow brush
LTGRAY_BRUSH	Light gray brush
NULL_BRUSH	Null brush
WHITE_BRUSH	White brush
BLACK_PEN	Black pen
NULL_PEN	Null pen
WHITE_PEN	White pen
ANSI_FIXED_FONT	ANSI fixed system font
ANSI_VAR_FONT	ANSI variable system font
DEVICE_DEFAULT_FONT	Device-dependent font
OEM_FIXED_FONT	OEM-dependent fixed font
SYSTEM_FONT	The system font
SYSTEM_FIXED_FONT	The fixed-width system font
DEFAULT_PALETTE	Default color palette

Let's say that we wanted to draw blue lines. In that case, we could create a solid blue pen, one pixel wide with the MFC CPen member function CreatePen(). CreatePen() takes three parameters: a pen style, a pixel width for the pen, and a color. The different pen styles, from solid to dotted, are shown in figure 8.7. The pen styles are as follows (PS stands for pen style):

Pen Styles	Description
PS_SOLID	Solid line
PS_DASH	Dashed line
PS_DOT	Dotted line
PS_DASHDOT	Dash-dot line
PS_DASHDOTDOT	Dash-dot-dot line
PS_NULL	Null line (does not draw)
PS_INSIDEFRAME	Draw inside boundaries

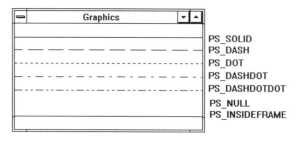

Figure 8.7. Windows pen styles.

Drawing Closed Figures

The pen type PS_INSIDEFRAME is used when we are drawing closed figures with a border width greater than one pixel but don't want to draw outside the figure. If, for example, we set the pen style to PS_INSIDEFRAME and then draw a rectangle with the Rectangle() device context member function, the border line, no matter how thick, will stay inside the rectangle's boundary. The other pen styles would overlap outside the rectangle.

We want a solid blue line, so choose PS_SOLID. In addition, we want a pen width of one pixel, so we have the first two parameters for CreatePen():

```
CPen* pPen = new CPen;
pPen->CreatePen(PS_SOLID, 1...);
```

Finally, we have to specify the color of the pen. To create a solid blue pen, we can do this:

```
CPen* pPen = new CPen;
pPen->CreatePen(PS_SOLID, 1, RGB(0, 0, 255));
```

RGB(255, 0, 0) would have been all red; RGB(0, 255, 0) green.

Drawing in White
We can specify white with RGB() as RGB(255, 255, 255). In addition, the standard gray in Windows is actually RGB(128, 128, 128).

Now we can use SelectObject() to install this pen. In general, we use SelectObject() like this:

```
SelectObject(pGdi)
```

pGdi is a pointer to an object of class CGdiObject (an MFC graphics device interface object), which can point to any of the following classes:

Gdi Class	Description
CPen	Pen object
CBrush	Brush Object
CFont	Font Object
CBitmap	Bitmap Object

SelectObject() returns a pointer to the object it is replacing, and it is usually a good idea to store that handle and reinstall it when we're done. We can do that by declaring a variable of type CGdiObject* which we might call pPenOld:

```
void CPaintView::OnLButtonUp(UINT nFlags, CPoint point)
{
    CGdiObject* pPenOld;
    if(bPoint){
        CClientDC dc(this);
```

```
            dc.SetPixel(point.x, point.y, RGB(0, 0, 0));
        }
        if(bLine){
            CClientDC dc(this);
            CPen* pPen = new CPen;
            pPen->CreatePen(PS_SOLID, 1, RGB(0, 0, 255));
            pPenOld = dc.SelectObject(pPen);
            dc.MoveTo(xAnchor, yAnchor);
            dc.LineTo(point.x, point.y);
                :
        }
}
```

When we are finished drawing, we can replace the original pen in the following way:

```
void CPaintView::OnLButtonUp(UINT nFlags, CPoint point)
{
    CGdiObject* pPenOld;
    if(bPoint){
        CClientDC dc(this);
        dc.SetPixel(point.x, point.y, RGB(0, 0, 0));
    }
    if(bLine){
        CClientDC dc(this);
        CPen* pPen = new CPen;
        pPen->CreatePen(PS_SOLID, 1, RGB(0, 0, 255));
        pPenOld = dc.SelectObject(pPen);
        dc.MoveTo(xAnchor, yAnchor);
        dc.LineTo(point.x, point.y);
            dc.SelectObject(pPenOld);
            delete pPen;
    }
}
```

This code would enable us to draw blue lines—now we are drawing in color. The next tool in our paint program is Rectangle, which will let us draw rectangles, a process which works much like drawing lines.

Drawing Rectangles

After the user selects the Rectangle tool, he presses the mouse button at the location of one corner, moves the cursor to the other corner, and releases it. At that point, the program draws the rectangle. When drawing a line, we had to use two points in the following way:

a ———————————————————————————— b

When drawing a rectangle, we also need to specify two points, in the following way:

a

b

We don't, however, have to use MoveTo() to set the current position. Instead, the CDC Rectangle() member function can take the coordinates of both points at once, in the following way:

```
dc.Rectangle(ax, ay, bx, by);
```

This call draws a rectangle with the current pen from (ax, ay) to (bx, by). In our case, the anchor point is set when the user presses the left mouse button, and we can place the rectangle-drawing code in the WM_LBUTTONUP case. In particular, the rectangle we want to draw goes from (xAnchor, yAnchor) to (point.x, point.y). That means that we can draw rectangles like this:

```
void CPaintView::OnLButtonUp(UINT nFlags, CPoint point)
{
    CGdiObject* pBackup;
    if(bPoint){
        CClientDC dc(this);
        dc.SetPixel(point.x, point.y, RGB(0, 0, 0));

    }
    if(bLine){
        CClientDC dc(this);
        dc.MoveTo(xAnchor, yAnchor);
        dc.LineTo(point.x, point.y);
    }
    if(bRectangle){
        CClientDC dc(this);
        dc.Rectangle(xAnchor, yAnchor, point.x, point.y);
    }
}
```

It looks as though this should work—we are passing the anchor point and the point at which the left button went up to Rectangle(). However, there is a problem. When Windows draws rectangles or other closed figures, it fills them in with the background color by default, covering over what was there before. That means that when the user draws a rectangle, anything behind it will be obliterated, which is not the standard for paint programs.

Instead, we should draw figures and fill them transparently so that whatever is behind them is preserved. To do that, we have to select a new brush. Just as pens are used for drawing, so brushes are used for filling. And, just as there are some stock pens we can use with SelectStockObject( ), so there are stock brushes: BLACK_BRUSH, DKGRAY_BRUSH, GRAY_BRUSH, HOLLOW_BRUSH LTRAY_BRUSH, NULL_BRUSH, WHITE_BRUSH. To load BLACK_BRUSH, for example, into the device context (to fill with black), we would use this call:

```
pBackup = dc.SelectStockObject(BLACK_BRUSH);
```

Deleting Text in Windows

Note that we can delete text by covering it with a filled rectangle. We can use GetBkColor( ) to get the background color and create a pen and solid brush of that color. Then, using GetTextMetrics( ), we can determine how high the current font is, and using GetTextExtent( ), we can determine how long the string is we want to delete. Finally, we can delete the text with Rectangle( ).]

In this case, we want to use NULL_BRUSH, which ensures that our figures will not be filled. Note that we save the old brush object that we are replacing (we get a pointer to the old brush from SelectStockObject( )), and restore it when we are done:

```
void CPaintView::OnLButtonUp(UINT nFlags, CPoint point)
{
    CGdiObject* pBackup;
    if(bPoint){
        CClientDC dc(this);
        dc.SetPixel(point.x, point.y, RGB(0, 0, 0));
    }
    if(bLine){
        CClientDC dc(this);
        dc.MoveTo(xAnchor, yAnchor);
        dc.LineTo(point.x, point.y);
    }
    if(bRectangle){
        CClientDC dc(this);
        pBackup = dc.SelectStockObject(NULL_BRUSH);
        dc.Rectangle(xAnchor, yAnchor, point.x, point.y);
        dc.SelectObject(pBackup);
    }
}
```

Now we are able to draw objects in our application without disturbing what was underneath. There are, however, one or two more points about brushes that we should still cover. Just as we could create pens, so we can also create brushes. In fact, there are two standard ways of creating brushes in Windows: with the CBrush member functions CreateSolidBrush() and CreateHatchBrush().

To create a solid brush (and therefore to fill with a solid color) we can use CreateSolidBrush(), and pass it the color we want to create a green brush:

```
CBrush* pBrush = new CBrush;
pBrush->CreateSolidBrush(RGB(0, 255, 0));
pBackup = SelectObject(pBrush);
```

We can also create a hatch brush, which has a predefined pattern in it, with CreateHatchBrush(). We pass two parameters: the hatch style we want and the color we want. The allowed hatch styles are HSORIZONTAL, HS_VERTICAL, HS_FDIAGONAL, HS_BDIAGONAL, HS_CROSS, and HS_DIAGCROSS, as shown in figure 8.8 (HS stands for hatch style).

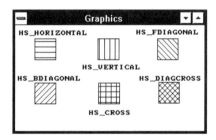

Figure 8.8. Windows hatch styles.

If, for example, we wanted to create a gray hatch brush of style HS_DIAGCROSS, we could do that in the following way:

```
CBrush* pBrush = new CBrush;
pBrush->CreateHatchBrush(HS_DIAGCROSS, RGB(128, 128, 128));
pBackup = SelectObject(pBrush);
```

In this way, we can fill our figures with colored patterns.

Creating Your Own Brush Patterns
You can even create your own brush patterns with the Windows functions CreatePatternBrush() or CreateBrushIndirect().

At this point, we can draw rectangles, as shown in figure 8.9. The next drawing tool in our paint program is Ellipse, and, as we will see, drawing ellipses is very similar to drawing rectangles.

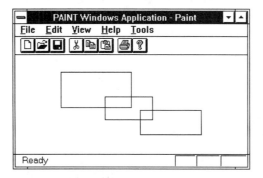

Figure 8.9. Drawing rectangles with our paint program.

Drawing Ellipses

When the user selects the Ellipse tool, he can press the left mouse button, setting an anchor point, move the cursor to a new location and then release the mouse button. When he releases the button, we should draw an ellipse framed by those points.

We can do that with the Ellipse() function, whose arguments are identical to the Rectangle() function. In this case, however, an ellipse is inscribed inside the rectangle whose coordinates we pass. One corner of the rectangle will be (xAnchor, yAnchor) and the other will be (point.x, point.y). To do this, we simply check whether the bEllipse flag is set in OnLButtonUp(), and, if it is, proceed as if we were drawing a rectangle—but use Ellipse() instead:

```
void CPaintView::OnLButtonUp(UINT nFlags, CPoint point)
{
    CGdiObject* pBackup;
    if(bPoint){
        CClientDC dc(this);
        dc.SetPixel(point.x, point.y, RGB(0, 0, 0));
    }
    if(bLine){
        CClientDC dc(this);
        dc.MoveTo(xAnchor, yAnchor);
        dc.LineTo(point.x, point.y);
    }
    if(bRectangle){
```

Microsoft Foundation Class Library Programming

```
        CClientDC dc(this);
        pBackup = dc.SelectStockObject(NULL_BRUSH);
        dc.Rectangle(xAnchor, yAnchor, point.x, point.y);
        dc.SelectObject(pBackup);
    }
    if(bEllipse){
        CClientDC dc(this);
        pBackup = dc.SelectStockObject(NULL_BRUSH);
        dc.Ellipse(xAnchor, yAnchor, point.x, point.y);
        dc.SelectObject(pBackup);
    }
}
```

Note that we install a NULL_BRUSH before drawing the ellipse so that the background graphics is not covered. Our new operation is a success; at this point, we are able to add ellipses to our paint program, as shown in figure 8.10.

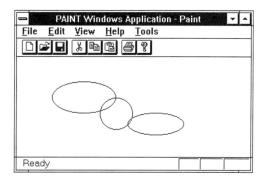

Figure 8.10.   Drawing ellipses in our paint program.

There is one last painting tool that we placed in our Tools menu, and that is Fill, which enables us to fill in figures. Let's look at that next.

Filling Figures With Color

It is easy to fill figures in in Windows; all we need to do is to use the device context FloodFill() member function. From the user's point of view, that will work like this: he positions the mouse cursor inside a figure on the screen, clicks it, and the figure fills with color. What is happening is that we get the location of the mouse cursor from point in the OnLButtonUp() function, and then we pass that set of coordinates on to FloodFill(), along with a handle to our device context and a bounding color.

The bounding color is the color of the border of the figure that we are filling in, and we pass that color so that FloodFill() knows when to stop filling. The figures we have drawn so far, for example, have been black, so the bounding colors of our figures are black. To fill our figures in with black, we will use the function SetROP2(R2_BLACK); as we will see soon, this function specifies the way we draw in our device context, and we are indicating that all pixels we draw should be black:

```
void CPaintView::OnLButtonUp(UINT nFlags, CPoint point)
{
    CGdiObject* pBackup;
    if(bPoint){
        CClientDC dc(this);
        dc.SetPixel(point.x, point.y, RGB(0, 0, 0));
    }
    if(bLine){
        CClientDC dc(this);
        dc.MoveTo(xAnchor, yAnchor);
        dc.LineTo(point.x, point.y);
    }
    if(bRectangle){
        CClientDC dc(this);
        pBackup = dc.SelectStockObject(NULL_BRUSH);
        dc.Rectangle(xAnchor, yAnchor, point.x, point.y);
        dc.SelectObject(pBackup);
    }
    if(bEllipse){
        CClientDC dc(this);
        pBackup = dc.SelectStockObject(NULL_BRUSH);
        dc.Ellipse(xAnchor, yAnchor, point.x, point.y);
        dc.SelectObject(pBackup);
    }
    if(bFill){
        CClientDC dc(this);
        dc.SetROP2(R2_BLACK);
                      :
    }
}
```

Next, we fill the figure with FloodFill() (note that we are indicating that the bounding color is black, RGB(0, 0, 0)):

```
void CPaintView::OnLButtonUp(UINT nFlags, CPoint point)
{
    CGdiObject* pBackup;
```

Microsoft Foundation Class Library Programming

```
    if(bPoint){
        CClientDC dc(this);
        dc.SetPixel(point.x, point.y, RGB(0, 0, 0));
    }
    if(bLine){
        CClientDC dc(this);
        dc.MoveTo(xAnchor, yAnchor);
        dc.LineTo(point.x, point.y);
    }
    if(bRectangle){
        CClientDC dc(this);
        pBackup = dc.SelectStockObject(NULL_BRUSH);
        dc.Rectangle(xAnchor, yAnchor, point.x, point.y);
        dc.SelectObject(pBackup);
    }
    if(bEllipse){
        CClientDC dc(this);
        pBackup = dc.SelectStockObject(NULL_BRUSH);
        dc.Ellipse(xAnchor, yAnchor, point.x, point.y);
        dc.SelectObject(pBackup);
    }
    if(bFill){
        CClientDC dc(this);
        dc.SetROP2(R2_BLACK);
        dc.FloodFill(point.x, point.y, RGB(0, 0, 0));
    }
}
```

We can now fill in our figures, as shown in figure 8.11.

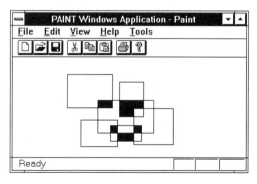

Figure 8.11. Filling with color in our paint program.

Our paint program is done. We were able to draw all kinds of graphics figures: lines, rectangles, ellipses. In fact, we can add a few embellishments. It is customary, for example, for paint programs to show lines, rectangles, or ellipses as they're being sized, giving the user the illusion of "stretching" the figure into shape. We can do that too.

"Stretching" Graphics Figures

When the user moves the mouse, we get WM_MOUSEMOVE messages, and we can give the appearance of stretching lines, rectangles, or ellipses as we do. Let's begin with lines. We'll start off at the anchor point; when the user moves the cursor, we'll draw a line from the anchor point to the new mouse position. When the cursor is moved again, we have to erase the old line and draw a new one from the anchor point to the new cursor location. This will give the impression that the user is stretching a line from the anchor point to the mouse cursor's position.

To do this, we will have to store the end point of the previous line so that we can erase it before drawing new ones. In other words, the process will go in the following:

1. Set the anchor point in OnLButtonDown( ).

2. In OnMouseMove( ), draw a line from (xAnchor, yAnchor) to (point.x, point.y), and save (point.x, point.y) as (xold, yold).

3. The next time OnMouseMove( ) is called, erase the line from (xAnchor, yAnchor) to (xold, yold), and draw a new line to the new coordinates, (point.x, point.y). Then update (xold, yold) from (point.x, point.y).

4. Repeat step 3 as the user moves the mouse around, giving the impression of stretching the line. When OnLButtonUp( ) is called, we should draw the final line.

Note that this means we have to erase the old line before we draw the new one as the mouse cursor moves around. In addition, we should make sure that the line we're stretching is visible on the screen—if we just stretch a black line, for example, it will disappear as we move over a black filled figure. One way to do this is to specify the current pen's *drawing mode*. Drawing mode indicates the way the current pen will interact with what's on the screen in a bit-by-bit fashion. The options range from ignoring what's already on the screen entirely and simply drawing with the pen to ignoring the pen entirely and leaving the screen alone. There are 16 different options, and they appear in table 8.2 (the R2 prefix stands for binary raster operation).

Table 8.2. Windows Drawing Modes

Operation	Windows Drawing Mode
BLACK	R2_BLACK
~(PEN | SCREEN)	R2_NOTMERGEPEN
~PEN & SCREEN	R2_MASKNOTPEN
~PEN	R2_NOTCOPYPEN
PEN & ~SCREEN	R2_MASKPENNOT
~SCREEN	R2_NOT
PEN ^ SCREEN	R2_XORPEN
~(PEN & SCREEN)	R2_NOTMASKPEN
PEN & SCREEN	R2_MASKPEN
~(PEN ^ SCREEN)	R2_NOTXORPEN
SCREEN	R2_NOP
~PEN | SCREEN	R2_MERGENOTPEN
PEN	R2_COPYPEN [the default]
PEN | ~SCREEN	R2_MERGEPENNOT
PEN | SCREEN	R2_MERGEPEN
WHITE	R2_WHITE

Let's use the R2_NOT drawing mode, which simply inverts what is on the screen in a bit-by-bit fashion. That is, when we draw with a R2_NOT pen, white (RGB(255, 255, 255)) will become black (RGB(0, 0, 0)), and black will become white. In addition, when we draw the same line over again with an R2_NOT pen, overwriting the first time, the original screen pixels will be restored, and that is what we want. In other words, we can rewrite our four steps above to use the R2_NOT pen like this:

1. Set the anchor point in OnLButtonDown( ).

2. In OnMouseMove( ), draw a line with a R2_NOT pen, inverting screen pixels to make sure that the line is visible, from (xAnchor, yAnchor) to (point.x, point.y), and save (point.x, point.y) as (xold, yold).

3. The next time OnMouseMove( ) is called, erase the line from (xAnchor, yAnchor) to (xold, yold), simply by drawing it again with a R2_NOT pen. Draw a new R2_NOT line, inverting screen pixels, to the new coordinates, (point.x, point.y). Then update (xold, yold) from (point.x, point.y).

4. Repeat step 3 as the user moves the mouse around, giving the impression of stretching the line. When OnLButtonUp( ) is called, we should draw the final line with R2_COPYPEN.

To stretch the line, then, we can add code to OnMouseMove( ). We do that first by checking to see whether the left mouse button is down (if (nFlags && MK_LBUTTON) is TRUE), and whether we are actually drawing lines (if bLine is TRUE). If so, we create a device context object:

```
void CPaintView::OnMouseMove(UINT nFlags, CPoint point)
{
    if((nFlags && MK_LBUTTON) && bLine){
        CClientDC dc(this);
        :
    }
}
```

Now we get the old drawing mode with the Windows function GetROP2( ) (Get binary raster operation mode) and save it in an integer variable we can call nDrawMode. Set the drawing mode to R2_NOT with SetROP2( ):

```
void CPaintView::OnMouseMove(UINT nFlags, CPoint point)
{
    int nDrawMode;
    if((nFlags && MK_LBUTTON) && bLine){
        CClientDC dc(this);
        nDrawMode = dc.GetROP2();
        dc.SetROP2(R2_NOT);
            :
    }
}
```

Next, we have to erase the old line from the previous WM_MOUSEMOVE event before drawing the new one. The old line runs from (xAnchor, yAnchor) to (xold, yold). To set aside space for xold and yold, place them in paintvw.h:

```
// paintvw.h : interface of the CPaintView class
//
/////////////////////////////////////////////////////////////////////////
class CPaintView : public CView
{
```

```
protected: // create from serialization only
    CPaintView();
    DECLARE_DYNCREATE(CPaintView)
    int xAnchor;
    int yAnchor;
    int xold;
    int yold;
    BOOL bPoint;
    BOOL bDraw;
    BOOL bLine;
    BOOL bRectangle;
    BOOL bEllipse;
    BOOL bFill;
    void SetFlagsFalse();
// Attributes
public:
    CPaintDoc* GetDocument();
// Operations
public:
    :
```

Note that (xold, yold) must hold a valid point from the very beginning of the drawing operation, so we set it to (xAnchor, yAnchor) when the left button orignally goes down in OnLButtonDown():

```
void CPaintView::OnLButtonDown(UINT nFlags, CPoint point)
{
    xAnchor = point.x;
    yAnchor = point.y;
    xold = xAnchor;
    yold = yAnchor;
}
```

We erase the old line by drawing it again with the drawing mode set to R2_NOT, and draw the new line from the anchor point to our current position like this:

```
void CPaintView::OnMouseMove(UINT nFlags, CPoint point)
{
    int nDrawMode;
    if((nFlags && MK_LBUTTON) && bLine){
        CClientDC dc(this);
        nDrawMode = dc.GetROP2();
        dc.SetROP2(R2_NOT);
        dc.MoveTo(xAnchor, yAnchor);
        dc.LineTo(xold, yold);
```

```
        dc.MoveTo(xAnchor, yAnchor);
        dc.LineTo(point.x, point.y);
                        :
    }
}
```

All that remains now is to update (xold, yold) for the next time, and to reset the drawing mode:

```
void CPaintView::OnMouseMove(UINT nFlags, CPoint point)
{
    int nDrawMode;
    if((nFlags && MK_LBUTTON) && bLine){
        CClientDC dc(this);
        nDrawMode = dc.GetROP2();
        dc.SetROP2(R2_NOT);
        dc.MoveTo(xAnchor, yAnchor);
        dc.LineTo(xold, yold);
        dc.MoveTo(xAnchor, yAnchor);
        dc.LineTo(point.x, point.y);
        xold = point.x;
        yold = point.y;
        dc.SetROP2(nDrawMode);
    }
}
```

Now when we set the anchor point and move around the screen while drawing lines, we stretch a line from the anchor point to the current cursor position, as shown in figure 8.12.

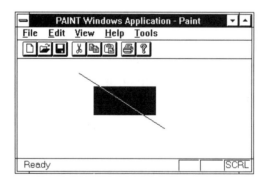

Figure 8.12. Stretching lines in our paint program.

We can do the same thing for ellipses and rectangles easily; all we have to do is to set the drawing mode to R2_NOT, draw over old rectangles as the cursor moves around the screen and draw new ones, just as we did for lines. That looks like this in OnMouseMove():

```
void CPaintView::OnMouseMove(UINT nFlags, CPoint point)
{
    CGdiObject* pBackup;
    int nDrawMode;
    if((nFlags && MK_LBUTTON) && bDraw){
        CClientDC dc(this);
        dc.MoveTo(xAnchor, yAnchor);
        dc.LineTo(point.x, point.y);
        xAnchor = point.x;
        yAnchor = point.y;
}

if((nFlags && MK_LBUTTON) && bLine){
    CClientDC dc(this);
    nDrawMode = dc.GetROP2();
    dc.SetROP2(R2_NOT);
    dc.MoveTo(xAnchor, yAnchor);
    dc.LineTo(xold, yold);
    dc.MoveTo(xAnchor, yAnchor);
    dc.LineTo(point.x, point.y);
    xold = point.x;
    yold = point.y;
    dc.SetROP2(nDrawMode);
}
if((nFlags && MK_LBUTTON) && bRectangle){
    CClientDC dc(this);
    nDrawMode = dc.GetROP2();
    dc.SetROP2(R2_NOT);
    pBackup = dc.SelectStockObject(NULL_BRUSH);
    dc.Rectangle(xold, yold, xAnchor, yAnchor);
    dc.Rectangle(xAnchor, yAnchor, point.x, point.y);
    dc.SelectObject(pBackup);
    xold = point.x;
    yold = point.y;
    dc.SetROP2(nDrawMode);
}
```

```
if((nFlags && MK_LBUTTON) && bEllipse){
    CClientDC dc(this);
    nDrawMode = dc.GetROP2();
    dc.SetROP2(R2_NOT);
    pBackup = dc.SelectStockObject(NULL_BRUSH);
    dc.Ellipse(xold, yold, xAnchor, yAnchor);
    dc.Ellipse(xAnchor, yAnchor, point.x, point.y);
    dc.SelectObject(pBackup);
    xold = point.x;
    yold = point.y;
    dc.SetROP2(nDrawMode);
    }
}
```

Now all our functions are complete. That's it. The rest of the code simply defines our main window and creates it as we have done many times before. The code appears in these listings:

Listing	Contains
8.1	mainfrm.h
8.2	mainfrm.cpp
8.3	paint.h
8.4	paint.cpp
8.5	paintvw.h
8.6	paintvw.cpp
8.7	paintdoc.h
8.8	paintdoc.cpp
8.9	paint.rc

Listing 8.1. mainfrm.h

```
// mainfrm.h : interface of the CMainFrame class
//
/////////////////////////////////////////////////////////////////////
class CMainFrame : public CFrameWnd
{
protected: // create from serialization only
    CMainFrame();
    DECLARE_DYNCREATE(CMainFrame)
// Attributes
public:
```

```
// Operations
public:
// Implementation
public:
    virtual ~CMainFrame();
#ifdef _DEBUG
    virtual   void AssertValid() const;
    virtual   void Dump(CDumpContext& dc) const;
#endif
protected:   // control bar embedded members
    CStatusBar      m_wndStatusBar;
    CToolBar        m_wndToolBar;

// Generated message map functions
protected:
    //{{AFX_MSG(CMainFrame)
    afx_msg int OnCreate(LPCREATESTRUCT lpCreateStruct);
        // NOTE - the ClassWizard will add and remove member functions here.
        //     DO NOT EDIT what we see in these blocks of generated code !
    //}}AFX_MSG
    DECLARE_MESSAGE_MAP()
};
/////////////////////////////////////////////////////////////////////////////
```

Listing 8.2. mainfrm.cpp

```
// mainfrm.cpp : implementation of the CMainFrame class
//
#include "stdafx.h"
#include "paint.h"
#include "mainfrm.h"
#ifdef _DEBUG
#undef THIS_FILE
static char BASED_CODE THIS_FILE[] = __FILE__;
#endif
/////////////////////////////////////////////////////////////////////////////
// CMainFrame
IMPLEMENT_DYNCREATE(CMainFrame, CFrameWnd)
BEGIN_MESSAGE_MAP(CMainFrame, CFrameWnd)
    //{{AFX_MSG_MAP(CMainFrame)
        // NOTE - the ClassWizard will add and remove mapping macros here.
```

continues

Listing 8.2. continued

```
          //    DO NOT EDIT what we see in these blocks of generated code !
     ON_WM_CREATE()
     //}}AFX_MSG_MAP
END_MESSAGE_MAP()
//////////////////////////////////////////////////////////////////////////
// arrays of IDs used to initialize control bars
// toolbar buttons - IDs are command buttons
static UINT BASED_CODE buttons[] =
{
     // same order as in the bitmap 'toolbar.bmp'
     ID_FILE_NEW,
     ID_FILE_OPEN,
     ID_FILE_SAVE,
          ID_SEPARATOR,
     ID_EDIT_CUT,
     ID_EDIT_COPY,
     ID_EDIT_PASTE,
          ID_SEPARATOR,
     ID_FILE_PRINT,
     ID_APP_ABOUT,
};
static UINT BASED_CODE indicators[] =
{
     ID_SEPARATOR,              // status line indicator
     ID_INDICATOR_CAPS,
     ID_INDICATOR_NUM,
     ID_INDICATOR_SCRL,
};
//////////////////////////////////////////////////////////////////////////
// CMainFrame construction/destruction
CMainFrame::CMainFrame()
{
     // TODO: add member initialization code here
}
CMainFrame::~CMainFrame()
{
}
int CMainFrame::OnCreate(LPCREATESTRUCT lpCreateStruct)
{
```

```
    if (CFrameWnd::OnCreate(lpCreateStruct) == -1)
        return -1;
    if (!m_wndToolBar.Create(this) ¦¦
        !m_wndToolBar.LoadBitmap(IDR_MAINFRAME)
        ¦¦!m_wndToolBar.SetButtons(buttons,
            sizeof(buttons)/sizeof(UINT)))
    {
        TRACE("Failed to create toolbar\n");
        return -1;         // fail to create
    }
    if (!m_wndStatusBar.Create(this) ¦¦
        !m_wndStatusBar.SetIndicators(indicators,
          sizeof(indicators)/sizeof(UINT)))
    {
    TRACE("Failed to create status bar\n");
    return -1;         // fail to create
    }
    return 0;
}
/////////////////////////////////////////////////////////////////////////
// CMainFrame diagnostics
#ifdef _DEBUG
void CMainFrame::AssertValid() const
{
    CFrameWnd::AssertValid();
}
void CMainFrame::Dump(CDumpContext& dc) const
{
    CFrameWnd::Dump(dc);
}
#endif //_DEBUG
/////////////////////////////////////////////////////////////////////////
// CMainFrame message handlers
```

Listing 8.3. paint.h

```
// paint.h : main header file for the PAINT application
//
#ifndef __AFXWIN__
   #error include 'stdafx.h' before including this file for PCH
```

continues

Listing 8.3. continued

```
#endif
#include "resource.h"        // main symbols
//////////////////////////////////////////////////////////////////////
// CPaintApp:
// See paint.cpp for the implementation of this class
//
class CPaintApp : public CWinApp
{
public:
    CPaintApp();
// Overrides
    virtual BOOL InitInstance();
// Implementation
    //{{AFX_MSG(CPaintApp)
    afx_msg void OnAppAbout();
        // NOTE - the ClassWizard will add and remove member functions here.
        //    DO NOT EDIT what we see in these blocks of generated code !
    //}}AFX_MSG
    DECLARE_MESSAGE_MAP()
};
//////////////////////////////////////////////////////////////////////
```

Listing 8.4. paint.cpp

```
void CMainWindow::OnLButtonDown(UINT nFlags, CPoint point)
{
    xAnchor = point.x;
    yAnchor = point.y;
    xold = xAnchor;
    yold = yAnchor;
}
void CMainWindow::OnLButtonUp(UINT nFlags, CPoint point)
{
    CGdiObject* pBackup;
    if(bPoint){
        CClientDC dc(this);
        dc.SetPixel(point.x, point.y, RGB(0, 0, 0));
    }
    if(bLine){
```

```
            CClientDC dc(this);
            dc.MoveTo(xAnchor, yAnchor);
            dc.LineTo(point.x, point.y);
        }
    if(bRectangle){
            CClientDC dc(this);
            pBackup = dc.SelectStockObject(NULL_BRUSH);
            dc.Rectangle(xAnchor, yAnchor, point.x, point.y);
            dc.SelectObject(pBackup);
        }
    if(bEllipse){
            CClientDC dc(this);
            pBackup = dc.SelectStockObject(NULL_BRUSH);
            dc.Ellipse(xAnchor, yAnchor, point.x, point.y);
            dc.SelectObject(pBackup);
        }
    if(bFill){
            CClientDC dc(this);
            dc.SetROP2(R2_BLACK);
            dc.FloodFill(point.x, point.y, RGB(0, 0, 0));
        }
}
void CMainWindow::OnMouseMove(UINT nFlags, CPoint point)
{
    CGdiObject* pBackup;
    int nDrawMode;
    if((nFlags && MK_LBUTTON) && bDraw){
            CClientDC dc(this);
            dc.MoveTo(xAnchor, yAnchor);
            dc.LineTo(point.x, point.y);
            xAnchor = point.x;
            yAnchor = point.y;
    }
if((nFlags && MK_LBUTTON) && bLine){
    CClientDC dc(this);
    nDrawMode = dc.GetROP2();
    dc.SetROP2(R2_NOT);
    dc.MoveTo(xAnchor, yAnchor);
    dc.LineTo(xold, yold);
    dc.MoveTo(xAnchor, yAnchor);
    dc.LineTo(point.x, point.y);
```

continues

Listing 8.4. continued

```
    xold = point.x;
    yold = point.y;
    dc.SetROP2(nDrawMode);
}
if((nFlags && MK_LBUTTON) && bRectangle){
    CClientDC dc(this);
    nDrawMode = dc.GetROP2();
    dc.SetROP2(R2_NOT);
    pBackup = dc.SelectStockObject(NULL_BRUSH);
    dc.Rectangle(xold, yold, xAnchor, yAnchor);
    dc.Rectangle(xAnchor, yAnchor, point.x, point.y);
    dc.SelectObject(pBackup);
    xold = point.x;
    yold = point.y;
    dc.SetROP2(nDrawMode);
}
if((nFlags && MK_LBUTTON) && bEllipse){
    CClientDC dc(this);
    nDrawMode = dc.GetROP2();
    dc.SetROP2(R2_NOT);
    pBackup = dc.SelectStockObject(NULL_BRUSH);
    dc.Ellipse(xold, yold, xAnchor, yAnchor);
    dc.Ellipse(xAnchor, yAnchor, point.x, point.y);
    dc.SelectObject(pBackup);
    xold = point.x;
    yold = point.y;
    dc.SetROP2(nDrawMode);
    }
}
```

Listing 8.5. paintvw.h

```
// paintvw.h : interface of the CPaintView class
//
/////////////////////////////////////////////////////////////////////////////
class CPaintView : public CView
{
protected: // create from serialization only
    CPaintView();
    DECLARE_DYNCREATE(CPaintView)
    int xAnchor;
```

```
    int yAnchor;
    int xold;
    int yold;
    BOOL bPoint;
    BOOL bDraw;
    BOOL bLine;
    BOOL bRectangle;
    BOOL bEllipse;
    BOOL bFill;
    void SetFlagsFalse();
// Attributes
public:
    CPaintDoc* GetDocument();
// Operations
public:
// Implementation
public:
    virtual ~CPaintView();
    virtual void OnDraw(CDC* pDC);  // overridden to draw this view
#ifdef _DEBUG
    virtual void AssertValid() const;
    virtual void Dump(CDumpContext& dc) const;
#endif
    // Printing support
protected:
    virtual BOOL OnPreparePrinting(CPrintInfo* pInfo);
    virtual void OnBeginPrinting(CDC* pDC, CPrintInfo* pInfo);
    virtual void OnEndPrinting(CDC* pDC, CPrintInfo* pInfo);
// Generated message map functions
protected:
    //{{AFX_MSG(CPaintView)
    afx_msg void OnPoint();
    afx_msg void OnUpdatePoint(CCmdUI* pCmdUI);
    afx_msg void OnUpdateDraw(CCmdUI* pCmdUI);
    afx_msg void OnDrawItem();
    afx_msg void OnLine();
    afx_msg void OnUpdateLine(CCmdUI* pCmdUI);
    afx_msg void OnRectangle();
    afx_msg void OnUpdateRectangle(CCmdUI* pCmdUI);
    afx_msg void OnEllipse();
    afx_msg void OnUpdateEllipse(CCmdUI* pCmdUI);
    afx_msg void OnFill();
```

continues

Listing 8.5.   continued

```
      afx_msg void OnUpdateFill(CCmdUI* pCmdUI);
      afx_msg void OnLButtonDown(UINT nFlags, CPoint point);
      afx_msg void OnLButtonUp(UINT nFlags, CPoint point);
      afx_msg void OnMouseMove(UINT nFlags, CPoint point);
      //}}AFX_MSG
      DECLARE_MESSAGE_MAP()
};
#ifndef _DEBUG     // debug version in paintvw.cpp
inline CPaintDoc* CPaintView::GetDocument()
      { return (CPaintDoc*) m_pDocument; }
#endif
//////////////////////////////////////////////////////////////////////
```

Listing 8.6.   paintvw.cpp

```
// paintvw.cpp : implementation of the CPaintView class
//
#include "stdafx.h"
#include "paint.h"
#include "paintdoc.h"
#include "paintvw.h"
#ifdef _DEBUG
#undef THIS_FILE
static char BASED_CODE THIS_FILE[] = __FILE__;
#endif
//////////////////////////////////////////////////////////////////////
// CPaintView
IMPLEMENT_DYNCREATE(CPaintView, CView)
BEGIN_MESSAGE_MAP(CPaintView, CView)
      //{{AFX_MSG_MAP(CPaintView)
      ON_COMMAND(IDM_POINT, OnPoint)
      ON_UPDATE_COMMAND_UI(IDM_POINT, OnUpdatePoint)
      ON_UPDATE_COMMAND_UI(IDM_DRAW, OnUpdateDraw)
      ON_COMMAND(IDM_DRAW, OnDrawItem)
      ON_COMMAND(IDM_LINE, OnLine)
      ON_UPDATE_COMMAND_UI(IDM_LINE, OnUpdateLine)
      ON_COMMAND(IDM_RECTANGLE, OnRectangle)
      ON_UPDATE_COMMAND_UI(IDM_RECTANGLE, OnUpdateRectangle)
      ON_COMMAND(IDM_ELLIPSE, OnEllipse)
```

```
    ON_UPDATE_COMMAND_UI(IDM_ELLIPSE, OnUpdateEllipse)
    ON_COMMAND(IDM_FILL, OnFill)
    ON_UPDATE_COMMAND_UI(IDM_FILL, OnUpdateFill)
    ON_WM_LBUTTONDOWN()
    ON_WM_LBUTTONUP()
    ON_WM_MOUSEMOVE()
    //}}AFX_MSG_MAP
    // Standard printing commands
    ON_COMMAND(ID_FILE_PRINT, CView::OnFilePrint)
    ON_COMMAND(ID_FILE_PRINT_PREVIEW, CView::OnFilePrintPreview)
END_MESSAGE_MAP()
///////////////////////////////////////////////////////////////////////
// CPaintView construction/destruction
CPaintView::CPaintView()
{
    bPoint = TRUE;
    bDraw = FALSE;
    bLine = FALSE;
    bRectangle = FALSE;
    bEllipse = FALSE;
    bFill = FALSE;
}
CPaintView::~CPaintView()
{
}
///////////////////////////////////////////////////////////////////////
// CPaintView drawing
void CPaintView::OnDraw(CDC* pDC)
{
    CPaintDoc* pDoc = GetDocument();
    // TODO: add draw code here
}
///////////////////////////////////////////////////////////////////////
// CPaintView printing
BOOL CPaintView::OnPreparePrinting(CPrintInfo* pInfo)
{
    // default preparation
    return DoPreparePrinting(pInfo);
}
void CPaintView::OnBeginPrinting(CDC* /*pDC*/, CPrintInfo* /*pInfo*/)
{
```

continues

Listing 8.6. continued

```
        // TODO: add extra initialization before printing
}
void CPaintView::OnEndPrinting(CDC* /*pDC*/, CPrintInfo* /*pInfo*/)
{
        // TODO: add cleanup after printing
}
/////////////////////////////////////////////////////////////////////////
// CPaintView diagnostics
#ifdef _DEBUG
void CPaintView::AssertValid() const
{
        CView::AssertValid();
}
void CPaintView::Dump(CDumpContext& dc) const
{
        CView::Dump(dc);
}
CPaintDoc* CPaintView::GetDocument() // non-debug version is inline
{
        ASSERT(m_pDocument->IsKindOf(RUNTIME_CLASS(CPaintDoc)));
        return (CPaintDoc*) m_pDocument;
}
#endif //_DEBUG
/////////////////////////////////////////////////////////////////////////
// CPaintView message handlers
void CPaintView::SetFlagsFalse()
{
        bPoint = FALSE;
        bDraw = FALSE;
        bLine = FALSE;
        bRectangle = FALSE;
        bEllipse = FALSE;
        bFill = FALSE;
}
void CPaintView::OnPoint()
{
        SetFlagsFalse();
        bPoint = TRUE;
}
void CPaintView::OnUpdatePoint(CCmdUI* pCmdUI)
{
```

```
        if (bPoint)
            pCmdUI->SetCheck(1);
        else
            pCmdUI->SetCheck(0);
}
void CPaintView::OnUpdateDraw(CCmdUI* pCmdUI)
{
        if (bDraw)
            pCmdUI->SetCheck(1);
        else
            pCmdUI->SetCheck(0);
}
void CPaintView::OnDrawItem()
{
        SetFlagsFalse();
        bDraw = TRUE;
}
void CPaintView::OnLine()
{
        SetFlagsFalse();
        bLine = TRUE;
}
void CPaintView::OnUpdateLine(CCmdUI* pCmdUI)
{
        if (bLine)
            pCmdUI->SetCheck(1);
        else
            pCmdUI->SetCheck(0);
}
void CPaintView::OnRectangle()
{
        SetFlagsFalse();
        bRectangle = TRUE;
}
void CPaintView::OnUpdateRectangle(CCmdUI* pCmdUI) {
        if (bRectangle)
            pCmdUI->SetCheck(1);
        else
            pCmdUI->SetCheck(0);
}
void CPaintView::OnEllipse()
{
```

continues

Listing 8.6. continued

```
        SetFlagsFalse();
        bEllipse = TRUE;
}


void CPaintView::OnUpdateEllipse(CCmdUI* pCmdUI)
{
    if (bEllipse)
            pCmdUI->SetCheck(1);
    else
            pCmdUI->SetCheck(0);
}
void CPaintView::OnFill()
{
    SetFlagsFalse();
    bFill = TRUE;
}
void CPaintView::OnUpdateFill(CCmdUI* pCmdUI)
{
    if (bFill)
            pCmdUI->SetCheck(1);
    else
            pCmdUI->SetCheck(0);
}
void CPaintView::OnLButtonDown(UINT nFlags, CPoint point)
{
    xAnchor = point.x;
    yAnchor = point.y;
    xold = xAnchor;
    yold = yAnchor;
    CView::OnLButtonDown(nFlags, point);
}
void CPaintView::OnLButtonUp(UINT nFlags, CPoint point) {
    CGdiObject* pBackup;
    if(bPoint){
        CClientDC dc(this);
        dc.SetPixel(point.x, point.y, RGB(0, 0, 0));
    }
    if(bLine){
        CClientDC dc(this);
        dc.MoveTo(xAnchor, yAnchor);
        dc.LineTo(point.x, point.y);
    }
```

414

```
    if(bRectangle){
        CClientDC dc(this);
        pBackup = dc.SelectStockObject(NULL_BRUSH);
        dc.Rectangle(xAnchor, yAnchor, point.x, point.y);
        dc.SelectObject(pBackup);
    }
    if(bEllipse){
        CClientDC dc(this);
        pBackup = dc.SelectStockObject(NULL_BRUSH);
        dc.Ellipse(xAnchor, yAnchor, point.x, point.y);
        dc.SelectObject(pBackup);
    }
    if(bFill){
        CClientDC dc(this);
        dc.SetROP2(R2_BLACK);
        dc.FloodFill(point.x, point.y, RGB(0, 0, 0));
    }
    CView::OnLButtonUp(nFlags, point);
}
void CPaintView::OnMouseMove(UINT nFlags, CPoint point)
{
    CGdiObject* pBackup;
    int nDrawMode;
    if((nFlags && MK_LBUTTON) && bDraw){
        CClientDC dc(this);
        dc.MoveTo(xAnchor, yAnchor);
        dc.LineTo(point.x, point.y);
        xAnchor = point.x;
        yAnchor = point.y;
    }
    if((nFlags && MK_LBUTTON) && bLine){
        CClientDC dc(this);
        nDrawMode = dc.GetROP2();
        dc.SetROP2(R2_NOT);
        dc.MoveTo(xAnchor, yAnchor);
        dc.LineTo(xold, yold);
        dc.MoveTo(xAnchor, yAnchor);
        dc.LineTo(point.x, point.y);
        xold = point.x;
        yold = point.y;
        dc.SetROP2(nDrawMode);
    }
```

continues

Listing 8.6. continued

```
    if((nFlags && MK_LBUTTON) && bRectangle){
        CClientDC dc(this);
        nDrawMode = dc.GetROP2();
        dc.SetROP2(R2_NOT);
        pBackup = dc.SelectStockObject(NULL_BRUSH);
        dc.Rectangle(xold, yold, xAnchor, yAnchor);
        dc.Rectangle(xAnchor, yAnchor, point.x, point.y);
        dc.SelectObject(pBackup);
        xold = point.x;
        yold = point.y;
        dc.SetROP2(nDrawMode);
    }
    if((nFlags && MK_LBUTTON) && bEllipse){
        CClientDC dc(this);
        nDrawMode = dc.GetROP2();
        dc.SetROP2(R2_NOT);
        pBackup = dc.SelectStockObject(NULL_BRUSH);
        dc.Ellipse(xold, yold, xAnchor, yAnchor);
        dc.Ellipse(xAnchor, yAnchor, point.x, point.y);
        dc.SelectObject(pBackup);
        xold = point.x;
        yold = point.y;
        dc.SetROP2(nDrawMode);
    }
    CView::OnMouseMove(nFlags, point);
}
```

Listing 8.7. paintdoc.h

```
// paintdoc.h : interface of the CPaintDoc class
//
/////////////////////////////////////////////////////////////////////////////
class CPaintDoc : public CDocument
{
protected: // create from serialization only
    CPaintDoc();
    DECLARE_DYNCREATE(CPaintDoc)
// Attributes
public:
```

```
        CClientDC* pBackupDC;
// Operations
public:
// Implementation
public:
    virtual ~CPaintDoc();
    virtual void Serialize(CArchive& ar);    // overridden for document i/o
#ifdef _DEBUG
    virtual    void AssertValid() const;
    virtual    void Dump(CDumpContext& dc) const;
#endif
protected:
    virtual    BOOL    OnNewDocument();
// Generated message map functions
protected:
    //{{AFX_MSG(CPaintDoc)
        // NOTE - the ClassWizard will add and remove member functions here.
        //    DO NOT EDIT what we see in these blocks of generated code !
    //}}AFX_MSG
    DECLARE_MESSAGE_MAP()
};
/////////////////////////////////////////////////////////////////////////////
```

Listing 8.8. paintdoc.cpp

```
// paintdoc.cpp : implementation of the CPaintDoc class
//
#include "stdafx.h"
#include "paint.h"
#include "paintdoc.h"
#ifdef _DEBUG
#undef THIS_FILE
static char BASED_CODE THIS_FILE[] = __FILE__;
#endif
/////////////////////////////////////////////////////////////////////////////
// CPaintDoc
IMPLEMENT_DYNCREATE(CPaintDoc, CDocument)
BEGIN_MESSAGE_MAP(CPaintDoc, CDocument)
    //{{AFX_MSG_MAP(CPaintDoc)
        // NOTE - the ClassWizard will add and remove mapping macros here.
```

continues

Listing 8.8. continued

```
            //    DO NOT EDIT what we see in these blocks of generated code !
    //}}AFX_MSG_MAP
END_MESSAGE_MAP()
/////////////////////////////////////////////////////////////////////////
// CPaintDoc construction/destruction
CPaintDoc::CPaintDoc()
{
    // TODO: add one-time construction code here
}
CPaintDoc::~CPaintDoc()
{
}
BOOL CPaintDoc::OnNewDocument()
{
    if (!CDocument::OnNewDocument())
        return FALSE;
    // TODO: add reinitialization code here
    // (SDI documents will reuse this document)
    return TRUE;
}
/////////////////////////////////////////////////////////////////////////
// CPaintDoc serialization
void CPaintDoc::Serialize(CArchive& ar)
{
    if (ar.IsStoring())
    {
        // TODO: add storing code here
    }
    else
    {
        // TODO: add loading code here
    }
}
/////////////////////////////////////////////////////////////////////////
// CPaintDoc diagnostics
#ifdef _DEBUG
void CPaintDoc::AssertValid() const
{
    CDocument::AssertValid();
}
void CPaintDoc::Dump(CDumpContext& dc) const
{
```

```
        CDocument::Dump(dc);
}
#endif //_DEBUG
/////////////////////////////////////////////////////////////////////////////
// CPaintDoc commands
```

Listing 8.9. paint.rc

```
//Microsoft App Studio generated resource script.
//
#include "resource.h"
#define APSTUDIO_READONLY_SYMBOLS /////////////////////////////////////////////////
/////////////////////////
//
// Generated from the TEXTINCLUDE 2 resource.
//
#include "afxres.h"
/////////////////////////////////////////////////////////////////////////////
#undef APSTUDIO_READONLY_SYMBOLS
#ifdef APSTUDIO_INVOKED
/////////////////////////////////////////////////////////////////////////////
//
// TEXTINCLUDE
//
1 TEXTINCLUDE DISCARDABLE
BEGIN
     "resource.h\0"
END
2 TEXTINCLUDE DISCARDABLE
BEGIN
     "#include ""afxres.h""\r\n"
     "\0"
END
3 TEXTINCLUDE DISCARDABLE
BEGIN
     "#include ""res\\paint.rc2""  // non-App Studio edited resources\r\n"
     "\r\n"
     "#include ""afxres.rc""       // Standard components\r\n"
     "#include ""afxprint.rc""     // printing/print preview resources\r\n"
     "\0"
END
/////////////////////////////////////////////////////////////////////////////
```

continues

Listing 8.9. continued

```
#endif    // APSTUDIO_INVOKED
//////////////////////////////////////////////////////////////////////////
//
// Icon
//
IDR_MAINFRAME            ICON    DISCARDABLE    "RES\\PAINT.ICO"
//////////////////////////////////////////////////////////////////////////
//
// Bitmap
//
IDR_MAINFRAME            BITMAP  MOVEABLE PURE    "RES\\TOOLBAR.BMP"
//////////////////////////////////////////////////////////////////////////
//
// Menu
//
IDR_MAINFRAME MENU PRELOAD DISCARDABLE
BEGIN
    POPUP "&File"
    BEGIN
        MENUITEM "&New\tCtrl+N",            ID_FILE_NEW
        MENUITEM "&Open...\tCtrl+O",        ID_FILE_OPEN
        MENUITEM "&Save\tCtrl+S",           ID_FILE_SAVE
        MENUITEM "Save &As...",             ID_FILE_SAVE_AS
        MENUITEM SEPARATOR
        MENUITEM "&Print...\tCtrl+P",       ID_FILE_PRINT
        MENUITEM "Print Pre&view",          ID_FILE_PRINT_PREVIEW
        MENUITEM "P&rint Setup...",         ID_FILE_PRINT_SETUP
        MENUITEM SEPARATOR
        MENUITEM "Recent File",             ID_FILE_MRU_FILE1, GRAYED
        MENUITEM SEPARATOR
        MENUITEM "E&xit",                   ID_APP_EXIT
    END
    POPUP "&Edit"
    BEGIN
        MENUITEM "&Undo\tCtrl+Z",           ID_EDIT_UNDO
        MENUITEM SEPARATOR
        MENUITEM "Cu&t\tCtrl+X",            ID_EDIT_CUT
        MENUITEM "&Copy\tCtrl+C",           ID_EDIT_COPY
        MENUITEM "&Paste\tCtrl+V",          ID_EDIT_PASTE
    END
    POPUP "&View"
    BEGIN
```

```
        MENUITEM "&Toolbar",                    ID_VIEW_TOOLBAR
        MENUITEM "&Status Bar",                 ID_VIEW_STATUS_BAR
    END
    POPUP "&Help"
    BEGIN
        MENUITEM "&About PAINT...",             ID_APP_ABOUT
    END
    POPUP "&Tools"
    BEGIN
        MENUITEM "Point",                       IDM_POINT
        MENUITEM "Draw",                        IDM_DRAW
        MENUITEM "Line",                        IDM_LINE
        MENUITEM "Rectangle",                   IDM_RECTANGLE
        MENUITEM "Ellipse",                     IDM_ELLIPSE
        MENUITEM "Fill",                        IDM_FILL
    END
END
/////////////////////////////////////////////////////////////////////////
//
// Accelerator
//
IDR_MAINFRAME ACCELERATORS PRELOAD MOVEABLE PURE
BEGIN
    "N",            ID_FILE_NEW,            VIRTKEY,CONTROL
    "O",            ID_FILE_OPEN,           VIRTKEY,CONTROL
    "S",            ID_FILE_SAVE,           VIRTKEY,CONTROL
    "P",            ID_FILE_PRINT,          VIRTKEY,CONTROL
    "Z",            ID_EDIT_UNDO,           VIRTKEY,CONTROL
    "X",            ID_EDIT_CUT,            VIRTKEY,CONTROL
    "C",            ID_EDIT_COPY,           VIRTKEY,CONTROL
    "V",            ID_EDIT_PASTE,          VIRTKEY,CONTROL
    VK_BACK,        ID_EDIT_UNDO,           VIRTKEY,ALT
    VK_DELETE,      ID_EDIT_CUT,            VIRTKEY,SHIFT
    VK_INSERT,      ID_EDIT_COPY,           VIRTKEY,CONTROL
    VK_INSERT,      ID_EDIT_PASTE,          VIRTKEY,SHIFT
    VK_F6,          ID_NEXT_PANE,           VIRTKEY
    VK_F6,          ID_PREV_PANE,           VIRTKEY,SHIFT
END
/////////////////////////////////////////////////////////////////////////
//
// Dialog
//
IDD_ABOUTBOX DIALOG DISCARDABLE  34, 22, 217, 55
```

continues

Listing 8.9. continued

```
STYLE DS_MODALFRAME ¦ WS_POPUP ¦ WS_CAPTION ¦ WS_SYSMENU
CAPTION "About PAINT"
FONT 8, "MS Sans Serif"
BEGIN
    ICON        IDR_MAINFRAME,IDC_STATIC,11,17,20,20
    LTEXT       "PAINT Application Version1.0",IDC_STATIC,40,10,119,8
    LTEXT       "Copyright \251 1993",IDC_STATIC,40,25,119,8
    DEFPUSHBUTTON   "OK",IDOK,176,6,32,14,WSROUP
END
/////////////////////////////////////////////////////////////////////////
//
// String Table
//
STRINGTABLE PRELOAD DISCARDABLE
BEGIN
    IDR_MAINFRAME       "PAINT Windows Application\nPaint\nPAINT Document"
END
STRINGTABLE PRELOAD DISCARDABLE
BEGIN
    AFX_IDS_APP_TITLE       "PAINT Windows Application"
    AFX_IDS_IDLEMESSAGE     "Ready"
END
STRINGTABLE DISCARDABLE
BEGIN
    ID_INDICATOR_EXT        "EXT"
    ID_INDICATOR_CAPS       "CAP"
    ID_INDICATOR_NUM        "NUM"
    ID_INDICATOR_SCRL       "SCRL"
    ID_INDICATOR_OVR        "OVR"
    ID_INDICATOR_REC        "REC"
END
STRINGTABLE DISCARDABLE
BEGIN
    ID_FILE_NEW             "Create a new document"
    ID_FILE_OPEN            "Open an existing document"
    ID_FILE_CLOSE           "Close the active document"
    ID_FILE_SAVE            "Save the active document"
    ID_FILE_SAVE_AS         "Save the active document with a new name"
    ID_FILE_PAGE_SETUP      "Change the printing options"
    ID_FILE_PRINT_SETUP     "Change the printer and printing options"
    ID_FILE_PRINT           "Print the active document"
    ID_FILE_PRINT_PREVIEW   "Display full pages"
```

```
END
STRINGTABLE DISCARDABLE
BEGIN
    ID_APP_ABOUT        "Display program information
    ID_APP_EXIT         "Quit the application; prompts to save documents"
END
STRINGTABLE DISCARDABLE
BEGIN
    ID_FILE_MRU_FILE1       "Open this document"
    ID_FILE_MRU_FILE2       "Open this document"
    ID_FILE_MRU_FILE3       "Open this document"
    ID_FILE_MRU_FILE4       "Open this document"
END
STRINGTABLE DISCARDABLE
BEGIN
    ID_NEXT_PANE        "Switch to the next window pane"
    ID_PREV_PANE        "Switch back to the previous window pane"
END
STRINGTABLE DISCARDABLE
BEGIN
    ID_EDIT_CLEAR       "Erase the selection"
    ID_EDIT_CLEAR_ALL   "Erase everything"
    ID_EDIT_COPY        "Copy the selection and put it on the Clipboard"
    ID_EDIT_CUT         "Cut the selection and put it on the Clipboard"
    ID_EDIT_FIND        "Find the specified text"
    ID_EDIT_PASTE       "Insert Clipboard contents"
    ID_EDIT_REPEAT      "Repeat the last action"
    ID_EDIT_REPLACE     "Replace specific text with different text"
    ID_EDIT_SELECT_ALL  "Select the entire document"
    ID_EDIT_UNDO        "Undo the last action"
    ID_EDIT_REDO        "Redo the previously undone action"
END
STRINGTABLE DISCARDABLE
BEGIN
    ID_VIEW_TOOLBAR     "Show or hide the toolbar"
    ID_VIEW_STATUS_BAR  "Show or hide the status bar"
END
STRINGTABLE DISCARDABLE
BEGIN
    AFX_IDS_SCSIZE      "Change the window size"
    AFX_IDS_SCMOVE      "Change the window position"
    AFX_IDS_SCMINIMIZE  "Reduce the window to an icon"
```

continues

Listing 8.9. continued

```
     AFX_IDS_SCMAXIMIZE      "Enlarge the window to full size"
     AFX_IDS_SCNEXTWINDOW    "Switch to the next document window"
     AFX_IDS_SCPREVWINDOW    "Switch to the previous document window"
     AFX_IDS_SCCLOSE         "Close the active window
END
STRINGTABLE DISCARDABLE
BEGIN
     AFX_IDS_SCRESTORE       "Restore the window to normal size"
     AFX_IDS_SCTASKLIST      "Activate Task List"
END
#ifndef APSTUDIO_INVOKED
/////////////////////////////////////////////////////////////////////////
//
// Generated from the TEXTINCLUDE 3 resource.
//
#include "res\paint.rc2"  // non-App Studio edited resources
#include "afxres.rc"  // Standard components
#include "afxprint.rc"  // printing/print preview resources
/////////////////////////////////////////////////////////////////////////
#endif     // not APSTUDIO_INVOKED
```

Saving and Restoring the Paint Image

We can add code to the OnDraw() function to restore the paint program's client area when it is uncovered, if we want. To do that, we should create a new (memory-only) device context that matches the view's device context with the member function CreateCompatibleDC(). Store the resulting pointer in the document; when we draw in the view, also draw in that new compatible device context. When it is time to update the view from that device context in OnDraw(), use the member function BitBlt() to copy the graphical data back to the view.

That's it for our coverage of MFC graphics and for our development of our paint program. We have come far in this chapter. Now we're able to draw lines, points, ellipses, and so on. In the next chapter, we start the process of saving all our work on disk, in files.

New Classes and Members:

CBrush

CBrush	Construct CBrush object
CreateBrushIndirect	Initialize brush from LOGBRUSH structure
CreateDIBPatternBrush	Initialize brush with pattern from DIB bitmap
CreateHatchBrush	Initialize brush with indicated hatch pattern
CreatePatternBrush	Initialize brush with pattern from bitmap
CreateSolidBrush	Initialize brush with indicated solid color
FromHandle	Return pointer to CBrush object

CGdiObject

Attach	Attach Windows GDI object to CGdiObject object
CGdiObject	Construct CGdiObject object
CreateStockObject	Get handle to a predefined stock object
DeleteObject	Delete Windows GDI object attached to CGdiObject object
DeleteTempMap	Delete CGdiObject object created by FromHandle
Detach	Detach Windows GDI object from a CGdiObject object
FromHandle	Return pointer to CGdiObject object
GetObject	Fill buffer with data describing Windows GDI object
GetSafeHandle	Return mObject
mObject	HANDLE of drawing object for this CGdiObject
UnrealizeObject	Reset origin of brush or reset palette

CPen

CPen	Construct CPen object
CreatePen	Initialize pen with indicated style and width
CreatePenIndirect	Initialize pen with style and width from LOGPEN structure
FromHandle	Return pointer to CPen object when passed a Windows HPEN

MFC File Handling

So far we have written many powerful programs using the MFC library. But we have yet to produce anything permanent—anything that will last after we turn off the computer. We can store data on computer disks in the form of files, and that's what this chapter is about. Unless computers allowed us to store data in some such permanent fashion, we'd be in trouble.

Working with files is integral to programming, and the file-handling capabilities in the MFC library are good. In this chapter, we will see how to interface them to our programs.

Our first program will simply save a string to disk. After that, we will see how to work with records and random access files. Next, we will update our pad and db programs to handle files through the process of *serialization* (the MFC method of automatic file processing). Finally, we will see how to handle serialization from the ground up. Let's get started with file handling in the MFC library.

MFC File Handling at Work

Some aspects of programming are not spelled out in the C++ standard because they vary from computer to computer. File handling under Windows is one of these areas. Here, we can't simply use the standard C file stream functions fopen( ), fread( ), fwrite( ), and fclose( ) functions. The reason for this is that Windows is a multitasking environment that does not support streams in the standard way. Windows has its own (nonstream) method of handling file functions. Instead, the usual way of working with files in the MFC library is based on the CFile class defined in that library, and this chapter will be an exploration of that class.

Actually, declaring and using an object of class CFile is much like working with an I/O stream in C. In C, we might print text to a file the file with fopen( ), writing to the file with fwrite( ), and closing the file with fclose( ). We can print "Hello, world" like this:

```
#include <stdio.h>

void main()
{
 FILE *file_pointer;

 if((file_pointer = fopen("hello.txt", "w")) != NULL){
  fwrite("Hello, world.", strlen("Hello, world."), 0, \
   file_pointer);
  fclose(file_pointer);
 }
 else printf("Error writing hello.txt\n");
}
```

In the MFC library, by contrast, we would use the CFile member functions Open( ), Write( ), and Close( ). The process is parallel and it will become even easier because we will see how to use the CFile constructor to open a file, and the CFile destructor automatically closes a file when the object goes out of scope. The CFile member functions appear in table 9.1 (and at the end of the chapter).

Table 9.1.   CFile's Member Functions

Member	Means
CFile	Constructor
Close	Close file, delete object

Member	Means
Duplicate	Duplicate object
Flush	Flush data
GetLength	Get length of the file
GetPosition	Get file pointer
GetStatus	Get status of the specified file
LockRange	Lock range of file bytes
Open	Open a file (with error-testing option)
Read	Read data from file
Remove	Delete specified file
Rename	Rename specified file
Seek	Move file pointer
SeekToBegin	Move file pointer to beginning of file
SeekToEnd	Move file pointer to end of file
SetLength	Change length of file
SetStatus	Set status of specified file
UnlockRange	Unlock range of file bytes
Write	Write to current file position
~CFile	Destructor

Let's see how the CFile class works in the following example:

A CFile Class Example   [A Head]

We will create a new application with Visual C++'s App Wizard named, say, file.mak, and add two file-handling items, File Write (ID = IDM_FILEWRITE) and File Read (ID = IDM_FILEREAD), to the File menu as shown in figure 9.1.

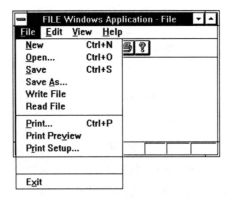

Figure 9.1. The File menu contains two file-handling items.

Next, we use Class Wizard to connect two view class functions to those menu items named OnFileWrite() and OnFileRead():

```
void CFileView::OnFilewrite()
{
}
void CFileView::OnFileread()
{
}
```

At this point, we are ready to write data.

Writing a File

In OnFileWrite(), we can write the text Hello, world. to the file hello.txt, and in OnFileRead(), we can read it back in again. These actions are triggered by selecting the appropriate menu item. We can start by declaring our CFile object in OnFileWrite()—which we might simply call file, and then we can open it:

```
void CFileView::OnFilewrite()
{
 CFile file;
 file.Open("hello.txt", CFile::modeCreate | CFile::modeWrite);
   :
}
```

Notice the two CFile members, CFile::modeCreate and CFile::modeWrite, which we OR'ed together to specify that we want to create this file if it doesn't already exist, and that we intend to write to it. Other Open() options of CFile appear in table 9.2. You may have noticed that we didn't check for errors here. That is because if there is an error, the CFile object generates an *exception*; we will see how to handle these exceptions in Chapter 12.

Table 9.2.   CFile Open( ) Options

Open Option	Means
CFile::modeCreate	Create a new file or truncates to 0 length
CFile::modeNoInherit	File cannot be inherited by child processes
CFile::modeRead	Open the file for reading only
CFile::modeReadWrite	Open the file for reading and writing
CFile::modeWrite	Open the file for writing only
CFile::shareCompat	Open the file in compatibility mode
CFile::shareDenyNone	Open the file without denying any access
CFile::shareDenyRead	Open the file and deny others read access
CFile::shareDenyWrite	Open the file and deny others write access
CFile::shareExclusive	Open the file and deny others all access
CFile::typeBinary	Set binary mode
CFile::typeText	Special processing for <cr><lf> pairs

There is an easier way to create the file hello.txt and open it—we just use the CFile constructor. (When you create a CFile object, it is logical to assume that you want to open it, so the MFC library adds that capability to the constructor.) That looks like the following:

```
void CFileView::OnFilewrite()
{
 CFile file("hello.txt", CFile::modeCreate ¦ CFile::modeWrite);
   :
}
```

That's it. Now our file is open for use and ready to be written to (although it has zero length):

Hello.txt

Next, we can add a CString object named hello_string to hold our text and write it to disk with CFile::Write(). We only have to pass the character string and its length to Write():

```
void CFileView::OnFilewrite()
{
 CString hello_string = "Hello, world.";
 CFile file("hello.txt", CFile::modeCreate | CFile::modeWrite);

 file.Write(hello_string, hello_string.GetLength());
   :
}
```

In general, when using CFile::Write() we simply pass a pointer to a data buffer (which can hold any type of data—numerical, text, etc.) as the first parameter and the number of bytes to write as the second. Note that if you don't know how big a certain object is, you can always use size of(). Also note that we did not have to use file handles here (as we do in standard C) because we are using member functions of our file object, so it's clear what file we are working with. At this point, then, the text has been written to disk:

Hello.txt

CString "Hello, world."

Now that our text has been written, the final step is to close the file. We can do that with the CFile function Close(). In fact, we don't need to use Close() because it is automatically invoked by the CFile destructor when the corresponding object goes out of scope. However, it is often useful to close a file explictly to save memory and to indicate that you are finished with it:

```
void CFileView::OnFilewrite()
{
 CString hello_string = "Hello, world.";
 CFile file("hello.txt", CFile::modeCreate | CFile::modeWrite);

 file.Write(hello_string, hello_string.GetLength());
 file.Close();
}
```

Reading a File

That's it for writing our text file. Next, let's see how to read it back in with OnFileRead(). That works much as it did in OnFileWrite()—first, we open the file. Here, however, we open the file using CFile::modeRead in the following way:

```
void CFileView::OnFileread()
{
 CFile file("hello.txt", CFile::modeRead);
  :


}
```

Next, we set aside space for the data we want to read in with a constant length character string named data_string like this:

```
void CFileView::OnFileread()
{
    const MAX_LEN = 20;
    char data_string[MAX_LEN];
    CFile file("hello.txt", CFile::modeRead);


  :
}
```

Now we read the file hello.txt with the CFile member function Read(). We pass a data buffer pointer to Read() and the number of bytes we want to read. This function returns the number of bytes actually read as an unsigned integer, and we store that value in a variable named number_read:

```
void CFileView::OnFileread()
{
 const MAX_LEN = 20;
 char data_string[MAX_LEN];
 CFile file("hello.txt", CFile::modeRead);

 UINT number_read = file.Read(data_string, MAX_LEN);
  :
}
```

The final step is to print out the result of reading in the file. We print out the result with TextOut() in the following way:

```
void CFileView::OnFileread()
{
```

```
    const MAX_LEN = 20;
    char data_string[MAX_LEN];
    CFile file("hello.txt", CFile::modeRead);

    UINT number_read = file.Read(data_string, MAX_LEN);
    CClientDC dc(this);
    dc.TextOut(0, 0, data_string, number_read);
  :
}
```

That's it. Now we have written our file and read it back in, as shown in figure 9.2. Our program is a success.

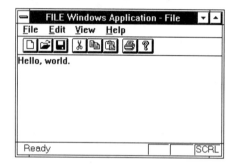

Figure 9.2. The file is read back in.

Using Sequential and Random Access Files

So far, we have treated our file as a *sequential* file. Sequential files are usually used for text files, where you write the file from beginning to end and read it the same way; that is, you don't jump around inside the file. Working with sequential files is like using cassette tapes; if you want to hear something at the end of the tape, you have to pass by everything in front of it first.

If sequential files are like cassette tapes, then *random* files—the next type—are like compact discs. Although you have to fast forward to the parts you want in a cassette tape, you can simply move around at will on a CD, without going through all the intervening tracks. The price you pay is that the data in a random access file has to be carefully sectioned into *records*, so that you know exactly where the data is located. For example, if the records we developed for our database application were all the same size, they would work perfectly in a random access file; when we wanted the twentieth record, we could simply skip over the first 19 and then start reading.

CFile objects support this kind of file access with the Seek() member function. For example, we might write four constant-length character arrays (our "records") to a file named data.dat in the following way:

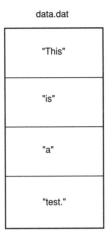

The CFile class maintains a *file pointer* for use with the Seek() function. Using a file pointer is easy. For example, if we wanted to read our second record from our file data.dat, we would simply position the file pointer there with Seek():

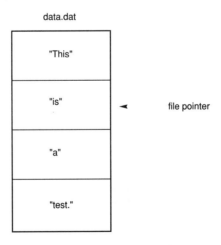

When we next read a record from the file, that will be the record we read. Let's see this concept in action. First, we can write the file in OnFileWrite(). Next, we will open it in OnFileRead() and only read in the second record, using Seek(). Writing the file is easy with CFile::Write(). First, we set our constant-length character array records (note that our records could be anything, including structures and objects—we are not using CString objects here because they would expand or contract to fit the size of their internal strings, and records have to be constant length):

```
void CFileView::OnFilewrite()
{
 const MAX_LEN = 20;
 const MAX_ITEMS = 4;

 char output_string[MAX_ITEMS][MAX_LEN];
 strcpy(output_string[0], "This");
 strcpy(output_string[1], "is");
 strcpy(output_string[2], "a");
 strcpy(output_string[3], "test.");
   :
}
```

Now our data is ready to be written. We open a file called, say, random_file, and write out the data like this:

```
void CFileView::OnFilewrite()
{
 const MAX_LEN = 20;
 const MAX_ITEMS = 4;
 CString hello_string = "Hello, world.";
 CFile file("hello.txt", CFile::modeCreate | CFile::modeWrite);

 file.Write(hello_string, hello_string.GetLength());
 file.Close();

 char output_string[MAX_ITEMS][MAX_LEN];
 strcpy(output_string[0], "This");
 strcpy(output_string[1], "is");
 strcpy(output_string[2], "a");
 strcpy(output_string[3], "test.");
 CFile random_file("data.dat", CFile::modeCreate | CFile::modeWrite);
    for (int loop_index = 0; loop_index < MAX_ITEMS; loop_index++){
      random_file.Write(output_string[loop_index], MAX_LEN);
 }

       random_file.Close();
}
```

That's it. We have created data.dat on disk like this:

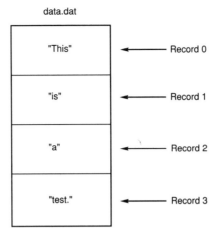

data.dat

"This"	← Record 0
"is"	← Record 1
"a"	← Record 2
"test."	← Record 3

The next step is to read in only the second record. In this example that's record 1 (in our 0-based system). We do that in OnFileRead(). First, we create a character array large enough to hold a single record and open the file for reading in the following way:

```
void CFileView::OnFileread()
{
 const MAX_LEN = 20;

 char input_string[MAX_LEN];
 CFile random_file("data.dat", CFile::modeRead);
   :
}
```

Now we need to position the file pointer at record 1 like this:

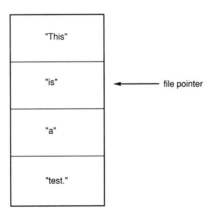

"This"	
"is"	← file pointer
"a"	
"test."	

We do this with Seek( ), which works like this: Seek(*offset, method*), where *offset* is the offset in bytes you want to move. How you move depends on the second parameter: *method*. This parameter can take three values: CFile::begin, CFile::current, and CFile::end. Use these values to indicate the origin of the offset. For example, CFile::current indicates that you want to move the file pointer *offset* bytes (the value can be positive or negative) with respect to the current position. In this case, we want to position ourselves immediately after the first record like this:

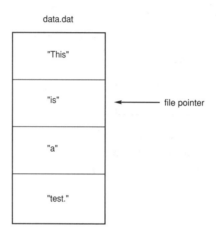

data.dat

In code, that works this way:

```
void CFileView::OnFileread()
{
 const MAX_LEN = 20;

 char input_string[MAX_LEN];
 CFile random_file("data.dat", CFile::modeRead);
 random_file.Seek(MAX_LEN, CFile::begin);
   :
}
```

Now that the file pointer is positioned the way we want it, we read in the data. (Here we cheat a little, because we know that the second record only contains two bytes of data, and so we ask for two bytes to be read.) Finally, we print out the result and close the file:

```
void CFileView::OnFileread()
{
 const MAX_LEN = 20;
 char input_string[MAX_LEN];
 CFile random_file("data.dat", CFile::modeRead);
```

```
    random_file.Seek(MAX_LEN, CFile::begin);
    number_read = random_file.Read(input_string, 2);
    dc.TextOut(0, 0, input_string, number_read);
    random_file.Close();
}
```

Our program is a success. That's it for our first file example. The listing of fileview.cpp appears in listing 9.1.

Listing 9.1. fileview.cpp

```
// fileview.cpp : implementation of the CFileView class
//

#include "stdafx.h"
#include "file.h"
#include <string.h>
#include "filedoc.h"
#include "fileview.h"

#ifdef _DEBUG
#undef THIS_FILE
static char BASED_CODE THIS_FILE[] = __FILE__;
#endif


/////////////////////////////////////////////////////////////////////////
// CFileView

IMPLEMENT_DYNCREATE(CFileView, CView)

BEGIN_MESSAGE_MAP(CFileView, CView)
 //{{AFX_MSG_MAP(CFileView)
 ON_COMMAND(IDM_FILEWRITE, OnFilewrite)
 ON_COMMAND(IDM_FILEREAD, OnFileread)
 //}}AFX_MSG_MAP
 // Standard printing commands
 ON_COMMAND(ID_FILE_PRINT, CView::OnFilePrint)
 ON_COMMAND(ID_FILE_PRINT_PREVIEW, CView::OnFilePrintPreview)
END_MESSAGE_MAP()


/////////////////////////////////////////////////////////////////////////
```

continues

Listing 9.1. continued

```
// CFileView construction/destruction

CFileView::CFileView()
{
 // TODO: add construction code here
}

CFileView::~CFileView()
{
}
///////////////////////////////////////////////////////////////////////////
// CFileView drawing

void CFileView::OnDraw(CDC* pDC)
{
 CFileDoc* pDoc = GetDocument();

 // TODO: add draw code here
}


///////////////////////////////////////////////////////////////////////////
// CFileView printing

BOOL CFileView::OnPreparePrinting(CPrintInfo* pInfo)
{
 // default preparation
 return DoPreparePrinting(pInfo);
}

void CFileView::OnBeginPrinting(CDC* /*pDC*/, CPrintInfo* /*pInfo*/)
{
 // TODO: add extra initialization before printing
}

void CFileView::OnEndPrinting(CDC* /*pDC*/, CPrintInfo* /*pInfo*/)
{
 // TODO: add cleanup after printing
}


///////////////////////////////////////////////////////////////////////////
```

```
// CFileView diagnostics

#ifdef _DEBUG
void CFileView::AssertValid() const
{
 CView::AssertValid();
}

void CFileView::Dump(CDumpContext& dc) const
{
 CView::Dump(dc);
}

CFileDoc* CFileView::GetDocument() // non-debug version is inline
{
 ASSERT(m_pDocument->IsKindOf(RUNTIME_CLASS(CFileDoc)));
 return (CFileDoc*) m_pDocument;
}

#endif //_DEBUG

/////////////////////////////////////////////////////////////////////////////
// CFileView message handlers

void CFileView::OnFilewrite()
{
 const MAX_LEN = 20;
 const MAX_ITEMS = 4;
 CString hello_string = "Hello, world.";
 CFile file("hello.txt", CFile::modeCreate | CFile::modeWrite);

 file.Write(hello_string, hello_string.GetLength());
 file.Close();

 char output_string[MAX_ITEMS][MAX_LEN];
 strcpy(output_string[0], "This");
 strcpy(output_string[1], "is");
 strcpy(output_string[2], "a");
 strcpy(output_string[3], "test.");
 CFile random_file("data.dat", CFile::modeCreate | CFile::modeWrite);
 for (int loop_index = 0; loop_index < MAX_ITEMS; loop_index++){
```

continues

Listing 9.1. continued

```
     random_file.Write(output_string[loop_index], MAX_LEN);
    }
   random_file.Close();
}
void CFileView::OnFileread()
{
   const MAX_LEN = 20;
   char data_string[MAX_LEN];
   CFile file("hello.txt", CFile::modeRead);

   UINT number_read = file.Read(data_string, MAX_LEN);
   CClientDC dc(this);
   dc.TextOut(0, 0, data_string, number_read);

   char input_string[MAX_LEN];
   CFile random_file("data.dat", CFile::modeRead);
   random_file.Seek(MAX_LEN, CFile::begin);
   number_read = random_file.Read(input_string, 2);
   dc.TextOut(0, 0, input_string, number_read);
   random_file.Close();
}
```

Updating Our Notepad to Handle Files

With all this preparation for file handling, you may be surprised at the ease with which we add file handling to two of our major programs: the notepad and the database. In those cases, Visual C++ has already built in most of the file-handling capability we will need. It will be easy to customize the rest because MFC objects support a process called *serialization*. This means, as we will see in detail soon, that they can write themselves to a CFile object automatically. In particular, when any of the built-in File menu items (for example, Open...) that Visual C++ puts in our programs are used, our program serializes the document by itself. Menu items like those are tied to CWinApp member functions like OnFileNew() and OnFileOpen() using normal message map entries like these (from pad.cpp):

```
BEGIN_MESSAGE_MAP(CPadApp, CWinApp)
 ON_COMMAND(ID_FILE_NEW, CWinApp::OnFileNew)
 ON_COMMAND(ID_FILE_OPEN, CWinApp::OnFileOpen)
   :
```

These functions call the document function Serialize( ) as needed to serialize the data. Because of the way our programs have been written, then, we only need to add code to the Serialize( ) function in our document class. We will do that for our notepad and database applications. Later on, we will see how the MFC serialization process works from scratch (that is, independent of the File menu items like Save As... that Visual C++ has set up for us).

Our Serialize( ) function (as written by Visual C++) currently looks like this:

```
void CPadDoc::Serialize(CArchive& ar)
{
 if (ar.IsStoring())
 {
 }
 else
 {
 }
}
```

The data we want to store is the text from the pad, which we stored in a CString object named m_PadText (from paddoc.h):

```
class CPadDoc : public CDocument
{
protected: // create from serialization only
 CPadDoc();
 DECLARE_DYNCREATE(CPadDoc)

// Attributes
public:
CString m_PadText;
    :
```

In the Serialize( ) function, we are passed a *reference* to an archive object. A reference in C++ can be thought of as another name for an object or variable. Normally when we pass an object to a function, a copy of the object is passed, so the function cannot change the contents of the original object. However, using the ampersand (&) in the following way indicates that we want to pass parameters by reference (as many languages do) instead of by value (the C++ default):

```
void CPadDoc::Serialize(CArchive& ar)
{
 if (ar.IsStoring())
 {

 }
```

```
else
{

}
}
```

Here we will be placing data in the archive object that is passed to us, so we need some way to reach it directly (a copy of that object wouldn't be good enough). Because the reference we get to the archive object can be thought of as another name for that object itself, and we can send data to it much as we did in Chapter 1 with cout as follows:

```
#include <iostream.h>

void main()
{
cout << "Hello world.";        // Print "Hello, world."
}
```

In Serialize( ), we check the archive member function IsStoring( ) to see if the data is being written to disk or not. Then we simply serialize m_PadText in the following way:

```
void CPadDoc::Serialize(CArchive& ar)
{
 if (ar.IsStoring())
 {
  ar << m_PadText;
 }
 else
 {
  ar >> m_PadText;
 }
}
```

That's all that is necessary to add file handling to our document. Now the pad program can save files with the Save As... menu item, which opens the dialog box shown in figure 9.3, and open the files with the Open... menu item, which opens the dialog box shown in figure 9.4. It was as easy as that—when the Serialize( ) function is called, our data is stored or loaded as needed. All the details have been handled for us. The listing for paddoc.cpp appears in listing 9.2.

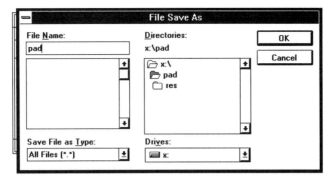

Figure 9.3. This is the pad's File Save As... dialog box.

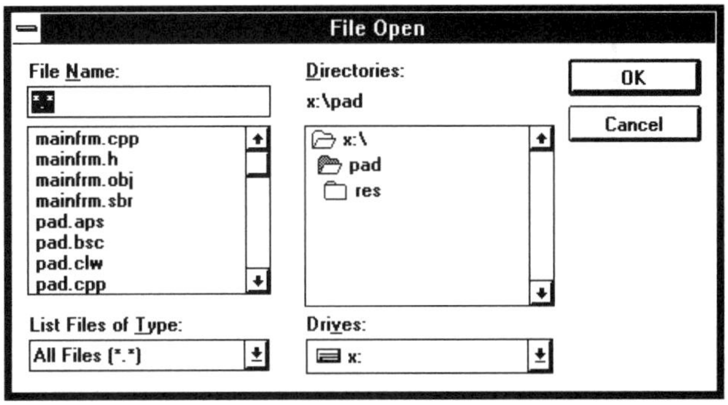

Figure 9.4. This is the pad's File Open dialog box.

The Document's Modified Flag

There is one more change that we can make to the pad program. When we modify our data in the document's m_PadText data member, we can set the document's *modified flag* with the MFC member function SetModifiedFlag() like this (where we are storing the data after closing the pad):

```
void CPadView::OnNotepad()
{
```

```
CString display_string;
CPadDoc* pDoc = GetDocument();
CPadDlg dlg;
dlg.m_PadText = pDoc->m_PadText;
dlg.DoModal();
pDoc->m_PadText = dlg.m_PadText;
pDoc->SetModifiedFlag();
}
```

Now if the user quits without saving the pad's data, a message box will appear on-screen, asking if the user wants to save the data, as shown in figure 9.5. In addition, our program now *automatically* maintains a Most Recently Used (MRU) list of files ready to be opened in the File menu, as shown in figure 9.6. All this functionality is built into MFC applications.

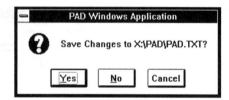

Figure 9.5. The message box contains a file warning.

```
─                PAD Windows Application - PAD.CPP              ▼ ▲
 File  Edit  View  Help  Notepad
 New          Ctrl+N   ⊟ ?
 Open...       Ctrl+O
 Save          Ctrl+S
 Save As...
 ─────────────────────
 Print...      Ctrl+P
 Print Preview
 Print Setup...
 ─────────────────────
 1 PAD.CPP
 2 PAD.TXT
 3 PAD3.TXT
 4 PAD2.TXT
 ─────────────────────
 Exit
```

Figure 9.6. The File menu contains the pad's Most Recently Used list of files.

Listing 9.2. paddoc.cpp

```
// paddoc.cpp : implementation of the CPadDoc class
//

#include "stdafx.h"
#include "pad.h"

#include "paddoc.h"

#ifdef _DEBUG
#undef THIS_FILE
static char BASED_CODE THIS_FILE[] = __FILE__;
#endif

/////////////////////////////////////////////////////////////////////////
// CPadDoc

IMPLEMENT_DYNCREATE(CPadDoc, CDocument)

BEGIN_MESSAGE_MAP(CPadDoc, CDocument)
 //{{AFX_MSG_MAP(CPadDoc)
  // NOTE - the ClassWizard will add and remove mapping macros here.
  //     DO NOT EDIT what you see in these blocks of generated code !
 //}}AFX_MSG_MAP
END_MESSAGE_MAP()

/////////////////////////////////////////////////////////////////////////
// CPadDoc construction/destruction

CPadDoc::CPadDoc()
{
 // TODO: add one-time construction code here
}

CPadDoc::~CPadDoc()
{
}

BOOL CPadDoc::OnNewDocument()
```

continues

Listing 9.2. continued

```
{
 if (!CDocument::OnNewDocument())
  return FALSE;
 // TODO: add reinitialization code here
 // (SDI documents will reuse this document)
 return TRUE;
}


/////////////////////////////////////////////////////////////////////////
// CPadDoc serialization

void CPadDoc::Serialize(CArchive& ar)
{
 if (ar.IsStoring())
 {
  ar << m_PadText;
 }
 else
 {
  ar >> m_PadText;
 }
}


/////////////////////////////////////////////////////////////////////////
// CPadDoc diagnostics

#ifdef _DEBUG
void CPadDoc::AssertValid() const
{
 CDocument::AssertValid();
}

void CPadDoc::Dump(CDumpContext& dc) const
{
 CDocument::Dump(dc);
}

#endif //_DEBUG


/////////////////////////////////////////////////////////////////////////
// CPadDoc commands
```

Updating Our Database to Handle Files

We can add file handling to our database program as well. There, we stored data in an array named data_string[] and stored the number of items in the integer data_index:

```
class CDbDoc : public CDocument
{
protected: // create from serialization only
 CDbDoc();
 DECLARE_DYNCREATE(CDbDoc)

// Attributes
public:
    CString data_string[10];
    int data_index;
  :
```

We can serialize that data this way in the document's Serialize( ) function:

```
void CDbDoc::Serialize(CArchive& ar)
{
 if (ar.IsStoring())
 {
  ar << data_index;
  for (int loop_index = 0; loop_index < data_index; loop_index++){
      ar << data_string[loop_index];
  }
 }
 else
 {
  ar >> data_index;
  for (int loop_index = 0; loop_index < data_index; loop_index++){
      ar >> data_string[loop_index];
  }
 }
}
```

It turns out, however, that because of multiple overloading in the MFC library, sending integers to an archive object is an ambiguous operation. We can solve that by changing our integer data_index to a long instead:

```
class CDbDoc : public CDocument
{
protected: // create from serialization only
 CDbDoc();
```

```
DECLARE_DYNCREATE(CDbDoc)

// Attributes
public:
 CString data_string[10];
 long data_index;
   :
```

That's it. We can also set the document's modified flag when the user adds an item to the database in the following way:

```
void CDbView::OnAdditem()
{
 CDbDoc* pDoc = GetDocument();
 pDoc->data_string[pDoc->data_index++] = out_string;
 pDoc->SetModifiedFlag(TRUE);
 CClientDC dc(this);
 DWORD OldTextColor = dc.SetTextColor(dc.GetBkColor());
 dc.TextOut(0, 0, out_string, out_string.GetLength());
 dc.SetTextColor(OldTextColor);
 out_string.Empty();
}
```

The final version of dbdoc.cpp appears in listing 9.3. There is one more customization we can add here, and that has to do with the default file types used by the file system. As our program stands, it will suggest a file named "db" when we want to save a file, as shown in figure 9.7.

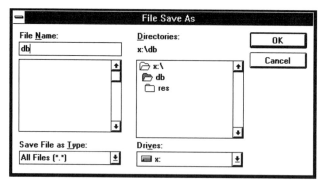

Figure 9.7. The File Save As... dialog box lists the default File Types in the database program.

Microsoft Foundation Class Library Programming

We can customize that with the Visual C++ String Table Editor in App Studio. Open App Studio now and select the String Table resource as shown in figure 9.8.

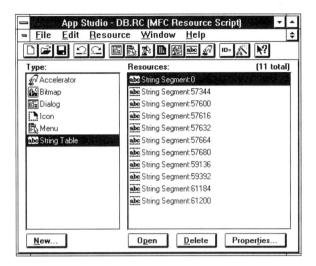

Figure 9.8. The Visual C++ String Table Editor is selected.

Next, double-click String Segment 0, which opens the String Table Editor and displays the current string like this:

```
IDR_MAINFRAME          "DB Windows Application\nDb\nDB Document"
```

This is the default identification string for our main frame window. We can add the text "\nDB Files (*.dat)\n.dat" to the string. This text will indicate that the files we want to use have the extension .dat, and will allow the user to choose them easily. Add that string now in the String Table Editor and save the complete string:

```
IDR_MAINFRAME     "DB Windows Application\nDb\nDB
                  Document\nDB Files (*.dat)\n.dat"
```

Now when we open the File Save As dialog box, as shown in figure 9.9, it knows that the files we are interested in end with .dat, and displays that type, suggesting a name of "db.dat". In addition, the text "DB Files (*.dat)" appears in the drop-down list box in the lower left corner of the dialog box. This makes the program a little more user-friendly.

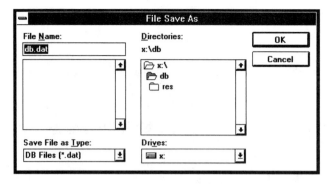

Figure 9.9. The Save As... dialog box lists the improved default file types.

Listing 9.3. dbdoc.cpp

```cpp
// dbdoc.cpp : implementation of the CDbDoc class
//

#include "stdafx.h"
#include "db.h"

#include "dbdoc.h"

#ifdef _DEBUG
#undef THIS_FILE
static char BASED_CODE THIS_FILE[] = __FILE__;
#endif

/////////////////////////////////////////////////////////////////////////////
// CDbDoc

IMPLEMENT_DYNCREATE(CDbDoc, CDocument)

BEGIN_MESSAGE_MAP(CDbDoc, CDocument)
 //{{AFX_MSG_MAP(CDbDoc)
  // NOTE - the ClassWizard will add and remove mapping macros here.
  //    DO NOT EDIT what you see in these blocks of generated code !
 //}}AFX_MSG_MAP
END_MESSAGE_MAP()


/////////////////////////////////////////////////////////////////////////////
```

```
// CDbDoc construction/destruction

CDbDoc::CDbDoc()
{
 data_index = 0;
}
CDbDoc::~CDbDoc()
{
}

BOOL CDbDoc::OnNewDocument()
{
 if (!CDocument::OnNewDocument())
    return FALSE;
 // TODO: add reinitialization code here
 // (SDI documents will reuse this document)
 return TRUE;
}

/////////////////////////////////////////////////////////////////////////////
// CDbDoc serialization

void CDbDoc::Serialize(CArchive& ar)
{
 if (ar.IsStoring())
 {
  ar << data_index;
  for (int loop_index = 0; loop_index < data_index; loop_index++){
     ar << data_string[loop_index];
  }
 }
 else
 {
  ar >> data_index;
  for (int loop_index = 0; loop_index < data_index; loop_index++){
   ar >> data_string[loop_index];
  }
 }
}

/////////////////////////////////////////////////////////////////////////////
```

continues

Listing 9.3.   continued

```
// CDbDoc diagnostics

#ifdef _DEBUG
void CDbDoc::AssertValid() const
{
 CDocument::AssertValid();
}

void CDbDoc::Dump(CDumpContext& dc) const
{
 CDocument::Dump(dc);
}

#endif //_DEBUG


///////////////////////////////////////////////////////////////////////////
// CDbDoc commands
```

Now that we have seen serialization at work, let's explore the process. In particular, serialization only works on MFC objects. What if we wanted to create our own objects and save them? What if we wanted to save data outside the document? What if we don't want to use the File menu items that Visual C++ normally sets up? We will see how to solve these problems next.

How To Customize Serialization

One big advantage of using MFC objects is that they can serialize themselves. As we have seen, these objects can write themselves out to disk. However, we might want to create our own classes and serialize them ourselves (independent of a document—this will help show how the serialization process works). Let's see how to do this with an example program. We might use this program to keep track of some friends. Let's say that we have a class named Friend_Class. The objects of the class keep track of the CStrings FirstName and LastName, and we have two such objects:

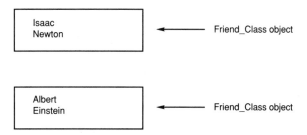

We could place our objects in an object *list* to keep track of them—there already is support for such lists in the MFC libraries with the CObList Class. List objects are used to maintain lists of other objects, and we will see how to use such a list here. In particular, our plan is to place our objects in a CObList-based class we might call Friend_ClassList. Such a list is really a collection of pointers like the following:

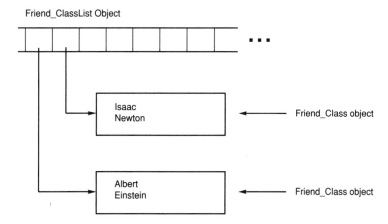

After we set up a list like this, we can automatically send it out to disk and read it back in later. Objects that we can serialize in this fashion need to be derived from the base class CObject, so we can set up the class that holds the friends' names, Friend_Class, like this in our header file:

```
class Friend_Class : public CObject      <—
{

};
```

Here we derive Friend_Class (the class that will hold the names *"Issac Newton"* and *"Albert Einstein"* in two of its objects) from the MFC class CObject so that we will be able to serialize our list. CObject's member functions and data appear in table 9.3.

Table 9.3. CObject's Member Functions and Data

Member	Means
AssertValid	Is object valid?
CObject	Copy constructor
CObject	Default constructor
Dump	Create diagnostic dump
GetRuntimeClass	Get CRuntimeClass structure
IsKindOf	Test relationship to given class
IsSerializable	Test if can be serialized
operator =	Assignment
operator delete	Delete operator
operator new	New operator
Serialize	Load or store to or from archive
~CObject	Destructor
DECLARE_DYNAMIC (Macro)	Give access to run-time class information
DECLARE_SERIAL (Macro)	Allow serialization
IMPLEMENT_DYNAMIC (Macro)	Implement access to run-time class information
IMPLEMENT_SERIAL (Macro)	Implement serialization
RUNTIME_CLASS (Macro)	Get CRuntimeClass structure

Determining Classes at Run Time
Another reason to use CObject-based objects is that they enable you to determine which class you are dealing with at run-time, and to allocate new ones as well. This information usually doesn't exist in .exe files, but can be implemented in CObject-based objects with the DECLARE_DYNAMIC and IMPLEMENT_DYNAMIC macros.

Next, we declare two constructors for Friend_Class: Friend_Class( ) and Friend_Class(CString First, CString Last). The first one, without arguments, is necessary for classes that you want to serialize, simply so that CObject's constructor will be called. We will use the other one, which takes two CString arguments, to initialize the FirstName and LastName member strings. For example, the declaration Friend_Class Friend1("Issac", "Newton") will give us an object like this:

Here's how those prototypes appear in our class's definition (also in the header file):

```
class Friend_Class : public CObject
{
    Friend_Class(){};
  :
public:
    Friend_Class(CString First, CString Last);
 CString     FirstName;
 CString     LastName;
  :
};
```

In addition, we do two more things to support initialization: we include the macro DECLARE_SERIAL in our class definition, and we indicate that we will override the function Serialize( ):

```
class Friend_Class : public CObject
{
    Friend_Class(){};
    DECLARE_SERIAL(Friend_Class);
public:
 Friend_Class(CString First, CString Last);
 CString     FirstName;
 CString     LastName;
 void Serialize(CArchive& archive);
};
```

The MFC library will expand the DECLARE_SERIAL macro into the prototypes it needs for serialization. In the function Serialize( ), we will indicate which class data we want to send out to disk, and in what order.

Next comes the list class Friend_ClassList, which will make up the list of our objects of class Friend_Class:

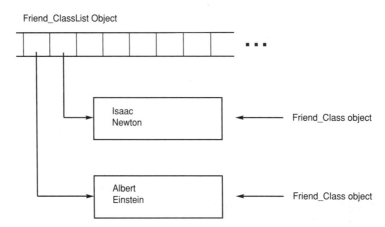

We declare that in a similar fashion, with a constructor which takes no arguments (necessary for all classes that can be serialized), and with the DECLARE_SERIAL macro. This class is a list, so instead of deriving it from CObject, we derive it from COblist, a class whose member functions and data appear in table 9.4 (and at the end of the chapter):

```
class Friend_Class : public CObject
{
 Friend_Class(){};
 DECLARE_SERIAL(Friend_Class);
public:
 Friend_Class(CString First, CString Last);
 CString     FirstName;
 CString     LastName;
 void Serialize(CArchive& archive);
};

class Friend_ClassList : public CObList    <—
{
public:
 Friend_ClassList(){};
 DECLARE_SERIAL(Friend_ClassList)
};
```

Table 9.4   CObList's Member Functions and Data

Member	Means
AddHead	Add element to head of the list
AddTail	Add element to the tail of the list
CObList	Constructor (makes an empty list)
Find	Get position of an element
FindIndex	Get position of an element specified by index
GetAt	Get element at specified position
GetCount	Get number of elements in list
GetHead	Get the head element of the list
GetHeadPosition	Get the position of the head element
GetNext	Get the next element
GetPrev	Get the previous element
GetTail	Get the tail element
GetTailPosition	Get the position of the tail
InsertAfter	Insert new element after specified position
InsertBefore	Insert new element before specified position
IsEmpty	Test for the empty list
RemoveAll	Remove all the elements from the list
RemoveAt	Remove an element at specified position
RemoveHead	Remove element from the head of list
RemoveTail	Remove element from the tail of list
SetAt	Set the element at specified position
~CObList	Destructor

Now that our class declarations are complete, we can write the code for Friend_Class' constructor, which will load two CString objects into the Friend_Class::FirstName and Friend_Class::LastName CStrings like this:

```
Friend_Class::Friend_Class(CString First, CString Last)
{
    FirstName = First;
    LastName = Last;
}
```

We can also define the Friend_Class::Serialize( ) function, which handles the process of sending out our data to disk. This function is defined for the individual objects in our list, not for the list as a whole. That's the way it works in general. If you want to serialize a collection of objects, you define the function Serialize( ) for those objects. Here we will be using the CArchive class, which handles serialization of data in a binary fashion:

```
Archive <— data <— Serialize()
```

As we have seen, archive streams are specially created to handle this serialization process, and we send data to them (which sends data to the disk) like this: Archive << Friend1.FirstName << Friend1.Lastname. The CArchive member functions and data appear in table 9.5. As before, we will check the IsStoring( ) member function to see if we are writing out data to the disk or reading it back in. In addition, we have to first serialize the base class CObject, and we do that by calling the base class' Serialize( ) function. The whole process appears in the following way:

```
Friend_Class::Friend_Class(CString First, CString Last)
{
 FirstName = First;
 LastName = Last;
}


void Friend_Class::Serialize(CArchive& archive)
{
    CObject::Serialize(archive);
    if (archive.IsStoring()) archive << FirstName << LastName;
    else archive >> FirstName >> LastName;
}

IMPLEMENT_SERIAL(Friend_Class, CObject, 0)
IMPLEMENT_SERIAL(Friend_ClassList, CObList, 0)
```

At the end, notice that we used the macro IMPLEMENT_SERIAL, which is where the MFC library adds the functions actually needed for serialization. We use IMPLEMENT_SERIAL for the list Friend_ClassList and the elements of that list, which are of type Friend_Class. Notice also that we indicate the base classes from which each class is derived. (The last parameter in the macro, 0, is intended to hold the version number of your software, and it is there for your convenience, so you can use any value you want.)

Table 9.5. CArchive's Member Functions and Data

Member	Means
CArchive	Constructor
Close	Flush data and disconnect from CFile
Flush	Flush data
GetFile	Get the CFile pointer
IsLoading	Is the archive loading?
IsStoring	Is the archive storing?
operator <<	Load objects
operator >>	Store objects
Read	Read bytes
ReadObject	Call Serialize function for loading
Write	Write bytes
WriteObject	Call Serialize function for storing
~CArchive	Destructor

Now we are ready to write the code that puts this all to work. We want to create two objects and put them into a list, like this:

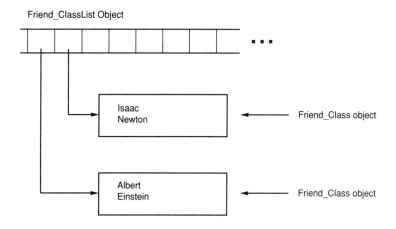

To do that, we only need to use new to allocate two objects of class Friend_Class and one list of class Friend_ClassList. We will get pointers to the two objects, which we can call friend_ptr_1 and friend_ptr_2, and a pointer to the list, which we can call data_list_ptr. We fill our friend objects with data when we construct them, and we can add them to the list with the AddHead() function (a member function of CObList). If we wrote an application with a menu item called Testing... to test our serialization process, that might look like this in OnTesting():

```
void CTestView::OnTesting()
{
 Friend_Class* friend_ptr_1 = new Friend_Class("Issac", "Newton");
 Friend_Class* friend_ptr_2 = new Friend_Class("Albert", "Einstein");
 Friend_ClassList* data_list_ptr = new Friend_ClassList;

    data_list_ptr->AddHead(friend_ptr_1);
    data_list_ptr->AddHead(friend_ptr_2);
 :
```

AddHead() simply adds an element to the list at the position called the *head*. In general, the head of a list is the position at which new items are added. After adding two items, the head of our list will be in the third position:

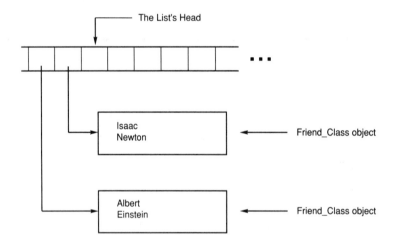

At this point, our list is complete and we are ready to send it out to disk. We can call our disk file friends.dat, and we can open that file as a CFile object. Next, we associate an archive object with this file by passing a pointer to the file object to CArchive's constructor and indicating that this archive is for storing data, as follows:

```
void CTestView::OnTesting()
{
 CFile the_file;
 CFileException exc;
 char* pfilename = "friends.dat";
 Friend_ClassList* data_list_ptr = new Friend_ClassList;
 Friend_Class* friend_ptr_1 = new Friend_Class("Issac", "Newton");
 Friend_Class* friend_ptr_2 = new Friend_Class("Albert", "Einstein");

 data_list_ptr->AddHead(friend_ptr_1);
 data_list_ptr->AddHead(friend_ptr_2);

     the_file.Open(pfilename, CFile::modeCreate | CFile::modeWrite, &exc);
     CArchive the_out_Archive(&the_file, CArchive::store);
 :
```

You might notice that when we opened the_file, we included a pointer to a CFileException object named exc; this is where we will find information if there is a problem opening the file. We will see more about exceptions in Chapter 12.

An archive object can only be associated with storing or loading data—not both. We will have to create a new archive object to read our data back in. Now we are ready to send our list to the archive stream, which sends it to the disk file friends.dat:

To serialize our list of objects (that is, to write it out to disk), we send it to the output archive simply by passing that archive the pointer to the list like this: the_out_Archive << data_list_ptr;. Then we close the archive and the file:

```
void CTestView::OnTesting()
{
 CFile the_file;
 CFileException exc;
 char* pfilename = "friends.dat";
```

```
Friend_ClassList* data_list_ptr = new Friend_ClassList;
Friend_Class* friend_ptr_1 = new Friend_Class("Issac", "Newton");
Friend_Class* friend_ptr_2 = new Friend_Class("Albert", "Einstein");

data_list_ptr->AddHead(friend_ptr_1);
data_list_ptr->AddHead(friend_ptr_2);

the_file.Open(pfilename, CFile::modeCreate | CFile::modeWrite, &exc);
CArchive the_out_Archive(&the_file, CArchive::store);
the_out_Archive << data_list_ptr;
the_out_Archive.Close();
the_file.Close();
   :
```

At this point, the list of objects is stored in the file friends.dat. We have successfully stored it on disk. To read it back in, we reverse the process, creating a new input archive called the_in_archive, and reading our list back like this:

```
void CTestView::OnTesting()
{
CFile the_file;
CFileException exc;
char* pfilename = "friends.dat";
Friend_ClassList* data_list_ptr = new Friend_ClassList;
Friend_Class* friend_ptr_1 = new Friend_Class("Issac", "Newton");
Friend_Class* friend_ptr_2 = new Friend_Class("Albert", "Einstein");

data_list_ptr->AddHead(friend_ptr_1);
data_list_ptr->AddHead(friend_ptr_2);

the_file.Open(pfilename, CFile::modeCreate | CFile::modeWrite, &exc);
CArchive the_out_Archive(&the_file, CArchive::store);
the_out_Archive << data_list_ptr;
the_out_Archive.Close();
the_file.Close();
the_file.Open(pfilename, CFile::modeRead, &exc);
CArchive the_in_Archive(&the_file, CArchive::load);
the_in_Archive >> data_list_ptr;
the_in_Archive.Close();
the_file.Close();
   :
```

Now that the list is read back in, the head position will be set back to the first element. We can get pointers to the objects in the list with GetHeadPosition() (which returns a value of type POSITION as defined in the MFC library) and GetNext() (which takes a value of type POSITION and enables us to increment through the list). Finally, we can even print data from the objects we retrieved in our window like this:

```
void CTestView::OnTesting()
{
 CFile the_file;
 CFileException exc;
 char* pfilename = "friends.dat";
 Friend_ClassList* data_list_ptr = new Friend_ClassList;
 Friend_Class* friend_ptr_1 = new Friend_Class("Issac", "Newton");
 Friend_Class* friend_ptr_2 = new Friend_Class("Albert", "Einstein");

 data_list_ptr->AddHead(friend_ptr_1);
 data_list_ptr->AddHead(friend_ptr_2);

 the_file.Open(pfilename, CFile::modeCreate | CFile::modeWrite, &exc);
 CArchive the_out_Archive(&the_file, CArchive::store);
 the_out_Archive << data_list_ptr;
 the_out_Archive.Close();
 the_file.Close();

 the_file.Open(pfilename, CFile::modeRead, &exc);
 CArchive the_in_Archive(&the_file, CArchive::load);
 the_in_Archive >> data_list_ptr;
 the_in_Archive.Close();
 the_file.Close();

 POSITION pos = data_list_ptr->GetHeadPosition();
 friend_ptr_1 = (Friend_Class*)data_list_ptr->GetNext(pos);
 friend_ptr_2 = (Friend_Class*)data_list_ptr->GetNext(pos);

 ClientDC dc(this);
 dc.TextOut(0, 0, friend_ptr_2->FirstName, \
     friend_ptr_2->FirstName.Getlength());
}
```

And that's it. We have created a list of MFC objects, serialized that list, and examined the objects in it. The program is a success, and the result appears in figure 9.10. The code appears in these files:

Listing	Contains
Listing 9.4	Mainfrm.H
Listing 9.5	Mainfrm.Cpp
Listing 9.6	Test.H
Listing 9.7	Test.Cpp
Listing 9.8	Testview.H
Listing 9.9	Testview.Cpp
Listing 9.10	Testdoc.H
Listing 9.11	Testdoc.Cpp

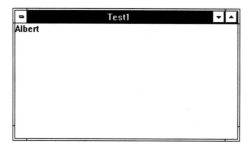

Figure 9.10. Our customized serialization example.

Listing 9.4. mainfrm.h

```
// mainfrm.h : interface of the CMainFrame class
//
/////////////////////////////////////////////////////////////////////////

class CMainFrame : public CMDIFrameWnd
{
 DECLARE_DYNAMIC(CMainFrame)
public:
 CMainFrame();

// Attributes
```

```
public:

// Operations
public:

// Implementation
public:
 virtual ~CMainFrame();
#ifdef _DEBUG
 virtual     void AssertValid() const;
 virtual     void Dump(CDumpContext& dc) const;
#endif

protected:      // control bar embedded members
 CStatusBar      m_wndStatusBar;
 CToolBar      m_wndToolBar;
// Generated message map functions
protected:
 //{{AFX_MSG(CMainFrame)
 afx_msg int OnCreate(LPCREATESTRUCT lpCreateStruct);
      // NOTE - the ClassWizard will add and remove member functions here.
      //    DO NOT EDIT what you see in these blocks of generated code !
 //}}AFX_MSG
 DECLARE_MESSAGE_MAP()
};

/////////////////////////////////////////////////////////////////////////////
```

Listing 9.5.   mainfrm.cpp

```
// mainfrm.cpp : implementation of the CMainFrame class
//

#include "stdafx.h"
#include "test.h"

#include "mainfrm.h"

#ifdef _DEBUG
#undef THIS_FILE
static char BASED_CODE THIS_FILE[] = __FILE__;
```

continues

Listing 9.5.   continued

```
#endif

/////////////////////////////////////////////////////////////////////////////
// CMainFrame

IMPLEMENT_DYNAMIC(CMainFrame, CMDIFrameWnd)

BEGIN_MESSAGE_MAP(CMainFrame, CMDIFrameWnd)
 //{{AFX_MSG_MAP(CMainFrame)
  // NOTE - the ClassWizard will add and remove mapping macros here.
  //     DO NOT EDIT what you see in these blocks of generated code !
 ON_WM_CREATE()
 //}}AFX_MSG_MAP
END_MESSAGE_MAP()

/////////////////////////////////////////////////////////////////////////////
// arrays of IDs used to initialize control bars

// toolbar buttons - IDs are command buttons
static UINT BASED_CODE buttons[] =
{
 // same order as in the bitmap 'toolbar.bmp'
 ID_FILE_NEW,
 ID_FILE_OPEN,
 ID_FILE_SAVE,
  ID_SEPARATOR,
 ID_EDIT_CUT,
 ID_EDIT_COPY,
 ID_EDIT_PASTE,
  ID_SEPARATOR,
 ID_FILE_PRINT,
 ID_APP_ABOUT,
};

static UINT BASED_CODE indicators[] =
{
 ID_SEPARATOR,             // status line indicator
 ID_INDICATOR_CAPS,
 ID_INDICATOR_NUM,
 ID_INDICATOR_SCRL,
```

```
};

///////////////////////////////////////////////////////////////////////////
// CMainFrame construction/destruction

CMainFrame::CMainFrame()
{
 // TODO: add member initialization code here
}

CMainFrame::~CMainFrame()
{
}

int CMainFrame::OnCreate(LPCREATESTRUCT lpCreateStruct)
{
 if (CMDIFrameWnd::OnCreate(lpCreateStruct) == -1)
  return -1;

 if (!m_wndToolBar.Create(this) ||
  !m_wndToolBar.LoadBitmap(IDR_MAINFRAME) ||
  !m_wndToolBar.SetButtons(buttons,
   sizeof(buttons)/sizeof(UINT)))
 {
  TRACE("Failed to create toolbar\n");
  return -1;       // fail to create
 }

 if (!m_wndStatusBar.Create(this) ||
  !m_wndStatusBar.SetIndicators(indicators,
  sizeof(indicators)/sizeof(UINT)))
 {
 TRACE("Failed to create status bar\n");
 return -1;       // fail to create
 }

 return 0;
}

///////////////////////////////////////////////////////////////////////////
```

continues

Listing 9.5. continued

```
// CMainFrame diagnostics

#ifdef _DEBUG
void CMainFrame::AssertValid() const
{
 CMDIFrameWnd::AssertValid();
}

void CMainFrame::Dump(CDumpContext& dc) const
{
 CMDIFrameWnd::Dump(dc);
}

#endif //_DEBUG


//////////////////////////////////////////////////////////////////////////
// CMainFrame message handlers
```

Listing 9.6. test.h

```
// test.h : main header file for the TEST application
//

#ifndef __AFXWIN__
#error include 'stdafx.h' before including this file for PCH
#endif

#include "resource.h"       // main symbols

//////////////////////////////////////////////////////////////////////////
// CTestApp:
// See test.cpp for the implementation of this class
//

class CTestApp : public CWinApp
{
public:
 CTestApp();
// Overrides
 virtual BOOL InitInstance();
```

```
// Implementation

//{{AFX_MSG(CTestApp)
afx_msg void OnAppAbout();
    // NOTE - the ClassWizard will add and remove member functions here.
    //    DO NOT EDIT what you see in these blocks of generated code !
//}}AFX_MSG
DECLARE_MESSAGE_MAP()
};
```

///

Listing 9.7. test.cpp

```
// test.cpp : Defines the class behaviors for the application.
//

#include "stdafx.h"
#include "test.h"

#include "mainfrm.h"
#include "testdoc.h"
#include "testview.h"

#ifdef _DEBUG
#undef THIS_FILE
static char BASED_CODE THIS_FILE[] = __FILE__;
#endif

/////////////////////////////////////////////////////////////////////////////
// CTestApp

BEGIN_MESSAGE_MAP(CTestApp, CWinApp)
 //{{AFX_MSG_MAP(CTestApp)
 ON_COMMAND(ID_APP_ABOUT, OnAppAbout)
    // NOTE - the ClassWizard will add and remove mapping macros here.
    //    DO NOT EDIT what you see in these blocks of generated code !
//}}AFX_MSG_MAP
 // Standard file based document commands
 ON_COMMAND(ID_FILE_NEW, CWinApp::OnFileNew)
 ON_COMMAND(ID_FILE_OPEN, CWinApp::OnFileOpen)
```

continues

Listing 9.7. continued

```
// Standard print setup command
ON_COMMAND(ID_FILE_PRINT_SETUP, CWinApp::OnFilePrintSetup)
END_MESSAGE_MAP()


/////////////////////////////////////////////////////////////////////////
// CTestApp construction

CTestApp::CTestApp()
{
 // TODO: add construction code here,
 // Place all significant initialization in InitInstance
}


/////////////////////////////////////////////////////////////////////////
// The one and only CTestApp object

CTestApp NEAR theApp;


/////////////////////////////////////////////////////////////////////////
// CTestApp initialization

BOOL CTestApp::InitInstance()
{
 // Standard initialization
 // If you are not using these features and wish to reduce the size
 //  of your final executable, you should remove from the following
 //  the specific initialization routines you do not need.

 SetDialogBkColor();         // set dialog background color to gray
 LoadStdProfileSettings();  // Load standard INI file options

 // Register the application's document templates.  Document templates
 //  serve as the connection between documents, frame windows and views.

 AddDocTemplate(new CMultiDocTemplate(IDR_TESTTYPE,
         RUNTIME_CLASS(CTestDoc),
         RUNTIME_CLASS(CMDIChildWnd),          // standard MDI child frame
         RUNTIME_CLASS(CTestView)));

 // create main MDI Frame window
 CMainFrame* pMainFrame = new CMainFrame;
```

```cpp
if (!pMainFrame->LoadFrame(IDR_MAINFRAME))
 return FALSE;
pMainFrame->ShowWindow(m_nCmdShow);
pMainFrame->UpdateWindow();
m_pMainWnd = pMainFrame;

// create a new (empty) document
OnFileNew();

if (m_lpCmdLine[0] != '\0')
{
 // TODO: add command line processing here
}
return TRUE;
}

/////////////////////////////////////////////////////////////////////////////
// CAboutDlg dialog used for App About

class CAboutDlg : public CDialog
{
public:
 CAboutDlg();

// Dialog Data
 //{{AFX_DATA(CAboutDlg)
 enum { IDD = IDD_ABOUTBOX };
 //}}AFX_DATA

// Implementation
protected:
virtual void DoDataExchange(CDataExchange* pDX);    // DDX/DDV support
 //{{AFX_MSG(CAboutDlg)
  // No message handlers
 //}}AFX_MSG
 DECLARE_MESSAGE_MAP()
};

CAboutDlg::CAboutDlg() : CDialog(CAboutDlg::IDD)
{
 //{{AFX_DATA_INIT(CAboutDlg)
```

continues

Listing 9.7. continued

```
 //}}AFX_DATA_INIT
}

void CAboutDlg::DoDataExchange(CDataExchange* pDX)
{
 CDialog::DoDataExchange(pDX);
 //{{AFX_DATA_MAP(CAboutDlg)
 //}}AFX_DATA_MAP
}

BEGIN_MESSAGE_MAP(CAboutDlg, CDialog)
 //{{AFX_MSG_MAP(CAboutDlg)
  // No message handlers
 //}}AFX_MSG_MAP
END_MESSAGE_MAP()

// App command to run the dialog
void CTestApp::OnAppAbout()
{
 CAboutDlg aboutDlg;
 aboutDlg.DoModal();
}

/////////////////////////////////////////////////////////////////////////
// CTestApp commands
```

Listing 9.8. testview.h

```
// testview.h : interface of the CTestView class
//
/////////////////////////////////////////////////////////////////////////

class CTestView : public CView
{
protected: // create from serialization only
 CTestView();
 DECLARE_DYNCREATE(CTestView)

// Attributes
public:
```

Microsoft Foundation Class Library Programming

```
  CTestDoc* GetDocument();

// Operations
public:

// Implementation
public:
  virtual ~CTestView();
  virtual void OnDraw(CDC* pDC);  // overridden to draw this view
#ifdef _DEBUG
  virtual void AssertValid() const;
  virtual void Dump(CDumpContext& dc) const;
#endif

  // Printing support
protected:
  virtual BOOL OnPreparePrinting(CPrintInfo* pInfo);
  virtual void OnBeginPrinting(CDC* pDC, CPrintInfo* pInfo);
  virtual void OnEndPrinting(CDC* pDC, CPrintInfo* pInfo);

// Generated message map functions
protected:
  //{{AFX_MSG(CTestView)
  afx_msg void OnTesting();
  //}}AFX_MSG
  DECLARE_MESSAGE_MAP()
};

#ifndef _DEBUG     // debug version in testview.cpp
inline CTestDoc* CTestView::GetDocument()
 { return (CTestDoc*) m_pDocument; }
#endif

///////////////////////////////////////////////////////////////////////

class Friend_Class : public CObject
{
  Friend_Class(){};
  DECLARE_SERIAL(Friend_Class);
public:
  Friend_Class(CString First, CString Last);
  CString       FirstName;
```

continues

Listing 9.8. continued

```
  CString        LastName;
  void Serialize(CArchive& archive);
};

class Friend_ClassList : public CObList
{
public:
 Friend_ClassList(){};
 DECLARE_SERIAL(Friend_ClassList)
};
```

Listing 9.9. testview.cpp

```
// testview.cpp : implementation of the CTestView class
//
#include "stdafx.h"
#include "test.h"

#include "testdoc.h"
#include "testview.h"

#ifdef _DEBUG
#undef THIS_FILE
static char BASED_CODE THIS_FILE[] = __FILE__;
#endif

/////////////////////////////////////////////////////////////////////////////
// CTestView

IMPLEMENT_DYNCREATE(CTestView, CView)
IMPLEMENT_SERIAL(Friend_Class, CObject, 0)
IMPLEMENT_SERIAL(Friend_ClassList, CObList, 0)

BEGIN_MESSAGE_MAP(CTestView, CView)
 //{{AFX_MSG_MAP(CTestView)
 ON_COMMAND(IDM_TESTING, OnTesting)
 //}}AFX_MSG_MAP
 // Standard printing commands
 ON_COMMAND(ID_FILE_PRINT, CView::OnFilePrint)
```

```
  ON_COMMAND(ID_FILE_PRINT_PREVIEW, CView::OnFilePrintPreview)
END_MESSAGE_MAP()

/////////////////////////////////////////////////////////////////////////
// CTestView construction/destruction

CTestView::CTestView()
{
 // TODO: add construction code here
}

CTestView::~CTestView()
{
}

/////////////////////////////////////////////////////////////////////////
// CTestView drawing

void CTestView::OnDraw(CDC* pDC)
{
 CTestDoc* pDoc = GetDocument();

 // TODO: add draw code here
}

/////////////////////////////////////////////////////////////////////////
// CTestView printing

BOOL CTestView::OnPreparePrinting(CPrintInfo* pInfo)
{
 // default preparation
 return DoPreparePrinting(pInfo);
}
void CTestView::OnBeginPrinting(CDC* /*pDC*/, CPrintInfo* /*pInfo*/)
{
 // TODO: add extra initialization before printing
}

void CTestView::OnEndPrinting(CDC* /*pDC*/, CPrintInfo* /*pInfo*/)
{
```

continues

Listing 9.9. continued

```
  // TODO: add cleanup after printing
}


////////////////////////////////////////////////////////////////////////
// CTestView diagnostics

#ifdef _DEBUG
void CTestView::AssertValid() const
{
 CView::AssertValid();
}


void CTestView::Dump(CDumpContext& dc) const
{
 CView::Dump(dc);
}


CTestDoc* CTestView::GetDocument() // non-debug version is inline
{
 ASSERT(m_pDocument->IsKindOf(RUNTIME_CLASS(CTestDoc)));
 return (CTestDoc*) m_pDocument;
}


#endif //_DEBUG


////////////////////////////////////////////////////////////////////////
// CTestView message handlers

void CTestView::OnTesting()
{
 CFile the_file;
 CFileException exc;
 char* pfilename = "friends.dat";
 Friend_ClassList* data_list_ptr = new Friend_ClassList;
 Friend_Class* friend_ptr_1 = new Friend_Class("Issac", "Newton");
 Friend_Class* friend_ptr_2 = new Friend_Class("Albert", "Einstein");

 data_list_ptr->AddHead(friend_ptr_1);
 data_list_ptr >AddHead(friend_ptr_2);

 the_file.Open(pfilename, CFile::modeCreate | CFile::modeWrite, &exc);
```

```
CArchive the_out_Archive(&the_file, CArchive::store);
the_out_Archive << data_list_ptr;
the_out_Archive.Close();
the_file.Close();

the_file.Open(pfilename, CFile::modeRead, &exc);
CArchive the_in_Archive(&the_file, CArchive::load);
the_in_Archive >> data_list_ptr;
the_in_Archive.Close();
the_file.Close();

POSITION pos = data_list_ptr->GetHeadPosition();
friend_ptr_1 = (Friend_Class*)data_list_ptr->GetNext(pos);
friend_ptr_2 = (Friend_Class*)data_list_ptr->GetNext(pos);

CClientDC dc(this);
dc.TextOut(0, 0, friend_ptr_2->FirstName, \
  friend_ptr_2->FirstName.GetLength());

}
Friend_Class::Friend_Class(CString First, CString Last)
{
 FirstName = First;
 LastName = Last;
}

void Friend_Class::Serialize(CArchive& archive)
{
 CObject::Serialize(archive);
 if (archive.IsStoring()) archive << FirstName << LastName;
 else archive >> FirstName >> LastName;
}
```

Listing 9.10. testdoc.h

```
// testdoc.h : interface of the CTestDoc class
//
/////////////////////////////////////////////////////////////////////////

class CTestDoc : public CDocument
{
```

continues

Listing 9.10. continued

```
protected: // create from serialization only
 CTestDoc();
 DECLARE_DYNCREATE(CTestDoc)

// Attributes
public:

// Operations
public:

// Implementation
public:
 virtual ~CTestDoc();
 virtual void Serialize(CArchive& ar);      // overridden for document i/o
#ifdef _DEBUG
 virtual    void AssertValid() const;
 virtual    void Dump(CDumpContext& dc) const;
#endif
protected:
 virtual    BOOL    OnNewDocument();

// Generated message map functions
protected:
 //{{AFX_MSG(CTestDoc)
  // NOTE - the ClassWizard will add and remove member functions here.
  //    DO NOT EDIT what you see in these blocks of generated code !
 //}}AFX_MSG
 DECLARE_MESSAGE_MAP()
};
```

//

Listing 9.11. testdoc.cpp

```
// testdoc.cpp : implementation of the CTestDoc class
//

#include "stdafx.h"
```

```
#include "test.h"

#include "testdoc.h"

#ifdef _DEBUG
#undef THIS_FILE
static char BASED_CODE THIS_FILE[] = __FILE__;
#endif

/////////////////////////////////////////////////////////////////////////////
// CTestDoc

IMPLEMENT_DYNCREATE(CTestDoc, CDocument)

BEGIN_MESSAGE_MAP(CTestDoc, CDocument)
 //{{AFX_MSG_MAP(CTestDoc)
     // NOTE - the ClassWizard will add and remove mapping macros here.
     //    DO NOT EDIT what you see in these blocks of generated code !
 //}}AFX_MSG_MAP
END_MESSAGE_MAP()

/////////////////////////////////////////////////////////////////////////////
// CTestDoc construction/destruction

CTestDoc::CTestDoc()
{
 // TODO: add one-time construction code here
}

CTestDoc::~CTestDoc()
{
}
BOOL CTestDoc::OnNewDocument()
{
 if (!CDocument::OnNewDocument())
     return FALSE;
 // TODO: add reinitialization code here
 // (SDI documents will reuse this document)
 return TRUE;
```

continues

Listing 9.11. continued

```
}


/////////////////////////////////////////////////////////////////////
// CTestDoc serialization

void CTestDoc::Serialize(CArchive& ar)
{
 if (ar.IsStoring())
 {
  // TODO: add storing code here
 }
 else
 {
  // TODO: add loading code here
 }
}


/////////////////////////////////////////////////////////////////////
// CTestDoc diagnostics

#ifdef _DEBUG
void CTestDoc::AssertValid() const
{
 CDocument::AssertValid();
}

void CTestDoc::Dump(CDumpContext& dc) const
{
 CDocument::Dump(dc);
}

#endif //_DEBUG


/////////////////////////////////////////////////////////////////////
// CTestDoc commands
```

That's it for our exploration of file handling for the moment. Now let's go wild with alternate documents and MDI programs in Chapter 10.

New Classes and Members:

CArchive	Creates CArchive object
Close	Flushes unwritten data and disconnect CFile
Flush	Flushes unwritten data from archive
GetFile	Gets CFile object pointer
IsLoading	True if archive is loading
IsStoring	True if archive is storing
operator <<	Stores objects and data to archive
operator >>	Loads objects and data from archive
Read	Reads bytes from archive
ReadObject	Calls object's Serialize function to load
Write	Writes bytes to archive
WriteObject	Calls object's Serialize function to store
~CArchive	Destroys CArchive object, flush unwritten data

********** **CFile**

CFile	Constructs CFile object
Close	Closes file and delete object
Duplicate	Constructs duplicate object
Flush	Flushes unwritten data
GetLength	Gets length of file
GetPosition	Gets current file pointer
GetStatus	Gets status of indicated file
LockRange	Locks range of bytes in the file
mFile	DOS file handle

continues

********** **CFile**

Open	Opens file with optional error testing
Read	Reads data from file at current file position
Remove	Deletes indicated file
Rename	Renames indicated file
Seek	Positions file pointer
SeekToBegin	Moves file pointer to beginning of file
SeekToEnd	Moves file pointer to end of file
SetLength	Changes length of file
SetStatus	Sets status of the indicated file
UnlockRange	Unlocks range of bytes in a file
Write	Writes data to a file at current file position

********** **CObject**

AssertValid	Is object valid?
CObject	Copies constructor
CObject	Defaults constructor
Dump	Creates diagnostic dump
GetRuntimeClass	Gets CRuntimeClass structure
IsKindOf	Tests relationship to given class
IsSerializable	Tests if item can be serialized
operator =	Assignment
operator delete	Deletes operator
operator new	New operator
Serialize	Loads or stores to or from archive
~CObject	Destructor
DECLARE_DYNAMIC (Macro)	Gives access to run-time class information

Microsoft Foundation Class Library Programming

DECLARE_SERIAL (Macro)	Allows serialization
IMPLEMENT_DYNAMIC (Macro)	Implements access to run-time class information
IMPLEMENT_SERIAL (Macro)	Implements serialization
RUNTIME_CLASS (Macro)	Gets CRuntimeClass structure

********** CObList

AddHead	Adds element to head of the list
AddTail	Adds element to the tail of the list
CObList	Constructor (makes an empty list)
Find	Gets position of an element
FindIndex	Gets position of an element specified by index
GetAt	Gets element at specified position
GetCount	Gets number of elements in list
GetHead	Gets the head element of the list
GetHeadPosition	Gets the position of the head element
GetNext	Gets the next element
GetPrev	Gets the previous element
GetTail	Gets the tail element
GetTailPosition	Gets the position of the tail
InsertAfter	Inserts new element after specified position
InsertBefore	Inserts new element before specified position
IsEmpty	Tests for the empty list
RemoveAll	Removes all the elements from the list
RemoveAt	Removes an element at specified position
RemoveHead	Removes element from the head of list
RemoveTail	Removes element from the tail of list
SetAt	Sets the element at specified position
~CObList	Destructor

Multiple MFC Documents

S o far we have worked with applications that only use a single document; however, it is possible to use multiple documents in MFC applications. In this chapter, we will see how to use multiple documents by constructing a simple MDI application. Next, we will create a full multi-window editor in which we can handle multiple documents. Each document will have its own window inside the single main window, and users will be able to open as many documents as they want with the New or Open... menu items.

After we have supported multiple documents, the next step will be to enable the user to open multiple views into a single document. We will do that in the next chapter.

Using Multiple Document Interface (MDI) Programs

Using Visual C++, we can start App Wizard now to create the project mdi.mak. This time, we will be creating an MDI application, so do not deselect the MDI option. We create mdi.mak simply by giving the project that name and clicking the OK button, followed by the Create button.

In our SDI programs, the main window was derived from the base class CFrameWnd, as follows:

```
class CMainFrame : public CFrameWnd
{
protected: // create from serialization only
 CMainFrame();
 DECLARE_DYNCREATE(CMainFrame)
   :
```

Now, in our new MDI application, the main window is derived from the CMDIFrameWnd class in the following way (in mainfrm.h):

```
class CMainFrame : public CMDIFrameWnd
{
 DECLARE_DYNAMIC(CMainFrame)
public:
 CMainFrame();
   :
```

Our main window will now support MDI *children*, and at this stage, there will be one such child window per document:

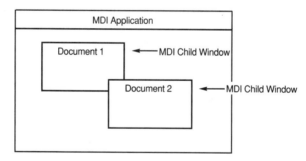

Originally, our document template (invoked when a document was opened) supported only the main window:

```
BOOL CPadApp::InitInstance()
{
// Standard initialization
// If you are not using these features and wish to reduce the size
```

```
//  of your final executable, you should remove from the following
//  the specific initialization routines you do not need.

SetDialogBkColor();        // set dialog background color to gray
LoadStdProfileSettings(); // Load INI file options (including MRU)
// Register the application's document templates.  Document templates
//  serve as the connection between documents, frame windows and views.

AddDocTemplate(new CSingleDocTemplate(IDR_MAINFRAME,
  RUNTIME_CLASS(CPadDoc),
  RUNTIME_CLASS(CMainFrame),       // main SDI frame window
  RUNTIME_CLASS(CPadView)));
     :
```

Now, however, each time a new document is opened, the CDocument function
OnNewDocument() is called; we will find its prototype already in editodoc.h:

```
// editodoc.h : interface of the CEditorDoc class
//
///////////////////////////////////////////////////////////////////////////
const MAX_LINES = 100;
class CEditorDoc : public CDocument
{
protected: // create from serialization only
  CEditorDoc();
  DECLARE_DYNCREATE(CEditorDoc)
  CSize m_sizeDoc;

// Attributes
public:
 CSize GetDocSize() {return m_sizeDoc;}
// Operations
public:
 CString data_string[MAX_LINES];
 CString out_string;
 long line_number;
 int yorigin;
// Implementation
public:
 virtual ~CEditorDoc();
 virtual void Serialize(CArchive& ar);     // overridden for document i/o
#ifdef _DEBUG
 virtual    void AssertValid() const;
```

```
virtual     void Dump(CDumpContext& dc) const;
#endif
protected:
virtual     BOOL     OnNewDocument();          <—
```

When this function is called, we will get a new MDI child window, as derived from the CMDIChildWnd like this (from mdi.cpp):

```
BOOL CMdiApp::InitInstance()
{
// Standard initialization
// If you are not using these features and wish to reduce the size
//  of your final executable, you should remove from the following:
//  the specific initialization routines you do not need.

SetDialogBkColor();          // set dialog background color to gray
LoadStdProfileSettings();  // Load INI options (including MRU)

// Register the application's document templates.  Document templates
//  serve as the connection between documents, frame windows and views.

AddDocTemplate(new CMultiDocTemplate(IDR_MDITYPE,
  RUNTIME_CLASS(CMdiDoc),
  RUNTIME_CLASS(CMDIChildWnd),          // standard MDI child frame
  RUNTIME_CLASS(CMdiView)));
    :
```

These child windows will hold the various open documents, and all the details will be handled by the MFC library for us. For example, when the user clicks the New item in the File menu, another document is created and its window opens, as shown in figure 10.1. However, there's nothing going on in each document yet—we still have to add the code that will respond to the various windows events.

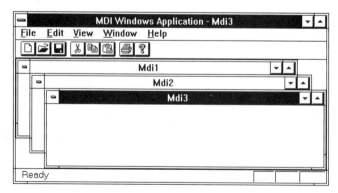

Figure 10.1. The MDI application supports several open documents in separate windows.

490

In particular, each of the MDI child windows supports our normal type of view, derived from the CView class:

```
class CMdiView : public CView
{
protected: // create from serialization only
 CMdiView();
 DECLARE_DYNCREATE(CMdiView)
// Attributes
public:
 CMdiDoc* GetDocument();
    :
```

That means that we are free to work with messages like WM_CHAR and WM_MOUSEMOVE as before. And we will do so next. So far, the code of our program appears in listings 10.1 to 10.8 as follows:

Listing	File
Listing 10.1	mainfrm.h
Listing 10.2	mainfrm.cpp
Listing 10.3	mdi.h
Listing 10.4	mdi.cpp
Listing 10.5	mdidoc.h
Listing 10.6	mdidoc.cpp
Listing 10.7	mdiview.h
Listing 10.8	mdiview.cpp

Listing 10.1. mainfrm.h.

```
// mainfrm.h : interface of the CMainFrame class
//
/////////////////////////////////////////////////////////////////////////

class CMainFrame : public CMDIFrameWnd
{
 DECLARE_DYNAMIC(CMainFrame)
public:
 CMainFrame();
```

continues

Listing 10.1. continued

```
// Attributes
public:

// Operations
public:

// Implementation
public:
 virtual ~CMainFrame();
#ifdef _DEBUG
 virtual    void AssertValid() const;
 virtual    void Dump(CDumpContext& dc) const;
#endif

protected:    // control bar embedded members
 CStatusBar    m_wndStatusBar;
 CToolBar     m_wndToolBar;
// Generated message map functions
protected:
 //{{AFX_MSG(CMainFrame)
 afx_msg int OnCreate(LPCREATESTRUCT lpCreateStruct);
 // NOTE - the ClassWizard will add and remove member functions here.
 //    DO NOT EDIT what you see in these blocks of generated code !
 //}}AFX_MSG
 DECLARE_MESSAGE_MAP()
};
```

Listing 10.2. mainfrm.cpp.

```
/////////////////////////////////////////////////////////////////////////
// mainfrm.cpp : implementation of the CMainFrame class
//

#include "stdafx.h"
#include "mdi.h"

#include "mainfrm.h"
#ifdef _DEBUG
#undef THIS_FILE
```

```
static char BASED_CODE THIS_FILE[] = __FILE__;
#endif


/////////////////////////////////////////////////////////////////////
// CMainFrame

IMPLEMENT_DYNAMIC(CMainFrame, CMDIFrameWnd)

BEGIN_MESSAGE_MAP(CMainFrame, CMDIFrameWnd)
  //{{AFX_MSG_MAP(CMainFrame)
  // NOTE - the ClassWizard will add and remove mapping macros here.
  //    DO NOT EDIT what you see in these blocks of generated code !
 ON_WM_CREATE()
 //}}AFX_MSG_MAP
END_MESSAGE_MAP()


/////////////////////////////////////////////////////////////////////
// arrays of IDs used to initialize control bars

// toolbar buttons - IDs are command buttons
static UINT BASED_CODE buttons[] =
{
 // same order as in the bitmap 'toolbar.bmp'
 ID_FILE_NEW,
 ID_FILE_OPEN,
 ID_FILE_SAVE,
 ID_SEPARATOR,
 ID_EDIT_CUT,
 ID_EDIT_COPY,
 ID_EDIT_PASTE,
 ID_SEPARATOR,
 ID_FILE_PRINT,
 ID_APP_ABOUT,
};

static UINT BASED_CODE indicators[] =
{
 ID_SEPARATOR,            // status line indicator
 ID_INDICATOR_CAPS,
 ID_INDICATOR_NUM,
 ID_INDICATOR_SCRL,
};
```

continues

Listing 10.2. continued

```
////////////////////////////////////////////////////////////////////////////
// CMainFrame construction/destruction

CMainFrame::CMainFrame()
{
 // TODO: add member initialization code here
}

CMainFrame::~CMainFrame()
{
}

int CMainFrame::OnCreate(LPCREATESTRUCT lpCreateStruct)
{
 if (CMDIFrameWnd::OnCreate(lpCreateStruct) == -1)
  return -1;
 if (!m_wndToolBar.Create(this) ¦¦
  !m_wndToolBar.LoadBitmap(IDR_MAINFRAME) ¦¦
  !m_wndToolBar.SetButtons(buttons,
   sizeof(buttons)/sizeof(UINT)))
 {
  TRACE("Failed to create toolbar\n");
  return -1;        // fail to create
 }

 if (!m_wndStatusBar.Create(this) ¦¦
  !m_wndStatusBar.SetIndicators(indicators,
   sizeof(indicators)/sizeof(UINT)))
 {
  TRACE("Failed to create status bar\n");
  return -1; // fail to create
 }

 return 0;
}


////////////////////////////////////////////////////////////////////////////
// CMainFrame diagnostics
#ifdef _DEBUG
void CMainFrame::AssertValid() const
```

```
{
 CMDIFrameWnd::AssertValid();
}

void CMainFrame::Dump(CDumpContext& dc) const
{
 CMDIFrameWnd::Dump(dc);
}
#endif //_DEBUG
```

Listing 10.3. mdi.h.

```
/////////////////////////////////////////////////////////////////////////////
// CMainFrame message handlers
// mdi.h : main header file for the MDI application
//

#ifndef __AFXWIN__
 #error include 'stdafx.h' before including this file for PCH
#endif

#include "resource.h"     // main symbols

/////////////////////////////////////////////////////////////////////////////
// CMdiApp:
// See mdi.cpp for the implementation of this class
//

class CMdiApp : public CWinApp
{
public:
 CMdiApp();

// Overrides
 virtual BOOL InitInstance();

// Implementation

 //{{AFX_MSG(CMdiApp)
 afx_msg void OnAppAbout();
  // NOTE - the ClassWizard will add and remove member functions here.
```

continues

Listing 10.3.   continued

```
    //     DO NOT EDIT what you see in these blocks of generated code !
 //}}AFX_MSG
 DECLARE_MESSAGE_MAP()
};
```

Listing 10.4.   mdi.cpp.

```
/////////////////////////////////////////////////////////////////////////////
// mdi.cpp : Defines the class behaviors for the application.
//

#include "stdafx.h"
#include "mdi.h"

#include "mainfrm.h"
#include "mdidoc.h"
#include "mdiview.h"

#ifdef _DEBUG
#undef THIS_FILE
static char BASED_CODE THIS_FILE[] = __FILE__;
#endif


/////////////////////////////////////////////////////////////////////////////
// CMdiApp

BEGIN_MESSAGE_MAP(CMdiApp, CWinApp)
 //{{AFX_MSG_MAP(CMdiApp)
 ON_COMMAND(ID_APP_ABOUT, OnAppAbout)
  // NOTE - the ClassWizard will add and remove mapping macros here.
  //     DO NOT EDIT what you see in these blocks of generated code !
 //}}AFX_MSG_MAP
 // Standard file based document commands
 ON_COMMAND(ID_FILE_NEW, CWinApp::OnFileNew)
 ON_COMMAND(ID_FILE_OPEN, CWinApp::OnFileOpen)
 // Standard print setup command
 ON_COMMAND(ID_FILE_PRINT_SETUP, CWinApp::OnFilePrintSetup)
END_MESSAGE_MAP()


/////////////////////////////////////////////////////////////////////////////
```

```
// CMdiApp construction

CMdiApp::CMdiApp()
{
 // TODO: add construction code here,
 // Place all significant initialization in InitInstance
}

/////////////////////////////////////////////////////////////////////////////
// The one and only CMdiApp object

CMdiApp NEAR theApp;

/////////////////////////////////////////////////////////////////////////////
// CMdiApp initialization

BOOL CMdiApp::InitInstance()
{
 // Standard initialization
 // If you are not using these features and wish to reduce the size
 //  of your final executable, you should remove from the following
 //  the specific initialization routines you do not need.

 SetDialogBkColor();        // set dialog background color to gray
LoadStdProfileSettings();  // Load standard INI file options

 // Register the application's document templates.  Document templates
 //  serve as the connection between documents, frame windows and views.

 AddDocTemplate(new CMultiDocTemplate(IDR_MDITYPE,
  RUNTIME_CLASS(CMdiDoc),
  RUNTIME_CLASS(CMDIChildWnd),       // standard MDI child frame
  RUNTIME_CLASS(CMdiView)));

 // create main MDI Frame window
 CMainFrame* pMainFrame = new CMainFrame;
 if (!pMainFrame->LoadFrame(IDR_MAINFRAME))
  return FALSE;
 pMainFrame->ShowWindow(m_nCmdShow);
 pMainFrame->UpdateWindow();
 m_pMainWnd = pMainFrame;

 // create a new (empty) document
```

continues

Listing 10.4.   continued

```
OnFileNew();

if (m_lpCmdLine[0] != '\0')
{
 // TODO: add command line processing here
}

return TRUE;
}

/////////////////////////////////////////////////////////////////////////////
// CAboutDlg dialog used for App About

class CAboutDlg : public CDialog
{
public:
 CAboutDlg();

// Dialog Data
 //{{AFX_DATA(CAboutDlg)
 enum { IDD = IDD_ABOUTBOX };
 //}}AFX_DATA

// Implementation
protected:
 virtual void DoDataExchange(CDataExchange* pDX);     // DDX/DDV support
 //{{AFX_MSG(CAboutDlg)
  // No message handlers
 //}}AFX_MSG
 DECLARE_MESSAGE_MAP()
};

CAboutDlg::CAboutDlg() : CDialog(CAboutDlg::IDD)
{
 //{{AFX_DATA_INIT(CAboutDlg)
 //}}AFX_DATA_INIT
}

void CAboutDlg::DoDataExchange(CDataExchange* pDX)
{
```

```
 CDialog::DoDataExchange(pDX);
 //{{AFX_DATA_MAP(CAboutDlg)
 //}}AFX_DATA_MAP
}

BEGIN_MESSAGE_MAP(CAboutDlg, CDialog)
 //{{AFX_MSG_MAP(CAboutDlg)
  // No message handlers
 //}}AFX_MSG_MAP
END_MESSAGE_MAP()

// App command to run the dialog
void CMdiApp::OnAppAbout()
{
 CAboutDlg aboutDlg;
 aboutDlg.DoModal();
}
```

Listing 10.5. mdidoc.h.

```
///////////////////////////////////////////////////////////////////////////
// CMdiApp commands
// mdidoc.h : interface of the CMdiDoc class
//
///////////////////////////////////////////////////////////////////////////

class CMdiDoc : public CDocument
{
protected: // create from serialization only
 CMdiDoc();
 DECLARE_DYNCREATE(CMdiDoc)

// Attributes
public:
 CString data_string;
// Operations
public:

// Implementation
public:
 virtual ~CMdiDoc();
```

continues

Listing 10.5.   continued

```
  virtual void Serialize(CArchive& ar);     // overridden for document i/o
#ifdef _DEBUG
  virtual     void AssertValid() const;
  virtual     void Dump(CDumpContext& dc) const;
#endif
protected:
  virtual     BOOL    OnNewDocument();

// Generated message map functions
protected:
 //{{AFX_MSG(CMdiDoc)
   // NOTE - the ClassWizard will add and remove member functions here.
   //    DO NOT EDIT what you see in these blocks of generated code !
 //}}AFX_MSG
 DECLARE_MESSAGE_MAP()
};
```

Listing 10.6.   mdidoc.cpp.

```
/////////////////////////////////////////////////////////////////////////////
// mdidoc.cpp : implementation of the CMdiDoc class
//

#include "stdafx.h"
#include "mdi.h"

#include "mdidoc.h"

#ifdef _DEBUG
#undef THIS_FILE
static char BASED_CODE THIS_FILE[] = __FILE__;
#endif


/////////////////////////////////////////////////////////////////////////////
// CMdiDoc

IMPLEMENT_DYNCREATE(CMdiDoc, CDocument)

BEGIN_MESSAGE_MAP(CMdiDoc, CDocument)
```

```
//{{AFX_MSG_MAP(CMdiDoc)
  // NOTE - the ClassWizard will add and remove mapping macros here.
  //    DO NOT EDIT what you see in these blocks of generated code !
//}}AFX_MSG_MAP
END_MESSAGE_MAP()

/////////////////////////////////////////////////////////////////////////////
// CMdiDoc construction/destruction

CMdiDoc::CMdiDoc()
{
 // TODO: add one-time construction code here
}

CMdiDoc::~CMdiDoc()
{
}
BOOL CMdiDoc::OnNewDocument()
{
 if (!CDocument::OnNewDocument())
  return FALSE;
 // TODO: add reinitialization code here
 // (SDI documents will reuse this document)
 return TRUE;
}

/////////////////////////////////////////////////////////////////////////////
// CMdiDoc serialization

void CMdiDoc::Serialize(CArchive& ar)
{
 if (ar.IsStoring())
 {
  ar << data_string;
 }
 else
 {
  ar >> data_string;
 }
}

/////////////////////////////////////////////////////////////////////////////
```

continues

Listing 10.6. continued

```
// CMdiDoc diagnostics

#ifdef _DEBUG
void CMdiDoc::AssertValid() const
{
 CDocument::AssertValid();
}

void CMdiDoc::Dump(CDumpContext& dc) const
{
 CDocument::Dump(dc);
}

#endif //_DEBUG
```

Listing 10.7. mdiview.h.

```
/////////////////////////////////////////////////////////////////////
// CMdiDoc commands
// mdiview.h : interface of the CMdiView class
//
/////////////////////////////////////////////////////////////////////

class CMdiView : public CView
{
protected: // create from serialization only
  CMdiView();
  DECLARE_DYNCREATE(CMdiView)

// Attributes
public:
  CMdiDoc* GetDocument();

// Operations
public:

// Implementation
public:
```

```
  virtual ~CMdiView();
  virtual void OnDraw(CDC* pDC);  // overridden to draw this view
#ifdef _DEBUG
  virtual void AssertValid() const;
  virtual void Dump(CDumpContext& dc) const;
#endif

  // Printing support
protected:
  virtual BOOL OnPreparePrinting(CPrintInfo* pInfo);
  virtual void OnBeginPrinting(CDC* pDC, CPrintInfo* pInfo);
  virtual void OnEndPrinting(CDC* pDC, CPrintInfo* pInfo);

// Generated message map functions
protected:
  //{{AFX_MSG(CMdiView)
  afx_msg void OnChar(UINT nChar, UINT nRepCnt, UINT nFlags);
  //}}AFX_MSG
  DECLARE_MESSAGE_MAP()
};

#ifndef _DEBUG     // debug version in mdiview.cpp
inline CMdiDoc* CMdiView::GetDocument()
 { return (CMdiDoc*) m_pDocument; }
#endif
```

Listing 10.8. mdiview.cpp.

```
/////////////////////////////////////////////////////////////////////////////
// mdiview.cpp : implementation of the CMdiView class
//

#include "stdafx.h"
#include "mdi.h"

#include "mdidoc.h"
#include "mdiview.h"

#ifdef _DEBUG
#undef THIS_FILE
static char BASED_CODE THIS_FILE[] = __FILE__;
```

continues

Listing 10.8. continued

```
#endif
/////////////////////////////////////////////////////////////////////////
// CMdiView

IMPLEMENT_DYNCREATE(CMdiView, CView)

BEGIN_MESSAGE_MAP(CMdiView, CView)
 //{{AFX_MSG_MAP(CMdiView)
 ON_WM_CHAR()
 //}}AFX_MSG_MAP
 // Standard printing commands
 ON_COMMAND(ID_FILE_PRINT, CView::OnFilePrint)
 ON_COMMAND(ID_FILE_PRINT_PREVIEW, CView::OnFilePrintPreview)
END_MESSAGE_MAP()

/////////////////////////////////////////////////////////////////////////
// CMdiView construction/destruction

CMdiView::CMdiView()
{
 // TODO: add construction code here
}

CMdiView::~CMdiView()
{
}

/////////////////////////////////////////////////////////////////////////
// CMdiView drawing

void CMdiView::OnDraw(CDC* pDC)
{
 CMdiDoc* pDoc = GetDocument();

 CClientDC dc(this);
 dc.TextOut(0, 0, pDoc->data_string, pDoc->data_string.GetLength());

}

/////////////////////////////////////////////////////////////////////////
```

Microsoft Foundation Class Library Programming

```
// CMdiView printing

BOOL CMdiView::OnPreparePrinting(CPrintInfo* pInfo)
{
 // default preparation
 return DoPreparePrinting(pInfo);
}

void CMdiView::OnBeginPrinting(CDC* /*pDC*/, CPrintInfo* /*pInfo*/)
{
 // TODO: add extra initialization before printing
}

void CMdiView::OnEndPrinting(CDC* /*pDC*/, CPrintInfo* /*pInfo*/)
{
 // TODO: add cleanup after printing
}

/////////////////////////////////////////////////////////////////////////////
// CMdiView diagnostics

#ifdef _DEBUG
void CMdiView::AssertValid() const
{
 CView::AssertValid();
}

void CMdiView::Dump(CDumpContext& dc) const
{
 CView::Dump(dc);
}

CMdiDoc* CMdiView::GetDocument() // non-debug version is inline
{
 ASSERT(m_pDocument->IsKindOf(RUNTIME_CLASS(CMdiDoc)));
 return (CMdiDoc*) m_pDocument;
}

#endif //_DEBUG

/////////////////////////////////////////////////////////////////////////////
```

continues

Listing 10.8. continued

```
// CMdiView message handlers

void CMdiView::OnChar(UINT nChar, UINT nRepCnt, UINT nFlags)
{
  CMdiDoc* pDoc = GetDocument();

  pDoc->data_string += nChar;
  pDoc->SetModifiedFlag(TRUE);

  CClientDC dc(this);
  dc.TextOut(0, 0, pDoc->data_string, pDoc->data_string.GetLength());

  CView::OnChar(nChar, nRepCnt, nFlags);
}
```

Designing a Multi-Window Editor

Our next project is to design a multi-window editor. First, we must use Visual C++ to create an MDI application named editor.mak. Like the program we just created, the editor program will support multiple documents. Next we will add support for character reading.

We can use Visual C++'s Class Wizard to connect a function, OnChar(), to the view class, intercepting the WM_CHAR message. Next, open that function in the following way:

```
void CEditorView::OnChar(UINT nChar, UINT nRepCnt, UINT nFlags)
{

}
```

Our editor will not have exceptional word-processing capabilities (this is a chapter about multiple documents, not about word processing). We will allow users to type what they want in the window, including the <Enter> key, as well as allow them to save or retrieve the file to or from disk. If the <Enter> key is pressed, we are supposed to skip to the next line, so let's handle that case separately:

```
void CEditorView::OnChar(UINT nChar, UINT nRepCnt, UINT nFlags)
{
```

```
if(nChar == '\r'){

  [*** Skip to next line ***]

}
else{

 [*** Store the character ***]

}

}
```

We can keep track of our text in a CString array named data_string[], and the line number in a long variable named line_number (note that the MFC library places the document name in our MDI child window's title):

MDI Child Window

Editor1		
This ◄──── data_string[0]		line_number = 0
is ◄──── data_string[1]		line_number = 1
a ◄──── data_string[2]		line_number = 2
test. ◄──── data_string[3]		line_number = 3

The top line in our window will correspond to line_number 0, and the text will be in data_string[0]; the next line will be line_number 1, and the text will be in data_string[1], and so on. Storing the data like this will make it easier to display because we won't have to search each CString object to find carriage returns.

We can add those two data members, line_number and data_string[], to our document header in editodoc.h, where we can set aside space for, say, 100 lines:

```
const MAX_LINES = 100;
class CEditorDoc : public CDocument
{
protected: // create from serialization only
 CEditorDoc();
 DECLARE_DYNCREATE(CEditorDoc)
 CSize m_sizeDoc;

// Attributes
```

```
public:
  CSize GetDocSize() {return m_sizeDoc;}
// Operations
public:
    CString data_string[MAX_LINES];
    long line_number;
    :
```

Next, we can set line_number to 0 when we start in CEditorDoc's constructor this way (in editodoc.cpp):

```
///////////////////////////////////////////////////////////////////////////
// CEditorDoc construction/destruction

CEditorDoc::CEditorDoc()
{
—> line_number = 0;
}
```

As far as reading characters in CEditorView::OnChar( ), then, we only have to increment pDoc->line_number if the <Enter> key was pressed, moving us to the next line:

```
void CEditorView::OnChar(UINT nChar, UINT nRepCnt, UINT nFlags)
{
    CEditorDoc* pDoc = GetDocument();

  if(nChar == '\r'){
    pDoc->line_number++;
  }
  else{

  }
}
```

If, on the other hand, the key that was pressed (now in nChar) was not <Enter>, we should display it—and we do that in CEditorView::OnChar( ). First, we store it in pDoc->data_string[pDoc->line_number], the document's string array:

```
void CEditorView::OnChar(UINT nChar, UINT nRepCnt, UINT nFlags)
{
 CEditorDoc* pDoc = GetDocument();

 if(nChar == '\r'){
  pDoc->line_number++;
```

Microsoft Foundation Class Library Programming

```
 }
 else{
  pDoc->data_string[pDoc->line_number] += nChar;
     :
 }
}
```

Now we can display it. To make sure we display the current line of text in the correct line in our view, we will use line_number. We will use dc.GetTextMetrics( ) to fill a TEXTMETRIC structure and determine the height of one line (the tmHeight member). That means that the current string (stored in pDoc->data_string[pDoc->line_number]) should be displayed at (0, pDoc->line_number * tm.tmHeight) this way:

```
void CEditorView::OnChar(UINT nChar, UINT nRepCnt, UINT nFlags)
{
 CEditorDoc* pDoc = GetDocument();

 CClientDC dc(this);
 if(nChar == '\r'){
  pDoc->line_number++;
 }
 else{
  pDoc->data_string[pDoc->line_number] += nChar;
  TEXTMETRIC tm;
 dc.GetTextMetrics(&tm);
 dc.TextOut(0, (int) pDoc->line_number * tm.tmHeight,
   pDoc->data_string[pDoc->line_number],
   pDoc->data_string[pDoc->line_number].GetLength());
 }
}
```

Finally, we set the document's modified flag to make sure that the user doesn't quit without first saving the current data, and we also call the base class' function CView::OnChar( ):

```
void CEditorView::OnChar(UINT nChar, UINT nRepCnt, UINT nFlags)
{
 CEditorDoc* pDoc = GetDocument();

 CClientDC dc(this);
 if(nChar == '\r'){
  pDoc->line_number++;
 }
 else{
```

```
 pDoc->data_string[pDoc->line_number] += nChar;
 TEXTMETRIC tm;
 dc.GetTextMetrics(&tm);
 dc.TextOut(0, (int) pDoc->line_number * tm.tmHeight,
  pDoc->data_string[pDoc->line_number],
  pDoc->data_string[pDoc->line_number].GetLength());
 }
    pDoc->SetModifiedFlag();
    CView::OnChar(nChar, nRepCnt, nFlags);
}
```

That's it for OnChar(). The next step is to add similar code to OnDraw() so that the text is displayed when our window is uncovered or resized (having this code in OnDraw() will be useful when we add scrolling, because the window has to be redrawn after it is scrolled). This code simply displays the data from the document:

```
void CEditorView::OnDraw(CDC* pDC)
{
 CEditorDoc* pDoc = GetDocument();
 TEXTMETRIC tm;
 pDC->GetTextMetrics(&tm);
 int yval = 0;
 for(int loop_index = 0; loop_index <= pDoc->line_number; loop_index++){
  pDC->TextOut(0, yval, pDoc->data_string[loop_index],
  pDoc->data_string[loop_index].GetLength());
   yval += tm.tmHeight;
 }
}
```

Finally, we can add code to the Serialize() function to store the current number of lines in the document (line_number), followed by the CString objects themselves:

```
void CEditorDoc::Serialize(CArchive& ar)
{
 if (ar.IsStoring())
 {
  ar << line_number;
 for (int loop_index = 0; loop_index < line_number; loop_index++){
  ar << data_string[loop_index];
  }
 }
 else
 {
  ar >> line_number;
```

```
  for (int loop_index = 0; loop_index < line_number; loop_index++){
  ar >> data_string[loop_index];
  }
 }
}
```

This means that we will be able to store and retrieve our files to and from disk (but note that we are using our own format—a long int followed by CString objects—so we should not use our editor on general text files).

Our editor is active, and we can type text in, as well as store it, as shown in figure 10.2. In addition, we can open an entirely new document using the New item in the File menu, and start working on that as well, as shown in figure 10.3. When we do, our program creates and keeps track of the new document, enabling us to handle multiple documents. That is it; our program is a success so far.

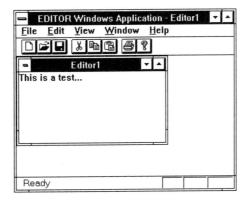

Figure 10.2. The editor is at work.

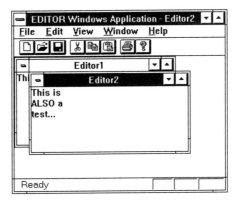

Figure 10.3. The editor supports multiple documents.

Adding Scroll Bars

It is easy for a user to type more lines than we have space for in our MDI child window. For a limited time, we can increase the size of our window, up to a maximum of the screen size. After that, there is no option—as our program is currently written. We can fix matters by adding scroll bars to our MDI child windows.

Adding scroll bars will take a little work because we will have to keep track of two coordinate systems—the document's coordinate system and our view's coordinate system (now the view can be scrolled independently of the document). In other words, our view can be at any location in our document:

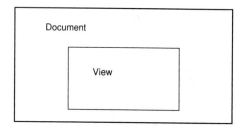

Both of these systems can have different origins:

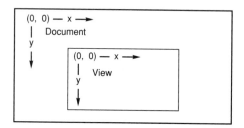

In the language of Windows, the document's coordinates are called *logical coordinates*, and the view's coordinates are called *device coordinates*:

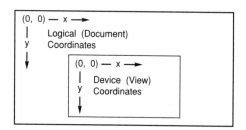

If the user were to click the mouse in our view after it has been scrolled, we would get the mouse click location in terms of device (view) coordinates; we would have to translate them into logical (document) coordinates before working with that data.

Let's put this to work. Much of the work will be handled automatically for us by the MFC CScrollView class. As our program stands, our view is derived from the CView class, as usual (from editovw.h):

```
class CEditorView : public CView
{
protected: // create from serialization only
 CEditorView();
 DECLARE_DYNCREATE(CEditorView)
// Attributes
public:
 CEditorDoc* GetDocument();
 void OnInitialUpdate();
 virtual void OnUpdate(CView* pSender, LPARAM lHint = 0L,
  CObject* pHint = NULL);
// Operations
public:
  :
```

Change that now to CScrollView like this (CScrollView itself is derived from CView, but it also supports scroll bars):

```
class CEditorView : public CScrollView
{
protected: // create from serialization only
 CEditorView();
 DECLARE_DYNCREATE(CEditorView)
// Attributes
public:
 CEditorDoc* GetDocument();
 void OnInitialUpdate();
 virtual void OnUpdate(CView* pSender, LPARAM lHint = 0L,
  CObject* pHint = NULL);
// Operations
public:
  :
```

Next, we have to modify the code in editovw.cpp to indicate that CEditorView is derived from CScrollView. As it is, there are two MFC macros that still refer to CView in editovw.cpp:

```
IMPLEMENT_DYNCREATE(CEditorView, CView)

BEGIN_MESSAGE_MAP(CEditorView, CView)
//{{AFX_MSG_MAP(CEditorView)
ON_WM_CHAR()
//}}AFX_MSG_MAP
// Standard printing commands
ON_COMMAND(ID_FILE_PRINT, CView::OnFilePrint)
ON_COMMAND(ID_FILE_PRINT_PREVIEW, CView::OnFilePrintPreview)
END_MESSAGE_MAP()
    :
```

Change them to indicate that CEditorView is actually derived from CScrollView in the following way:

```
IMPLEMENT_DYNCREATE(CEditorView, CScrollView)

BEGIN_MESSAGE_MAP(CEditorView, CScrollView)
//{{AFX_MSG_MAP(CEditorView)
ON_WM_CHAR()
//}}AFX_MSG_MAP
// Standard printing commands
ON_COMMAND(ID_FILE_PRINT, CView::OnFilePrint)
ON_COMMAND(ID_FILE_PRINT_PREVIEW, CView::OnFilePrintPreview)
END_MESSAGE_MAP()
    :
```

That's it. Now our view class is derived from CScrollView, not CView.

There's more to work on here, however. At this point, we have to set a size for the document so CScrollView will know how to handle it (the view has to know the scrolling boundaries of our document). We will do that with the CScrollView member function SetScrollSizes(). First, let's store the size of the document in the document header, editodoc.h, using a CSize object named m_sizeDoc (a CSize object has two members, cx and cy, which hold coordinates):

```
// editodoc.h : interface of the CEditorDoc class
//
/////////////////////////////////////////////////////////////////////////////
const MAX_LINES = 100;
class CEditorDoc : public CDocument
{
```

```
protected: // create from serialization only
  CEditorDoc();
  DECLARE_DYNCREATE(CEditorDoc)
  CSize m_sizeDoc;
  :
```

In addition, we can define a function that returns the document size to the rest of the program like this:

```
// editodoc.h : interface of the CEditorDoc class
//
/////////////////////////////////////////////////////////////////////////////
const MAX_LINES = 100;
class CEditorDoc : public CDocument
{
protected: // create from serialization only
  CEditorDoc();
  DECLARE_DYNCREATE(CEditorDoc)
  CSize m_sizeDoc;

// Attributes
public:
    CSize GetDocSize() {return m_sizeDoc;}
    :
```

Now if we want to get the document's (protected) size, we will be able to use the (public) function GetDocSize(). All that remains here is to set m_sizeDoc to an actual value when we start (in CEditorDoc's constructor). For this example, we might choose a size of, say, 800 by 1000 pixels:

```
/////////////////////////////////////////////////////////////////////////////
// CEditorDoc construction/destruction

CEditorDoc::CEditorDoc()
{
 line_number = 0;
    m_sizeDoc = CSize(800, 1000);
}
```

We now have a size connected to our document, a size we can retrieve with GetDocSize(). We will need that size to initialize the scrolling functions of CScrollView when our view is first created. Such initialization is done in the function CEditorView::OnInitialUpdate() with the function SetScrollSizes().

A view receives *updates* from the rest of the program when the document has been changed by another view. We will handle such updates in a function named OnUpdate(). In addition, the function OnInitialUpdate() is called when the view is first created; therefore, we can set CScrollView's scrolling parameters in that function. That looks like this in CEditorView::OnInitialUpdate(). Visual C++ has already created a skeleton version of this function for us:

```
void CEditorView::OnInitialUpdate()
{
 SetScrollSizes(MM_TEXT, GetDocument()->GetDocSize());
}
```

Here we are informing CScrollView of the size of our document. The first parameter, MM_TEXT, indicates that the document is a text document. Other options are listed in table 10.1. The second parameter is the CSize object holding our document's size.

Table 10.1.　Mapping Mode Options

Mapping Mode	Scroll Unit
MM_HIENGLISH	0.001 inch
MM_HIMETRIC	0.01mm
MM_LOENGLISH	0.01 inch
MM_LOMETRIC	0.1 mm
MM_TEXT	1 pixel
MM_TWIPS	1/1440 inch

That's it. Now our scrolling view is set up. However, there are a few more items we should examine before running the program. One of them is OnDraw():

```
void CEditorView::OnDraw(CDC* pDC)
{
 CEditorDoc* pDoc = GetDocument();
 TEXTMETRIC tm;
 pDC->GetTextMetrics(&tm);
 int yval = 0;
 for(int loop_index = 0; loop_index <= pDoc->line_number; loop_index++){
  pDC->TextOut(0, yval, pDoc->data_string[loop_index],
   pDoc->data_string[loop_index].GetLength());
   yval += tm.tmHeight;
```

```
  }
}
```

At the end of this function, notice that we print out our string using what appears to be document coordinates:

```
int yval = 0;
for(int loop_index = 0; loop_index <= pDoc->line_number; loop_index++){
  pDC->TextOut(0, yval, pDoc->data_string[loop_index],
   pDoc->data_string[loop_index].GetLength());
   yval += tm.tmHeight;
}
```

In fact, the MFC library framework has already called a function named OnPrepareDC() to prepare the device context passed to us in OnDraw():

```
void CEditorView::OnDraw(CDC* pDC)
{
```

This function sets the device context's origin to the document's origin. Originally, the view's origin is wherever it has been scrolled to, as follows:

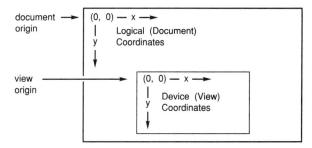

After OnPrepareDC() is called, the origin of the device context is moved to correspond to the document's origin:

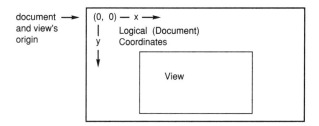

Now when we draw our document, the part that appears in our view will also be drawn automatically—and we can draw the whole thing with document (logical) coordinates. That means that we don't have to change OnDraw(), because the origin of the device context was moved to match the document's origin automatically.

In OnChar(), however, it is a different story. There we create our own device context like this:

```
void CEditorView::OnChar(UINT nChar, UINT nRepCnt, UINT nFlags)
{
 CEditorDoc* pDoc = GetDocument();

    CClientDC dc(this);
 if(nChar == '\r'){
  pDoc->line_number++;
    :
 }
 else{
  pDoc->data_string[pDoc->line_number] += nChar;
    :
 }
}
```

Now we have to re-orient this device context ourselves with OnPrepareDC() in the following way:

```
void CEditorView::OnChar(UINT nChar, UINT nRepCnt, UINT nFlags)
{
 CEditorDoc* pDoc = GetDocument();
 CClientDC dc(this);
 OnPrepareDC(&dc);
 if(nChar == '\r'){
  pDoc->line_number++;
    :
 }
 else{
  pDoc->data_string[pDoc->line_number] += nChar;
    :
 }
}
```

That's it. If we wanted to explictly convert points (e.g., mouse click locations) between device and logical coordinates, we could use the device context functions DPtoLP() and LPtoDP().

Now our program supports multiple documents and scrolling, as shown in figure 10.4. Our editor is a success so far—we can even scroll our documents. We are ready to run.

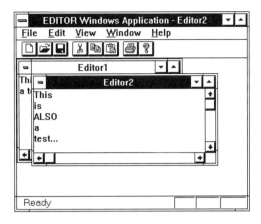

Figure 10.4. The multi-window editor contains scroll bars.

Our editor program is contained in these listings:

Listing	Contains
Listing 10.9	mainfrm.h
Listing 10.10	mainfrm.cpp
Listing 10.11	editor.h
Listing 10.12	editor.cpp
Listing 10.13	editodoc.h
Listing 10.14	editodoc.cpp
Listing 10.15	editovw.h
Listing 10.16	editovw.cpp

Listing 10.9. mainfrm.h

```
// mainfrm.h : interface of the CMainFrame class
//
/////////////////////////////////////////////////////////////////////////////

class CMainFrame : public CMDIFrameWnd
{
 DECLARE_DYNAMIC(CMainFrame)
```

continues

Listing 10.9. continued

```
public:
 CMainFrame();
// Attributes
public:

// Operations
public:

// Implementation
public:
 virtual ~CMainFrame();
#ifdef _DEBUG
 virtual    void AssertValid() const;
 virtual    void Dump(CDumpContext& dc) const;
#endif

protected:    // control bar embedded members
 CStatusBar    m_wndStatusBar;
 CToolBar m_wndToolBar;

// Generated message map functions
protected:
 //{{AFX_MSG(CMainFrame)
 afx_msg int OnCreate(LPCREATESTRUCT lpCreateStruct);
 //}}AFX_MSG
 DECLARE_MESSAGE_MAP()
};
```

///

Listing 10.10. mainfrm.cpp

```
// mainfrm.cpp : implementation of the CMainFrame class
//

#include "stdafx.h"
#include "editor.h"
```

```
#include "mainfrm.h"

#ifdef _DEBUG
#undef THIS_FILE
static char BASED_CODE THIS_FILE[] = __FILE__;
#endif

/////////////////////////////////////////////////////////////////////////
// CMainFrame
IMPLEMENT_DYNAMIC(CMainFrame, CMDIFrameWnd)

BEGIN_MESSAGE_MAP(CMainFrame, CMDIFrameWnd)
 //{{AFX_MSG_MAP(CMainFrame)
 ON_WM_CREATE()
 //}}AFX_MSG_MAP
END_MESSAGE_MAP()

/////////////////////////////////////////////////////////////////////////
// arrays of IDs used to initialize control bars

// toolbar buttons - IDs are command buttons
static UINT BASED_CODE buttons[] =
{
 // same order as in the bitmap 'toolbar.bmp'
 ID_FILE_NEW,
 ID_FILE_OPEN,
 ID_FILE_SAVE,
 ID_SEPARATOR,
 ID_EDIT_CUT,
 ID_EDIT_COPY,
 ID_EDIT_PASTE,
 ID_SEPARATOR,
 ID_FILE_PRINT,
 ID_APP_ABOUT,
};

static UINT BASED_CODE indicators[] =
{
 ID_SEPARATOR,        // status line indicator
 ID_INDICATOR_CAPS,
 ID_INDICATOR_NUM,
 ID_INDICATOR_SCRL,
```

continues

Listing 10.10. continued

```
};

//////////////////////////////////////////////////////////////////////////////
// CMainFrame construction/destruction

CMainFrame::CMainFrame()
{
 // TODO: add member initialization code here
}

CMainFrame::~CMainFrame()
{
}

int CMainFrame::OnCreate(LPCREATESTRUCT lpCreateStruct)
{
 if (CMDIFrameWnd::OnCreate(lpCreateStruct) == -1)
  return -1;

 if (!m_wndToolBar.Create(this) ¦¦
  !m_wndToolBar.LoadBitmap(IDR_MAINFRAME) ¦¦
  !m_wndToolBar.SetButtons(buttons,
   sizeof(buttons)/sizeof(UINT)))
 {
  TRACE("Failed to create toolbar\n");
  return -1;   // fail to create
 }

 if (!m_wndStatusBar.Create(this) ¦¦
  !m_wndStatusBar.SetIndicators(indicators,
   sizeof(indicators)/sizeof(UINT)))
 {
  TRACE("Failed to create status bar\n");
  return -1;   // fail to create
 }

 return 0;
}

//////////////////////////////////////////////////////////////////////////////
```

```
// CMainFrame diagnostics

#ifdef _DEBUG
void CMainFrame::AssertValid() const
{
 CMDIFrameWnd::AssertValid();
}

void CMainFrame::Dump(CDumpContext& dc) const
{

 CMDIFrameWnd::Dump(dc);
}

#endif //_DEBUG

/////////////////////////////////////////////////////////////////////////////
// CMainFrame message handlers
```

Listing 10.11. editor.h

```
// editor.h : main header file for the EDITOR application
//

#ifndef __AFXWIN__
 #error include 'stdafx.h' before including this file for PCH
#endif

#include "resource.h"        // main symbols

/////////////////////////////////////////////////////////////////////////////
// CEditorApp:
// See editor.cpp for the implementation of this class
//

class CEditorApp : public CWinApp
{
public:
 CEditorApp();

// Overrides
```

continues

Listing 10.11. continued

```
 virtual BOOL InitInstance();

// Implementation

 //{{AFX_MSG(CEditorApp)
 afx_msg void OnAppAbout();
  // NOTE - the ClassWizard will add and remove member functions here.
  //    DO NOT EDIT what you see in these blocks of generated code !
 //}}AFX_MSG
 DECLARE_MESSAGE_MAP()
};
```

//

Listing 10.12. editor.cpp

```
// editor.cpp : Defines the class behaviors for the application.
//

#include "stdafx.h"
#include "editor.h"
#include "edsplitf.h"
#include "mainfrm.h"
#include "editodoc.h"
#include "editovw.h"

#ifdef _DEBUG
#undef THIS_FILE
static char BASED_CODE THIS_FILE[] = __FILE__;
#endif

////////////////////////////////////////////////////////////////////////////
// CEditorApp

BEGIN_MESSAGE_MAP(CEditorApp, CWinApp)
 //{{AFX_MSG_MAP(CEditorApp)
 ON_COMMAND(ID_APP_ABOUT, OnAppAbout)
  // NOTE - the ClassWizard will add and remove mapping macros here.
  //    DO NOT EDIT what you see in these blocks of generated code !
```

```
//}}AFX_MSG_MAP
// Standard file based document commands
ON_COMMAND(ID_FILE_NEW, CWinApp::OnFileNew)
ON_COMMAND(ID_FILE_OPEN, CWinApp::OnFileOpen)
// Standard print setup command
ON_COMMAND(ID_FILE_PRINT_SETUP, CWinApp::OnFilePrintSetup)
END_MESSAGE_MAP()

/////////////////////////////////////////////////////////////////////////
// CEditorApp construction

CEditorApp::CEditorApp()
{
// TODO: add construction code here,
// Place all significant initialization in InitInstance
}

/////////////////////////////////////////////////////////////////////////
// The one and only CEditorApp object

CEditorApp NEAR theApp;

/////////////////////////////////////////////////////////////////////////
// CEditorApp initialization

BOOL CEditorApp::InitInstance()
{
// Standard initialization
// If you are not using these features and wish to reduce the size
//  of your final executable, you should remove from the following
//  the specific initialization routines you do not need.

SetDialogBkColor();        // set dialog background color to gray
LoadStdProfileSettings();  // Load standard INI file options

// Register the application's document templates.  Document templates
//  serve as the connection between documents, frame windows and views.

AddDocTemplate(new CMultiDocTemplate(IDR_EDITORTYPE,
  RUNTIME_CLASS(CEditorDoc),
  //RUNTIME_CLASS(CEdSplitFrame),     // standard MDI child frame
  RUNTIME_CLASS(CMDIChildWnd),        // standard MDI child frame
```

continues

Listing 10.12. continued

```
 RUNTIME_CLASS(CEditorView)));

 // create main MDI Frame window
 CMainFrame* pMainFrame = new CMainFrame;
 if (!pMainFrame->LoadFrame(IDR_MAINFRAME))
  return FALSE;
 pMainFrame->ShowWindow(m_nCmdShow);
 pMainFrame->UpdateWindow();
 m_pMainWnd = pMainFrame;

 // create a new (empty) document
 OnFileNew();

 if (m_lpCmdLine[0] != '\0')
 {
  // TODO: add command line processing here
 }
 return TRUE;
}

/////////////////////////////////////////////////////////////////////////////
// CAboutDlg dialog used for App About

class CAboutDlg : public CDialog
{
public:
 CAboutDlg();

// Dialog Data
 //{{AFX_DATA(CAboutDlg)
 enum { IDD = IDD_ABOUTBOX };
 //}}AFX_DATA

// Implementation

protected:
  virtual void DoDataExchange(CDataExchange* pDX);    // DDX/DDV support
  //{{AFX_MSG(CAboutDlg)
  // No message handlers
  //}}AFX_MSG
```

```
  DECLARE_MESSAGE_MAP()
};

CAboutDlg::CAboutDlg() : CDialog(CAboutDlg::IDD)
{
  //{{AFX_DATA_INIT(CAboutDlg)
  //}}AFX_DATA_INIT
}

void CAboutDlg::DoDataExchange(CDataExchange* pDX)
{
  CDialog::DoDataExchange(pDX);
  //{{AFX_DATA_MAP(CAboutDlg)
  //}}AFX_DATA_MAP
}

BEGIN_MESSAGE_MAP(CAboutDlg, CDialog)
  //{{AFX_MSG_MAP(CAboutDlg)
    // No message handlers
  //}}AFX_MSG_MAP
END_MESSAGE_MAP()

// App command to run the dialog
void CEditorApp::OnAppAbout()
{
  CAboutDlg aboutDlg;
  aboutDlg.DoModal();
}


/////////////////////////////////////////////////////////////////////////
// CEditorApp commands
```

Listing 10.13. editodoc.h

```
// editodoc.h : interface of the CEditorDoc class
//
/////////////////////////////////////////////////////////////////////////
const MAX_LINES = 100;
class CEditorDoc : public CDocument
{
protected: // create from serialization only
```

continues

Listing 10.13. continued

```
  CEditorDoc();
  DECLARE_DYNCREATE(CEditorDoc)
  CSize m_sizeDoc;

// Attributes
public:
  CSize GetDocSize() {return m_sizeDoc;}
// Operations
public:
  CString data_string[MAX_LINES];
  CString out_string;
  long line_number;
  int yorigin;
// Implementation
public:
  virtual ~CEditorDoc();
  virtual void Serialize(CArchive& ar);    // overridden for document i/o
#ifdef _DEBUG
  virtual    void AssertValid() const;
  virtual    void Dump(CDumpContext& dc) const;
#endif
protected:
  virtual    BOOL    OnNewDocument();

// Generated message map functions
protected:
  //{{AFX_MSG(CEditorDoc)
    // NOTE - the ClassWizard will add and remove member functions here.
    //    DO NOT EDIT what you see in these blocks of generated code !
  //}}AFX_MSG
  DECLARE_MESSAGE_MAP()
};
```

Listing 10.14. editodoc.cpp

```
/////////////////////////////////////////////////////////////////////////////
// editodoc.cpp : implementation of the CEditorDoc class
//
```

```
#include "stdafx.h"

#include "editor.h"

#include "editodoc.h"

#ifdef _DEBUG
#undef THIS_FILE
static char BASED_CODE THIS_FILE[] = __FILE__;
#endif

/////////////////////////////////////////////////////////////////////////////
// CEditorDoc

IMPLEMENT_DYNCREATE(CEditorDoc, CDocument)

BEGIN_MESSAGE_MAP(CEditorDoc, CDocument)
 //{{AFX_MSG_MAP(CEditorDoc)
  // NOTE - the ClassWizard will add and remove mapping macros here.
  //     DO NOT EDIT what you see in these blocks of generated code !
 //}}AFX_MSG_MAP
END_MESSAGE_MAP()

/////////////////////////////////////////////////////////////////////////////
// CEditorDoc construction/destruction

CEditorDoc::CEditorDoc()
{
 line_number = 0;
 yorigin = 0;
 m_sizeDoc = CSize(800, 1000);
}

CEditorDoc::~CEditorDoc()
{
}

BOOL CEditorDoc::OnNewDocument()
{
 if (!CDocument::OnNewDocument())
  return FALSE;
```

continues

Listing 10.14. continued

```
 return TRUE;
}


/////////////////////////////////////////////////////////////////////////
// CEditorDoc serialization

void CEditorDoc::Serialize(CArchive& ar)
{
 if (ar.IsStoring()){
  ar << line_number;
  for (int loop_index = 0; loop_index < line_number; loop_index++){
   ar << data_string[loop_index];
  }
 }
 else{
  ar >> line_number;
  for (int loop_index = 0; loop_index < line_number; loop_index++){
   ar >> data_string[loop_index];
  }
 }
}


/////////////////////////////////////////////////////////////////////////
// CEditorDoc diagnostics

#ifdef _DEBUG
void CEditorDoc::AssertValid() const
{
 CDocument::AssertValid();
}

void CEditorDoc::Dump(CDumpContext& dc) const
{
 CDocument::Dump(dc);
}

#endif //_DEBUG
```

Listing 10.15.   editovw.h

```
// editovw.h : interface of the CEditorView class
// //////////////////////////////////////////////////////////////////////////

class CEditorView : public CScrollView
{
protected: // create from serialization only
 CEditorView();
 DECLARE_DYNCREATE(CEditorView)
// Attributes
public:
 CEditorDoc* GetDocument();
 void OnInitialUpdate();
 virtual void OnUpdate(CView* pSender, LPARAM lHint = 0L,
  CObject* pHint = NULL);
// Operations
public:

// Implementation
public:
 virtual ~CEditorView();
 virtual void OnDraw(CDC* pDC);   // overridden to draw this view
#ifdef _DEBUG
 virtual void AssertValid() const;
 virtual void Dump(CDumpContext& dc) const;
#endif
  // Printing support
protected:
 virtual BOOL OnPreparePrinting(CPrintInfo* pInfo);
 virtual void OnBeginPrinting(CDC* pDC, CPrintInfo* pInfo);
 virtual void OnEndPrinting(CDC* pDC, CPrintInfo* pInfo);

// Generated message map functions
protected:
 //{{AFX_MSG(CEditorView)
 afx_msg void OnChar(UINT nChar, UINT nRepCnt, UINT nFlags);
 //}}AFX_MSG
 DECLARE_MESSAGE_MAP()
};

#ifndef _DEBUG    // debug version in editovw.cpp
```

continues

Listing 10.15. continued

```
inline CEditorDoc* CEditorView::GetDocument()
{
  return (CEditorDoc*) m_pDocument; }
#endif

////////////////////////////////////////////////////////////////////////
```

Listing 10.16. editovw.cpp

```
//////////////////////////////////////////////////////////////////// //
CEditorDoc commands
// editovw.cpp : implementation of the CEditorView class
//

#include "stdafx.h"
#include "editor.h"

#include "editodoc.h"
#include "editovw.h"

#ifdef _DEBUG
#undef THIS_FILE
static char BASED_CODE THIS_FILE[] = __FILE__;
#endif

/////////////////////////////////////////////////////////////////////
// CEditorView

IMPLEMENT_DYNCREATE(CEditorView, CScrollView)

BEGIN_MESSAGE_MAP(CEditorView, CScrollView)
  //{{AFX_MSG_MAP(CEditorView)
  ON_WM_CHAR()
  //}}AFX_MSG_MAP
  // Standard printing commands
  ON_COMMAND(ID_FILE_PRINT, CView::OnFilePrint)
  ON_COMMAND(ID_FILE_PRINT_PREVIEW, CView::OnFilePrintPreview)
END_MESSAGE_MAP()

/////////////////////////////////////////////////////////////////////
```

Microsoft Foundation Class Library Programming

```
// CEditorView construction/destruction

CEditorView::CEditorView()
{

}

CEditorView::~CEditorView()
{
}

/////////////////////////////////////////////////////////////////////////////
// CEditorView drawing

void CEditorView::OnDraw(CDC* pDC)
{
 CEditorDoc* pDoc = GetDocument();
 TEXTMETRIC tm;
 pDC->GetTextMetrics(&tm);
 int yval = 0;
 for(int loop_index = 0; loop_index <= pDoc->line_number; loop_index++){
  pDC->TextOut(0, yval, pDoc->data_string[loop_index],
  pDoc->data_string[loop_index].GetLength());
 yval += tm.tmHeight;
 }
}

/////////////////////////////////////////////////////////////////////////////
// CEditorView printing

BOOL CEditorView::OnPreparePrinting(CPrintInfo* pInfo)
{
 // default preparation
 return DoPreparePrinting(pInfo);
}

void CEditorView::OnBeginPrinting(CDC* /*pDC*/, CPrintInfo* /*pInfo*/)
{
 // TODO: add extra initialization before printing
}

void CEditorView::OnEndPrinting(CDC* /*pDC*/, CPrintInfo* /*pInfo*/)
```

continues

Listing 10.16. continued

```
{
 // TODO: add cleanup after printing
}

void CEditorView::OnInitialUpdate()
{
 SetScrollSizes(MM_TEXT, GetDocument()->GetDocSize());
}


/////////////////////////////////////////////////////////////////////////////
// CEditorView diagnostics
#ifdef _DEBUG
void CEditorView::AssertValid() const
{
 CView::AssertValid();
}

void CEditorView::Dump(CDumpContext& dc) const
{
 CView::Dump(dc);
}

CEditorDoc* CEditorView::GetDocument() // non-debug version is inline
{
 ASSERT(m_pDocument->IsKindOf(RUNTIME_CLASS(CEditorDoc)));
 return (CEditorDoc*) m_pDocument;
}

#endif //_DEBUG


/////////////////////////////////////////////////////////////////////////////
// CEditorView message handlers

void CEditorView::OnChar(UINT nChar, UINT nRepCnt, UINT nFlags)
{
 CEditorDoc* pDoc = GetDocument();

 CClientDC dc(this);
 OnPrepareDC(&dc);
 if(nChar == '\r'){
```

```
    pDoc->line_number++;
  }
  else{
   pDoc->data_string[pDoc->line_number] += nChar;
   TEXTMETRIC tm;
   dc.GetTextMetrics(&tm);
   dc.TextOut(0, (int) pDoc->line_number * tm.tmHeight,
   pDoc->data_string[pDoc->line_number],
   pDoc->data_string[pDoc->line_number].GetLength());
  }

  pDoc->UpdateAllViews(this, 0L, NULL);
  pDoc->SetModifiedFlag();
  CView::OnChar(nChar, nRepCnt, nFlags);
}

void CEditorView::OnUpdate(CView*, LPARAM, CObject*)
{
 Invalidate();
}
```

That's it for multiple documents in the MFC library. Next, we will turn our attention to handling multiple views in Chapter 11.

New Classes and Members:

**********CMDIChildWnd

CMDIChildWnd	Constructs CMDIChildWnd object
Create	Creates Windows MDI child window
GetMDIFrame	Returns parent MDI frame
MDIActivate	Activates MDI child window
MDIDestroy	Destroys MDI child window
MDIMaximize	Maximizes MDI child window
MDIRestore	Restores MDI child from maximized or minimized state

**********CScrollView

CScrollView	Constructs CScrollView object
FillOutsideRect	Fills area of view outside scrolling area
GetDeviceScrollPosition	Gets current scroll position
GetDeviceScrollSizes	Gets mapping mode and size of view
GetScrollPosition	Gets current scroll position
GetTotalSize	Gets total size of scroll view
ResizeParentToFit	Makes size of view set size of its frame
ScrollToPosition	Scrolls view to indicatedpoint
SetScaleToFitSize	Puts view in scale-to-fit mode
SetScrollSizes	Sets scroll view's mapping mode and size

11

Multiple MFC Views

In the last chapter, we examined the process of supporting multiple MFC documents in a program. In this chapter, we will explore how to work with multiple views. Supporting multiple MFC views is controlled by the New Window menu item in our program's Window menu. When the user selects this item, a new window will open, showing a new view into the current document.

We will also see how to support *splitter windows* with the MFC library. A splitter window enables the user to work with two or more views into the same document, but handles them all in the same window. Let's begin now.

Adding Multiple Views to Our Editor

If the user selects the New Window item in our program's Window menu, a new (and scrollable) view into the document is opened. That's fine—but what if the user types in one of the views but not the other? The result is something like what you see in figure 11.1—one view displays the new character(s), but the other view does not. Note that the views display view numbers (Editor1:2—document Editor1, view 2).

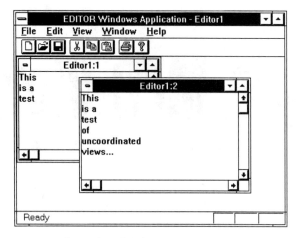

Figure 11.1. Here you see uncoordinated multiple views.

To add a new view onto a document we use the CDocument's AddView( ) function.

```
void AddView( CView* pView);
```

This function is already connected to the New Window menu item in our program. After new views are attached, however, we will have to find some way to coordinate the views while maintaining as many views as required:

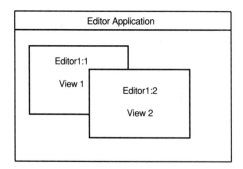

You may recall that there is a document function named UpdateAllViews( ) that we saw briefly in Chapter 2. That function is part of a group of functions that help tie the parts of an MFC program together:

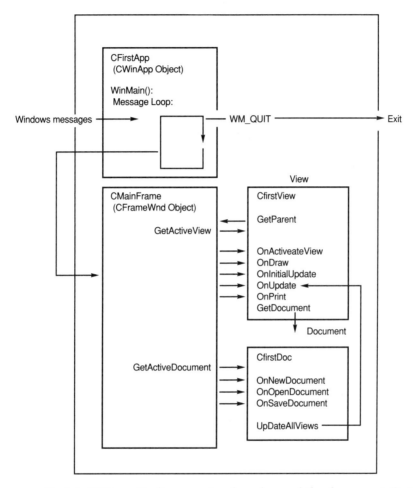

Here we can use UpdateAllViews( ) after any view has changed the document. Doing so makes sure that the function OnUpdate( ) is called in all views *except* the one that performed the modification by calling UpdateAllViews( ) in the first place. In CEditorView::OnChar( ), we can call UpdateAllViews( ) this way (now that we have modified the document):

```
void CEditorView::OnChar(UINT nChar, UINT nRepCnt, UINT nFlags)
{
 CEditorDoc* pDoc = GetDocument();
```

```
CClientDC dc(this);
OnPrepareDC(&dc);
if(nChar == '\r'){
 pDoc->line_number++;
}
else{
 pDoc->data_string[pDoc->line_number] += nChar;
 TEXTMETRIC tm;
 dc.GetTextMetrics(&tm);
 dc.TextOut(0, (int) pDoc->line_number * tm.tmHeight,
  pDoc->data_string[pDoc->line_number],
  pDoc->data_string[pDoc->line_number].GetLength());
}

pDoc->UpdateAllViews(this, 0L, NULL);
pDoc->SetModifiedFlag();
CView::OnChar(nChar, nRepCnt, nFlags);
}
```

Notice that we pass three parameters to UpdateAllViews( )—a this pointer, indicating which view is making the modification, a long parameter, and a value of NULL. This last value is actually a pointer to an object of type, CObject. In general, UpdateAllView( )'s prototype looks like this:

```
void UpdateAllViews(CView* pSender, LPARAM lHint = 0,
    CObject* pHint = NULL);
```

The long parameter, lHint, usually contains information concerning the type of modification our view makes to the document; pHint usually points to an object that will help us process the update. For example, one common object to use as the hint is a CRect object holding the coordinates of the modification. Here we will simply leave these values 0 and NULL for simplicity.

Now we have to add the OnUpdate( ) function to our view class to handle the updates caused by other views. To do that, we will override the function CView::OnUpdate( ). We add that function's prototype to our view's header file (editovw.h) this way:

```
// editovw.h : interface of the CEditorView class
//
/////////////////////////////////////////////////////////////////////////////

class CEditorView : public CScrollView
{
protected: // create from serialization only
 CEditorView();
```

```
DECLARE_DYNCREATE(CEditorView)
// Attributes
public:
 CEditorDoc* GetDocument();
 void OnInitialUpdate();
 virtual void OnUpdate(CView* pSender, LPARAM lHint = 0L,
  CObject* pHint = NULL);
   :
```

Finally, we can write CEditorView::OnUpdate( ). Add this function now (by hand) to our view's source file, editovw.cpp:

```
void CEditorView::OnUpdate(CView*, LPARAM, CObject*)
{

}
```

If this function gets called, another view has changed our document's contents, and we should redisplay it. To do that, we can simply mark the view as *invalid*. Marking any section of a window invalid causes a WM_PAINT message to be sent. The message causes the function CWnd::OnPaint( ) to be called, which in turn calls our function OnDraw( ). Depending on whether or not the modified section of the document is in our view's current display, it will be redrawn. To invalidate our entire view, we simply call the CView member function Invalidate( ) this way:

```
void CEditorView::OnUpdate(CView*, LPARAM, CObject*)
{
 Invalidate();
}
```

And that's it. Whenever any view modifies the document, it also calls pDoc->UpdateAllViews( ), which in turn calls OnUpdate( ) in all the other views attached to this document, updating all displays. This process results in the coordinated system you see in figure 11.2, in which all views work together. When you type anything in one view, you can see it echoed in the other view(s).

In our editor program, we have been able to handle multiple documents, as well as scrollable and multiple views. But that's not all. We also can add splitter windows.

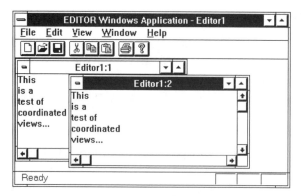

Figure 11.2. Coordinated views in the editor.

Splitter Windows

We have worked with multiple views already, but they have been in multiple windows:

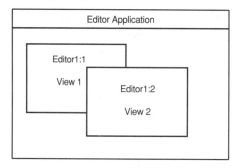

Sometimes it's more convenient to work with multiple, scrollable views in the same MDI Child window:

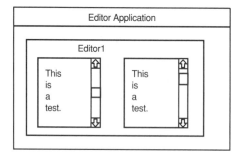

Microsoft Foundation Class Library Programming

Such views are separated in a *splitter* window, and that is something we can add to editor.mak. To do that in Visual C++, we start Class Wizard now and use it to create a new class by pressing the Add Class button. Call this new class, say, CEdSplitFrame, and choose splitter for the class type, as shown in figure 11.3.

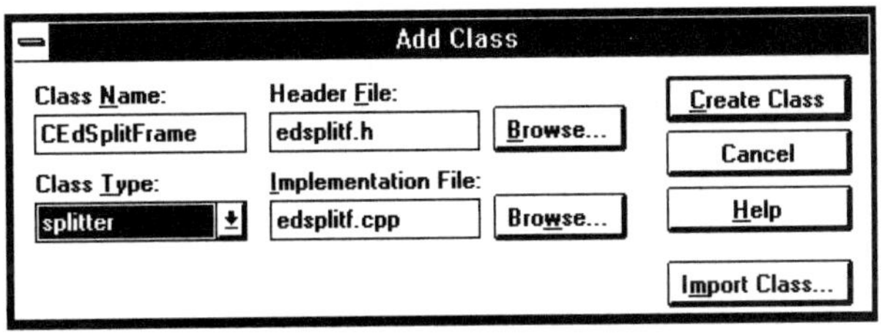

Figure 11.3. Creating a new class with Class Wizard.

Next, click the Create Class button to create the class, and then close Class Wizard. Class Wizard creates the CEdSplitFrame class in the file edsplitf.h like this:

```
// edsplitf.h : header file
//


/////////////////////////////////////////////////////////////////////////////
// CEdSplitFrame frame with splitter

#ifndef __AFXEXT__
#include <afxext.h>
#endif

class CEdSplitFrame : public CMDIChildWnd
{
 DECLARE_DYNCREATE(CEdSplitFrame)
protected:
 CEdSplitFrame();    // protected constructor used by dynamic creation

// Attributes
protected:
 CSplitterWnd    m_wndSplitter;
public:
  :
};
```

CEdSplitFrame is derived from CMDIChildWnd because it's part of an MDI application. The member object m_wndSplitter is the actual window that will cover our splitter window's client area and support the splitter functions. To install this class as our new view class, we have to make changes to editor.cpp. Here, we include edsplitf.h and then install CEdSplitFrame in our document template as follows:

```
/////////////////////////////////////////////////////////////////////////
// editor.cpp : Defines the class behaviors for the application.
//

#include "stdafx.h"
#include "editor.h"
#include "edsplitf.h"
#include "mainfrm.h"
#include "editodoc.h"
#include "editovw.h"
   :
   :
BOOL CEditorApp::InitInstance()
{
 // Standard initialization
 // If you are not using these features and wish to reduce the size
 //  of your final executable, you should remove from the following
 //  the specific initialization routines you do not need.

 SetDialogBkColor();        // set dialog background color to gray
 LoadStdProfileSettings();  // Load standard INI options (including MRU)

 // Register the application's document templates.  Document templates
 //  serve as the connection between documents, frame windows and views.

 AddDocTemplate(new CMultiDocTemplate(IDR_EDITORTYPE,
     RUNTIME_CLASS(CEditorDoc),
     RUNTIME_CLASS(CEdSplitFrame),         // standard MDI child frame
     RUNTIME_CLASS(CEditorView)));
     :
```

That's all there is to it. Now we can use splitter windows in our editor. To do so, run the program and drag one of the small split boxes (next to the arrows in the scroll bars). A dividing line will appear; drag it where you want it in the window. This adds a new view to our window, as shown in figure 11.4.

Microsoft Foundation Class Library Programming

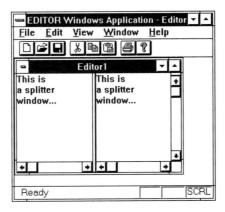

Figure 11.4. The editor with splitter windows.

Our editor is a success—we have even been able to add splitter windows. The listings (all of which we have modified) appear in listings 11.1 to 11.8 as follows:

Listing	Contains
Listing 11.1	editodoc.h
Listing 11.2	editodoc.cpp
Listing 11.3	editovw.h
Listing 11.4	editovw.cpp
Listing 11.5	editor.h
Listing 11.6	editor.cpp
Listing 11.7	edsplitf.h
Listing 11.8	edsplitf.cpp

Listing 11.1. editodoc.h

```
// editodoc.h : interface of the CEditorDoc class
//
/////////////////////////////////////////////////////////////////////
const MAX_LINES = 100;
class CEditorDoc : public CDocument
{
protected: // create from serialization only
```

continues

Listing 11.1. continued

```
    CEditorDoc();
    DECLARE_DYNCREATE(CEditorDoc)
    CSize m_sizeDoc;

// Attributes
public:
    CSize GetDocSize() {return m_sizeDoc;}
// Operations
public:
    CString data_string[MAX_LINES];
    long line_number;
// Implementation
public:
    virtual ~CEditorDoc();
    virtual void Serialize(CArchive& ar);      // overridden for document i/o
#ifdef _DEBUG
    virtual    void AssertValid() const;
    virtual    void Dump(CDumpContext& dc) const;
#endif
protected:
    virtual    BOOL    OnNewDocument();

// Generated message map functions
protected:
    //{{AFX_MSG(CEditorDoc)
        // NOTE - the ClassWizard will add and remove member functions here.
        //    DO NOT EDIT what you see in these blocks of generated code !
    //}}AFX_MSG
    DECLARE_MESSAGE_MAP()
};
```

Listing 11.2. editodoc.cpp

```
////////////////////////////////////////////////////////////////////////////
// editodoc.cpp : implementation of the CEditorDoc class
//

#include "stdafx.h"
#include "editor.h"
```

```
#include "editodoc.h"

#ifdef _DEBUG
#undef THIS_FILE
static char BASED_CODE THIS_FILE[] = __FILE__;
#endif

/////////////////////////////////////////////////////////////////////////////
// CEditorDoc

IMPLEMENT_DYNCREATE(CEditorDoc, CDocument)

BEGIN_MESSAGE_MAP(CEditorDoc, CDocument)
 //{{AFX_MSG_MAP(CEditorDoc)
    // NOTE - the ClassWizard will add and remove mapping macros here.
    //     DO NOT EDIT what you see in these blocks of generated code !
 //}}AFX_MSG_MAP
END_MESSAGE_MAP()

/////////////////////////////////////////////////////////////////////////////
// CEditorDoc construction/destruction

CEditorDoc::CEditorDoc()
{
 line_number = 0;
 m_sizeDoc = CSize(800, 1000);
}

CEditorDoc::~CEditorDoc()
{
}

BOOL CEditorDoc::OnNewDocument()
{
 if (!CDocument::OnNewDocument())
    return FALSE;

 return TRUE;
}

/////////////////////////////////////////////////////////////////////////////
```

continues

Listing 11.2. continued

```
// CEditorDoc serialization

void CEditorDoc::Serialize(CArchive& ar)
{
 if (ar.IsStoring())
 {
    ar << line_number;
    for (int loop_index = 0; loop_index < line_number; loop_index++){
    ar << data_string[loop_index];
    }
 }
 else
 {
    ar >> line_number;
    for (int loop_index = 0; loop_index < line_number; loop_index++){
    ar >> data_string[loop_index];
    }
 }
}


/////////////////////////////////////////////////////////////////////
// CEditorDoc diagnostics

#ifdef _DEBUG
void CEditorDoc::AssertValid() const
{
 CDocument::AssertValid();
}

void CEditorDoc::Dump(CDumpContext& dc) const
{
 CDocument::Dump(dc);
}

#endif //_DEBUG

/////////////////////////////////////////////////////////////////////
// CEditorDoc commands
```

Listing 11.3. editovw.h

```
// editovw.h : interface of the CEditorView class
//
/////////////////////////////////////////////////////////////////////////////

class CEditorView : public CScrollView
{
protected: // create from serialization only
 CEditorView();
 DECLARE_DYNCREATE(CEditorView)
// Attributes
public:
 CEditorDoc* GetDocument();
 void OnInitialUpdate();
 virtual void OnUpdate(CView* pSender, LPARAM lHint = 0L,
  CObject* pHint = NULL);
// Operations
public:

// Implementation
public:
  virtual ~CEditorView();
  virtual void OnDraw(CDC* pDC);  // overridden to draw this view
#ifdef _DEBUG
  virtual void AssertValid() const;
  virtual void Dump(CDumpContext& dc) const;
#endif

  // Printing support
protected:
 virtual BOOL OnPreparePrinting(CPrintInfo* pInfo);
 virtual void OnBeginPrinting(CDC* pDC, CPrintInfo* pInfo);
 virtual void OnEndPrinting(CDC* pDC, CPrintInfo* pInfo);

// Generated message map functions
protected:
  //{{AFX_MSG(CEditorView)
  afx_msg void OnChar(UINT nChar, UINT nRepCnt, UINT nFlags);
  //}}AFX_MSG
  DECLARE_MESSAGE_MAP()
```

continues

Listing 11.3. continued

```
};

#ifndef _DEBUG    // debug version in editovw.cpp
inline CEditorDoc* CEditorView::GetDocument()
 { return (CEditorDoc*) m_pDocument;}
#endif
```

Listing 11.4. editovw.cpp

```
// editovw.cpp : implementation of the CEditorView class
//

#include "stdafx.h"
#include "editor.h"

#include "editodoc.h"
#include "editovw.h"

#ifdef _DEBUG
#undef THIS_FILE
static char BASED_CODE THIS_FILE[] = __FILE__;
#endif

/////////////////////////////////////////////////////////////////////////////
// CEditorView

IMPLEMENT_DYNCREATE(CEditorView, CView)
//IMPLEMENT_DYNCREATE(CEditorView, CScrollView)

BEGIN_MESSAGE_MAP(CEditorView, CView)
//BEGIN_MESSAGE_MAP(CEditorView, CScrollView)
  //{{AFX_MSG_MAP(CEditorView)
  ON_WM_CHAR()
  //}}AFX_MSG_MAP
  // Standard printing commands
  ON_COMMAND(ID_FILE_PRINT, CView::OnFilePrint)
  ON_COMMAND(ID_FILE_PRINT_PREVIEW, CView::OnFilePrintPreview)
END_MESSAGE_MAP()

/////////////////////////////////////////////////////////////////////////////
```

```
// CEditorView construction/destruction

CEditorView::CEditorView()
{

}

CEditorView::~CEditorView()
{
}

/////////////////////////////////////////////////////////////////////////////
// CEditorView drawing

void CEditorView::OnDraw(CDC* pDC)
{
 CEditorDoc* pDoc = GetDocument();
 TEXTMETRIC tm;
 pDC->GetTextMetrics(&tm);
 int yval = 0;
 for(int loop_index = 0; loop_index <= pDoc->line_number; loop_index++){
  pDC->TextOut(0, yval, pDoc->data_string[loop_index],
  pDoc->data_string[loop_index].GetLength());
  yval += tm.tmHeight;
 }
}

/////////////////////////////////////////////////////////////////////////////
// CEditorView printing

BOOL CEditorView::OnPreparePrinting(CPrintInfo* pInfo)
{
 // default preparation
 return DoPreparePrinting(pInfo);
}

void CEditorView::OnBeginPrinting(CDC* /*pDC*/, CPrintInfo* /*pInfo*/)
{
 // TODO: add extra initialization before printing
}

void CEditorView::OnEndPrinting(CDC* /*pDC*/, CPrintInfo* /*pInfo*/)
```

continues

Listing 11.4. continued

```
{
 // TODO: add cleanup after printing
}

void CEditorView::OnInitialUpdate()
{
 SetScrollSizes(MM_TEXT, GetDocument()->GetDocSize());
}


///////////////////////////////////////////////////////////////////////////
// CEditorView diagnostics

#ifdef _DEBUG
void CEditorView::AssertValid() const
{
 CView::AssertValid();
}
void CEditorView::Dump(CDumpContext& dc) const
{
 CView::Dump(dc);
}

CEditorDoc* CEditorView::GetDocument() // non-debug version is inline
{
 ASSERT(m_pDocument->IsKindOf(RUNTIME_CLASS(CEditorDoc)));
 return (CEditorDoc*) m_pDocument;
}

#endif //_DEBUG


///////////////////////////////////////////////////////////////////////////
// CEditorView message handlers

void CEditorView::OnChar(UINT nChar, UINT nRepCnt, UINT nFlags)
{
 CEditorDoc* pDoc = GetDocument();

 CClientDC dc(this);
 OnPrepareDC(&dc);
 if(nChar == '\r'){
```

```
  pDoc->line_number++;
 }
 else{
  pDoc->data_string[pDoc->line_number] += nChar;
  TEXTMETRIC tm;
  dc.GetTextMetrics(&tm);
  dc.TextOut(0, (int) pDoc->line_number * tm.tmHeight,
   pDoc->data_string[pDoc->line_number],
   pDoc->data_string[pDoc->line_number].GetLength());
 }

 pDoc->UpdateAllViews(this, 0L, NULL);
 pDoc->SetModifiedFlag();
 CView::OnChar(nChar, nRepCnt, nFlags);
}

void CEditorView::OnUpdate(CView*, LPARAM, CObject*)
{
 Invalidate();
}
```

Listing 11.5. editor.h

```
}// editor.h : main header file for the EDITOR application
//

#ifndef __AFXWIN__
 #error include 'stdafx.h' before including this file for PCH
#endif
#include "resource.h"       // main symbols

///////////////////////////////////////////////////////////////////////////
// CEditorApp:
// See editor.cpp for the implementation of this class
//

class CEditorApp : public CWinApp
{
public:
 CEditorApp();
```

continues

Listing 11.5.   continued

```
// Overrides
 virtual BOOL InitInstance();

// Implementation

 //{{AFX_MSG(CEditorApp)
 afx_msg void OnAppAbout();
  // NOTE - the ClassWizard will add and remove member functions here.
  //    DO NOT EDIT what you see in these blocks of generated code !
 //}}AFX_MSG
 DECLARE_MESSAGE_MAP()
};
```

Listing 11.6.   editor.cpp

```
///////////////////////////////////////////////////////////////////////////
// editor.cpp : Defines the class behaviors for the application.
//

#include "stdafx.h"
#include "editor.h"
#include "edsplitf.h"
#include "mainfrm.h"
#include "editodoc.h"
#include "editovw.h"

#ifdef _DEBUG
#undef THIS_FILE
static char BASED_CODE THIS_FILE[] = __FILE__;
#endif

///////////////////////////////////////////////////////////////////////////
// CEditorApp

BEGIN_MESSAGE_MAP(CEditorApp, CWinApp)
 //{{AFX_MSG_MAP(CEditorApp)
 ON_COMMAND(ID_APP_ABOUT, OnAppAbout)
  // NOTE - the ClassWizard will add and remove mapping macros here.
  //    DO NOT EDIT what you see in these blocks of generated code !
```

```
//}}AFX_MSG_MAP
// Standard file based document commands
ON_COMMAND(ID_FILE_NEW, CWinApp::OnFileNew)
ON_COMMAND(ID_FILE_OPEN, CWinApp::OnFileOpen)
// Standard print setup command
ON_COMMAND(ID_FILE_PRINT_SETUP, CWinApp::OnFilePrintSetup)
END_MESSAGE_MAP()


/////////////////////////////////////////////////////////////////////////
// CEditorApp construction

CEditorApp::CEditorApp()
{
// TODO: add construction code here,
// Place all significant initialization in InitInstance
}


/////////////////////////////////////////////////////////////////////////
// The one and only CEditorApp object

CEditorApp NEAR theApp;

/////////////////////////////////////////////////////////////////////////
// CEditorApp initialization

BOOL CEditorApp::InitInstance()
{
// Standard initialization
// If you are not using these features and wish to reduce the size
//  of your final executable, you should remove from the following
//  the specific initialization routines you do not need.

SetDialogBkColor();       // set dialog background color to gray
LoadStdProfileSettings(); // Load standard INI options (including MRU)

// Register the application's document templates.  Document templates
//  serve as the connection between documents, frame windows and views.

AddDocTemplate(new CMultiDocTemplate(IDR_EDITORTYPE,
 RUNTIME_CLASS(CEditorDoc),
 RUNTIME_CLASS(CMDIChildWnd),        // standard MDI child frame
```

continues

Listing 11.6. continued

```
 RUNTIME_CLASS(CEditorView)));

// create main MDI Frame window
CMainFrame* pMainFrame = new CMainFrame;
if (!pMainFrame->LoadFrame(IDR_MAINFRAME))
 return FALSE;
pMainFrame->ShowWindow(m_nCmdShow);
pMainFrame->UpdateWindow();
m_pMainWnd = pMainFrame;

// create a new (empty) document
OnFileNew();

if (m_lpCmdLine[0] != '\0')
{
  // TODO: add command line processing here
 }

 return TRUE;
}


/////////////////////////////////////////////////////////////////////
// CAboutDlg dialog used for App About

class CAboutDlg : public CDialog
{
public:
 CAboutDlg();

// Dialog Data
 //{{AFX_DATA(CAboutDlg)
 enum { IDD = IDD_ABOUTBOX };
 //}}AFX_DATA

// Implementation
protected:
 virtual void DoDataExchange(CDataExchange* pDX);    // DDX/DDV support
 //{{AFX_MSG(CAboutDlg)
  // No message handlers
 //}}AFX_MSG
```

```
 DECLARE_MESSAGE_MAP()
};

CAboutDlg::CAboutDlg() : CDialog(CAboutDlg::IDD)
{
 //{{AFX_DATA_INIT(CAboutDlg)
 //}}AFX_DATA_INIT
}

void CAboutDlg::DoDataExchange(CDataExchange* pDX)
{
 CDialog::DoDataExchange(pDX);
 //{{AFX_DATA_MAP(CAboutDlg)
 //}}AFX_DATA_MAP
}

BEGIN_MESSAGE_MAP(CAboutDlg, CDialog)
 //{{AFX_MSG_MAP(CAboutDlg)
  // No message handlers
 //}}AFX_MSG_MAP
END_MESSAGE_MAP()

// App command to run the dialog
void CEditorApp::OnAppAbout()
{
 CAboutDlg aboutDlg;
 aboutDlg.DoModal();
}

/////////////////////////////////////////////////////////////////////////////
// CEditorApp commands
```

Listing 11.7. edsplitf.h

```
// edsplitf.h : header file
//

/////////////////////////////////////////////////////////////////////////////
// CEdSplitFrame frame with splitter

#ifndef __AFXEXT__
```

continues

Listing 11.7. continued

```
#include <afxext.h>
#endif

class CEdSplitFrame : public CMDIChildWnd
{
 DECLARE_DYNCREATE(CEdSplitFrame)
protected:
 CEdSplitFrame(); // protected constructor used by dynamic creation

// Attributes
protected:
 CSplitterWnd    m_wndSplitter;
public:

// Operations
public:

// Implementation
public:
 virtual ~CEdSplitFrame();
 virtual BOOL OnCreateClient(LPCREATESTRUCT lpcs,
  CCreateContext* pContext);

 // Generated message map functions
 //{{AFX_MSG(CEdSplitFrame)
  // NOTE - the ClassWizard will add and remove member functions here.
 //}}AFX_MSG
 DECLARE_MESSAGE_MAP()
};
```

Listing 11.8. edsplitf.cpp

```
///////////////////////////////////////////////////////////////////////////
// edsplitf.cpp : implementation file
//

#include "stdafx.h"
```

```
#include "editor.h"
#include "edsplitf.h"

#ifdef _DEBUG
#undef THIS_FILE
static char BASED_CODE THIS_FILE[] = __FILE__;
#endif

/////////////////////////////////////////////////////////////////////////////
// CEdSplitFrame

IMPLEMENT_DYNCREATE(CEdSplitFrame, CMDIChildWnd)

CEdSplitFrame::CEdSplitFrame()
{
}

CEdSplitFrame::~CEdSplitFrame()
{
}

BOOL CEdSplitFrame::OnCreateClient(LPCREATESTRUCT /*lpcs*/,
  CCreateContext* pContext)
{
 return m_wndSplitter.Create(this,
  2, 2,      // TODO: adjust the number of rows, columns
  CSize(10, 10),    // TODO: adjust the minimum pane size
  pContext);
}

BEGIN_MESSAGE_MAP(CEdSplitFrame, CMDIChildWnd)
 //{{AFX_MSG_MAP(CEdSplitFrame)
  // NOTE - the ClassWizard will add and remove mapping macros here.
 //}}AFX_MSG_MAP
END_MESSAGE_MAP()

/////////////////////////////////////////////////////////////////////////////
// CEdSplitFrame message handlers
```

Working with Multiple Views and Graphics

We have seen how to handle multiple views when our document is a text document. But what if we want to handle graphics? For example, we might have an MDI application named Draw like this:

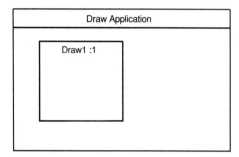

Using the mouse, the user can draw in one of the MDI child windows:

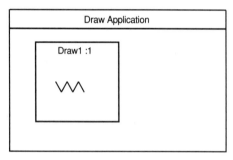

If we want to support multiple views, however, the user can open another view on the same document this way:

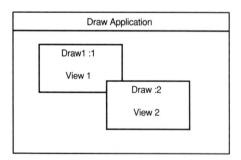

When the user draws in one view, the graphics figures are not automatically copied into the second view:

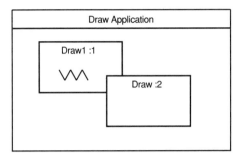

We can, however, add the code to copy the graphics from one view to all others like this:

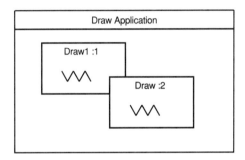

Let's see how multiple views work with graphics figures. The operation of our program will work like this: the user presses the left mouse button when the mouse cursor is in a view, starting the drawing process. Then the user can move the mouse cursor at will, drawing as long as the mouse button is held down. When the user releases the mouse button, the figure is completed and the user can start another drawing. Of course, we want whatever is in one view to appear in all others as well.

To begin, then, we create a project named draw.mak in the usual way with Visual C++. Next, we connect a function named OnLButtonDown( ) (in our View class) to the WM_LBUTTONDOWN message either using Class Wizard or manually like this (from drawview.cpp):

```
IMPLEMENT_DYNCREATE(CDrawView, CView)
BEGIN_MESSAGE_MAP(CDrawView, CView)
 //{{AFX_MSG_MAP(CDrawView)
 ON_WM_LBUTTONDOWN()
 //}}AFX_MSG_MAP
 // Standard printing commands
```

```
ON_COMMAND(ID_FILE_PRINT, CView::OnFilePrint)
ON_COMMAND(ID_FILE_PRINT_PREVIEW, CView::OnFilePrintPreview)
END_MESSAGE_MAP()
```

That function looks like the following (note the call to the base class' OnLButtonDown( ) function):

```
void CDrawView::OnLButtonDown(UINT nFlags, CPoint point)
{
 CView::OnLButtonDown(nFlags, point);


}
```

Because the mouse button has been pressed, we can save this point in our document using an array named, say, PtArray[]. If we store all points this way, we will have a complete record of mouse movements, and we can redraw what's in our current view in all other views. Let's store the points in PtArray[] and the total number of such points in an index named IndexPt:

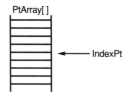

In CDrawView::OnLButtonDown( ), then, we want to store the point at which the mouse button went down (which begins the current graphics figure). First, we set aside PtArray[] and IndexPt in our document like this (from drawdoc.h):

```
// drawdoc.h : interface of the CDrawDoc class
//
/////////////////////////////////////////////////////////////////////////////

class CDrawDoc : public CDocument
{
protected: // create from serialization only
 CDrawDoc();
 DECLARE_DYNCREATE(CDrawDoc)

// Attributes
public:
    int IndexPt;
    CPoint PtArray[1000];
```

Next, we need a pointer to the document, which we get with GetDocument( ):

```
void CDrawView::OnLButtonDown(UINT nFlags, CPoint point)
{
 CView::OnLButtonDown(nFlags, point);
 CDrawDoc* pDoc = GetDocument();
   :

}
```

Now we store the current mouse location (the beginning of our graphics figure):

```
void CDrawView::OnLButtonDown(UINT nFlags, CPoint point)
{
 CView::OnLButtonDown(nFlags, point);
 CDrawDoc* pDoc = GetDocument();
    pDoc->PtArray[pDoc->IndexPt] = point;
    pDoc->IndexPt++;
   :
}
```

Note that we can also set IndexPt to 0 in our document's constructor:

```
/////////////////////////////////////////////////////////////////////////
// CDrawDoc construction/destruction

CDrawDoc::CDrawDoc()
{
 IndexPt = 0;
}
```

Finally, we can indicate that the drawing process has begun with a flag that we might call IsDrawing:

```
void CDrawView::OnLButtonDown(UINT nFlags, CPoint point)
{
 CView::OnLButtonDown(nFlags, point);
 CDrawDoc* pDoc = GetDocument();
 pDoc->PtArray[pDoc->IndexPt] = point;
 pDoc->IndexPt++;
 IsDrawing = TRUE;
}
```

We also put aside space for IsDrawing in our view's header file (from drawview.h):

```
// drawview.h : interface of the CDrawView class
```

```
//
///////////////////////////////////////////////////////////////////////////

class CDrawView : public CView
{
protected: // create from serialization only
 CDrawView();
 DECLARE_DYNCREATE(CDrawView)

// Attributes
public:
 CDrawDoc* GetDocument();
 int IsDrawing;
// Operations
public:
```

Now we can test the IsDrawing flag in other mouse functions like OnMouseMove() and OnLButtonUp(). In fact, connect OnMouseMove() to WM_MOUSEMOVE now:

```
IMPLEMENT_DYNCREATE(CDrawView, CView)


BEGIN_MESSAGE_MAP(CDrawView, CView)
 //{{AFX_MSG_MAP(CDrawView)
 ON_WM_LBUTTONDOWN()
 ON_WM_MOUSEMOVE()
 //}}AFX_MSG_MAP
 // Standard printing commands
 ON_COMMAND(ID_FILE_PRINT, CView::OnFilePrint)
 ON_COMMAND(ID_FILE_PRINT_PREVIEW, CView::OnFilePrintPreview)
END_MESSAGE_MAP()
```

So far, OnMouseMove() looks like this:

```
void CDrawView::OnMouseMove(UINT nFlags, CPoint point)
{
  CView::OnMouseMove(nFlags, point);

}
```

In this function, we want to store the new mouse location and make sure that our view is redrawn, including this new point. Our first step is to make sure that we are drawing by testing IsDrawing:

```
void CDrawView::OnMouseMove(UINT nFlags, CPoint point)
{
```

```
  CView::OnMouseMove(nFlags, point);
  if(IsDrawing){


  }
}
```

If we are in fact drawing, we store the new mouse point like this:

```
void CDrawView::OnMouseMove(UINT nFlags, CPoint point)
{
  CView::OnMouseMove(nFlags, point);
  if(IsDrawing){
    CDrawDoc* pDoc = GetDocument();
    pDoc->PtArray[pDoc->IndexPt] = point;
    pDoc->IndexPt++;
      :
  }
}
```

Now that we have changed the document, we call UpdateAllViews( ) to update the other views (note that we will have to place code in the OnDraw( ) function to handle such updates):

```
void CDrawView::OnMouseMove(UINT nFlags, CPoint point)
{
  CView::OnMouseMove(nFlags, point);
  if(IsDrawing){
   CDrawDoc* pDoc = GetDocument();
   pDoc->PtArray[pDoc->IndexPt] = point;
   pDoc->IndexPt++;
   pDoc->UpdateAllViews(this);
      :
  }
}
```

To make sure that the current view is redrawn as well, we invalidate our view this way:

```
void CDrawView::OnMouseMove(UINT nFlags, CPoint point)
{
 CView::OnMouseMove(nFlags, point);
 if(IsDrawing){
  CDrawDoc* pDoc = GetDocument();
  pDoc->PtArray[pDoc->IndexPt] = point;
  pDoc->IndexPt++;
  pDoc->UpdateAllViews(this);
  Invalidate();
```

```
    }
}
```

The final stage is writing OnLButtonUp( ). When we reach this function, the user has released the mouse button and the current figure is ended. We can indicate that the figure is ended by placing a CPoint with members (-1, -1) in PtArray[ ], and by setting IsDrawing FALSE this way:

```
void CDrawView::OnLButtonUp(UINT nFlags, CPoint point)
{
  CView::OnLButtonUp(nFlags, point);
  CDrawDoc* pDoc = GetDocument();
  pDoc->PtArray[pDoc->IndexPt] = CPoint(-1, -1);
  pDoc->IndexPt++;
  IsDrawing = FALSE;
}
```

Now the implementation of our view is almost done. All that remains is to write CDrawView::OnDraw( ).

In this function, we have to take the points in PtArray[ ] and draw them in the view, connecting the dots. Because each view will have the same version of OnDraw( ), each view will be able to read PtArray[ ] and IndexPt from the document and display the graphics that have been drawn so far.

Our View class' OnDraw( ) function looks like this currently:

```
/////////////////////////////////////////////////////////////////////////////
// CDrawView drawing

void CDrawView::OnDraw(CDC* pDC)
{
  CDrawDoc* pDoc = GetDocument();
}
```

In this function, we will set up a loop over all points in the array PtArray[ ] to (re)draw each of them. There are IndexPt points, so that looks like this:

```
/////////////////////////////////////////////////////////////////////////////
// CDrawView drawing

void CDrawView::OnDraw(CDC* pDC)
{
  CDrawDoc* pDoc = GetDocument();
  for(int loop_index = 0; loop_index < pDoc->IndexPt - 1; loop_index++){
   :
```

```
        }
    }
```

Now we make sure that the point we are about to draw is not a separator point (which we put in to separate graphics figures when the mouse button is released):

```
//////////////////////////////////////////////////////////////////////////////
// CDrawView drawing

void CDrawView::OnDraw(CDC* pDC)
{
 CPoint testPt(-1, -1);
 CDrawDoc* pDoc = GetDocument();
 for(int loop_index = 0; loop_index < pDoc->IndexPt - 1; loop_index++){
  if(pDoc->PtArray[loop_index] != testPt &&
    pDoc->PtArray[loop_index+1] != testPt){
      :
  }
 }
}
```

And we can simply connect the dots:

```
//////////////////////////////////////////////////////////////////////////////
// CDrawView drawing

void CDrawView::OnDraw(CDC* pDC)
{
 CPoint testPt(-1, -1);
 CDrawDoc* pDoc = GetDocument();
 for(int loop_index = 0; loop_index < pDoc->IndexPt - 1; loop_index++){
   if(pDoc->PtArray[loop_index] != testPt &&
    pDoc->PtArray[loop_index+1] != testPt){
        pDC->MoveTo(pDoc->PtArray[loop_index]);
        pDC->LineTo(pDoc->PtArray[loop_index+1]);
  }
 }
}
```

That's it. Now each view will can read the entire history of our graphics figures from the documents and draw them on the screen, as shown in figure 11.5. The program's code appears in these listings:

Listing	Contains
Listing 11.9	drawdoc.h
Listing 11.10	drawdoc.cpp
Listing 11.11	drawview.h
Listing 11.12	drawview.cpp
Listing 11.13	draw.h
Listing 11.14	draw.cpp
Listing 11.15	mainfrm.h
Listing 11.16	mainfrm.cpp

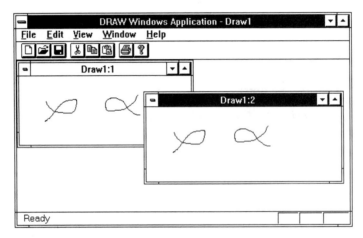

Figure 11.5. Multiple graphics views.

Listing 11.9. drawdoc.h

```
// drawdoc.h : interface of the CDrawDoc class
//
/////////////////////////////////////////////////////////////////////////////

class CDrawDoc : public CDocument
{
protected: // create from serialization only
  CDrawDoc();
```

```
    DECLARE_DYNCREATE(CDrawDoc)

// Attributes
public:
 int IndexPt;
 CPoint PtArray[1000];
// Operations
public:

// Implementation
public:
  virtual ~CDrawDoc();
  virtual void Serialize(CArchive& ar);    // overridden for document i/o
#ifdef _DEBUG
  virtual    void AssertValid() const;
  virtual    void Dump(CDumpContext& dc) const;
#endif
protected:
  virtual    BOOL    OnNewDocument();

// Generated message map functions
protected:
 //{{AFX_MSG(CDrawDoc)
  // NOTE - the ClassWizard will add and remove member functions here.
  //    DO NOT EDIT what you see in these blocks of generated code !
 //}}AFX_MSG
 DECLARE_MESSAGE_MAP()
};

/////////////////////////////////////////////////////////////////////////////
```

Listing 11.10. drawdoc.cpp

```
// drawdoc.cpp : implementation of the CDrawDoc class
//

#include "stdafx.h"
#include "draw.h"

#include "drawdoc.h"
```

continues

Listing 11.10. continued

```
#ifdef _DEBUG
#undef THIS_FILE
static char BASED_CODE THIS_FILE[] = __FILE__;
#endif


/////////////////////////////////////////////////////////////////////////
// CDrawDoc

IMPLEMENT_DYNCREATE(CDrawDoc, CDocument)
BEGIN_MESSAGE_MAP(CDrawDoc, CDocument)
 //{{AFX_MSG_MAP(CDrawDoc)
  // NOTE - the ClassWizard will add and remove mapping macros here.
  //    DO NOT EDIT what you see in these blocks of generated code !
 //}}AFX_MSG_MAP
END_MESSAGE_MAP()


/////////////////////////////////////////////////////////////////////////
// CDrawDoc construction/destruction

CDrawDoc::CDrawDoc()
{
 IndexPt = 0;
}

CDrawDoc::~CDrawDoc()
{
}

BOOL CDrawDoc::OnNewDocument()
{
 if (!CDocument::OnNewDocument())
  return FALSE;
 // TODO: add reinitialization code here
 // (SDI documents will reuse this document)
 return TRUE;
}


/////////////////////////////////////////////////////////////////////////
// CDrawDoc serialization

 void CDrawDoc::Serialize(CArchive& ar)
 {
```

```
  if (ar.IsStoring())
  {
   // TODO: add storing code here
  }
  else
  {
   // TODO: add loading code here
  }
}


/////////////////////////////////////////////////////////////////////////////
// CDrawDoc diagnostics

#ifdef _DEBUG
void CDrawDoc::AssertValid() const
{
 CDocument::AssertValid();
}

void CDrawDoc::Dump(CDumpContext& dc) const
{
 CDocument::Dump(dc);
}


#endif //_DEBUG


/////////////////////////////////////////////////////////////////////////////
// CDrawDoc commands
```

Listing 11.11. drawview.h

```
// drawview.h : interface of the CDrawView class
//
/////////////////////////////////////////////////////////////////////////////

class CDrawView : public CView
{
protected: // create from serialization only
  CDrawView();
  DECLARE_DYNCREATE(CDrawView)

// Attributes
```

continues

Listing 11.11. continued

```
public:
  CDrawDoc* GetDocument();
  int IsDrawing;
// Operations
public:

// Implementation
public:
  virtual ~CDrawView();
  virtual void OnDraw(CDC* pDC);  // overridden to draw this view
#ifdef _DEBUG
  virtual void AssertValid() const;
  virtual void Dump(CDumpContext& dc) const;
#endif

  // Printing support
protected:
  virtual BOOL OnPreparePrinting(CPrintInfo* pInfo);
  virtual void OnBeginPrinting(CDC* pDC, CPrintInfo* pInfo);
  virtual void OnEndPrinting(CDC* pDC, CPrintInfo* pInfo);

// Generated message map functions
protected:
  //{{AFX_MSG(CDrawView)
  afx_msg void OnLButtonDown(UINT nFlags, CPoint point);
  afx_msg void OnMouseMove(UINT nFlags, CPoint point);
  afx_msg void OnLButtonUp(UINT nFlags, CPoint point);
  //}}AFX_MSG
  DECLARE_MESSAGE_MAP()
};
#ifndef _DEBUG     // debug version in drawview.cpp
inline CDrawDoc* CDrawView::GetDocument()
  { return (CDrawDoc*) m_pDocument; }
#endif
```

///

Listing 11.12. drawview.cpp

```
// drawview.cpp : implementation of the CDrawView class
//

#include "stdafx.h"
#include "draw.h"

#include "drawdoc.h"
#include "drawview.h"

#ifdef _DEBUG
#undef THIS_FILE
static char BASED_CODE THIS_FILE[] = __FILE__;
#endif

/////////////////////////////////////////////////////////////////////////
// CDrawView

IMPLEMENT_DYNCREATE(CDrawView, CView)

BEGIN_MESSAGE_MAP(CDrawView, CView)
 //{{AFX_MSG_MAP(CDrawView)
 ON_WM_LBUTTONDOWN()
 ON_WM_MOUSEMOVE()
 ON_WM_LBUTTONUP()
 //}}AFX_MSG_MAP
 // Standard printing commands
 ON_COMMAND(ID_FILE_PRINT, CView::OnFilePrint)
 ON_COMMAND(ID_FILE_PRINT_PREVIEW, CView::OnFilePrintPreview)
END_MESSAGE_MAP()

/////////////////////////////////////////////////////////////////////////
// CDrawView construction/destruction

CDrawView::CDrawView()
{
 IsDrawing = FALSE;
}

CDrawView::~CDrawView()
```

continues

Listing 11.12. continued

```
{
}


/////////////////////////////////////////////////////////////////////////
// CDrawView drawing

void CDrawView::OnDraw(CDC* pDC)
{
 CPoint testPt(-1, -1);
 CDrawDoc* pDoc = GetDocument();
 for(int loop_index = 0; loop_index < pDoc->IndexPt - 1; loop_index++){
   if(pDoc->PtArray[loop_index] != testPt &&
    pDoc->PtArray[loop_index+1] != testPt){
     pDC->MoveTo(pDoc->PtArray[loop_index]);
     pDC->LineTo(pDoc->PtArray[loop_index+1]);
  }
 }
}


/////////////////////////////////////////////////////////////////////////
// CDrawView printing

BOOL CDrawView::OnPreparePrinting(CPrintInfo* pInfo)
{
 // default preparation
 return DoPreparePrinting(pInfo);
}


void CDrawView::OnBeginPrinting(CDC* /*pDC*/, CPrintInfo* /*pInfo*/)
{
 // TODO: add extra initialization before printing
}


void CDrawView::OnEndPrinting(CDC* /*pDC*/, CPrintInfo* /*pInfo*/)
{
 // TODO: add cleanup after printing
}


/////////////////////////////////////////////////////////////////////////
```

```
// CDrawView diagnostics

#ifdef _DEBUG
void CDrawView::AssertValid() const
{
 CView::AssertValid();
}

void CDrawView::Dump(CDumpContext& dc) const
{
 CView::Dump(dc);
}

CDrawDoc* CDrawView::GetDocument() // non-debug version is inline
{
 ASSERT(m_pDocument->IsKindOf(RUNTIME_CLASS(CDrawDoc)));
 return (CDrawDoc*) m_pDocument;
}
#endif //_DEBUG

/////////////////////////////////////////////////////////////////////////////
// CDrawView message handlers

void CDrawView::OnLButtonDown(UINT nFlags, CPoint point)
{
 CView::OnLButtonDown(nFlags, point);
 CDrawDoc* pDoc = GetDocument();
 pDoc->PtArray[pDoc->IndexPt] = point;
 pDoc->IndexPt++;
 IsDrawing = TRUE;
}

void CDrawView::OnMouseMove(UINT nFlags, CPoint point)
{
 CView::OnMouseMove(nFlags, point);
 if(IsDrawing){
  CDrawDoc* pDoc = GetDocument();
  pDoc->PtArray[pDoc->IndexPt] = point;
  pDoc->IndexPt++;
  pDoc->UpdateAllViews(this);
  Invalidate();
 }
```

continues

Listing 11.12. continued

```
}

void CDrawView::OnLButtonUp(UINT nFlags, CPoint point)
{
 CView::OnLButtonUp(nFlags, point);
  CDrawDoc* pDoc = GetDocument();
  pDoc->PtArray[pDoc->IndexPt] = CPoint(-1, -1);
  pDoc->IndexPt++;
 IsDrawing = FALSE;
}
```

Listing 11.13. draw.h

```
// draw.h : main header file for the DRAW application
//


#ifndef __AFXWIN__
 #error include 'stdafx.h' before including this file for PCH
#endif


#include "resource.h"        // main symbols


/////////////////////////////////////////////////////////////////////////////
// CDrawApp:
// See draw.cpp for the implementation of this class
//
class CDrawApp : public CWinApp
{
public:
 CDrawApp();

// Overrides
 virtual BOOL InitInstance();

// Implementation

 //{{AFX_MSG(CDrawApp)
 afx_msg void OnAppAbout();
  // NOTE - the ClassWizard will add and remove member functions here.
```

```
//    DO NOT EDIT what you see in these blocks of generated code !
//}}AFX_MSG
DECLARE_MESSAGE_MAP()
};
```

///

Listing 11.14.   draw.cpp

```cpp
// draw.cpp : Defines the class behaviors for the application.
//

#include "stdafx.h"
#include "draw.h"

#include "mainfrm.h"
#include "drawdoc.h"
#include "drawview.h"

#ifdef _DEBUG
#undef THIS_FILE
static char BASED_CODE THIS_FILE[] = __FILE__;
#endif

/////////////////////////////////////////////////////////////////////////////
// CDrawApp

BEGIN_MESSAGE_MAP(CDrawApp, CWinApp)
 //{{AFX_MSG_MAP(CDrawApp)
 ON_COMMAND(ID_APP_ABOUT, OnAppAbout)
  // NOTE - the ClassWizard will add and remove mapping macros here.
  //    DO NOT EDIT what you see in these blocks of generated code !
 //}}AFX_MSG_MAP
 // Standard file based document commands
 ON_COMMAND(ID_FILE_NEW, CWinApp::OnFileNew)
 ON_COMMAND(ID_FILE_OPEN, CWinApp::OnFileOpen)
 // Standard print setup command
 ON_COMMAND(ID_FILE_PRINT_SETUP, CWinApp::OnFilePrintSetup)
END_MESSAGE_MAP()
```

///

continues

Listing 11.14. continued

```
// CDrawApp construction

CDrawApp::CDrawApp()
{
 // TODO: add construction code here,
 // Place all significant initialization in InitInstance
}


/////////////////////////////////////////////////////////////////////////
// The one and only CDrawApp object

CDrawApp NEAR theApp;


/////////////////////////////////////////////////////////////////////////
// CDrawApp initialization

BOOL CDrawApp::InitInstance()
{
 // Standard initialization
 // If you are not using these features and wish to reduce the size
 //  of your final executable, you should remove from the following
 //  the specific initialization routines you do not need.

 SetDialogBkColor();        // set dialog background color to gray
 LoadStdProfileSettings();  // Load standard INI file options

 // Register the application's document templates.  Document templates
 //  serve as the connection between documents, frame windows and views.

 AddDocTemplate(new CMultiDocTemplate(IDR_DRAWTYPE,
  RUNTIME_CLASS(CDrawDoc),
  RUNTIME_CLASS(CMDIChildWnd),         // standard MDI child frame
  RUNTIME_CLASS(CDrawView)));

 // create main MDI Frame window
 CMainFrame* pMainFrame = new CMainFrame;
 if (!pMainFrame->LoadFrame(IDR_MAINFRAME))
  return FALSE;
 pMainFrame->ShowWindow(m_nCmdShow);
 pMainFrame->UpdateWindow();
```

```
 m_pMainWnd = pMainFrame;

 // create a new (empty) document
 OnFileNew();

 if (m_lpCmdLine[0] != '\0')
 {
  // TODO: add command line processing here
 }
 return TRUE;
}

//////////////////////////////////////////////////////////////////////////////
// CAboutDlg dialog used for App About

class CAboutDlg : public CDialog
{
public:
 CAboutDlg();

// Dialog Data
 //{{AFX_DATA(CAboutDlg)
 enum { IDD = IDD_ABOUTBOX };
 //}}AFX_DATA

// Implementation
protected:
 virtual void DoDataExchange(CDataExchange* pDX);    // DDX/DDV support
 //{{AFX_MSG(CAboutDlg)
  // No message handlers
 //}}AFX_MSG
 DECLARE_MESSAGE_MAP()
};

CAboutDlg::CAboutDlg() : CDialog(CAboutDlg::IDD)
{
 //{{AFX_DATA_INIT(CAboutDlg)
 //}}AFX_DATA_INIT
}

void CAboutDlg::DoDataExchange(CDataExchange* pDX)
{
```

continues

Listing 11.14. continued

```
 CDialog::DoDataExchange(pDX);
 //{{AFX_DATA_MAP(CAboutDlg)
 //}}AFX_DATA_MAP
}

BEGIN_MESSAGE_MAP(CAboutDlg, CDialog)
 //{{AFX_MSG_MAP(CAboutDlg)
  // No message handlers
 //}}AFX_MSG_MAP
END_MESSAGE_MAP()

// App command to run the dialog
void CDrawApp::OnAppAbout()
{
 CAboutDlg aboutDlg;
 aboutDlg.DoModal();
}


/////////////////////////////////////////////////////////////////////////////
// CDrawApp commands
```

Listing 11.15. mainfrm.h

```
// mainfrm.h : interface of the CMainFrame class
//
/////////////////////////////////////////////////////////////////////////////

class CMainFrame : public CMDIFrameWnd
{
 DECLARE_DYNAMIC(CMainFrame)
public:
 CMainFrame();

// Attributes
public:

// Operations
public:
```

Microsoft Foundation Class Library Programming

```
// Implementation
public:
 virtual ~CMainFrame();
#ifdef _DEBUG
 virtual    void AssertValid() const;
 virtual    void Dump(CDumpContext& dc) const;
#endif

protected:    // control bar embedded members
 CStatusBar    m_wndStatusBar;
 CToolBar    m_wndToolBar;

// Generated message map functions
protected:
 //{{AFX_MSG(CMainFrame)
 afx_msg int OnCreate(LPCREATESTRUCT lpCreateStruct);
  // NOTE - the ClassWizard will add and remove member functions here.
  //    DO NOT EDIT what you see in these blocks of generated code !
 //}}AFX_MSG
 DECLARE_MESSAGE_MAP()
};
```

///

Listing 11.16. mainfrm.cpp

```
// mainfrm.cpp : implementation of the CMainFrame class
//

#include "stdafx.h"
#include "draw.h"

#include "mainfrm.h"
#ifdef _DEBUG
#undef THIS_FILE
static char BASED_CODE THIS_FILE[] = __FILE__;
#endif

/////////////////////////////////////////////////////////////////////////////
// CMainFrame
```

continues

Listing 11.16. continued

```
IMPLEMENT_DYNAMIC(CMainFrame, CMDIFrameWnd)

BEGIN_MESSAGE_MAP(CMainFrame, CMDIFrameWnd)
 //{{AFX_MSG_MAP(CMainFrame)
  // NOTE - the ClassWizard will add and remove mapping macros here.
  //    DO NOT EDIT what you see in these blocks of generated code !
 ON_WM_CREATE()
 //}}AFX_MSG_MAP
END_MESSAGE_MAP()

/////////////////////////////////////////////////////////////////////////////
// arrays of IDs used to initialize control bars

// toolbar buttons - IDs are command buttons
static UINT BASED_CODE buttons[] =
{
 // same order as in the bitmap 'toolbar.bmp'
 ID_FILE_NEW,
 ID_FILE_OPEN,
 ID_FILE_SAVE,
  ID_SEPARATOR,
 ID_EDIT_CUT,
 ID_EDIT_COPY,
 ID_EDIT_PASTE,
  ID_SEPARATOR,
 ID_FILE_PRINT,
 ID_APP_ABOUT,
};

static UINT BASED_CODE indicators[] =
{
 ID_SEPARATOR,           // status line indicator
 ID_INDICATOR_CAPS,
 ID_INDICATOR_NUM,
 ID_INDICATOR_SCRL,
};

/////////////////////////////////////////////////////////////////////////////
// CMainFrame construction/destruction
```

```
CMainFrame::CMainFrame()
{
 // TODO: add member initialization code here
}

CMainFrame::~CMainFrame()
{
}

int CMainFrame::OnCreate(LPCREATESTRUCT lpCreateStruct)
{

 if (CMDIFrameWnd::OnCreate(lpCreateStruct) == -1)
  return -1;
 if (!m_wndToolBar.Create(this) ||
  !m_wndToolBar.LoadBitmap(IDR_MAINFRAME) ||
  !m_wndToolBar.SetButtons(buttons,
   sizeof(buttons)/sizeof(UINT)))
 {
  TRACE("Failed to create toolbar\n");
  return -1;         // fail to create
 }

 if (!m_wndStatusBar.Create(this) ||
  !m_wndStatusBar.SetIndicators(indicators,
   sizeof(indicators)/sizeof(UINT)))
 {
  TRACE("Failed to create status bar\n");
  return -1;         // fail to create
 }

 return 0;
}

/////////////////////////////////////////////////////////////////////////
// CMainFrame diagnostics

#ifdef _DEBUG
void CMainFrame::AssertValid() const
{
 CMDIFrameWnd::AssertValid();
```

continues

583

Multiple MFC Views

Listing 11.16. continued

```
}

void CMainFrame::Dump(CDumpContext& dc) const
{
 CMDIFrameWnd::Dump(dc);
}

#endif //_DEBUG
/////////////////////////////////////////////////////////////////////////////
// CMainFrame message handlers
```

Reproducing Graphics

You can add code to the OnDraw( ) function to reproduce graphics bit by bit in multiple views. To do this, create a new (memory-only) device context that matches the view's device context with the member function CreateCompatibleDC( ). Store the resulting pointer in the document. When you draw in the view, also draw in the new compatible device context. When it's time to update other views, use the function BitBlt( ) to copy the graphical data to the new views as well.

That's it for our exploration of multiple documents and multiple views. We have come far in the last two chapters—from SDI up to MDI, from single views up to multiple views and splitter windows. We have seen how to enable multiple views communicate with each other, and we have seen how to create scrollable views. Now let's press on to Chapter 12, where we investigate how to handle C++ exceptions.

New Classes and Members:

********** CRect	
BottomRight	Return reference to CRect's bottom right
CopyRect	Copy dimensions of a rectangle to CRect
CRect	Construct CRect object
EqualRect	Determine if CRect is equal to specified rectangle
Height	Get height of CRect
InflateRect	Expand or contract CRect

IntersectRect	Set CRect to intersection of two rectangles
IsRectEmpty	True if CRect is empty
IsRectNull	True if top, bottom, left, right variables are all 0
OffsetRect	Move CRect
operator !=	Indicates if CRect is not equal to a rectangle
operator &	Return intersection of CRect and a rectangle
operator &=	Set CRect to intersection of CRect and a rectangle
operator +	Add offsets to CRect and return result
operator +=	Add offsets to CRect
operator -	Subtract offsets from CRect and return result
operator -=	Subtract specified offset from CRect
operator =	Copy dimensions of a rectangle to CRect
operator ==	Compares CRect to a rectangle
operator LPCRECT	Convert CRect to LPCRECT
operator |	Return union of CRect and a rectangle
operator |=	Set CRect to union of CRect and a rectangle
PtInRect	True if indicated point is in CRect
SetRect	Set size of CRect
SetRectEmpty	Make CRect empty
Size	Calculate size of CRect
SubtractRect	Subtract one rectangle from another rectangle
TopLeft	Return reference to top left of CRect
UnionRect	Set CRect to union of two rectangles
Width	Get width of CRect

********** **CSplitterView**

Create	Create dynamic splitter window
CreateStatic	Create static splitter window
CreateView	Create pane in a splitter window
CSplitterWnd	Construct CSplitterWnd object
GetColumnCount	Return current pane column count
GetColumnInfo	Return information on indicated column
GetPane	Return pane at indicated row, column
GetRowCount	Return current pane row count
GetRowInfo	Return information on indicated row
IdFromRowCol	Return child window ID of pane at indicated row, column
IsChildPane	True if window is a child pane of splitter window
RecalcLayout	Show splitter window after changing row, column size
SetColumnInfo	Set specified column information
SetRowInfo	Set indicated row information

Exception Handling and Diagnostics

Errors occur even for the best programmers. In fact, the longer the program, the more complex the code, the more likely errors are to appear. Errors come in several different types—design errors, run-time errors, and those that make your programs produce incorrect or unexpected results (bugs). The MFC library handles the first type, design errors, by refusing to create executable programs until the errors are fixed. The other two types are what this chapter is about—run-time errors and bugs.

A run-time error is what the MFC library refers to as a *trappable error*; that is, the MFC functions recognize that there was an error and generate an exception. You can then handle the exception with the TRY and CATCH macros, as you will see. This enables you to take some corrective action if errors do occur. Bugs are different, because the MFC functions usually don't recognize that there is a problem, but the code doesn't operate as intended. Instead, you must debug the program by examining its operation in detail.

This chapter begins with an examination of exception handling to process run-time errors. Then, you will learn about the process of using MFC diagnostics to debug, removing logic errors from your programs.

Exception Handling

In many languages, library functions return error codes that you can examine; for example, in C, the Fopen() function returns a NULL file pointer if it can't open a file, like the following:

```
#include <stdio.h>
void main()
{
    FILE *file_pointer;
    if((file_pointer = fopen("hello.txt", "w")) != NULL){
        fwrite("Hello, world.", strlen("Hello, world."), 0, \
            file_pointer);
        fclose(file_pointer);
    }
    else printf("Error writing hello.txt\n");
}
```

In the MFC library however, errors like this are handled with exceptions. That is, if you cannot open a file in an MFC function, an exception of type CFileException is generated (this is because it is not standard to check return values from constructors). You often have sensitive code in programs that can cause run-time errors (exceptions) notoriously, this includes file-handling code. In your programs, you should enclose such code in a TRY macro block, as follows:

```
TRY
{
    [*** Sensitive code ***]
}
:
```

If any of the code in the TRY block causes an exception, you can handle that exception in a CATCH block like the following:

```
TRY
{
    [***Sensitive code***]
}
CATCH(CException, e)
{
```

```
        [***Exception-handling code***]
}
END_CATCH
```

In this example, e is the name of the exception generated, and *CException* is the type of exception. In particular, the MFC library includes the following exception classes to handle various run-time errors:

MFC Exception Class	Handles
CMemoryException	Memory exceptions
CNotSupportedException	Service not supported
CArchiveException	Archive exceptions
CFileException	File exceptions
OsErrorToException	Convert DOS error to exception
ErrnoToException	Convert error number to exception
CResourceException	Resource exceptions
COleException	OLE exceptions

The actual cause of the exception is stored in the exception object's m_cause data member. For example, the possible values of CArchiveException::m_cause appear in table 12.1.

Table 12.1. CArchiveException::m_cause

Value	Meaning
CArchiveException::badClass	Cannot read object into new object type
CArchiveException::badIndex	File is invalid
CArchiveException::badSchema	Cannot read object of different version
CArchiveException::endOfFile	End of file reached
CArchiveException::generic	General error
CArchiveException::none	No error
CArchiveException::readOnly	Cannot write into a read only archive
CArchiveException::writeOnly	Cannot read from a write only archive

In this chapter, we will examine CFileException handling because file handling can cause many run-time errors. The possible values for CFileException::m_cause appear in table 12.2.

Table 12.2. CFileException::m_cause Values

Value	Meaning
CFileException::accessDenied	File access denied
CFileException::badPath	Path is invalid
CFileException::badSeek	Error setting file pointer
CFileException::directoryFull	Directory is full
CFileException::diskFull	Disk is full
CFileException::endOfFile	End of file reached
CFileException::fileNotFound	File could not be found
CFileException::generic	General error
CFileException::hardIO	Hardware error
CFileException::invalidFile	File is invalid
CFileException::lockViolation	Attempt to lock region already locked
CFileException::none	No error
CFileException::removeCurrentDir	Cannot remove current directory
CFileException::sharingViolation	Sharing violation—load share.exe
CFileException::tooManyOpenFiles	Exceeded allowed number of open files

When you use the Serialize() function in your applications, the MFC library handles run-time file errors for you. If, for example, the user requests the program to read a file from drive A and there is no disk in that drive, the program will display an error box on-screen, as shown in figure 12.1.

If, however, you handle file operations yourself (as in Chapter 9), you are responsible for handling file exceptions as well. Recall that you wrote a file named hello.txt to the disk like this in Chapter 9:

```
void CFileView::OnFilewrite()
{
    CString hello_string = "Hello, world.";
    CFile file("hello.txt", CFile::modeCreate ¦ CFile::modeWrite);
```

```
    file.Write(hello_string, hello_string.GetLength());
    file.Close();
}
```

Figure 12.1. Handling a file error.

You might try to write it to drive A even though there is no disk there, as follows:

```
void CFileView::OnFilewrite()
{
    CString hello_string = "Hello, world.";
    CFile file("a:hello.txt", CFile::modeCreate | CFile::modeWrite);
    file.Write(hello_string, hello_string.GetLength());
    file.Close();
}
```

This will generate a file exception. You can recognize the sensitive nature of file-handling commands like this if you put them into a TRY block:

```
void CFileView::OnFilewrite()
{
    CString hello_string = "Hello, world.";
    TRY
    {
        CFile file("a:hello.txt", CFile::modeCreate | CFile::modeWrite);
        file.Write(hello_string, hello_string.GetLength());
        file.Close();
    }
}
```

Now you are ready to handle the file exceptions that might arise. You do that in a CATCH block, as follows:

```
void CFileView::OnFilewrite()
{
    CString hello_string = "Hello, world.";
```

```
TRY
{
    CFile file("a:hello.txt", CFile::modeCreate | CFile::modeWrite);
    file.Write(hello_string, hello_string.GetLength()); file.Close();
}
CATCH(CFileException, e)
{
    MessageBox("File could not be opened");
}
END_CATCH
}
```

Note that you have to include the END_CATCH macro at the end of the CATCH block; the reason for this is that you can set up multiple CATCH blocks (as you will see soon). END_CATCH indicates that there are no more blocks to come.

You can execute the new code as you have modified it. In this case, you put a message box on the screen with the message File could not be opened, as shown in figure 12.2.

Figure 12.2. Handling a file exception.

That's it—you have already handled your first file exception. If there is some file operation problem, the code in the CATCH block is executed. In fact, you can be more specific with your error message if you check the m_cause data member (as listed in table 12.2). It might look like the following in your code:

```
void CFileView::OnFilewrite()
{
    CString hello_string = "Hello, world.";
    TRY
    {
        CFile file("a:hello.txt", CFile::modeCreate | CFile::modeWrite);
        file.Write(hello_string, hello_string.GetLength()); file.Close();
    }
    CATCH(CFileException, e)
    {
        switch(e->m_cause)
```

```
        {
            case CFileException::accessDenied:
                MessageBox("File access denied");
                break;
            case CFileException::badPath:
                MessageBox("Path is invalid");
                break;
            case CFileException::diskFull:
                MessageBox("Disk is full");
                break;
            case CFileException::fileNotFound:
                MessageBox("File could not be found"); break;
            case CFileException::hardIO:
                MessageBox("Hardware error");
                break;
            case CFileException::lockViolation:
                MessageBox("Attempt to lock region already locked");
                break;
            case CFileException::sharingViolation:
                MessageBox("Sharing violation—load share.exe");
                break;
            case CFileException::tooManyOpenFiles:
                MessageBox("Exceeded allowed number of open files");
                break;
        }
    }
    END_CATCH
}
```

There is another way to handle such messages without message boxes. If you prefer, you can send this kind of message to the MFC *debug window*. This is a window that you can open on-screen and keep there when you are developing a program, ready to display the messages sent to it. The debug window is a powerful deugging tool, so let's examine this process next.

The Debug Window

Instead of using the MessageBox() function, you can send output to the debug window with the TRACE() macro like the following:

```
void CFileView::OnFilewrite()
{
    CString hello_string = "Hello, world.";
    TRY
```

```
    {
        CFile file("a:hello.txt", CFile::modeCreate | CFile::modeWrite);
        file.Write(hello_string, hello_string.GetLength());
        file.Close();
    }
    CATCH(CFileException, e)
    {
        TRACE("File could not be opened");
    }
    END_CATCH
}
```

In this case, the text File could not be opened will appear in the debug window. To see that, you have first to open that window. With the MFC library comes an application whose icon reads MFC Trace Options. Click this icon now, opening the MFC Trace Options program, as shown as figure 12.3.

Figure 12.3. The MFC Trace Options window.

Make sure that the Enable Tracing item is selected. You can also set other tracing options. You can, for example, display all of the Windows commands your program gets. Click the OK button, enabling tracing.

Another application that comes with the MFC library is the debug window itself—the icon is labeled DebugWin. Open that application, as shown in figure 12.4.

Now that the debug window is ready, run your program. After you try to write to the nonexistent disk, in the debug window you see the display shown in figure 12.5. You will see the warning that a file exception is being thrown. In addition, you will see the text that you sent there, File could not be opened.

This example is one way to send text to the debug window—with the TRACE() macro. As you can see, the debug window can come in very handy. It is an independent window that can display information about and from the program you're running, giving you a quick way of debugging a program. If you want to watch the progress of a few variables, you only have to send them to the debug window.

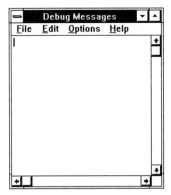

Figure 12.4. The Debug window.

Figure 12.5. Using the Debug window.

TRACE(), however, sends only text to the debug window. If you want to send numerical values, you must do that yourself by sending them to the MFC library's afxDump variable, like the following:

```
void CFileView::OnFilewrite()
{
    CString hello_string = "Hello, world.";
    TRY
    {
        CFile file("a:hello.txt", CFile::modeCreate | CFile::modeWrite);
        file.Write(hello_string, hello_string.GetLength()); file.Close();
    }
    CATCH(CFileException, e)
    {
```

```
        afxDump << "File could not be opened " << e->m_cause << "\n";
    }
    END_CATCH
}
```

This is the standard method of dumping an object's contents in MFC programs. The output goes to the debug window, so you should make sure that your program is being run in debug mode.

There are two build modes: debug and release mode. The debug build mode enables all the debug options, including line-by-line execution of the code; release mode disables those options. Generally, you develop an application in debug mode and release it after it has been built in release mode. (Release mode programs are smaller and run faster). In Visual C++, you select the build mode with the Project item in the Options menu, opening the dialog box shown in figure 12.6. Another way of enabling debugging is to make sure that the _DEBUG variable is defined, which you can do with the /D_DEBUG compiler command line switch.

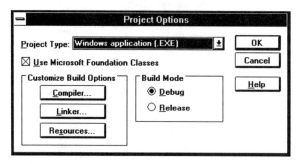

Figure 12.6. Selecting debug build mode.

You can determine whether you're in debug mode by checking to see whether the _DEBUG variable is defined this way:

```
void CFileView::OnFilewrite()
{
    CString hello_string = "Hello, world.";
    TRY
    {
        CFile file("a:hello.txt", CFile::modeCreate | CFile::modeWrite);
        file.Write(hello_string, hello_string.GetLength()); file.Close();
    }
    CATCH(CFileException, e)
    {
        #ifdef _DEBUG
        afxDump << "File could not be opened " << e->m_cause << "\n";
```

```
    #endif
    }
    END_CATCH
}
```

With this code, you can send text and numerical values (e->m_cause) to the debug window, as shown in figure 12.7.

Figure 12.7. Numerical values in the Debug window.

Catching Multiple Exceptions

As the example program stands, you can handle only file exceptions, but there are other kinds of exceptions: memory exceptions, archive exceptions, and so on. The next question is how do you handle two or more types of exceptions? You do that with an AND_CATCH() macro block. In general, you can catch multiple exceptions as follows:

```
TRY
{
    [*** Sensitive code ***]
}
CATCH(CException1, e)
{
    [*** Exception1-handling code ***]
}
AND_CATCH(CException2, e)
{
    [*** Exception2-handling code ***]
}
AND_CATCH(CException3, e)
```

597

```
        {
                [*** Exception3-handling code ***]
        }
        END_CATCH
```

That means that you can check for both file and memory exceptions in your code as follows:

```
void CFileView::OnFilewrite()
{
        CString hello_string = "Hello, world.";
        TRY
        {
            CFile file("a:hello.txt", CFile::modeCreate | CFile::modeWrite);
            file.Write(hello_string, hello_string.GetLength());
            file.Close();
        }
        CATCH(CFileException, e)
        {
            #ifdef _DEBUG
        afxDump << "File could not be opened " << e->m_cause << "\n"; #endif
        }
    AND_CATCH(CMemoryException, e)
  : {
  :         #ifdef _DEBUG
  : afxDump << "Memory could not be allocated " << e->m_cause << "\n";
  :         #endif
  : }
    END_CATCH
}
```

In this way, you can handle exceptions of different types. Now it is clear why you need an END_CATCH macro: you need something to indicate that there are no more CATCH blocks to follow.

Note also that you may not want to handle all possible exceptions in a particular CATCH block. You may want to handle some exceptions but pass the rest on to a more general CATCH block. If that general CATCH block encloses the particular one, you can pass the exception on to the outer block with the THROW_LAST() macro. This passes the exception on to the next level of CATCH block, like the following:

```
        TRY{
                :
                :
            TRY{
                    [*** Sensitive code ***]
```

```
            }
            CATCH(CException, e){
            if(e->m_cause == HANDLED_EXCEPTION){
                        [*** Handle exception ***]
                }
                else{
                    THROW_LAST();
                }
            }
            END_CATCH
                    :
                    :
        }
        CATCH(CException, e){
            [*** Additional exception-handling code ***]
        }
        END_CATCH
```

This way, you can handle specific exceptions in a local CATCH block but pass other exceptions on to the next level up. In your file application, that might look like the following:

```
void CFileView::OnFilewrite()
{
    CString hello_string = "Hello, world.";
    TRY{
     TRY{
            CFile file("a:hello.txt", CFile::modeCreate | CFile::modeWrite);
            file.Write(hello_string, hello_string.GetLength());
            file.Close();
        }
        CATCH(CFileException, e){
        if(e->m_cause == CFileException::fileNotFound){
            MessageBox("File not found");
                }else{
                            THROW_LAST();
                }
        }
        END_CATCH
        }
        CATCH{
         MessageBox("File error"); //General file error.
        }
        END_CATCH
}
```

Fileview.h and fileview.cpp, which includes exception handling, appear in listings 12.1 and 12.2.

Listing 12.1.   fileview.h

```
// fileview.h : interface of the CFileView class
//
/////////////////////////////////////////////////////////////////////////////
class CFileView : public CView
{
protected: // create from serialization only
    CFileView();
    DECLARE_DYNCREATE(CFileView)
// Attributes
public:
    CFileDoc* GetDocument();
// Operations
public:
// Implementation
public:
    virtual ~CFileView();
    virtual void OnDraw(CDC* pDC); // overridden to draw this view
#ifdef _DEBUG
    virtual void AssertValid() const;
    virtual void Dump(CDumpContext& dc) const;
#endif
    // Printing support
protected:
    virtual BOOL OnPreparePrinting(CPrintInfo* pInfo);
    virtual void OnBeginPrinting(CDC* pDC, CPrintInfo* pInfo);
    virtual void OnEndPrinting(CDC* pDC, CPrintInfo* pInfo);
// Generated message map functions
protected:
        //{{AFX_MSG(CFileView)
        afx_msg void OnFilewrite();
        afx_msg void OnFileread();
        //}}AFX_MSG
        DECLARE_MESSAGE_MAP()
};
#ifndef _DEBUG // debug version in fileview.cpp inline CFileDoc*
CFileView::GetDocument()
    { return (CFileDoc*) m_pDocument; }
#endif
/////////////////////////////////////////////////////////////////////////////
```

Listing 12.2. fileview.cpp with Exception Handling

```cpp
// fileview.cpp : implementation of the CFileView class
//
#include "stdafx.h"
#include "file.h"
#include <string.h>
#include "filedoc.h"
#include "fileview.h"
#ifdef _DEBUG
#undef THIS_FILE
static char BASED_CODE THIS_FILE[] = __FILE__;
#endif
/////////////////////////////////////////////////////////////////////////
// CFileView
IMPLEMENT_DYNCREATE(CFileView, CView)
BEGIN_MESSAGE_MAP(CFileView, CView)
    //{{AFX_MSG_MAP(CFileView)
    ON_COMMAND(IDM_FILEWRITE, OnFilewrite)
    ON_COMMAND(IDM_FILEREAD, OnFileread)
    //}}AFX_MSG_MAP
    // Standard printing commands
    ON_COMMAND(ID_FILE_PRINT, CView::OnFilePrint)
    ON_COMMAND(ID_FILE_PRINT_PREVIEW, CView::OnFilePrintPreview)
END_MESSAGE_MAP()
/////////////////////////////////////////////////////////////////////////
// CFileView construction/destruction
CFileView::CFileView()
{
        // TODO: add construction code here
}
CFileView::~CFileView()
{
}
/////////////////////////////////////////////////////////////////////////
// CFileView drawing
void CFileView::OnDraw(CDC* pDC)
{
        CFileDoc* pDoc = GetDocument();
    // TODO: add draw code here
}
/////////////////////////////////////////////////////////////////////////
// CFileView printing
```

continues

Listing 12.2. continued

```
BOOL CFileView::OnPreparePrinting(CPrintInfo* pInfo)
{
    // default preparation
    return DoPreparePrinting(pInfo);
}
void CFileView::OnBeginPrinting(CDC* /*pDC*/, CPrintInfo* /*pInfo*/)
{
    // TODO: add extra initialization before printing
}
void CFileView::OnEndPrinting(CDC* /*pDC*/, CPrintInfo* /*pInfo*/)
{
    // TODO: add cleanup after printing
}
/////////////////////////////////////////////////////////////////////////////
// CFileView diagnostics
#ifdef _DEBUG
void CFileView::AssertValid() const
{
    CView::AssertValid();
}
void CFileView::Dump(CDumpContext& dc) const
{
    CView::Dump(dc);
}
CFileDoc* CFileView::GetDocument() // non-debug version is inline
{
    ASSERT(m_pDocument->IsKindOf(RUNTIME_CLASS(CFileDoc)));
    return (CFileDoc*) m_pDocument;
}
#endif //_DEBUG
/////////////////////////////////////////////////////////////////////////////
// CFileView message handlers
void CFileView::OnFilewrite()
{
    const MAX_LEN = 20;
    const MAX_ITEMS = 4;
    CString hello_string = "Hello, world.";
    TRY
    {
        CFile file("a:hello.txt", CFile::modeCreate | CFile::modeWrite);
        file.Write(hello_string, hello_string.GetLength()); file.Close();
```

Microsoft Foundation Class Library Programming

```
}
CATCH(CFileException, e)
{
    switch(e->m_cause)
    {
        case CFileException::accessDenied:
            MessageBox("File access denied");
            break;
        case CFileException::badPath:
            MessageBox("Path is invalid");
            break;
        case CFileException::diskFull:
            MessageBox("Disk is full");
            break;
        case CFileException::fileNotFound:
            MessageBox("File could not be found");
            break;
        case CFileException::hardIO:
            MessageBox("Hardware error");
            break;
        case CFileException::lockViolation:
            MessageBox("Attempt to lock region already locked");
            break;
        case CFileException::sharingViolation:
            MessageBox("Sharing violation—load share.exe");
            break;
        case CFileException::tooManyOpenFiles:
            MessageBox("Exceeded allowed number of open files");
            break;
    }
}
AND_CATCH(CMemoryException, e)
{
    #ifdef _DEBUG
    afxDump << "Memory could not be allocated " << e->m_cause << "\n"; #endif
}
END_CATCH
char output_string[MAX_ITEMS][MAX_LEN];
strcpy(output_string[0], "This");
strcpy(output_string[1], "is");
strcpy(output_string[2], "a");
strcpy(output_string[3], "test.");
CFile random_file("data.dat", CFile::modeCreate | CFile::modeWrite);
```

continues

Listing 12.2. continued

```
     for (int loop_index = 0; loop_index < MAX_ITEMS; loop_index++){
             random_file.Write(output_string[loop_index], MAX_LEN);
     }
     random_file.Close();
}
void CFileView::OnFileread()
{
     const MAX_LEN = 20;
     char data_string[MAX_LEN];
     CFile file("hello.txt", CFile::modeRead);
     UINT number_read = file.Read(data_string, MAX_LEN);
     CClientDC dc(this);
     dc.TextOut(0, 0, data_string, number_read);
     char input_string[MAX_LEN];
     CFile random_file("data.dat", CFile::modeRead);
     random_file.Seek(MAX_LEN, CFile::begin);
     number_read = random_file.Read(input_string, 2);
     dc.TextOut(0, 0, input_string, number_read);
     random_file.Close();
}
```

That's it for exception handling. The next section discusses MFC diagnostics.

MFC Diagnostics

The types of errors discussed in this section, program logic errors, are often not as easy to handle as trappable exceptions. Logic errors (bugs) don't show up when you build the .exe file, but they do when your program produces unexpected results. Fortunately, the MFC library provides you with some good tools for debugging.

Testing Programs

When programs run, they usually operate on ranges of data. A program, for example, may read the value of an integer from the user, and that value can range from -32,768 to 32,767 (if the value can't vary, there is no point in reading it in). The limits of that value (-32,768 and 32,767) are called its *bounds*. When you are trying to check your programs for potential problems, it is important to cover the whole range of such values. That normally doesn't mean checking every value between -32,768 and 32,767, but it does mean checking values at the bounds of this range, some mid-range values, and any other values that are likely to give you problems.

The value, for example, may represent the number of students in a class, and, having summed all their test scores, you want to divide by the value to find the class average. There may be no problem for 15 or 20 students, but what if you enter a value of 0? Even though it is in the allowed range for unsigned integers, dividing by it will result in an error. Or what if you stored the students' test scores in another unsigned integer and found that as you went to higher numbers of students that the division didn't give you the accuracy you want? Checking your program's bounding values like this is vitally important. In general, there will be bounds for every crucial variable, and you should check all combinations of these values when you run your program to see how they interact (this is particularly important when it comes to array indices).

Of course, you should check mid-range values as well. It may turn out that some combination of such values gives you unexpected errors. The longer you test your program under usual and unusual operating circumstances, the more confidence you will have in it. As programs become more complex, the testing period gets longer and longer, which is why major software companies often send out hundreds of preliminary versions of their software (called *beta versions*) for testing by programmers (the final software package is usually the gamma version).

In addition, you should attempt to duplicate every run-time problem that may occur to see how your program will react. File operations are great at generating such errors—for example, what if the disk is full and you try to write to it? What if the specified input file doesn't exist? What if the specified file to write is read-only? What if the disk has been removed? What if the user asks you to write record -15 in a file? It is hard to generate every conceivable set of problematic circumstances, of course, but the closer you come, the more polished your application will be.

Debugging at Work

When you build programs using the debug build option, you can use the various MFC diagnostic tools available to you.

Let's put debugging to work with an example. You might want to develop a program to average students' scores. As a test, you might load each element of the test score array with a value of 50, giving you an average score of 50. In this example, we use the OnDraw() function so that the result of your program is displayed as soon as the program runs:

```
void CDbugView::OnDraw(CDC* pDC)
{
```

```
    const NUMBER_STUDENTS = 5;
    int scores[NUMBER_STUDENTS];
    scores[0] = 50;
    scores[1] = 50;
    scores[2] = 50;
    scores[3] = 50;
    scores[4] = 50;
        :
```

Then you find the average score the following way:

```
void CDbugView::OnDraw(CDC* pDC)
{
    const NUMBER_STUDENTS = 5;
    int scores[NUMBER_STUDENTS];
    scores[0] = 50;
    scores[1] = 50;
    scores[2] = 50;
    scores[3] = 50;
    scores[4] = 50;
    int sum;
    for(int loop_index = 1; loop_index < NUMBER_STUDENTS; loop_index++){
        sum += scores[loop_index];
    }
    int average = sum / NUMBER_STUDENTS;
        :
```

Finally, you display the result, as follows:

```
void CDbugView::OnDraw(CDC* pDC)
{
    const NUMBER_STUDENTS = 5;
    int scores[NUMBER_STUDENTS];
    scores[0] = 50;
    scores[1] = 50;
    scores[2] = 50;
    scores[3] = 50;
    scores[4] = 50;
    int sum;
    for(int loop_index = 1; loop_index < NUMBER_STUDENTS; loop_index++){
        sum += scores[loop_index];
    }
    int average = sum / NUMBER_STUDENTS;
```

```
    char out_string[30];
    wsprintf(out_string, "The average is: %d", average);
    pDC->TextOut(0, 0, out_string, strlen(out_string));
}
```

You might place this code into the view object of a (SDI) project named dbug.mak. When you run the program, however, you get the result The average is: 3046, (see fig. 12.8). You expected a value of 50. Clearly, there's a problem. It is time to use some MFC diagnostics.

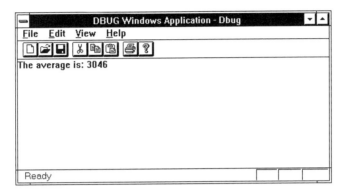

Figure 12.8. First try: getting an incorrect result.

The ASSERT Macro

You might start the debugging process by using the ASSERT macro. This macro tests some logical condition. If it fails, the ASSERT macro places a message box on-screen. You might, for example, want to check whether you're having difficulty printing out the value correctly. You can add an assertion at the end of your program, as follows:

```
void CDbugView::OnDraw(CDC* pDC)
{
    const NUMBER_STUDENTS = 5;
    int scores[NUMBER_STUDENTS];
    scores[0] = 50;
    scores[1] = 50;
    scores[2] = 50;
    scores[3] = 50;
    scores[4] = 50;
    int average = sum / NUMBER_STUDENTS;
    char out_string[30];
    wsprintf(out_string, "The average is: %d", average);
    ASSERT(average == 50);
```

```
        pDC->TextOut(0, 0, out_string, strlen(out_string));
}
```

Then when you get to the location of the assertion, you can check the value in the variable average. If the value is 50, you know that you are having trouble printing it. Execute the program as it is now. When you do, the assertion fails and a message box appears on-screen, as shown in figure 12.9.

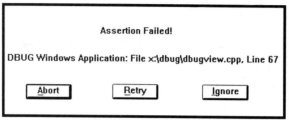

Assertion Failed!

DBUG Windows Application: File x:\dbug\dbugview.cpp, Line 67

| Abort | Retry | Ignore |

Figure 12.9. How assertions fail.

The value in average should equal 50, but obviously it does not. Let's check it by printing it in the MFC debug window by sending the output to afxDump this way:

```
void CDbugView::OnDraw(CDC* pDC)
{
    const NUMBER_STUDENTS = 5;
    int scores[NUMBER_STUDENTS];
    scores[0] = 50;
    scores[1] = 50;
    scores[2] = 50;
    scores[3] = 50;
    scores[4] = 50;
    int average = sum / NUMBER_STUDENTS;
    char out_string[30];
    wsprintf(out_string, "The average is: %d", average);
    afxDump << "average = " << average <<"\n";
    pDC->TextOut(0, 0, out_string, strlen(out_string));
}
```

When you execute the new program, you see that you were not having trouble printing the value in average—average really does hold 3046, as shown in figure 12.10. In other words, you have a math error, not a display error.

Microsoft Foundation Class Library Programming

Figure 12.10. Checking values in the debug window.

You must start checking values earlier in your program. You might want to watch the value in the variable sum as you add all the scores. To do that, add this code:

```
void CDbugView::OnDraw(CDC* pDC)
{
    const NUMBER_STUDENTS = 5;
    int scores[NUMBER_STUDENTS];
    scores[0] = 50;
    scores[1] = 50;
    scores[2] = 50;
    scores[3] = 50;
    scores[4] = 50;
    int sum;
    for(int loop_index = 1; loop_index < NUMBER_STUDENTS; loop_index++){
            afxDump << "sum = " << sum << "\n";
            sum += scores[loop_index];
    }
    int average = sum / NUMBER_STUDENTS;
            :
}
```

You expect to see values like the following:

```
                    sum = 0
                    sum = 50
                    sum = 100
                    sum = 150
                        :
```

Run the program again. What you actually see in the debug window this time looks like the following:

```
sum = 15028
sum = 15078
sum = 15128
sum = 15178
        :
```

You see that the value in sum is 15028 when it should be 0 (that is, you haven't executed the line sum += scores[loop_index] even once at this point). The problem is clear—sum was never initialized to 0. You fix that problem like the following:

```
void CDbugView::OnDraw(CDC* pDC)
{
    const NUMBER_STUDENTS = 5;
    int scores[NUMBER_STUDENTS];
    scores[0] = 50;
    scores[1] = 50;
    scores[2] = 50;
    scores[3] = 50;
    scores[4] = 50;
    int sum = 0;
    for(int loop_index = 1; loop_index < NUMBER_STUDENTS; loop_index++){
            sum += scores[loop_index];
    }
    int average = sum / NUMBER_STUDENTS;
            :
}
```

Start the program again. This time, you see the results shown in figure 12.11. The average comes out to be 40, so you know there is still a problem.

Look at the values displayed in the debug window more closely:

```
sum = 0
sum = 50
sum = 100
sum = 150
average = 40
```

Figure 12.11. Checking a running program's variables.

It is clear what the problem is here—you have only added 50 to sum four times, not the five times you wanted (for five students). The solution is easy. As you can see by checking the code, you should start the variable loop_index with a value of 1, not 0:

```
void CDbugView::OnDraw(CDC* pDC)
{
    const NUMBER_STUDENTS = 5;
    int scores[NUMBER_STUDENTS];
    scores[0] = 50;
    scores[1] = 50;
    scores[2] = 50;
    scores[3] = 50;
    scores[4] = 50;
    int sum;
    for(int loop_index = 1; loop_index < NUMBER_STUDENTS; loop_index++){
            sum += scores[loop_index];
    }
    int average = sum / NUMBER_STUDENTS;
                :
}
```

This is a common C++ problem. Fix it now and rerun the new program, as follows:

```cpp
void CDbugView::OnDraw(CDC* pDC)
{
    const NUMBER_STUDENTS = 5;
    int scores[NUMBER_STUDENTS];
    scores[0] = 50;
        :
    scores[4] = 50;
    int sum = 0;
    for(int loop_index = 0;  loop_index < NUMBER_STUDENTS; loop_index++){
            sum += scores[loop_index];
    }
    int average = sum / NUMBER_STUDENTS;
    char out_string[30];
    wsprintf(out_string, "The average is: %d", average);
    pDC->TextOut(0, 0, out_string, strlen(out_string));
}
```

This time you get the desired result, "The average is: 50," as shown in figure 12.12. That's the correct answer: you have debugged your program. The fixed code appears in the following listings:

Listing	Contains
12.3	mainfrm.h
12.4	mainfrm.cpp
12.5	dbug.h
12.6	dbug.cpp
12.7	dbugview.h
12.8	dbugview.cpp
12.9	dbugdoc.h
12.10	dbugdoc.cpp

Microsoft Foundation Class Library Programming

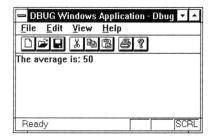

Figure 12.12. The debugged program at work.

Listing 12.3. mainfrm.h

```
// mainfrm.h : interface of the CMainFrame class
//
/////////////////////////////////////////////////////////////////////////////
class CMainFrame : public CFrameWnd
{
protected: // create from serialization only
    CMainFrame();
    DECLARE_DYNCREATE(CMainFrame)
// Attributes
public:
// Operations
public:
// Implementation
public:
    virtual ~CMainFrame();
#ifdef _DEBUG
    virtual void AssertValid() const;
    virtual void Dump(CDumpContext& dc) const;
#endif
protected: // control bar embedded members
    CStatusBar m_wndStatusBar;
    CToolBar m_wndToolBar;
// Generated message map functions
protected:
    //{{AFX_MSG(CMainFrame)
    afx_msg int OnCreate(LPCREATESTRUCT lpCreateStruct);
      // NOTE - the ClassWizard will add and remove member functions here.
      // DO NOT EDIT what you see in these blocks of generated code !
    //}}AFX_MSG
    DECLARE_MESSAGE_MAP()
};
/////////////////////////////////////////////////////////////////////////////
```

Listing 12.4. mainfrm.cpp

```
// mainfrm.cpp : implementation of the CMainFrame class
//
#include "stdafx.h"
#include "dbug.h"
#include "mainfrm.h"
#ifdef _DEBUG
#undef THIS_FILE
static char BASED_CODE THIS_FILE[] = __FILE__;
#endif
/////////////////////////////////////////////////////////////////////////
// CMainFrame
IMPLEMENT_DYNCREATE(CMainFrame, CFrameWnd)
BEGIN_MESSAGE_MAP(CMainFrame, CFrameWnd)
    //{{AFX_MSG_MAP(CMainFrame)
        // NOTE - the ClassWizard will add and remove mapping macros here.
        // DO NOT EDIT what you see in these blocks of generated code !
    ON_WM_CREATE()
    //}}AFX_MSG_MAP
END_MESSAGE_MAP()
/////////////////////////////////////////////////////////////////////////
// arrays of IDs used to initialize control bars
// toolbar buttons - IDs are command buttons
static UINT BASED_CODE buttons[] =
{
    // same order as in the bitmap 'toolbar.bmp'
    ID_FILE_NEW,
    ID_FILE_OPEN,
    ID_FILE_SAVE,
        ID_SEPARATOR,
    ID_EDIT_CUT,
    ID_EDIT_COPY,
    ID_EDIT_PASTE,
        ID_SEPARATOR,
    ID_FILE_PRINT,
    ID_APP_ABOUT,
};
static UINT BASED_CODE indicators[] =
{
    ID_SEPARATOR, // status line indicator
    ID_INDICATOR_CAPS,
    ID_INDICATOR_NUM,
    ID_INDICATOR_SCRL,
};
```

```
/////////////////////////////////////////////////////////////////////////////
// CMainFrame construction/destruction
CMainFrame::CMainFrame()
{
    // TODO: add member initialization code here
}
CMainFrame::~CMainFrame()
{
}
int CMainFrame::OnCreate(LPCREATESTRUCT lpCreateStruct)
{
    if (CFrameWnd::OnCreate(lpCreateStruct) == -1)
        return -1;
        if (!m_wndToolBar.Create(this) ||
            !m_wndToolBar.LoadBitmap(IDR_MAINFRAME) ||
            !m_wndToolBar.SetButtons(buttons,
                sizeof(buttons)/sizeof(UINT)))
    {
        TRACE("Failed to create toolbar\n");
        return -1; // fail to create
    }

        if (!m_wndStatusBar.Create(this) ||
            !m_wndStatusBar.SetIndicators(indicators,
                sizeof(indicators)/sizeof(UINT)))
    {
        TRACE("Failed to create status bar\n");
        return -1; // fail to create
    }
    return 0;
}
/////////////////////////////////////////////////////////////////////////////
// CMainFrame diagnostics
#ifdef _DEBUG
void CMainFrame::AssertValid() const
{
    CFrameWnd::AssertValid();
}
void CMainFrame::Dump(CDumpContext& dc) const
{
    CFrameWnd::Dump(dc);
}
#endif //_DEBUG
/////////////////////////////////////////////////////////////////////////////
// CMainFrame message handlers
```

Listing 12.5. dbug.h

```
// dbug.h : main header file for the DBUG application
//
#ifndef __AFXWIN__
    #error include 'stdafx.h' before including this file for PCH
#endif
#include "resource.h"      // main symbols
///////////////////////////////////////////////////////////////////////// //
CDbugApp:
// See dbug.cpp for the implementation of this class
//
class CDbugApp : public CWinApp
{
public:
    CDbugApp();
// Overrides
    virtual BOOL InitInstance();
// Implementation
    //{{AFX_MSG(CDbugApp)
    afx_msg void OnAppAbout();
      // NOTE - the ClassWizard will add and remove member functions here.
      // DO NOT EDIT what you see in these blocks of generated code !
    //}}AFX_MSG
    DECLARE_MESSAGE_MAP()
};
/////////////////////////////////////////////////////////////////////////
```

Listing 12.6. dbug.cpp

```
// dbug.cpp : Defines the class behaviors for the application.
//
#include "stdafx.h"
#include "dbug.h"
#include "mainfrm.h"
#include "dbugdoc.h"
#include "dbugview.h"
#ifdef _DEBUG
#undef THIS_FILE
static char BASED_CODE THIS_FILE[] = __FILE__;
#endif
/////////////////////////////////////////////////////////////////////////
// CDbugApp
```

616
Microsoft Foundation Class Library Programming

```
BEGIN_MESSAGE_MAP(CDbugApp, CWinApp)
    //{{AFX_MSG_MAP(CDbugApp)
    ON_COMMAND(ID_APP_ABOUT, OnAppAbout)
      // NOTE - the ClassWizard will add and remove mapping macros here.
      // DO NOT EDIT what you see in these blocks of generated code !
    //}}AFX_MSG_MAP
    // Standard file based document commands
    ON_COMMAND(ID_FILE_NEW, CWinApp::OnFileNew)
    ON_COMMAND(ID_FILE_OPEN, CWinApp::OnFileOpen)
    // Standard print setup command
    ON_COMMAND(ID_FILE_PRINT_SETUP, CWinApp::OnFilePrintSetup)
END_MESSAGE_MAP()
/////////////////////////////////////////////////////////////////////////
// CDbugApp construction
CDbugApp::CDbugApp()
{
    // TODO: add construction code here,
    // Place all significant initialization in InitInstance
}
/////////////////////////////////////////////////////////////////////////
// The one and only CDbugApp object
CDbugApp NEAR theApp;
/////////////////////////////////////////////////////////////////////////
// CDbugApp initialization
BOOL CDbugApp::InitInstance()
{
    // Standard initialization
    // If you are not using these features and wish to reduce the size
    // of your final executable, you should remove from the following
    // the specific initialization routines you do not need.
    SetDialogBkColor();       // set dialog background color to gray
    LoadStdProfileSettings(); // Load standard INI file options
    // Register the application's document templates. Document templates    //
serve as the connection between documents, frame windows and views.
    AddDocTemplate(new CSingleDocTemplate(IDR_MAINFRAME,
        RUNTIME_CLASS(CDbugDoc),
        RUNTIME_CLASS(CMainFrame), // main SDI frame window
        RUNTIME_CLASS(CDbugView)));
    // create a new (empty) document
    OnFileNew();
    if (m_lpCmdLine[0] != '\0')
    {
        // TODO: add command line processing here
```

continues

Listing 12.6. continued

```
        }
        return TRUE;
}
///////////////////////////////////////////////////////////////////////////
// CAboutDlg dialog used for App About
class CAboutDlg : public CDialog
{
public:
        CAboutDlg();
// Dialog Data
        //{{AFX_DATA(CAboutDlg)
        enum { IDD = IDD_ABOUTBOX };
        //}}AFX_DATA
// Implementation
protected:
        virtual void DoDataExchange(CDataExchange* pDX); // DDX/DDV support
        //{{AFX_MSG(CAboutDlg)
            // No message handlers
        //}}AFX_MSG
        DECLARE_MESSAGE_MAP()
};
CAboutDlg::CAboutDlg() : CDialog(CAboutDlg::IDD)
{
        //{{AFX_DATA_INIT(CAboutDlg)
        //}}AFX_DATA_INIT
}
void CAboutDlg::DoDataExchange(CDataExchange* pDX)
{
        CDialog::DoDataExchange(pDX);
        //{{AFX_DATA_MAP(CAboutDlg)
        //}}AFX_DATA_MAP
}
BEGIN_MESSAGE_MAP(CAboutDlg, CDialog)
        //{{AFX_MSG_MAP(CAboutDlg)
            // No message handlers
        //}}AFX_MSG_MAP
END_MESSAGE_MAP()
// App command to run the dialog
void CDbugApp::OnAppAbout()
{
        CAboutDlg aboutDlg;
        aboutDlg.DoModal();
}
```

```
/////////////////////////////////////////////////////////////////////////////
// CDbugApp commands
```

Listing 12.7. dbugview.h

```cpp
// dbugview.h : interface of the CDbugView class
//
/////////////////////////////////////////////////////////////////////////////
class CDbugView : public CView
{
protected: // create from serialization only
     CDbugView();
     DECLARE_DYNCREATE(CDbugView)
// Attributes
public:
     CDbugDoc* GetDocument();
// Operations
public:
// Implementation
public:
        virtual ~CDbugView();
        virtual void OnDraw(CDC* pDC); // overridden to draw this view
#ifdef _DEBUG
        virtual void AssertValid() const;
        virtual void Dump(CDumpContext& dc) const;
#endif
        // Printing support
protected:
        virtual BOOL OnPreparePrinting(CPrintInfo* pInfo);
        virtual void OnBeginPrinting(CDC* pDC, CPrintInfo* pInfo);
        virtual void OnEndPrinting(CDC* pDC, CPrintInfo* pInfo);
// Generated message map functions
protected:
     //{{AFX_MSG(CDbugView)
        // NOTE - the ClassWizard will add and remove member functions here.
        // DO NOT EDIT what you see in these blocks of generated code !
     //}}AFX_MSG
     DECLARE_MESSAGE_MAP()
};
#ifndef _DEBUG // debug version in dbugview.cpp
inline CDbugDoc* CDbugView::GetDocument()
     { return (CDbugDoc*) m_pDocument; }
#endif
```

Listing 12.8. dbugview.cpp

```
////////////////////////////////////////////////////////////////////////
// dbugview.cpp : implementation of the CDbugView class
//
#include "stdafx.h"
#include "dbug.h"
#include <stdio.h>
#include "dbugdoc.h"
#include "dbugview.h"
#ifdef _DEBUG
#undef THIS_FILE
static char BASED_CODE THIS_FILE[] = __FILE__;
#endif
////////////////////////////////////////////////////////////////////////
// CDbugView
IMPLEMENT_DYNCREATE(CDbugView, CView)
BEGIN_MESSAGE_MAP(CDbugView, CView)
    //{{AFX_MSG_MAP(CDbugView)
        // NOTE - the ClassWizard will add and remove mapping macros here.
        // DO NOT EDIT what you see in these blocks of generated code !
    //}}AFX_MSG_MAP
    // Standard printing commands
    ON_COMMAND(ID_FILE_PRINT, CView::OnFilePrint)
    ON_COMMAND(ID_FILE_PRINT_PREVIEW, CView::OnFilePrintPreview)
END_MESSAGE_MAP()
////////////////////////////////////////////////////////////////////////
// CDbugView construction/destruction
CDbugView::CDbugView()
{
    // TODO: add construction code here
}
CDbugView::~CDbugView()
{
}
////////////////////////////////////////////////////////////////////////
// CDbugView drawing
void CDbugView::OnDraw(CDC* pDC)
{
    const NUMBER_STUDENTS = 5;
    int scores[NUMBER_STUDENTS];
    scores[0] = 50;
```

```
        scores[1] = 50;
        scores[2] = 50;
        scores[3] = 50;
        scores[4] = 50;
        int sum = 0;
        for(int loop_index = 0; loop_index < NUMBER_STUDENTS; loop_index++){
            sum += scores[loop_index];
        }
        int average = sum / NUMBER_STUDENTS;
        char out_string[30];
        wsprintf(out_string, "The average is: %d", average);
        pDC->TextOut(0, 0, out_string, strlen(out_string));
}
/////////////////////////////////////////////////////////////////////////////
// CDbugView printing
BOOL CDbugView::OnPreparePrinting(CPrintInfo* pInfo)
{
        // default preparation
        return DoPreparePrinting(pInfo);
}
void CDbugView::OnBeginPrinting(CDC* /*pDC*/, CPrintInfo* /*pInfo*/)
{
        // TODO: add extra initialization before printing
}
void CDbugView::OnEndPrinting(CDC* /*pDC*/, CPrintInfo* /*pInfo*/)
{
        // TODO: add cleanup after printing
}
///////////////////////////////////////////////////////////////////////////// //
CDbugView diagnostics
#ifdef _DEBUG
void CDbugView::AssertValid() const
{
        CView::AssertValid();
}
void CDbugView::Dump(CDumpContext& dc) const
{
        CView::Dump(dc);
}
CDbugDoc* CDbugView::GetDocument() // non-debug version is inline
{
```

continues

Listing 12.8. continued

```
        ASSERT(m_pDocument->IsKindOf(RUNTIME_CLASS(CDbugDoc)));
        return (CDbugDoc*) m_pDocument;
}
#endif //_DEBUG
///////////////////////////////////////////////////////////////////////////
// CDbugView message handlers
```

Listing 12.9. dbugdoc.h

```
// dbugdoc.h : interface of the CDbugDoc class
//
///////////////////////////////////////////////////////////////////////////
class CDbugDoc : public CDocument
{
protected: // create from serialization only
    CDbugDoc();
    DECLARE_DYNCREATE(CDbugDoc)
// Attributes
public:
// Operations
public:
// Implementation
public:
    virtual ~CDbugDoc();
    virtual void Serialize(CArchive& ar); // overridden for document i/o
#ifdef _DEBUG
    virtual void AssertValid() const;
    virtual void Dump(CDumpContext& dc) const;
#endif
protected:
    virtual BOOL OnNewDocument();
// Generated message map functions
protected:
    //{{AFX_MSG(CDbugDoc)
        // NOTE - the ClassWizard will add and remove member functions here.
        // DO NOT EDIT what you see in these blocks of generated code !
    //}}AFX_MSG
    DECLARE_MESSAGE_MAP()
};
///////////////////////////////////////////////////////////////////////////
```

Listing 12.10. dbugdoc.cpp

```cpp
// dbugdoc.cpp : implementation of the CDbugDoc class
//
#include "stdafx.h"
#include "dbug.h"
#include "dbugdoc.h"
#ifdef _DEBUG
#undef THIS_FILE
static char BASED_CODE THIS_FILE[] = __FILE__;
#endif
/////////////////////////////////////////////////////////////////////////
// CDbugDoc
IMPLEMENT_DYNCREATE(CDbugDoc, CDocument)
BEGIN_MESSAGE_MAP(CDbugDoc, CDocument)
    //{{AFX_MSG_MAP(CDbugDoc)
        // NOTE - the ClassWizard will add and remove mapping macros here.
        // DO NOT EDIT what you see in these blocks of generated code !
    //}}AFX_MSG_MAP
END_MESSAGE_MAP()
/////////////////////////////////////////////////////////////////////////
// CDbugDoc construction/destruction
CDbugDoc::CDbugDoc()
{
    // TODO: add one-time construction code here
}
CDbugDoc::~CDbugDoc()
{
}
BOOL CDbugDoc::OnNewDocument()
{
    if (!CDocument::OnNewDocument())
        return FALSE;
    // TODO: add reinitialization code here
    // (SDI documents will reuse this document)
    return TRUE;
}
/////////////////////////////////////////////////////////////////////////
// CDbugDoc serialization
void CDbugDoc::Serialize(CArchive& ar)
{
    if (ar.IsStoring())
```

continues

Listing 12.10. continued

```
    {
        // TODO: add storing code here
    }
    else
    {
        // TODO: add loading code here
    }
}
/////////////////////////////////////////////////////////////////////////
// CDbugDoc diagnostics
#ifdef _DEBUG
void CDbugDoc::AssertValid() const
{
    CDocument::AssertValid();
}
void CDbugDoc::Dump(CDumpContext& dc) const
{
    CDocument::Dump(dc);
}
#endif //_DEBUG
/////////////////////////////////////////////////////////////////////////
// CDbugDoc commands
```

In addition to the ASSERT macro, it is worth noticing that the MFC library also includes the ASSERT_VALID macro. This macro performs tests on all of an object's member variables to see whether they hold valid values. In fact, the base object of all MFC classes, CObject, includes a function named AssertValid(). The MFC library functions frequently use this function to test an object's internal state. When you create your own classes using Visual C++, a new version of AssertValid() is created as well (overriding the base class version of AssertValid()), like this in a view class .cpp file:

```
/////////////////////////////////////////////////////////////////////////
// CFileView diagnostics
#ifdef _DEBUG
void CFileView::AssertValid() const
{
    CView::AssertValid();
}
```

The base class' AssertValid() function is called, but you can add your own code to check the variables you have added to this class. For example, that code might look like the following:

```
/////////////////////////////////////////////////////////////////////
// CFileView diagnostics
#ifdef _DEBUG
void CFileView::AssertValid() const
{
    CView::AssertValid();
    ASSERT(m_ptr != NULL);
}
```

Besides assertions, the MFC library also provides a good set of diagnostics for detecting memory leaks. This is discussed in the following section.

Diagnosing Memory Leaks

A memory leak happens when your program loses control over memory usage. Your program may, for example, start using memory that has already been allocated for some other part of the program, or you may forget to deallocate memory when you're done with it. This is a notoriously difficult problem in C and C++ because these languages don't usually do much memory checking.

The MFC library attacks this problem with its CMemoryState class. You get a *snapshot* of memory (a snapshot indicates what memory blocks are free and which are allocated); then you you can allocate the memory you need, perform some memory-intensive operation, deallocate memory, and get another snapshot of memory. If the two snapshots are not the same, there has been a memory leak.

Before starting this process, you should call the MFC function AfxEnableMemoryTracking() to enable memory checking. This has already been done in the debug version of the MFC library, so if _DEBUG is defined, AfxEnableMemoryTracking() has already been called for you (and extensive memory tracking is one of the reasons, incidentally, that programs running in debug mode run more slowly than release mode programs).

Next, you can choose the type of diagnostic features you want with the (global) variable AfxMemDF. That variable can take on these values (and these values can be ORed together):

AfxMemDF	Function
allocMemDF	Turn on debugging allocator (it is on by default)
checkAlwaysMemDF	Call AfxCheckMemory when memory is (de)allocated
delayFreeMemDF	Delays freeing memory when using new or delete

Having prepared memory checking, let's see how to check memory for leaks. First, you allocate an object of class CMemoryState named originalState and take a snapshot of memory with the Checkpoint() member function:

```
#ifdef _DEBUG
    CMemoryState originalState;
    originalState.Checkpoint();
#endif
               :
```

Now the original state of memory is stored in the originalState object. After this point, you perform the memory intensive operations that you want to check:

```
#ifdef _DEBUG
    CMemoryState originalState;
    originalState.Checkpoint();
#endif
           [*** Memory-Intensive Operations ***]
               :
```

After those operations are complete, you take another memory snapshot in an object you can call finalState:

```
#ifdef _DEBUG
    CMemoryState originalState;
    originalState.Checkpoint();
#endif
               [*** Memory-Intensive Operations ***]
#ifdef _DEBUG
    CMemoryState finalState;
    finalState.Checkpoint();
#endif
               :
```

Finally, you compare the two memory snapshots in originalState and finalState with a third CMemoryState object, which you set to the difference between originalState and finalState with the Difference() member function. You can call this third object differenceState. Check the result with the Difference() member function like the following:

```
#ifdef _DEBUG
    CMemoryState originalState;
    originalState.Checkpoint();
#endif
[*** Memory-Intensive Operations ***]
```

```
#ifdef _DEBUG
    CMemoryState finalState;
    finalState.Checkpoint();
#endif
#ifdef _DEBUG
    CMemoryState differenceState;
    ASSERT(!differenceState.Difference(originalState, finalState);
#endif
```

If there was a memory leak, the assertion will fail because the Difference() function will return TRUE, indicating that the two memory snapshots were indeed different (and therefore !Difference() will be FALSE).

That's it for memory leaks and MFC exceptions and diagnostics. In the next chapter, you'll see how the MFC library supports object linking and embedding.

New Classes and Members

CArchiveException	
m_cause	**Indicates cause of exception cause:**
CArchiveException::badClass	Cannot read object into new object type
CArchiveException::badIndex	File is invalid
CArchiveException::badSchema	Cannot read object of different version
CArchiveException::endOfFile	End of file reached
CArchiveException::generic	General error
CArchiveException::none	No error
CArchiveException::readOnly	Cannot write into a read only archive
CArchiveException::writeOnly	Cannot read from a write only archive

CFileException	
ErrnoToException	Return code corresponding to run-time error
	m_cause Contains code corresponding to cause of exception:

CFileException::accessDenied	File access denied
CFileException::badPath	Path is invalid
CFileException::badSeek	Error setting file pointer
CFileException::directoryFull	Directory is full
CFileException::diskFull	Disk is full
CFileException::endOfFile	End of file reached
CFileException::fileNotFound	File could not be found
CFileException::generic	General error
CFileException::hardIO	Hardware error
CFileException::invalidFile	File is invalid
CFileException::lockViolation	Attempt to lock region already locked
CFileException::none	No error
CFileException::removeCurrentDir	Cannot remove current directory
CFileException::sharingViolation	Sharing violation—load share.exe
CFileException::tooManyOpenFiles	Exceeded allowed number of open files
m_lOsError	Contains operating-system error number
OsErrorToException	Return MS-DOS error code
ThrowErrno	Throw file exception using indicated run-time error number
ThrowOsError	Throw file exception using operating-system error number

CMemoryException	
CMemoryException	Construct CMemoryException object

CMemoryState	
Checkpoint	Get snapshot of current memory state
CMemoryState	Construct structure to control memory snapshots
Difference	Find difference between two CMemoryState objects
DumpAllObjectsSince	Dump summary of all allocated objects
DumpStatistics	Print memory statistics for CMemoryState object

CNotSupportedException	
CNotSupportedException	Construct CNotSupportedException object
	m_status Contains status code indicating reason for exception

COleException	
COleException	Construct COleException object

CResourceException	
CResourceException	Construct CResourceException object

13

Object Linking and Embedding

O
ne of the most exciting aspects of multitasking in Windows is object linking and embedding (OLE). OLE enables users to create single documents that contain embedded sections of documents from other applications—and to treat those embedded document sections as though they were a natural part of the current document. You might, for example, have an OLE application that looked like the following:

```
┌─────────────────────────────────────────┐
│ File   Edit   View   Help                 │
├─────────────────────────────────────────┤
│                                           │
│                                           │
│                                           │
│                                           │
│                                           │
│                                           │
│                                           │
└─────────────────────────────────────────┘
```

Using OLE, you can embed items from other applications into your program; you might want to embed a section of an Excel worksheet into your program like the following:

File	Edit	View	Help

	A
1	11
2	22
3	33

Doing so enables the user to edit the cells in your program; when they double-click the embedded item, Excel is automatically opened and they can change the data there. When they're done, they can choose the Update item in Excel's File menu to update the data in your program. In this way, the user can embed and coordinate items from many different applications into one. (Note that you call OLE objects items, not objects, because they are not true objects in the MFC sense.) If your application is, for example, an editor, the user can also add text to the same document that contains the Excel cells:

File	Edit	View	Help

	A	
		This shows the performance of
1	11	preferred stock for the last
2	22	quarter.
3	33	

Before seeing how all this works in code, however, you should understand OLE terminology.

Linked and Embedded Items

As the name suggests, object linking and embedding supports two methods of working with items from other applications—embedding them and linking them. To understand what this means, you first have to understand the distinction between the two applications at work in this process. Our example program is an OLE client application:

You can embed items from other applications, called OLE server applications, into your client application:

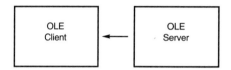

The source of the OLE item is the *server*; the application that holds the embedded or linked items is the *client* application.

When an item is embedded into a client application, the item itself is stored along with the rest of the OLE client's data, like this in a compound document:

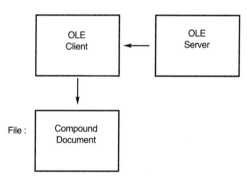

This creates a compound document, containing the OLE client's data as well as the actual data corresponding to the embedded item. On the other hand, when the item is linked, the data for the linked item resides in a file maintained by the OLE server, not the client. All that is stored in the OLE client (besides the OLE client's own data) is information on how to reestablish the link to the linked item:

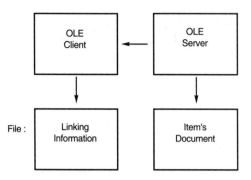

You learn how to create both linked and embedded items in this chapter. Let's start by creating your OLE program.

Creating an OLE Program

To create an OLE application in Visual C++, use App Wizard and click the Options button, displaying the Options dialog box, as shown in figure 13.1.

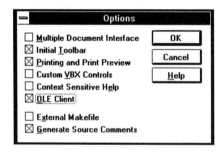

Figure 13.1. App Wizard's option box.

Make sure that the MDI box is not checked, making this an SDI application. In addition, check the box marked OLE client as shown in figure 13.1. Call this application client.mak, and click the Create button in App Wizard.

By selecting the OLE client option, you make App Wizard add a few new menu items that you will use, including the Paste Link, Insert New Object, and the Edit Links menu items:

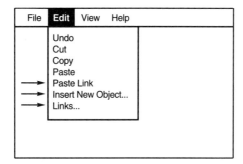

In addition, App Wizard derives your document from the COleClientDoc class, not CDocument, like the following (from cliendoc.h):

```
//////////////////////////////////////////////////////////////////////
class CClientDoc : public COleClientDoc
{
protected: // create from serialization only
     CClientDoc();
     DECLARE_DYNCREATE(CClientDoc)
// Attributes
public:
// Operations
public:
// Implementation
public:
     virtual ~CClientDoc();
virtual void Serialize(CArchive& ar);     // overridden for document i/o
     virtual    void DeleteContents();
#ifdef _DEBUG
     virtual    void AssertValid() const;
     virtual    void Dump(CDumpContext& dc) const;
#endif
protected:
     virtual    BOOL    OnNewDocument();
// Generated message map functions
protected:
     //{{AFX_MSG(CClientDoc)
       // NOTE - the ClassWizard will add and remove member functions here.
```

```
     //      DO NOT EDIT what you see in these blocks of generated code !
     //}}AFX_MSG
     DECLARE_MESSAGE_MAP()
};
```

This will enable you to support compound documents that can store OLE items as well as normal data:

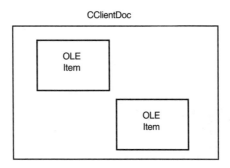

CClientDoc

You handle those items in your document as objects of the COleClientItem class. In other words, you'll load all the item's information and/or data into an object of that class. To do that, you have to create that new class. You can add by hand the definition of your COleClientItem-derived class, which you might name CItem, to the document's header file (cliendoc.h) the following way:

```
class CItem : public COleClientItem
{
     DECLARE_DYNAMIC(CItem)
public:
     CItem(COleClientDoc* pContainer);
     virtual void Serialize(CArchive& ar);
protected:
     virtual void OnChange(OLE_NOTIFICATION wNotification);
};
```

You'll see the implementation of these functions soon. Using this new class, CItem, you'll be able to save OLE items in your document like the following:

Microsoft Foundation Class Library Programming

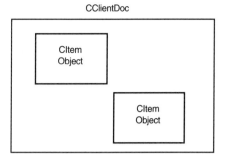

CClientDoc

So far, then, you have been able to design your OLE document. Cliendoc.h appears in listing 13.1, and cliendoc.cpp appears in listing 13.2. Now let's write the actual code to support OLE, most of which will appear in the view class.

Listing 13.1. cliendoc.h (First Version)

```
// cliendoc.h : interface of the CClientDoc class
//
////////////////////////////////////////////////////////////////////////
class CItem;
class CClientDoc : public COleClientDoc
{
protected: // create from serialization only
    CClientDoc();
    DECLARE_DYNCREATE(CClientDoc)
// Attributes
public:
    CItem* pItem;
// Operations
public:
// Implementation
public:
    virtual ~CClientDoc();
protected:
    virtual    BOOL    OnNewDocument();
// Generated message map functions
protected:
```

continues

Listing 13.1. continued

```
    //{{AFX_MSG(CClientDoc)
      // NOTE - the ClassWizard will add and remove member functions here.
      //    DO NOT EDIT what you see in these blocks of generated code !
    //}}AFX_MSG
    DECLARE_MESSAGE_MAP()
};
/////////////////////////////////////////////////////////////////////////////
class CItem : public COleClientItem
{
    DECLARE_DYNAMIC(CItem)
public:
    CItem(COleClientDoc* pContainer);
// Overridables
protected:
    virtual void OnChange(OLE_NOTIFICATION wNotification);
};
```

Listing 13.2. cliendoc.cpp (First Version)

```
// cliendoc.cpp : implementation of the CClientDoc class
//
#include "stdafx.h"
#include "client.h"
#include "cliendoc.h"
#ifdef _DEBUG
#undef THIS_FILE
static char BASED_CODE THIS_FILE[] = __FILE__;
#endif
/////////////////////////////////////////////////////////////////////////////
// CClientDoc
IMPLEMENT_DYNCREATE(CClientDoc, COleClientDoc)
BEGIN_MESSAGE_MAP(CClientDoc, COleClientDoc)
    //{{AFX_MSG_MAP(CClientDoc)
      // NOTE - the ClassWizard will add and remove mapping macros here.
      //    DO NOT EDIT what you see in these blocks of generated code !
    //}}AFX_MSG_MAP
END_MESSAGE_MAP()
/////////////////////////////////////////////////////////////////////////////
// CClientDoc construction/destruction
CClientDoc::CClientDoc()
```

```
{
    pItem = NULL;
}
CClientDoc::~CClientDoc()
{
}
BOOL CClientDoc::OnNewDocument()
{
    if (!COleClientDoc::OnNewDocument())
        return FALSE;
    // TODO: add reinitialization code here
    // (SDI documents will reuse this document)
    return TRUE;
}
/////////////////////////////////////////////////////////////////////////
// CClientDoc serialization
void CClientDoc::Serialize(CArchive& ar)
{
    if (ar.IsStoring())
    {
        pItem->Serialize(ar);
    }
    else
    {
        CItem* pItem = new CItem(this);
        pItem->Serialize(ar);
    }
}
void CClientDoc::DeleteContents()
{
    // TODO: add additional cleanup before doc-items are deleted
    COleClientDoc::DeleteContents();    // delete doc-items
}
/////////////////////////////////////////////////////////////////////////
// CClientDoc diagnostics
#ifdef _DEBUG
void CClientDoc::AssertValid() const
{
    COleClientDoc::AssertValid();
}
void CClientDoc::Dump(CDumpContext& dc) const
{
```

continues

Listing 13.2. continued

```
      COleClientDoc::Dump(dc);
}
#endif //_DEBUG
///////////////////////////////////////////////////////////////////////
// CClientDoc commands
IMPLEMENT_DYNAMIC(CItem, COleClientItem)
CItem::CItem(COleClientDoc* pContainer)
      : COleClientItem(pContainer)
{
} ///////////////////////////////////////////////////////////////////////
```

The Insert New Object Menu Item

You will support OLE with the menu items Paste Link, Insert New Object, and Edit Links. You will take a look at the Insert New Object menu item first:

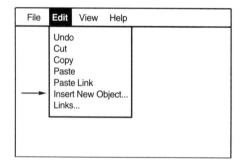

When the user selects this item, they want to embed an OLE item. An Insert New Object dialog box is displayed, enabling them to choose a server application:

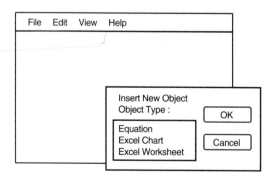

In this case, the user might select Excel Worksheet as the type of object they want to embed, in which case Excel will open. They then select a range of Excel cells (that is, highlight them with the mouse) and choose Excel's Update menu item. Excel closes, and the embedded item (the selected range of Excel cells) appears in the program like the following:

	A
1	11
2	22
3	33

File   Edit   View   Help

Because you have made this an OLE client application with App Wizard, you already have an Insert New Object menu item connected to the function CClientView::OnInsertObject( ), which looks like the following:

```
void CClientView::OnInsertObject()
{
    CString strTypeName;
    if (!AfxOleInsertDialog(strTypeName))
        return;                  // no OLE class selected
            :
}
```

Some of the work is already done for you; the function AfxOleInsertDialog( ) places the Insert New Object dialog box on the screen for you, as shown in figure 13.2.

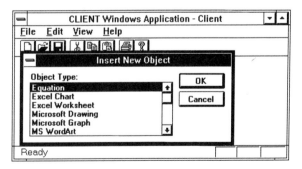

Figure 13.2. The Insert New Object dialog box.

This returns the name of the server application that the user wants to use to create the OLE item. After you get that name into the CString object strTypeName, you construct a new CItem object to hold the embedded item like this:

```
void CClientView::OnInsertObject()
{
    CString strTypeName;
    CString ItemName = "New OLE Item";
    if (!AfxOleInsertDialog(strTypeName))
        return;         // no OLE class selected
    CClientDoc* pDoc = GetDocument();
    pDoc->pItem = new CItem(pDoc);
            :
}
```

Note that you have to pass a pointer to the current document to CItem's constructor (which passes it on to the base class constructor). This indicates to the MFC framework which document will hold this CItem object. In addition, you have to put aside space for the pointer pItem in the document's header, as follows (note the forward declaration of the class CItem so that the compiler knows what kind of object pItem will point to):

```
// cliendoc.h : interface of the CClientDoc class
//
/////////////////////////////////////////////////////////////////////////////
class CItem;
class CClientDoc : public COleClientDoc
{
protected: // create from serialization only
    CClientDoc();
    DECLARE_DYNCREATE(CClientDoc)
// Attributes
public:
    CItem* pItem;
// Operations
public:
// Implementation
public:
    virtual ~CClientDoc();
    virtual void Serialize(CArchive& ar);   // overridden for document i/o
    virtual    void DeleteContents();
```

```
#ifdef _DEBUG
    virtual    void AssertValid() const;
            :
```

Now you must give the new OLE item a unique name, in this example, New OLE Item," and create it with the COleClientItem member function CreateNewObject():

```
void CClientView::OnInsertObject()
{
    CString strTypeName;
    CString ItemName = "New OLE Item";
    if (!AfxOleInsertDialog(strTypeName))
        return;          // no OLE class selected
    CClientDoc* pDoc = GetDocument();
    pDoc->pItem = new CItem(pDoc);
    pDoc->pItem->CreateNewObject(strTypeName, ItemName);
}
```

At this point, Excel appears on the screen; the user creates the new OLE item using Excel, and the item is connected to the pointer pItem. However, the new OLE item doesn't appear in our application yet, so let's implement that capability—displaying embedded items—next.

The COleClientItem class includes a member function named OnChange(), which is already in place (created by App Wizard):

```
void CItem::OnChange(OLE_NOTIFICATION wNotification)
{
}
```

The OnChange() function is called when there's been a change in the OLE item—or when it's been created, as is the case here. To make sure that it's redisplayed, you call the UpdateAllViews() function with a value of NULL (which makes sure that all views are updated):

```
void CItem::OnChange(OLE_NOTIFICATION wNotification)
{
    GetDocument()->UpdateAllViews(NULL);
}
```

This function in turn calls each view's OnDraw() function:

```
void CClientView::OnDraw(CDC* pDC)
{
    CClientDoc* pDoc = GetDocument();
}
```

To draw the new item in your view, make sure that you really do have an item to draw (by checking the pointer pItem), and then get the item's dimensions by calling the COleClientItem GetBounds( ) member function like the following:

```
void CClientView::OnDraw(CDC* pDC)
{
    CClientDoc* pDoc = GetDocument();
    CRect rect;
    if(pDoc->pItem != NULL && pDoc->pItem->GetBounds(&rect)){
                 :
    }
}
```

If there is a valid item to draw, the CRect object you have named rect will hold the item's dimensions (if the rectangle is empty, there is no object to display). These dimensions are returned in the MMIMETRIC mapping mode, however, so you set the mapping mode of your device context to match:

```
void CClientView::OnDraw(CDC* pDC)
{
    CClientDoc* pDoc = GetDocument();
        CRect rect;
        if(pDoc->pItem != NULL && pDoc->pItem->GetBounds(&rect)){
            pDC->SetMapMode(MMIMETRIC);
                     :
        }
}
```

Finally, you can draw the embedded object on the screen with the COleClientItem member function Draw like this:

```
void CClientView::OnDraw(CDC* pDC)
{
        CClientDoc* pDoc = GetDocument();
        CRect rect;
        if(pDoc->pItem != NULL && pDoc->pItem->GetBounds(&rect)){
            pDC->SetMapMode(MMIMETRIC);
            pDoc->pItem->Draw(pDC, rect);
        }
}
```

And that's all there is to it; now your embedded object appears in your view, as shown in figure 13.3. You have successfully implemented the Insert New Object menu item.

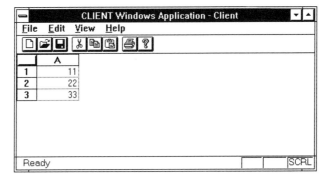

Figure 13.3. An embedded OLE object.

In fact, you can embed other types of items as well, including graphics figures from the Windows Paintbrush program like the following:

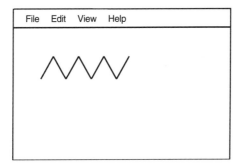

Embedding graphics in OLE appears in figure 13.4.

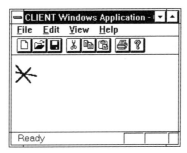

Figure 13.4. A graphics embedded OLE object.

Now we have added support for displaying the OLE item in your view class. The code for the view class appears in listing 13.3, clienvw.h, and listing 13.4, clienvw.cpp.

Listing 13.3. clienvw.h (First Version)

```
// clienvw.h : interface of the CClientView class
//
/////////////////////////////////////////////////////////////////////////////
class CClientView : public CView
{
protected: // create from serialization only
        CClientView();
        DECLARE_DYNCREATE(CClientView)
// Attributes
public:
        CClientDoc* GetDocument();
// Operations
public:
// Implementation
public:
        virtual ~CClientView();
        virtual void OnDraw(CDC* pDC);  // overridden to draw this view
#ifdef _DEBUG
        virtual void AssertValid() const;
        virtual void Dump(CDumpContext& dc) const;
#endif
        // Printing support
protected:
        virtual BOOL OnPreparePrinting(CPrintInfo* pInfo);
        virtual void OnBeginPrinting(CDC* pDC, CPrintInfo* pInfo);
        virtual void OnEndPrinting(CDC* pDC, CPrintInfo* pInfo);
        // OLE client support
        virtual BOOL IsSelected(const CObject* pDocItem) const;
// Generated message map functions
protected:
        //{{AFX_MSG(CClientView)
        afx_msg void OnInsertObject();    // OLE support
        //}}AFX_MSG
        DECLARE_MESSAGE_MAP()
};
#ifndef _DEBUG    // debug version in clienvw.cpp
inline CClientDoc* CClientView::GetDocument()
{ return (CClientDoc*) m_pDocument; }
#endif
```

Listing 13.4.   clienvw.cpp (First Version)

```
//////////////////////////////////////////////////////////////////////
// clienvw.cpp : implementation of the CClientView class
//
#include "stdafx.h"
#include "client.h"
#include "cliendoc.h"
#include "clienvw.h"
#ifdef _DEBUG
#undef THIS_FILE
static char BASED_CODE THIS_FILE[] = __FILE__;
#endif
//////////////////////////////////////////////////////////////////////
// CClientView
IMPLEMENT_DYNCREATE(CClientView, CView)
BEGIN_MESSAGE_MAP(CClientView, CView)
    //{{AFX_MSG_MAP(CClientView)
    ON_COMMAND(ID_OLE_INSERT_NEW, OnInsertObject)
    ON_COMMAND(ID_EDIT_PASTE_LINK, OnPasteLink)
    ON_COMMAND(ID_EDIT_PASTE, OnPaste)
    ON_WM_LBUTTONDBLCLK()
    //}}AFX_MSG_MAP
    // Standard printing commands
    ON_COMMAND(ID_FILE_PRINT, CView::OnFilePrint)
    ON_COMMAND(ID_FILE_PRINT_PREVIEW, CView::OnFilePrintPreview)
END_MESSAGE_MAP()
//////////////////////////////////////////////////////////////////////
// CClientView construction/destruction
CClientView::CClientView()
{
    // TODO: add construction code here
}
CClientView::~CClientView()
{
}
//////////////////////////////////////////////////////////////////////
// CClientView drawing
void CClientView::OnDraw(CDC* pDC)
{
    CClientDoc* pDoc = GetDocument();
    CRect rect;
```

continues

Listing 13.4. continued

```
        if(pDoc->pItem != NULL && pDoc->pItem->GetBounds(&rect)){
            pDC->SetMapMode(MMIMETRIC);
            pDoc->pItem->Draw(pDC, rect);
        }
}
////////////////////////////////////////////////////////////////////////
// CClientView printing
BOOL CClientView::OnPreparePrinting(CPrintInfo* pInfo)
{
        // default preparation
        return DoPreparePrinting(pInfo);
}
void CClientView::OnBeginPrinting(CDC* /*pDC*/, CPrintInfo* /*pInfo*/)
{
        // TODO: add extra initialization before printing
}
void CClientView::OnEndPrinting(CDC* /*pDC*/, CPrintInfo* /*pInfo*/)
{
        // TODO: add cleanup after printing
}
////////////////////////////////////////////////////////////////////////
// OLE client support and commands
BOOL CClientView::IsSelected(const CObject* pDocItem) const
{
        // TODO: implement this function that tests for a selected OLE client item
         return FALSE;
}
void CClientView::OnInsertObject()
{
        CString strTypeName;
        CString ItemName = "New OLE Item";
if (!AfxOleInsertDialog(strTypeName))
        return;                    // no OLE class selected
        CClientDoc* pDoc = GetDocument();
        pDoc->pItem = new CItem(pDoc);
        pDoc->pItem->CreateNewObject(strTypeName, ItemName);
}
////////////////////////////////////////////////////////////////////////
// CClientView diagnostics
```

```
#ifdef _DEBUG
void CClientView::AssertValid() const
{
    CView::AssertValid();
}
void CClientView::Dump(CDumpContext& dc) const
{
    CView::Dump(dc);
}
CClientDoc* CClientView::GetDocument() // non-debug version is inline
{
    ASSERT(m_pDocument->IsKindOf(RUNTIME_CLASS(CClientDoc)));
    return (CClientDoc*) m_pDocument;
}
#endif //_DEBUG
//////////////////////////////////////////////////////////////////////////
// CClientView message handlers
```

The Paste Link Menu Item

The next OLE menu item that you will implement is the Paste Link item:

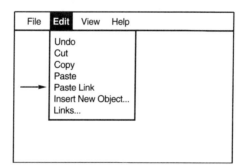

To use this item, the user first opens another application, such as Excel, selects a range of cells and copies them, and then selects the Paste Link item in your Edit menu. When they do, the link is created, as follows (note that with an OLE link, the original data is actually stored by the server application, not the client application):

Let's see how this works. App Wizard has already given you a Paste Link item, and that item has the ID ID_EDIT_PASTE_LINK. Connect a function to that ID value now, and give that function the name OnPasteLink( ):

```
void CClientView::OnPasteLink()
{
}
```

All the link information you need has already been copied into the Windows clipboard. Open the clipboard:

```
void CClientView::OnPasteLink()
{
    OpenClipboard();
        :
}
```

Next, you create a new CItem object to hold this linked item:

```
void CClientView::OnPasteLink()
{
    CString ItemName = "Linked OLE Item";
    OpenClipboard();
    CClientDoc* pDoc = GetDocument();
    pDoc->pItem = new CItem(pDoc);
        :
}
```

Finally, you use the COleClient member function CreateLinkFromClipboard( ) to create the link. Then you close the clipboard and you're done:

```
void CClientView::OnPasteLink()
{
```

```
        CString ItemName = "Linked OLE Item";
        OpenClipboard();
        CClientDoc* pDoc = GetDocument();
        pDoc->pItem = new CItem(pDoc);
        pDoc->pItem->CreateLinkFromClipboard(ItemName);
        CloseClipboard();
}
```

Now you can link objects with the Paste Link menu item, as shown in figure 13.5.

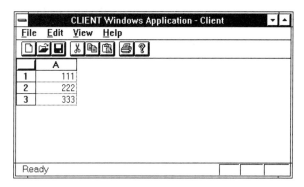

Figure 13.5. A linked OLE object.

In fact, you can also support the same process with the standard Paste menu item:

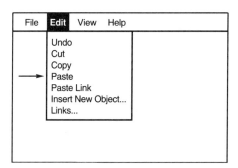

First, you connect a function named OnPaste() to the ID value ID_EDIT_PASTE and open it:

```
void CClientView::OnPaste()
{
}
```

Next, you open the clipboard:

```
void CClientView::OnPaste()
{
    OpenClipboard();
        :
}
```

The Paste item usually creates an embedded, not linked, object (it's just like the Insert New Object menu item except that the user has already pasted the OLE item into the clipboard before embedding it in your program). That means that you should use the COleClientItem member function CreateFromClipboard() (not CreateLinkFromClipboard()). Try the CreateFromClipboard() function first:

```
void CClientView::OnPaste()
{
    CString ItemName = "Pasted OLE Item";
    OpenClipboard();
    CClientDoc* pDoc = GetDocument();
    pDoc->pItem = new CItem(pDoc);
    if(!pDoc->pItem->CreateFromClipboard(ItemName)){
    }
}
```

If that doesn't work, the standard procedure is to try the CreateStaticFromClipboard() function, which creates a static embedded item. Such an item is not tied directly to the original data in the OLE item—instead, it displays only a copy of that data. That means that static OLE items can display data but not edit it. You use CreateStaticFromClipboard() in the following way:

```
void CClientView::OnPaste()
{
CString ItemName = "Pasted OLE Item"; OpenClipboard();
CClientDoc* pDoc = GetDocument(); pDoc->pItem = new CItem(pDoc);
if(!pDoc->pItem->CreateFromClipboard(ItemName)){
        pDoc->pItem->CreateStaticFromClipboard(ItemName);
    }
    CloseClipboard();
}
```

And that's it for the Paste menu item. The next menu item to implement is the Edit Links menu item.

The Edit Links Menu Item

The final menu item is the Edit Links menu item:

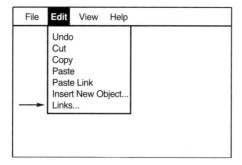

When the user selects this item, the following dialog box appears on the screen, which enables the user to edit or change the character of the active OLE links:

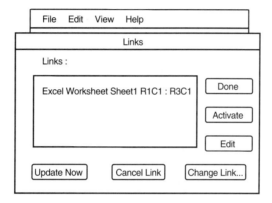

It turns out that this is easy; in fact, App Wizard has already done it for you. The Edit Links menu item is already tied to the ID ID_OLE_EDIT_LINKS, and when the user selects it, the edit links dialog box appears on the screen, as shown in figure 13.6. The framework maintains these links, so it implements this part of the program for you.

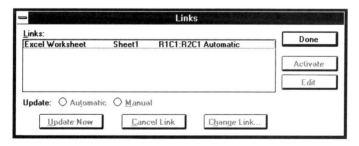

Figure 13.6. The Links dialog box.

OLE Verbs

It's also important to implement what OLE calls a *verb* for each OLE item. When the user double-clicks the item, the server application is supposed to open so that the user can edit the displayed data. For each item, a verb is already defined that will launch that item's server. To reach and activate that verb, override the OnLButtonDblClk() function in your view class:

```
void CClientView::OnLButtonDblClk(UINT nFlags, CPoint point)
{
    CView::OnLButtonDblClk(nFlags, point);
}
```

Now you can simply use the COleClientItem member function DoVerb() like this to execute the item's main verb:

```
void CClientView::OnLButtonDblClk(UINT nFlags, CPoint point)
{
    CClientDoc* pDoc = GetDocument();
    pDoc->pItem->DoVerb(OLEVERB_PRIMARY);
    CView::OnLButtonDblClk(nFlags, point);
}
```

Now when the user double-clicks one of your OLE items, the corresponding server application is opened so that they can edit the data, as shown in figure 13.7.

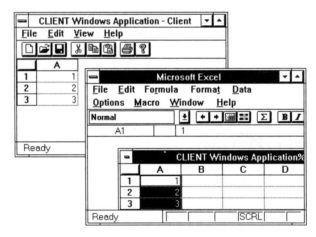

Figure 13.7. Invoking an OLE verb.

Implementing OLE Serialization

The final step in your program is to implement serialization of your data, including the CItem object. You do that by relying on the COleClientItem's Serialize member function like this in CItem()'s Serialize function:

```
void CItem::Serialize(CArchive& ar)
{
    COleClientItem::Serialize(ar);
}
```

You have to make sure that CItem::Serialize() is called in your document's Serialize() function, CClientDoc::Serialize():

```
void CClientDoc::Serialize(CArchive& ar)
{
    if (ar.IsStoring())
    {
    }
    else
    {
    }
}
```

You simply call pItem->Serialize() if you are storing to disk:

```
void CClientDoc::Serialize(CArchive& ar)
{
        if (ar.IsStoring())
        {
            pItem->Serialize(ar);
        }
        else
        {
        }
}
```

If you're reading from disk, on the other hand, you first create a new OLE item and then fill it with the Serialize() function:

```
void CClientDoc::Serialize(CArchive& ar)
{
```

```
        if (ar.IsStoring())
        {
            pItem->Serialize(ar);
        }
        else
        {
        CItem* pItem = new CItem(this);
        pItem->Serialize(ar);
        }
    }
}
```

That's it for your OLE program. Our handling of object linking and embedding is a success. The code appears in the following listings:

Listing	Contains
13.5	mainfrm.h
13.6	mainfrm.cpp
13.7	client.h
13.8	client.cpp
13.9	cliendoc.h
13.10	cliendoc.cpp
13.11	clienvw.h
13.12	clienvw.cpp

Listing 13.5.   mainfrm.h: interface of the Cmain Frame class

```
// mainfrm.h : interface of the CMainFrame class
//
/////////////////////////////////////////////////////////////////////////
class CMainFrame : public CFrameWnd
{
protected: // create from serialization only
        CMainFrame();
        DECLARE_DYNCREATE(CMainFrame)
// Attributes
public:
// Operations
public:
```

```
// Implementation
public:
    virtual ~CMainFrame();
#ifdef _DEBUG
    virtual    void AssertValid() const;
    virtual    void Dump(CDumpContext& dc) const;
#endif
protected:
    BOOL OnCommand(UINT wParam, LONG lParam);
protected:    // control bar embedded members
    CStatusBar    m_wndStatusBar;
    CToolBar    m_wndToolBar;
// Generated message map functions
protected:
    //{{AFX_MSG(CMainFrame)
    afx_msg int OnCreate(LPCREATESTRUCT lpCreateStruct);
      // NOTE - the ClassWizard will add and remove member functions here.
      //    DO NOT EDIT what you see in these blocks of generated code !
    //}}AFX_MSG
    DECLARE_MESSAGE_MAP()
};
```

Listing 13.6. mainfrm.cpp

```
/////////////////////////////////////////////////////////////////////////////
// mainfrm.cpp : implementation of the CMainFrame class
//
#include "stdafx.h"
#include "client.h"
#include "mainfrm.h"
#ifdef _DEBUG
#undef THIS_FILE
static char BASED_CODE THIS_FILE[] = __FILE__;
#endif
/////////////////////////////////////////////////////////////////////////////
// CMainFrame
IMPLEMENT_DYNCREATE(CMainFrame, CFrameWnd)
BEGIN_MESSAGE_MAP(CMainFrame, CFrameWnd)
    //{{AFX_MSG_MAP(CMainFrame)
```

continues

Listing 13.6. continued

```
        // NOTE - the ClassWizard will add and remove mapping macros here.
        //      DO NOT EDIT what you see in these blocks of generated code !
    ON_WM_CREATE()
    //}}AFX_MSG_MAP
END_MESSAGE_MAP()
/////////////////////////////////////////////////////////////////////////////
// arrays of IDs used to initialize control bars
// toolbar buttons - IDs are command buttons
static UINT BASED_CODE buttons[] =
{
    // same order as in the bitmap 'toolbar.bmp'
    ID_FILE_NEW,
    ID_FILE_OPEN,
    ID_FILE_SAVE,
        ID_SEPARATOR,
    ID_EDIT_CUT,
    ID_EDIT_COPY,
    ID_EDIT_PASTE,
        ID_SEPARATOR,
    ID_FILE_PRINT,
    ID_APP_ABOUT,
};
static UINT BASED_CODE indicators[] =
{
    ID_SEPARATOR,              // status line indicator
    ID_INDICATOR_CAPS,
    ID_INDICATOR_NUM,
    ID_INDICATOR_SCRL,
};
/////////////////////////////////////////////////////////////////////////////
// CMainFrame construction/destruction
CMainFrame::CMainFrame()
{
    // TODO: add member initialization code here
}
CMainFrame::~CMainFrame()
{
}
int CMainFrame::OnCreate(LPCREATESTRUCT lpCreateStruct)
{
    if (CFrameWnd::OnCreate(lpCreateStruct) == -1)
```

```
        return -1;
        if (!m_wndToolBar.Create(this) ||
            !m_wndToolBar.LoadBitmap(IDR_MAINFRAME) ||
            !m_wndToolBar.SetButtons(buttons,
                sizeof(buttons)/sizeof(UINT)))
    {
        TRACE("Failed to create toolbar\n");
        return -1;          // fail to create
    }

        if (!m_wndStatusBar.Create(this) ||
            !m_wndStatusBar.SetIndicators(indicators,
                sizeof(indicators)/sizeof(UINT)))
    {
        TRACE("Failed to create status bar\n");
        return -1;          // fail to create
    }
    return 0;
}
// Disable menu commands while waiting for OLE server
BOOL CMainFrame::OnCommand(UINT wParam, LONG lParam)
{
    if (COleClientItem::InWaitForRelease())
    {
        AfxMessageBox(IDP_BUSY);
        return TRUE;        // handled
    }
return CFrameWnd::OnCommand(wParam, lParam);
}
////////////////////////////////////////////////////////////////////////////
// CMainFrame diagnostics
#ifdef _DEBUG
void CMainFrame::AssertValid() const
{
    CFrameWnd::AssertValid();
}
void CMainFrame::Dump(CDumpContext& dc) const
{
    CFrameWnd::Dump(dc);
}
#endif //_DEBUG
////////////////////////////////////////////////////////////////////////////
// CMainFrame message handlers
```

Listing 13.7. client.h

```
// client.h : main header file for the CLIENT application
//
#ifndef __AFXWIN__
    #error include 'stdafx.h' before including this file for PCH
#endif
#include "resource.h"          // main symbols
/////////////////////////////////////////////////////////////////////////////
// CClientApp:
// See client.cpp for the implementation of this class
//
class CClientApp : public CWinApp
{
public:
    CClientApp();
// Overrides
    virtual BOOL InitInstance();
// Implementation
    //{{AFX_MSG(CClientApp)
    afx_msg void OnAppAbout();
      // NOTE - the ClassWizard will add and remove member functions here.
      //    DO NOT EDIT what you see in these blocks of generated code !
    //}}AFX_MSG
    DECLARE_MESSAGE_MAP()
};
```

Listing 13.8. client.cpp

```
/////////////////////////////////////////////////////////////////////////////
// client.cpp : Defines the class behaviors for the application.
//
#include "stdafx.h"
#include "client.h"
#include "mainfrm.h"
#include "cliendoc.h"
#include "clienvw.h"
#ifdef _DEBUG
#undef THIS_FILE
static char BASED_CODE THIS_FILE[] = __FILE__;
#endif
```

```
/////////////////////////////////////////////////////////////////////////
// CClientApp
BEGIN_MESSAGE_MAP(CClientApp, CWinApp)
    //{{AFX_MSG_MAP(CClientApp)
    ON_COMMAND(ID_APP_ABOUT, OnAppAbout)
      // NOTE - the ClassWizard will add and remove mapping macros here.
      //      DO NOT EDIT what you see in these blocks of generated code !
    //}}AFX_MSG_MAP
    // Standard file based document commands
    ON_COMMAND(ID_FILE_NEW, CWinApp::OnFileNew)
    ON_COMMAND(ID_FILE_OPEN, CWinApp::OnFileOpen)
    // Standard print setup command
    ON_COMMAND(ID_FILE_PRINT_SETUP, CWinApp::OnFilePrintSetup)
END_MESSAGE_MAP()
/////////////////////////////////////////////////////////////////////////
// CClientApp construction
CClientApp::CClientApp()
{
    // TODO: add construction code here,
    // Place all significant initialization in InitInstance
}
/////////////////////////////////////////////////////////////////////////
// The one and only CClientApp object
CClientApp NEAR theApp;
/////////////////////////////////////////////////////////////////////////
// CClientApp initialization
BOOL CClientApp::InitInstance()
{
    // Standard initialization
    // If you are not using these features and want to to reduce the size
    //  of your final executable, you should remove from the following
    //   the specific initialization routines you do not need.
    SetDialogBkColor();        // set dialog background color to gray
    LoadStdProfileSettings();  // Load standard INI file options
    // Register the application's document templates.  Document templates    //
    serve as the connection between documents, frame windows and views.
    AddDocTemplate(new CSingleDocTemplate(IDR_MAINFRAME,
        RUNTIME_CLASS(CClientDoc),
        RUNTIME_CLASS(CMainFrame),     // main SDI frame window
        RUNTIME_CLASS(CClientView)));
    // create a new (empty) document
```

continues

Listing 13.8. continued

```
    OnFileNew();
    if (m_lpCmdLine[0] != '\0')
    {
        // TODO: add command line processing here
    }
    return TRUE;
}
//////////////////////////////////////////////////////////////////////////
// CAboutDlg dialog used for App About
class CAboutDlg : public CDialog
{
public:
    CAboutDlg();
// Dialog Data
    //{{AFX_DATA(CAboutDlg)
    enum { IDD = IDD_ABOUTBOX };
    //}}AFX_DATA
// Implementation
protected:
virtual void DoDataExchange(CDataExchange* pDX);    // DDX/DDV support
    //{{AFX_MSG(CAboutDlg)
        // No message handlers
    //}}AFX_MSG
    DECLARE_MESSAGE_MAP()
};
CAboutDlg::CAboutDlg() : CDialog(CAboutDlg::IDD)
{
    //{{AFX_DATA_INIT(CAboutDlg)
    //}}AFX_DATA_INIT
}
void CAboutDlg::DoDataExchange(CDataExchange* pDX)
{
    CDialog::DoDataExchange(pDX);
    //{{AFX_DATA_MAP(CAboutDlg)
    //}}AFX_DATA_MAP
}
BEGIN_MESSAGE_MAP(CAboutDlg, CDialog)
    //{{AFX_MSG_MAP(CAboutDlg)
        // No message handlers
    //}}AFX_MSG_MAP
END_MESSAGE_MAP()
```

```
// App command to run the dialog
void CClientApp::OnAppAbout()
{
    CAboutDlg aboutDlg;
    aboutDlg.DoModal();
}
/////////////////////////////////////////////////////////////////////////////
// CClientApp commands
```

Listing 13.9. cliendoc.h

```
// cliendoc.h : interface of the CClientDoc class
// /////////////////////////////////////////////////////////////////////////////
class CItem;
class CClientDoc : public COleClientDoc
{
protected: // create from serialization only
    CClientDoc();
    DECLARE_DYNCREATE(CClientDoc)
// Attributes
public:
    CItem* pItem;
// Operations
public:
// Implementation
public:
    virtual ~CClientDoc();
    virtual void Serialize(CArchive& ar);     // overridden for document i/o
    virtual    void DeleteContents();
#ifdef _DEBUG
    virtual    void AssertValid() const;
    virtual    void Dump(CDumpContext& dc) const;
#endif
protected:
    virtual    BOOL    OnNewDocument();
// Generated message map functions
protected:
    //{{AFX_MSG(CClientDoc)
        // NOTE - the ClassWizard will add and remove member functions here.
        //    DO NOT EDIT what you see in these blocks of generated code !
```

continues

Listing 13.9. continued

```
    //}}AFX_MSG
    DECLARE_MESSAGE_MAP()
};
/////////////////////////////////////////////////////////////////////////
class CItem : public COleClientItem
{
    DECLARE_DYNAMIC(CItem)
public:
    CItem(COleClientDoc* pContainer);
// Attributes
// Operations
    virtual void Serialize(CArchive& ar);
// Overridables
protected:
    virtual void OnChange(OLE_NOTIFICATION wNotification);
};
```

Listing 13.10. cliendoc.cpp

```
// cliendoc.cpp : implementation of the CClientDoc class
//
#include "stdafx.h"
#include "client.h"
#include "cliendoc.h"
#ifdef _DEBUG
#undef THIS_FILE
static char BASED_CODE THIS_FILE[] = __FILE__;
#endif
/////////////////////////////////////////////////////////////////////////
// CClientDoc
IMPLEMENT_DYNCREATE(CClientDoc, COleClientDoc)
BEGIN_MESSAGE_MAP(CClientDoc, COleClientDoc)
    //{{AFX_MSG_MAP(CClientDoc)
      // NOTE - the ClassWizard will add and remove mapping macros here.
      //    DO NOT EDIT what you see in these blocks of generated code !
    //}}AFX_MSG_MAP
END_MESSAGE_MAP()
/////////////////////////////////////////////////////////////////////////
// CClientDoc construction/destruction
```

```
CClientDoc::CClientDoc()
{
    pItem = NULL;
}
CClientDoc::~CClientDoc()
{
}
BOOL CClientDoc::OnNewDocument()
{
    if (!COleClientDoc::OnNewDocument())
        return FALSE;
    // TODO: add reinitialization code here
    // (SDI documents will reuse this document)
    return TRUE;
}
//////////////////////////////////////////////////////////////////////////
// CClientDoc serialization
void CClientDoc::Serialize(CArchive& ar)
{
    if (ar.IsStoring())
    {
        pItem->Serialize(ar);
    }
    else
    {
        CItem* pItem = new CItem(this);
        pItem->Serialize(ar);
    }
}
void CClientDoc::DeleteContents()
{
  // TODO: add additional cleanup before doc-items are deleted
  COleClientDoc::DeleteContents();    // delete doc-items
}
//////////////////////////////////////////////////////////////////////////
// CClientDoc diagnostics
#ifdef _DEBUG
void CClientDoc::AssertValid() const
{
    COleClientDoc::AssertValid();
}
void CClientDoc::Dump(CDumpContext& dc) const
```

continues

Listing 13.10.   continued

```
{
    COleClientDoc::Dump(dc);
}
#endif //_DEBUG
///////////////////////////////////////////////////////////////////////////
// CClientDoc commands
IMPLEMENT_DYNAMIC(CItem, COleClientItem)
CItem::CItem(COleClientDoc* pContainer)
    : COleClientItem(pContainer)
{
}
void CItem::OnChange(OLE_NOTIFICATION wNotification)
{
    GetDocument()->UpdateAllViews(NULL);
}
void CItem::Serialize(CArchive& ar)
{
    COleClientItem::Serialize(ar);
} ///////////////////////////////////////////////////////////////////////////
```

Listing 13.11.   clienvw.h

```
// clienvw.h : interface of the CClientView class
//
///////////////////////////////////////////////////////////////////////////
class CClientView : public CView
{
protected: // create from serialization only
    CClientView();
    DECLARE_DYNCREATE(CClientView)
// Attributes
public:
    CClientDoc* GetDocument();
// Operations
public:
// Implementation
public:
    virtual ~CClientView();
    virtual void OnDraw(CDC* pDC);  // overridden to draw this view
#ifdef _DEBUG
    virtual void AssertValid() const;
```

```
        virtual void Dump(CDumpContext& dc) const;
#endif
        // Printing support
protected:
        virtual BOOL OnPreparePrinting(CPrintInfo* pInfo);
        virtual void OnBeginPrinting(CDC* pDC, CPrintInfo* pInfo);
        virtual void OnEndPrinting(CDC* pDC, CPrintInfo* pInfo);
        // OLE client support
        virtual BOOL IsSelected(const CObject* pDocItem) const;
// Generated message map functions
protected:
        //{{AFX_MSG(CClientView)
        afx_msg void OnInsertObject();      // OLE support
        afx_msg void OnPasteLink();
        afx_msg void OnPaste();
        afx_msg void OnLButtonDblClk(UINT nFlags, CPoint point);
        //}}AFX_MSG
        DECLARE_MESSAGE_MAP()
};
#ifndef _DEBUG     // debug version in clienvw.cpp
inline CClientDoc* CClientView::GetDocument()
  { return (CClientDoc*) m_pDocument; }
#endif
```

Listing 13.12. clienvw.cpp

```
///////////////////////////////////////////////////////////////////////
// clienvw.cpp : implementation of the CClientView class
//
#include "stdafx.h"
#include "client.h"
#include "cliendoc.h"
#include "clienvw.h"
#ifdef _DEBUG
#undef THIS_FILE
static char BASED_CODE THIS_FILE[] = __FILE__;
#endif
///////////////////////////////////////////////////////////////////////
// CClientView
IMPLEMENT_DYNCREATE(CClientView, CView)
BEGIN_MESSAGE_MAP(CClientView, CView)
        //{{AFX_MSG_MAP(CClientView)
```

continues

Listing 13.12. continued

```
            ON_COMMAND(ID_OLE_INSERT_NEW, OnInsertObject)
            ON_COMMAND(ID_EDIT_PASTE_LINK, OnPasteLink)
            ON_COMMAND(ID_EDIT_PASTE, OnPaste)
            ON_WM_LBUTTONDBLCLK()
            //}}AFX_MSG_MAP
            // Standard printing commands
            ON_COMMAND(ID_FILE_PRINT, CView::OnFilePrint)
            ON_COMMAND(ID_FILE_PRINT_PREVIEW, CView::OnFilePrintPreview)
END_MESSAGE_MAP()
/////////////////////////////////////////////////////////////////////////
// CClientView construction/destruction
CClientView::CClientView()
{
        // TODO: add construction code here
}
CClientView::~CClientView()
{
}
/////////////////////////////////////////////////////////////////////////
// CClientView drawing
void CClientView::OnDraw(CDC* pDC)
{
     CClientDoc* pDoc = GetDocument();
     CRect rect;
      if(pDoc->pItem != NULL && pDoc->pItem->GetBounds(&rect)){
          pDC->SetMapMode(MMIMETRIC);
          pDoc->pItem->Draw(pDC, rect);
     }
}
/////////////////////////////////////////////////////////////////////////
// CClientView printing
BOOL CClientView::OnPreparePrinting(CPrintInfo* pInfo)
{
     // default preparation
     return DoPreparePrinting(pInfo);
}
void CClientView::OnBeginPrinting(CDC* /*pDC*/, CPrintInfo* /*pInfo*/)
{
     // TODO: add extra initialization before printing
}
```

```
void CClientView::OnEndPrinting(CDC* /*pDC*/, CPrintInfo* /*pInfo*/)
{
    // TODO: add cleanup after printing
}
/////////////////////////////////////////////////////////////////////////////
// OLE client support and commands
BOOL CClientView::IsSelected(const CObject* pDocItem) const
{
    return FALSE;
}
void CClientView::OnInsertObject()
{
    CString strTypeName;
    CString ItemName = "New OLE Item";
    if (!AfxOleInsertDialog(strTypeName))
            return;          // no OLE class selected
    CClientDoc* pDoc = GetDocument();
    pDoc->pItem = new CItem(pDoc);
    pDoc->pItem->CreateNewObject(strTypeName, ItemName);
}
/////////////////////////////////////////////////////////////////////////////
// CClientView diagnostics
#ifdef _DEBUG
void CClientView::AssertValid() const
{
    CView::AssertValid();
}
void CClientView::Dump(CDumpContext& dc) const
{
    CView::Dump(dc);
}
CClientDoc* CClientView::GetDocument() // non-debug version is inline
{
    ASSERT(m_pDocument->IsKindOf(RUNTIME_CLASS(CClientDoc)));
    return (CClientDoc*) m_pDocument;
}
#endif //_DEBUG
/////////////////////////////////////////////////////////////////////////////
// CClientView message handlers
void CClientView::OnPasteLink()
{
```

continues

Listing 13.12. continued

```
        CString ItemName = "Linked OLE Item";
        OpenClipboard();
        CClientDoc* pDoc = GetDocument();
        pDoc->pItem = new CItem(pDoc);
        pDoc->pItem->CreateLinkFromClipboard(ItemName);
        CloseClipboard();
}
void CClientView::OnPaste()
{
        CString ItemName = "Pasted OLE Item";
        OpenClipboard();
        CClientDoc* pDoc = GetDocument();
        pDoc->pItem = new CItem(pDoc);
        if(!pDoc->pItem->CreateFromClipboard(ItemName)){
            pDoc->pItem->CreateStaticFromClipboard(ItemName);
        }
        CloseClipboard();
}
void CClientView::OnLButtonDblClk(UINT nFlags, CPoint point)
{
        CClientDoc* pDoc = GetDocument();
        pDoc->pItem->DoVerb(OLEVERB_PRIMARY);
        CView::OnLButtonDblClk(nFlags, point);
}
```

In the next chapter, you will learn how to incorporate Visual Basic controls (also called VBX controls) into your MFC programs.

New Classes and Members:

COleClientDoc	
COleClientDoc	Constructs COleClientDoc object
GetPrimarySelectedItem	Gets primary selected item from document
NotifyRename	Tells OLE system document was renamed
NotifyRevert	Tells OLE system document has reverted to its previous state
NotifySaved	Tells OLE system document has been saved

COleClientDoc

RegisterClientDoc	Registers document with OLE system
Revoke	Revokes document registration

COleClientItem

Activate	Opens item and executes specified verb
CanPaste	TRUE if Clipboard holds an embeddable or static OLE item
CanPasteLink	TRUE if Clipboard holds a linkable OLE item
CloseLink	Closes link to server
COleClientItem	Constructs COleClientItem object
CopyToClipboard	Copies item to Clipboard
CreateCloneFrom	Creates duplicate of existing item
CreateFromClipboard	Creates embedded item from the Clipboard
CreateInvisibleObject	Creates invisible embedded item
CreateLinkFromClipboard	Creates linked item from the Clipboard
CreateNewObject	Creates new embedded item by launching the server
CreateStaticFromClipboard	Creates embedded picture from the Clipboard
Delete	Deletes item or close it if it was linked
DoVerb	Executes indicated verb
Draw	Draws the item
EnumFormats	Enumerates Clipboard formats supported by indicated item
GetBounds	Gets bounds of item's rectangle
GetData	Gets data from an item
GetDocument	Gets COleClientDoc object
GetLastStatus	Gets status of last OLE operation
GetLinkUpdateOptions	Gets update mode for linked item

continues

COleClientItem	
GetName	Gets the name of item
GetSize	Gets the size of item
GetType	Gets type (embedded, linked, or static) of item
InWaitForRelease	TRUE if any item is waiting for server to respond
IsEqual	Compares two items
IsOpen	TRUE if item is attached to OLE system
OnChange	Called when server changes the item
OnRenamed	Called when server renames document containing the item
ReconnectLink	Reconnects linked item to server
Release	Releases connection to an OLE linked item
Rename	Renames item
RequestData	Initiates data request from server
SetBounds	Sets bounding rectangle of item
SetColorScheme	Sets item's color scheme
SetData	Stores data to an item
SetHostNames	Sets names the server displays when editing item
SetLinkUpdateOptions	Sets update mode for a linked item
SetTargetDevice	Sets target device used by server to draw item
UpdateLink	Updates link to server

Using VBX Controls

O ne of the popular aspects of the MFC library is its capability to use the VBX controls that come with Visual Basic or in the Microsoft Visual Control Pack. These controls include graph controls, new types of buttons, gauge controls, and so on. You will learn how to use them in this chapter. You will interface them to your programs by using the MFC class CVBControl.

To begin, let's see how to use one of the controls that comes with Visual C++, the Grid control.

A VBX Spreadsheet Example

One popular VBX control is the *Grid control*, which looks like a spread-sheet. However, it is not exactly a spreadsheet, because you cannot edit individual cells to place text in them (although some programs actually move a text box over the active cell using the MoveWindow( ) function so that it looks like you can).

You can create a spreadsheet that looks something like the following, in which you enter the numerical data in the data text box.

```
                    . Spreadsheet
        +-------------------------------+
        |      A   B   C   D      +--------+
        |                         |  Ok    |
        |  1                      +--------+
        |                         +--------+
        |  2                      | Cancel |
        |                         +--------+
        |  3                       Data :
        |                         +--------+
        |  4                      |        |
        |                         +--------+
        |  5                                |
        +-------------------------------+
```

After you type a number in the data text box and click a cell, that value will appear in the cell. For this example, you might also program it to add the values in column A and display the resultant sum at the bottom (cell A5), as follows:

```
                      Spreadsheet
        +-----------------------------------+
        |        A    B   C   D      +--------+
        |                            |  Ok    |
        |   1   12                   +--------+
        |                            +--------+
        |   2   24                   | Cancel |
        |                            +--------+
        |   3                         Data :
        |                            +--------+
        |   4                        | 24:    |
        |                            +--------+
        |   5   36                             |
  Sum → +-----------------------------------+
```

To do this in Visual C++, you have to install the Grid control in App Studio with its Install Controls menu item. When you select Install Controls, the Install Controls dialog box opens, as shown in figure 14.1.

The file grid.vbx (the .vbx extension originally stood for a Visual Basic control) comes with Visual C++, and it is installed in the windows\system subdirectory. Select this file to add it to App Studio; the Grid control appears in the toolbar, as shown in figure 14.2.

Microsoft Foundation Class Library Programming

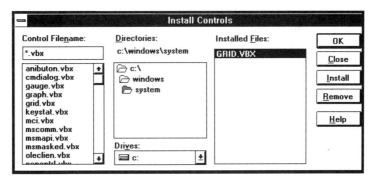

Figure 14.1. The App Studio's Install Controls dialog box.

Grid

Figure 14.2. The Grid Control tool.

Create a new project with App Wizard, making it an SDI application by deselecting the Multiple Document Interface check box in the Options dialog box. Also click the Custom VBX Controls box in that same Options box so that your program will support the use of the Grid control. Call this new project spread.mak.

Add a dialog box to the project (IDD_DIALOG1) with App Studio and draw a grid in it. Double click the grid, bringing up the Grid Properties box; select the Styles item in the dropdown list box in the upper right corner. The properties of the grid are displayed, as shown in figure 14.3. Click the Cols item and give it a value of 5 to give your spreadsheet five columns (see fig. 14.3). In addition, give it six rows by setting the Rows property. Close the Grid Properties box. Add a text box to the dialog box that we are designing and label it *Data:* as shown in figure 14.4. Now your dialog box template is complete.

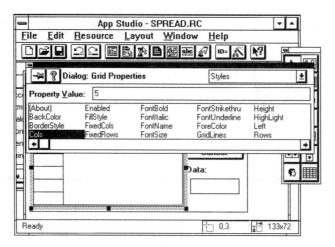

Figure 14.3. Setting a VBX Control's properties.

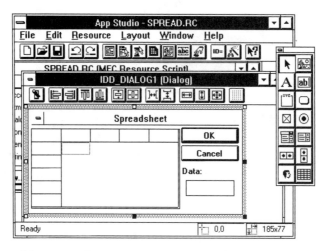

Figure 14.4. The spreadsheet template.

Select the Class Wizard item in App Studio's Resource menu to open Class Wizard and create a class for this dialog box; call it CSpreadDlg. You want to label your spreadsheet's cells with letters and numbers, as follows:

You can do that in CSpreadDlg::OnInitDialog( ). Connect that function to CSpreadDlg's WM_INITDIALOG message using Class Wizard, generating the following code in CSpreadDlg's header file (from spreaddl.h):

```
class CSpreadDlg : public CDialog
{
// Construction
public:
    CSpreadDlg(CWnd* pParent = NULL);    // standard constructor
// Dialog Data
    //{{AFX_DATA(CSpreadDlg)
    enum { IDD = IDD_DIALOG1 };
    CVBControl*    m_GridControl;
    //}}AFX_DATA
// Implementation
protected:
    virtual void DoDataExchange(CDataExchange* pDX);    // DDX/DDV support
    // Generated message map functions
    //{{AFX_MSG(CSpreadDlg)
    virtual BOOL OnInitDialog();
    //}}AFX_MSG
    DECLARE_MESSAGE_MAP()
};
```

Next, open that function, as follows:

```
BOOL CSpreadDlg::OnInitDialog()
{
    CDialog::OnInitDialog();
return TRUE;  // return TRUE  unless you set the focus to a control
}
```

You will want to label your cells, but to do that you have to reach them; how can you do that? By using the CVBControl class, as you see next.

Using VBX Controls in Code

To connect your grid to the class CVBControl, click the Edit Variables button in Class Wizard. Select IDCRID1 in the Edit Member Variables dialog box, and click the Add Variable button. The only type of variable Class Wizard will let you connect to IDCRID1 is a variable of type CVBControl*, so give that member variable the name mridControl. This CVBControl object, which you can point to with mridControl, will be your interface to the grid. The connection to the VBX grid control is actually made like this in the dialog box's .cpp file (from spreaddl.cpp):

```
/////////////////////////////////////////////////////////////////////////// //
CSpreadDlg dialog
CSpreadDlg::CSpreadDlg(CWnd* pParent /*=NULL*/)
    : CDialog(CSpreadDlg::IDD, pParent)
{
    //{{AFX_DATA_INIT(CSpreadDlg)
    m_GridControl = NULL;
    //}}AFX_DATA_INIT
}
void CSpreadDlg::DoDataExchange(CDataExchange* pDX)
{
    CDialog::DoDataExchange(pDX);
    //{{AFX_DATA_MAP(CSpreadDlg)
    DDX_VBControl(pDX, IDCRID1, mridControl);
    //}}AFX_DATA_MAP
}
```

The new object mridControl includes the following member functions, which you will use to set and retrieve the grid's property values:

SetNumProperty( )	Set numerical property
SetStrProperty( )	Set string property
GetNumProperty( )	Get numerical property's value
GetStrProperty( )	Get string property's string

The grid properties that you will be interested in are the Row, Col, and Text properties. Only one cell is active at a time in a grid, and its location is given by (Row, Col). The text in that grid is held in the Text property. That means you can set the Row property of your grid to 0 in OnInitDialog( ) as follows (note that SetNumProperty takes a long integer value):

```
BOOL CSpreadDlg::OnInitDialog()
{
    CDialog::OnInitDialog();
```

```
    m_GridControl->SetNumProperty("Row", 0L);
        :
    return TRUE;  // return TRUE  unless you set the focus to a control
}
```

Next, you can load the letters A to D in the spreadsheet's columns. For this simple character operation, you will not use CString objects, but rather a character array holding one character, because you can increment that character easily. You label the columns in the following way:

```
BOOL CSpreadDlg::OnInitDialog()
{
    CDialog::OnInitDialog();
    char out_char[] = "A";
    m_GridControl->SetNumProperty("Row", 0L);
    for(long loop_index = 1; loop_index < 5; loop_index++){
            m_GridControl->SetNumProperty("Col", loop_index);
            m_GridControl->SetStrProperty("Text", (LPSTR) out_char);
            out_char[0]++;
        }
        :
    return TRUE;  // return TRUE  unless you set the focus to a control }
```

Next, you can label the rows as follows:

```
BOOL CSpreadDlg::OnInitDialog()
{
    CDialog::OnInitDialog();
    char out_char[] = "A";
    m_GridControl->SetNumProperty("Row", 0L);
    for(long loop_index = 1; loop_index < 5; loop_index++){
        m_GridControl->SetNumProperty("Col", loop_index);
        m_GridControl->SetStrProperty("Text", (LPSTR) out_char);
        out_char[0]++;
    }
    out_char[0] = '1';
  : m_GridControl->SetNumProperty("Col", 0L);
  : for(loop_index = 1; loop_index < 6; loop_index++){
  :         m_GridControl->SetNumProperty("Row", loop_index);
  :         m_GridControl->SetStrProperty("Text", (LPSTR) out_char);
  :         out_char[0]++;
  : }
    return TRUE;  // return TRUE  unless you set the focus to a control }
```

That's it; at this point, your rows and columns are labeled just the way you want them:

The user can now place values in the data text box. When the spreadsheet is clicked, the active cell will be set to that location and a VBN_CLICK (Visual basic control Click notification) message will be generated. You can intercept that message in Class Wizard; connect the function CSpreadDlg::OnClickGrid1( ) to that message and open it:

```
void CSpreadDlg::OnClickGrid1(UINT, int, CWnd*, LPVOID)
{
}
```

When the user clicks the grid, the active cell is set to that (Row, Col), and you also should place the text from the Data: text box in the cell. You can get that text with the GetDlgItemText( ) function and place it in the currently active cell's Text property like this:

```
void CSpreadDlg::OnClickGrid1(UINT, int, CWnd*, LPVOID)
{
    const CHARS = 20;
    char data_string[CHARS];
    GetDlgItemText(IDC_DATAENTRY, (LPSTR) data_string, CHARS);
    m_GridControl->SetStrProperty("Text", (LPSTR) data_string);
        :
```

Note that you used the GetDlgItemText( ) function to retrieve the text from the text box IDC_DATAENTRY (the last parameter it needs holds the number of characters to retrieve). Now you have the text from the Data: text box in data_string[ ], and you have placed it into the currently active cell. The next step is to add all the cells' values in column 1 and display the sum at the bottom. You can find the sum like this (you use atol( ) to read the values from the cells):

```
void CSpreadDlg::OnClickGrid1(UINT, int, CWnd*, LPVOID)
{
    const CHARS = 20;
    char data_string[CHARS];
```

```
GetDlgItemText(IDC_DATAENTRY, (LPSTR) data_string, CHARS);
m_GridControl->SetStrProperty("Text", (LPSTR) data_string);
long sum = 0;
CString temp;
long oldrow = m_GridControl->GetNumProperty("Row");
long oldcol = m_GridControl->GetNumProperty("Col");
m_GridControl->SetNumProperty("Col", 1L);
for(long loop_index = 1; loop_index < 5; loop_index++){
    m_GridControl->SetNumProperty("Row", loop_index);
    temp = m_GridControl->GetStrProperty("Text");
    sum += atol(temp);
}
    :
```

Note that you saved the old Row and Col values to replace them later. Now the sum of the values in column 1 is held in the variable sum. You can place that value as text in the string data_string[ ] with the function wsprintf( ):

```
void CSpreadDlg::OnClickGrid1(UINT, int, CWnd*, LPVOID)
{
    const CHARS = 20;
    char data_string[CHARS];
    GetDlgItemText(IDC_DATAENTRY, (LPSTR) data_string, CHARS);
    m_GridControl->SetStrProperty("Text", (LPSTR) data_string);
    long sum = 0;
    CString temp;
    long oldrow = m_GridControl->GetNumProperty("Row");
    long oldcol = m_GridControl->GetNumProperty("Col");
    m_GridControl->SetNumProperty("Col", 1L);
    for(long loop_index = 1; loop_index < 5; loop_index++){
        m_GridControl->SetNumProperty("Row", loop_index);
        temp = m_GridControl->GetStrProperty("Text");
        sum += atol(temp);
    }
    wsprintf(data_string, "%ld", sum);
        :
```

All that remains is to display the result and to restore the grid's Col and Row properties:

```
void CSpreadDlg::OnClickGrid1(UINT, int, CWnd*, LPVOID)
{
    const CHARS = 20;
    char data_string[CHARS];
    GetDlgItemText(IDC_DATAENTRY, (LPSTR) data_string, CHARS);
```

```
m_GridControl->SetStrProperty("Text", (LPSTR) data_string);
long sum = 0;
CString temp;
long oldrow = m_GridControl->GetNumProperty("Row");
long oldcol = m_GridControl->GetNumProperty("Col");
m_GridControl->SetNumProperty("Col", 1L);
for(long loop_index = 1; loop_index < 5; loop_index++){
    m_GridControl->SetNumProperty("Row", loop_index);
    temp = m_GridControl->GetStrProperty("Text");
    sum += atol(temp);
}
wsprintf(data_string, "%ld", sum);
mridControl->SetNumProperty("Row", loop_index++);
mridControl->SetStrProperty("Text", (LPSTR) data_string);
mridControl->SetNumProperty("Row", oldrow);
mridControl->SetNumProperty("Col", oldcol);
}
```

That's it. Simply add a menu named Spreadsheet to your main window and an item in it named Spreadsheet, and add the function OnSpreadsheet() to your CSpreadView class. Next, place the usual code in OnSpreadsheet() to display your dialog box:

```
void CSpreadView::OnSpreadsheet()
{
    CSpreadDlg dlg;
    dlg.DoModal();
}
```

The spreadsheet now works as shown in figure 14.5. The program is a success, and you can adapt it into a functioning spreadsheet with some additional programming. The listing of the spreadsheet dialog box header is shown in listing 14.1 (spreaddl.h), the code is shown in listing 14.2 (spreaddl.cpp), and the view class code is shown in listing 14.3, (spreavw.cpp).

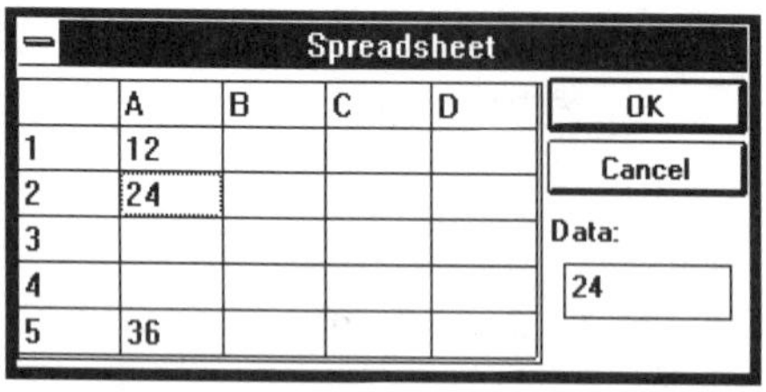

Figure 14.5. The functioning spreadsheet.

Listing 14.1. spreaddl.h

```
// spreaddl.h : header file
//
/////////////////////////////////////////////////////////////////////////////
// CSpreadDlg dialog
class CSpreadDlg : public CDialog
{
// Construction
public:
    CSpreadDlg(CWnd* pParent = NULL);    // standard constructor
// Dialog Data
    //{{AFX_DATA(CSpreadDlg)
    enum { IDD = IDD_DIALOG1 };
    CVBControl*    m_GridControl;
    //}}AFX_DATA
// Implementation
protected:
    virtual void DoDataExchange(CDataExchange* pDX);    // DDX/DDV support
    // Generated message map functions
    //{{AFX_MSG(CSpreadDlg)
    virtual BOOL OnInitDialog();
    afx_msg void OnClickGrid1(UINT, int, CWnd*, LPVOID);
    //}}AFX_MSG
    DECLARE_MESSAGE_MAP()
};
```

Listing 14.2. spreaddl.cpp

```
// spreaddl.cpp : implementation file
//
#include "stdafx.h"
#include "spread.h"
#include "spreaddl.h"
#include <stdlib.h>
#ifdef _DEBUG
#undef THIS_FILE
static char BASED_CODE THIS_FILE[] = __FILE__;
#endif
/////////////////////////////////////////////////////////////////////////////
```

continues

Listing 14.2. continued

```
// CSpreadDlg dialog
CSpreadDlg::CSpreadDlg(CWnd* pParent /*=NULL*/)
    : CDialog(CSpreadDlg::IDD, pParent)
{

    //{{AFX_DATA_INIT(CSpreadDlg)
    m_GridControl = NULL;
    //}}AFX_DATA_INIT
}
void CSpreadDlg::DoDataExchange(CDataExchange* pDX)
{

    CDialog::DoDataExchange(pDX);
    //{{AFX_DATA_MAP(CSpreadDlg)
    DDX_VBControl(pDX, IDCRID1, m_GridControl);
    //}}AFX_DATA_MAP
}
BEGIN_MESSAGE_MAP(CSpreadDlg, CDialog)
    //{{AFX_MSG_MAP(CSpreadDlg)
    ON_VBXEVENT(VBN_CLICK, IDCRID1, OnClickGrid1)
    //}}AFX_MSG_MAP
END_MESSAGE_MAP()
/////////////////////////////////////////////////////////////////////
// CSpreadDlg message handlers
BOOL CSpreadDlg::OnInitDialog()
{

    CDialog::OnInitDialog();
    char out_char[] = "A";
    m_GridControl->SetNumProperty("Row", 0L);
    for(long loop_index = 1; loop_index < 5; loop_index++){
        m_GridControl->SetNumProperty("Col", loop_index);
        m_GridControl->SetStrProperty("Text", (LPSTR) out_char);
        out_char[0]++;
    }
out_char[0] = '1';
m_GridControl->SetNumProperty("Col", 0L);
for(loop_index = 1; loop_index < 6; loop_index++){
    m_GridControl->SetNumProperty("Row", loop_index);
    m_GridControl->SetStrProperty("Text", (LPSTR) out_char);
    out_char[0]++;
    }
    return TRUE;  // return TRUE  unless you set the focus to a control
}
```

```
void CSpreadDlg::OnClickGrid1(UINT, int, CWnd*, LPVOID)
{
    const CHARS = 20;
    char data_string[CHARS];
    GetDlgItemText(IDC_DATAENTRY, (LPSTR) data_string, CHARS);
    m_GridControl->SetStrProperty("Text", (LPSTR) data_string);
    long sum = 0;
    CString temp;
    long oldrow = m_GridControl->GetNumProperty("Row");
    long oldcol = m_GridControl->GetNumProperty("Col");
    m_GridControl->SetNumProperty("Col", 1L);
    for(long loop_index = 1; loop_index < 5; loop_index++){
        m_GridControl->SetNumProperty("Row", loop_index);
        temp = m_GridControl->GetStrProperty("Text");
        sum += atol(temp);
    }
wsprintf(data_string, "%ld", sum);
m_GridControl->SetNumProperty("Row", loop_index++);
m_GridControl->SetStrProperty("Text", (LPSTR) data_string);
m_GridControl->SetNumProperty("Row", oldrow);
m_GridControl->SetNumProperty("Col", oldcol);
}
```

Listing 14.3. spreavw.cpp

```
// spreavw.cpp : implementation of the CSpreadView class
//
#include "stdafx.h"
#include "spread.h"
#include "spreaddl.h"
#include "spreadoc.h"
#include "spreavw.h"
#ifdef _DEBUG
#undef THIS_FILE
static char BASED_CODE THIS_FILE[] = __FILE__;
#endif
/////////////////////////////////////////////////////////////////////////////
// CSpreadView
IMPLEMENT_DYNCREATE(CSpreadView, CView)
BEGIN_MESSAGE_MAP(CSpreadView, CView)
```

continues

Listing 14.3. continued

```
    //{{AFX_MSG_MAP(CSpreadView)
    ON_COMMAND(IDM_SPREADSHEET, OnSpreadsheet)
    //}}AFX_MSG_MAP
    // Standard printing commands
    ON_COMMAND(ID_FILE_PRINT, CView::OnFilePrint)
ON_COMMAND(ID_FILE_PRINT_PREVIEW, CView::OnFilePrintPreview)
END_MESSAGE_MAP()
/////////////////////////////////////////////////////////////////////////
// CSpreadView construction/destruction
CSpreadView::CSpreadView()
{
    // TODO: add construction code here
}
CSpreadView::~CSpreadView()
{
}
/////////////////////////////////////////////////////////////////////////
// CSpreadView drawing
void CSpreadView::OnDraw(CDC* pDC)
{
    CSpreadDoc* pDoc = GetDocument();
    // TODO: add draw code here
}
/////////////////////////////////////////////////////////////////////////
// CSpreadView printing
BOOL CSpreadView::OnPreparePrinting(CPrintInfo* pInfo)
{
    // default preparation
    return DoPreparePrinting(pInfo);
}
void CSpreadView::OnBeginPrinting(CDC* /*pDC*/, CPrintInfo* /*pInfo*/)
{
    // TODO: add extra initialization before printing
}
void CSpreadView::OnEndPrinting(CDC* /*pDC*/, CPrintInfo* /*pInfo*/)
{
    // TODO: add cleanup after printing
```

```
}
/////////////////////////////////////////////////////////////////////////////
// CSpreadView diagnostics
#ifdef _DEBUG
void CSpreadView::AssertValid() const
{
    CView::AssertValid();
}
void CSpreadView::Dump(CDumpContext& dc) const
{
    CView::Dump(dc);
}
CSpreadDoc* CSpreadView::GetDocument() // non-debug version is inline
{
    ASSERT(m_pDocument->IsKindOf(RUNTIME_CLASS(CSpreadDoc)));
    return (CSpreadDoc*) m_pDocument;
}
#endif //_DEBUG
/////////////////////////////////////////////////////////////////////////////
// CSpreadView message handlers
void CSpreadView::OnSpreadsheet()
{
    CSpreadDlg dlg;
    dlg.DoModal();
}
```

A VBX Graph Example

One of the Visual Control Pack VBX controls is the Graph control, which enables you to graph your data easily. Using Visual C++, you can create a new (SDI) project named graph.mak. Make sure that you have clicked the Enable VBX Controls box, as before.

Add graph.vbx to App Studio using the Install Controls menu item (also as before); the graph tool appears (see fig. 14.6). Drag a graph control and stretch the graph to cover most of the form; the default ID for this graph is IDCRAPH1. Bring up Class Wizard and associate a class (named CGraphDlg) with this dialog box.

Graph
Control

Figure 14.6. The VBX Graph tool.

Using the Edit Variables button in Class Wizard, connect IDCRAPH1 to the CGraphDlg member variable mraphControl. The code generated looks like this:

```
///////////////////////////////////////////////////////////////////////
// CGraphDlg dialog
CGraphDlg::CGraphDlg(CWnd* pParent /*=NULL*/)
    : CDialog(CGraphDlg::IDD, pParent)
{
    //{{AFX_DATA_INIT(CGraphDlg)
    m_GraphControl = NULL;
    //}}AFX_DATA_INIT
}
void CGraphDlg::DoDataExchange(CDataExchange* pDX)
{
    CDialog::DoDataExchange(pDX);
    //{{AFX_DATA_MAP(CGraphDlg)
    DDX_VBControl(pDX, IDCRAPH1, mraphControl);
    //}}AFX_DATA_MAP
}
```

To load data into your new graph, connect a function named OnInitDialog() to the WM_INITDIALOG message using Class Wizard, which creates the following code in your dialog box's header file (from graphdlg.h):

```
///////////////////////////////////////////////////////////////////////
// CGraphDlg dialog
class CGraphDlg : public CDialog
{
// Construction
public:
    CGraphDlg(CWnd* pParent = NULL);    // standard constructor
```

```
// Dialog Data
    //{{AFX_DATA(CGraphDlg)
    enum { IDD = IDD_DIALOG1 };
    CVBControl*    m_GraphControl;
    //}}AFX_DATA
// Implementation
protected:
    virtual void DoDataExchange(CDataExchange* pDX);    // DDX/DDV support
    // Generated message map functions
    //{{AFX_MSG(CGraphDlg)
    virtual BOOL OnInitDialog();
    //}}AFX_MSG
    DECLARE_MESSAGE_MAP()
};
```

Next, open the OnInitDialog() function:

```
BOOL CGraphDlg::OnInitDialog()
{
    CDialog::OnInitDialog();
return TRUE;  // return TRUE  unless you set the focus to a control
}
```

The first property you set is the Graph's AutoInc property, which you set to 1, as follows:

```
BOOL CGraphDlg::OnInitDialog()
{
    CDialog::OnInitDialog();
    mraphControl->SetNumProperty("AutoInc", 1);
         :
return TRUE;  // return TRUE  unless you set the focus to a control
}
```

This enables you to enter your graph data point after point as locations along the x axis are automatically incremented.

Next, use the ThisPoint property to indicate that we want to start with the first point on the x axis:

```
BOOL CGraphDlg::OnInitDialog()
{
    CDialog::OnInitDialog();
    m_GraphControl->SetNumProperty("AutoInc", 1);
    mraphControl->SetNumProperty("ThisPoint", 1);
         :
    return TRUE;  // return TRUE  unless you set the focus to a control
}
```

Using ThisPoint this way indicates that the data that follows will be connected to the first point in your graph. After you set that point's data, ThisPoint will automatically be incremented to 2 because you have made AutoInc TRUE.

Next, use using the NumPoints property to indicate that you want to graph a total of three points:

```
BOOL CGraphDlg::OnInitDialog()
{
    CDialog::OnInitDialog();
    m_GraphControl->SetNumProperty("AutoInc", 1);
    m_GraphControl->SetNumProperty("ThisPoint", 1);
    mraphControl->SetNumProperty("NumPoints", 3);
        :
    return TRUE;  // return TRUE  unless you set the focus to a control
}
```

Finally, you are ready to enter the actual data. All you need to do is enter the values you want plotted into the GraphData property; the y axis is automatically adjusted to fit your data:

```
BOOL CGraphDlg::OnInitDialog()
{
    CDialog::OnInitDialog();
    m_GraphControl->SetNumProperty("AutoInc", 1);
    m_GraphControl->SetNumProperty("ThisPoint", 1);
    m_GraphControl->SetNumProperty("NumPoints", 3);
    m_GraphControl->SetFloatProperty("GraphData", 1);
    m_GraphControl->SetFloatProperty("GraphData", 2);
    m_GraphControl->SetFloatProperty("GraphData", 3);
        :
    return TRUE;  // return TRUE  unless you set the focus to a control
}
```

Each time you place a new value into the GraphData property, it is graphed, and the ThisPoint property is incremented.

You connect your dialog box to one of your program's menu items as follows:

```
/////////////////////////////////////////////////////////////////////////
// CGraphView message handlers
void CGraphView::OnGraphViewdata()
{
    CGraphDlg graph;
    graph.DoModal();
}
```

Microsoft Foundation Class Library Programming

This code enables you to display the graph dialog box on the screen. The results of these operations are shown in figure 14.7; the graph program is a success.

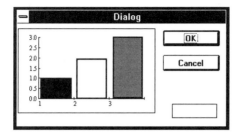

Figure 14.7. The Graph Control at work.

Changing the Colors Used in a Graph Control

You can change the color of the bars shown in figure 14.7, bar by bar, if you enter values for the ColorData property. These values cycle like GraphData, so if you enter three values, the three bars will use those colors. The colors are not typical MFC color values (that is, long integers); instead, they use the 16 colors of QuickBasic, so you can enter values 1 to 15 in ColorData.

You can also change the PatternData property so that you use hatch shading instead of colors in your bar graph. PatternData takes values from 1 to 31, and the hatch shadings appear as shown in figure 14.8. The PatternData property also cycles through the data points, so you can assign different hatch patterns to all your points as follows:

```
BOOL CGraphDlg::OnInitDialog()
{
    CDialog::OnInitDialog();
    m_GraphControl->SetNumProperty("AutoInc", 1);
    m_GraphControl->SetNumProperty("ThisPoint", 1);
    m_GraphControl->SetNumProperty("NumPoints", 3);
    m_GraphControl->SetFloatProperty("GraphData", 1);
    m_GraphControl->SetFloatProperty("GraphData", 2);
    m_GraphControl->SetFloatProperty("GraphData", 3);
    m_GraphControl->SetNumProperty("PatternData", 1);
    m_GraphControl->SetNumProperty("PatternData", 2);
    m_GraphControl->SetNumProperty("PatternData", 3);
            :
    return TRUE;  // return TRUE  unless you set the focus to a control
}
```

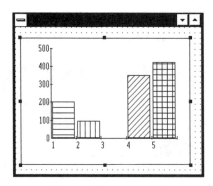

Figure 14.8. A graph with hatch shading.

Adding Hatch Patterns to a Graph Control
If you graph in DrawStyle 0, monochrome (the default is 1, which indicates color), the Graph control automatically will convert from the colors it normally uses for data bars to hatch patterns, so you don't have to set a different PatternData value for each bar.

Other Types of Graphs

The default graph uses vertical bars in a bar graph, as you have been doing so far. There are, however, many other types, and you can switch among them quickly just by changing the GraphType property. The different values and the types of graphs they display are listed ub table 14.1.

Table 14.1.   Graph Control's GraphType Values

Value	Type of Graph
0	None (no graph)
1	2-D Pie
2	3-D Pie
3	2-D Bar
4	3-D Bar
5	Gantt

Value	Type of Graph
6	Line
7	Log/Lin(ear)

Perhaps you are a little uncomfortable with the idea of automatically cycling through the points by successively placing values in the GraphData property. What if you want to change just one of the data points? You can do that as well, using the ThisPoint property.

Using ThisPoint to Set Graph Data

Suppose that you want to skip point three when graphing your data, as follows:

```
(1, 200)
(2, 95)

(4, 350)
(5, 425)
```

Using the ThisPoint property, you can enter your data without entering anything for point three. ThisPoint determines the point that will receive the data you next place in the GraphData property. You can enter the example data as follows:

```
BOOL CGraphDlg::OnInitDialog()
{
    CDialog::OnInitDialog();
    m_GraphControl->SetNumProperty("AutoInc", 1);
    m_GraphControl->SetNumProperty("ThisPoint", 1);
    m_GraphControl->SetNumProperty("NumPoints", 3);
    m_GraphControl->SetFloatProperty("GraphData", 200);
    m_GraphControl->SetFloatProperty("GraphData", 95);
    m_GraphControl->SetNumProperty("ThisPoint", 4); //Skip point 3
    m_GraphControl->SetFloatProperty("GraphData", 350);
    m_GraphControl->SetFloatProperty("GraphData", 425);
        :
    return TRUE;  // return TRUE  unless you set the focus to a control
}
```

This way, if you want to single out some data point to change its data or work with it in some other way—for example, "explode" it from a pie chart—you can use the ThisPoint property.

In addition, you can specify the x position of your data by setting its XPosData property. You can do that point by point (the XPosData property cycles as well), shifting everything as you want.

The following section discusses pie charts.

Pie Charts

As you might expect, it is easy to switch to pie charts. From table 14.1 you can see that GraphType 1 is a 2-D pie chart, and GraphType 2 is a 3-D pie chart. You can switch to a 2-D pie chart just by switching to GraphType 1, or a 3-D pie chart with GraphType 2, as shown in figure 14.9.

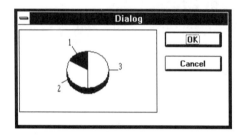

Figure 14.9. A three-dimensional pie chart.

In addition, you can "explode" one or more slice(s) of a pie chart (that is, display it slightly pulled out of the pie) by using the ExtraData property. ExtraData holds information, point by point, about how you want each point displayed. Besides exploding pie sections, you can use ExtraData to indicate the color of the sides of the 3-D bars in 3-D bar charts. Usually, ExtraData is 0 for all points, but by setting it to 1, you can explode that point. You could, for example, start by filling GraphData and drawing a 2-D pie chart as follows:

```
BOOL CGraphDlg::OnInitDialog()
{
    CDialog::OnInitDialog();
    m_GraphControl->SetNumProperty("AutoInc", 1);
    m_GraphControl->SetNumProperty("ThisPoint", 1);
    m_GraphControl->SetNumProperty("NumPoints", 3);
    m_GraphControl->SetFloatProperty("GraphData", 1);
    m_GraphControl->SetFloatProperty("GraphData", 2);
```

```
    m_GraphControl->SetFloatProperty("GraphData", 3);
    m_GraphControl->SetNumProperty("GraphType", 1);
        :
    return TRUE;  // return TRUE  unless you set the focus to a control }
```

Next, select point two (the one with a ThisPoint value of 2):

```
BOOL CGraphDlg::OnInitDialog()
{
    CDialog::OnInitDialog();
    m_GraphControl->SetNumProperty("AutoInc", 1);
    m_GraphControl->SetNumProperty("ThisPoint", 1);
    m_GraphControl->SetNumProperty("NumPoints", 4);
    m_GraphControl->SetFloatProperty("GraphData", 200);
    m_GraphControl->SetFloatProperty("GraphData", 95);
    m_GraphControl->SetFloatProperty("GraphData", 350);
    m_GraphControl->SetFloatProperty("GraphData", 425);
    m_GraphControl->SetNumProperty("GraphType", 1);
    m_GraphControl->SetNumProperty("ThisPoint", 2);
        :
    return TRUE;  // return TRUE  unless you set the focus to a control }
```

Next, you explode it this way:

```
BOOL CGraphDlg::OnInitDialog()
{
    CDialog::OnInitDialog();
    m_GraphControl->SetNumProperty("AutoInc", 1);
    m_GraphControl->SetNumProperty("ThisPoint", 1);
    m_GraphControl->SetNumProperty("NumPoints", 4);
    m_GraphControl->SetFloatProperty("GraphData", 200);
    m_GraphControl->SetFloatProperty("GraphData", 95);
    m_GraphControl->SetFloatProperty("GraphData", 350);
    m_GraphControl->SetFloatProperty("GraphData", 425);
    m_GraphControl->SetNumProperty("GraphType", 1);
    m_GraphControl->SetNumProperty("ThisPoint", 2);
    m_GraphControl->SetNumProperty("ExtraData", 1);
        :
    return TRUE;  // return TRUE  unless you set the focus to a control }
```

The result appears in figure 14.10. That's all there is to creating pie charts.

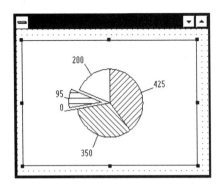

Figure 14.10. A pie chart with an exploded slice.

Besides exploding pie sections, there is a great deal more that you can do with a Graph control. In addition to the types you have seen, you can create scatter graphs or Gannt (timeline) graphs. You can graph sets of data, creating stacked graphs. And you can add a grid to your graphs simply by changing the value of the GridStyle property, as shown in table 14.2. You can, for example, add a horizontal and vertical grid simply by setting GridStyle to 3, as shown in figure 14.11.

Table 14.2.   Graph Controls' GridStyle Property

Value	Style of Grid
0	No grid
1	Horizontal grid
2	Vertical grid
3	Horizontal and vertical grid

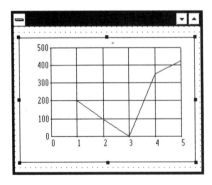

Figure 14.11. A graph with grid added.

As you might expect, you also can add titles to your graphs. You can, for example, give your graph the title *The Data* by setting the GraphTitle property to *"The Data."* You can also label the x and y axes using the LeftTitle and BottomTitle properties.

Finally, you can reset the data in the graph control as needed using the DataReset property. You can reset any type of data including graph data, color data, label data, color data, and even all data, depending on what value you place in the DataReset property (the values can range from 1 to 9, and they're all defined in the settings box of the properties window).

That's it for the coverage of graph controls. Graphdlg.h appears in listing 14.4, graphdlg.cpp in listing 14.5, graphvw.h in listing 14.6, and graphvw.cpp in listing 14.7.

Listing 14.4. graphdlg.cpp

```
// graphdlg.h : header file
//
/////////////////////////////////////////////////////////////////////////
// CGraphDlg dialog
class CGraphDlg : public CDialog
{
// Construction
public:
    CGraphDlg(CWnd* pParent = NULL);    // standard constructor
// Dialog Data
    //{{AFX_DATA(CGraphDlg)
    enum { IDD = IDD_DIALOG1 };
    CVBControl*    m_GraphControl;
    //}}AFX_DATA
// Implementation
protected:
    virtual void DoDataExchange(CDataExchange* pDX);    // DDX/DDV support
    // Generated message map functions
    //{{AFX_MSG(CGraphDlg)
    virtual BOOL OnInitDialog();
    //}}AFX_MSG
    DECLARE_MESSAGE_MAP()
};
```

Listing 14.5. graphdlg.cpp

```
// graphdlg.cpp : implementation file
//
#include "stdafx.h"
#include "graph.h"
#include "graphdlg.h"
#ifdef _DEBUG
#undef THIS_FILE
static char BASED_CODE THIS_FILE[] = __FILE__;
#endif
/////////////////////////////////////////////////////////////////////////////
// CGraphDlg dialog
CGraphDlg::CGraphDlg(CWnd* pParent /*=NULL*/)
    : CDialog(CGraphDlg::IDD, pParent)
{

    //{{AFX_DATA_INIT(CGraphDlg)
    m_GraphControl = NULL;
    //}}AFX_DATA_INIT
}
void CGraphDlg::DoDataExchange(CDataExchange* pDX)
{

    CDialog::DoDataExchange(pDX);
    //{{AFX_DATA_MAP(CGraphDlg)
    DDX_VBControl(pDX, IDCRAPH1, m_GraphControl);
    //}}AFX_DATA_MAP
}
BEGIN_MESSAGE_MAP(CGraphDlg, CDialog)
    //{{AFX_MSG_MAP(CGraphDlg)
    //}}AFX_MSG_MAP
END_MESSAGE_MAP()
/////////////////////////////////////////////////////////////////////////////
// CGraphDlg message handlers
BOOL CGraphDlg::OnInitDialog()
{

    CDialog::OnInitDialog();
    m_GraphControl->SetNumProperty("AutoInc", 1);
    m_GraphControl->SetNumProperty("ThisPoint",1);
    m_GraphControl->SetNumProperty("NumPoints", 3);
    m_GraphControl->SetFloatProperty("GraphData", 1);
```

```
      m_GraphControl->SetFloatProperty("GraphData", 2);
      m_GraphControl->SetFloatProperty("GraphData", 3);
       m_GraphControl->SetNumProperty("GraphType", 2);
      return TRUE;  // return TRUE  unless you set the focus to a control
}
```

Listing 14.6. graphvw.h

```
// graphvw.h : interface of the CGraphView class
//
/////////////////////////////////////////////////////////////////////
#include "graphdlg.h"
class CGraphView : public CView
{
protected: // create from serialization only
     CGraphView();
     DECLARE_DYNCREATE(CGraphView)
// Attributes
public:
     CGraphDoc* GetDocument();
// Operations
public:
// Implementation
public:
          virtual ~CGraphView();
          virtual void OnDraw(CDC* pDC);  // overridden to draw this view
           #ifdef _DEBUG
          virtual void AssertValid() const;
          virtual void Dump(CDumpContext& dc) const;
#endif
          // Printing support
protected:
          virtual BOOL OnPreparePrinting(CPrintInfo* pInfo);
          virtual void OnBeginPrinting(CDC* pDC, CPrintInfo* pInfo);
          virtual void OnEndPrinting(CDC* pDC, CPrintInfo* pInfo);
// Generated message map functions
protected:
          //{{AFX_MSG(CGraphView)
```

continues

Listing 14.6. continued

```
            afx_msg void OnGraphViewdata();
            //}}AFX_MSG
            DECLARE_MESSAGE_MAP()
};
#ifndef _DEBUG     // debug version in graphvw.cpp
inline CGraphDoc* CGraphView::GetDocument() {
     return (CGraphDoc*) m_pDocument; }
#endif
```

Listing 14.7. graphvw.cpp

```
/////////////////////////////////////////////////////////////////////////
// graphvw.cpp : implementation of the CGraphView class
//
#include "stdafx.h"
#include "graph.h"
#include "graphdoc.h"
#include "graphvw.h"
#ifdef _DEBUG
#undef THIS_FILE
static char BASED_CODE THIS_FILE[] = __FILE__;
#endif
/////////////////////////////////////////////////////////////////////////
// CGraphView
IMPLEMENT_DYNCREATE(CGraphView, CView)
BEGIN_MESSAGE_MAP(CGraphView, CView)
        //{{AFX_MSG_MAP(CGraphView)
        ON_COMMAND(IDRAPH_VIEWDATA, OnGraphViewdata)
        //}}AFX_MSG_MAP
        // Standard printing commands
        ON_COMMAND(ID_FILE_PRINT, CView::OnFilePrint)
        ON_COMMAND(ID_FILE_PRINT_PREVIEW, CView::OnFilePrintPreview)
END_MESSAGE_MAP()
/////////////////////////////////////////////////////////////////////////
// CGraphView construction/destruction
CGraphView::CGraphView()
```

```
{
    // TODO: add construction code here
}
CGraphView::~CGraphView()
{
}
///////////////////////////////////////////////////////////////////////
// CGraphView drawing
void CGraphView::OnDraw(CDC* pDC)
{
    CGraphDoc* pDoc = GetDocument();
    // TODO: add draw code here
}
///////////////////////////////////////////////////////////////////////
// CGraphView printing
BOOL CGraphView::OnPreparePrinting(CPrintInfo* pInfo)
{
    // default preparation
    return DoPreparePrinting(pInfo);
}
void CGraphView::OnBeginPrinting(CDC* /*pDC*/, CPrintInfo* /*pInfo*/)
{
    // TODO: add extra initialization before printing
}
void CGraphView::OnEndPrinting(CDC* /*pDC*/, CPrintInfo* /*pInfo*/)
{
    // TODO: add cleanup after printing
}
///////////////////////////////////////////////////////////////////////
// CGraphView diagnostics
#ifdef _DEBUG
void CGraphView::AssertValid() const
{
    CView::AssertValid();
}
void CGraphView::Dump(CDumpContext& dc) const
{
    CView::Dump(dc);
}
```

continues

Listing 14.7. continued

```
CGraphDoc* CGraphView::GetDocument() // non-debug version is inline
{
    ASSERT(m_pDocument->IsKindOf(RUNTIME_CLASS(CGraphDoc)));
    return (CGraphDoc*) m_pDocument;
}
#endif //_DEBUG
//////////////////////////////////////////////////////////////////////////
// CGraphView message handlers
void CGraphView::OnGraphViewdata()
{
    CGraphDlg graph;
    graph.DoModal();
}
```

A VBX Gauge Example

One more useful VBX control is the Gauge control, which supports Windows gauges like the ones you may have seen in installation programs (with captions like "93% installed...," for example). Let's take a look at such gauges now.

First, you install gauge.vbx in Visual C++'s App Studio as you have done before in this chapter. The VBX Gauge Control Tool appears as shown in figure 14.12.

Figure 14.12. The VBX Gauge Control tool.

The rest of the design process follows that which you have already seen twice in this chapter. You create a new dialog box in App Studio, and then draw a gauge on it using the Gauge tool. The default ID of this gauge is IDC_MHGAUGE1. Double-click the new gauge, which displays the Gauge Properties dialog box.

Change the selection in the dropdown list box in the upper right corner of this dialog box from General to Styles. This changes the appearance of the box to that shown in figure 14.13.

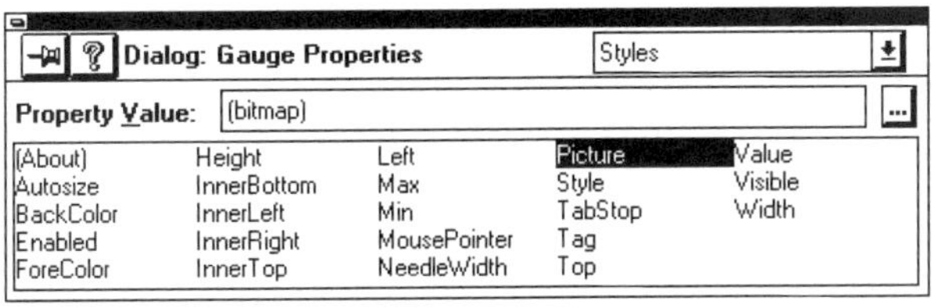

Figure 14.13. The Gauge Properties Styles dialog box.

Double-click the Picture property. The Picture connected with a gauge control forms a sort of backdrop to the actual gauge display. The gauge itself is simply a horizontal bar or a needle that sweeps in a circle (you choose which type with the gauge Style property); by adding a picture to the background—like a thermometer outline—you can make the control a little more interesting.

A collection of bitmaps comes with the gauge control; you'll find them in the bitmaps\gauge directory. When you double-click the Picture property, a dialog box opens allowing you to connect one of these bitmaps to the gauge's Picture property. Use the file horz.bmp, which displays the outline of a horizontal thermometer. The Min and Max properties are already set to 0 and 100 respectively. The actual reading on the gauge is held in the Value property, which can range from Min to Max. You connect the function OnInitDialog( ) to the WM_INITDIALOG (from gaugedlg.cpp) as follows:

```
//////////////////////////////////////////////////////////////////////////////
// CGaugeDlg message handlers
BOOL CGaugeDlg::OnInitDialog()
{
    CDialog::OnInitDialog();
```

```
return TRUE;  // return TRUE  unless you set the focus to a control
}
```

Set the Value property to 50, which you can do this way:

```
/////////////////////////////////////////////////////////////////////////
// CGaugeDlg message handlers
BOOL CGaugeDlg::OnInitDialog()
{
    CDialog::OnInitDialog();
    maugeControl->SetNumProperty("Value", 50);
return TRUE;  // return TRUE  unless you set the focus to a control
}
```

Your gauge now appears as shown in figure 14.14. If you want to change the setting of your gauge control, you can simply place a new number in the Value property. The gauge control is a success.

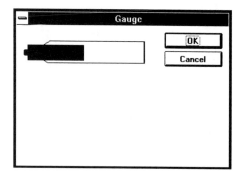

Figure 14.14.   The VBX Gauge tool at work.

The code for this program appears in listings 14.8, 14.9, 14.10, and 14.11. Gaugedlg.h is in listing 14.8, gaugedlg.cpp in listing 14.9, gaugevw.h in listing 14.10, and gaugevw.cpp in listing 14.11.

Listing 14.8.   gaugedlg.h

```
// gaugedlg.h : header file
//
/////////////////////////////////////////////////////////////////////////
// CGaugeDlg dialog
```

Microsoft Foundation Class Library Programming

```
class CGaugeDlg : public CDialog
{
// Construction
public:
    CGaugeDlg(CWnd* pParent = NULL);      // standard constructor
// Dialog Data
    //{{AFX_DATA(CGaugeDlg)
    enum { IDD = IDD_DIALOG1 };
    CVBControl*    maugeControl;
    //}}AFX_DATA
// Implementation
protected:
    virtual void DoDataExchange(CDataExchange* pDX);      // DDX/DDV support
    // Generated message map functions
    //{{AFX_MSG(CGaugeDlg)
    virtual BOOL OnInitDialog();
    //}}AFX_MSG
    DECLARE_MESSAGE_MAP()
};
```

Listing 14.9.   gaugedlg.cpp

```
// gaugedlg.cpp : implementation file
//
#include "stdafx.h"
#include "gauge.h"
#include "gaugedlg.h"
#ifdef _DEBUG
#undef THIS_FILE
static char BASED_CODE THIS_FILE[] = __FILE__;
#endif
/////////////////////////////////////////////////////////////////////////////
// CGaugeDlg dialog
CGaugeDlg::CGaugeDlg(CWnd* pParent /*=NULL*/)
    : CDialog(CGaugeDlg::IDD, pParent)
{
    //{{AFX_DATA_INIT(CGaugeDlg)
    maugeControl = NULL;
```

continues

Listing 14.9. continued

```
    //}}AFX_DATA_INIT
}
void CGaugeDlg::DoDataExchange(CDataExchange* pDX)
{
    CDialog::DoDataExchange(pDX);
    //{{AFX_DATA_MAP(CGaugeDlg)
    DDX_VBControl(pDX, IDC_MHGAUGE1, maugeControl);
    //}}AFX_DATA_MAP
}
BEGIN_MESSAGE_MAP(CGaugeDlg, CDialog)
    //{{AFX_MSG_MAP(CGaugeDlg)
    //}}AFX_MSG_MAP
END_MESSAGE_MAP()
/////////////////////////////////////////////////////////////////////////
// CGaugeDlg message handlers
BOOL CGaugeDlg::OnInitDialog()
{
    CDialog::OnInitDialog();
    m_GaugeControl->SetNumProperty("Value", 50);
return TRUE;  // return TRUE  unless you set the focus to a control
}
```

Listing 14.10. gaugevw.h

```
// gaugevw.h : interface of the CGaugeView class
//
/////////////////////////////////////////////////////////////////////////
#include "gaugedlg.h"
class CGaugeView : public CView
{
protected: // create from serialization only
    CGaugeView();
    DECLARE_DYNCREATE(CGaugeView)
// Attributes
public:
    CGaugeDoc* GetDocument();
// Operations
```

```
public:
// Implementation
public:
        virtual ~CGaugeView();
        virtual void OnDraw(CDC* pDC);   // overridden to draw this view
         #ifdef _DEBUG
        virtual void AssertValid() const;
        virtual void Dump(CDumpContext& dc) const;
#endif
        // Printing support
protected:
        virtual BOOL OnPreparePrinting(CPrintInfo* pInfo);
virtual void OnBeginPrinting(CDC* pDC, CPrintInfo* pInfo);
virtual void OnEndPrinting(CDC* pDC, CPrintInfo* pInfo);
// Generated message map functions
protected:
        //{{AFX_MSG(CGaugeView)
        afx_msg void OnGaugeViewgauge();
        //}}AFX_MSG
        DECLARE_MESSAGE_MAP()
};
#ifndef _DEBUG    // debug version in gaugevw.cpp
inline CGaugeDoc* CGaugeView::GetDocument() { return (CGaugeDoc*) m_pDocument; }
#endif
```

Listing 14.11. gaugevw.cpp

```
/////////////////////////////////////////////////////////////////////////
// gaugevw.cpp : implementation of the CGaugeView class
//
#include "stdafx.h"
#include "gauge.h"
#include "gaugedoc.h"
#include "gaugevw.h"
#ifdef _DEBUG
#undef THIS_FILE
static char BASED_CODE THIS_FILE[] = __FILE__;
#endif
```

continues

Listing 14.11. continued

```
/////////////////////////////////////////////////////////////////////
// CGaugeView
IMPLEMENT_DYNCREATE(CGaugeView, CView)
BEGIN_MESSAGE_MAP(CGaugeView, CView)
        //{{AFX_MSG_MAP(CGaugeView)
        ON_COMMAND(IDAUGE_VIEWGAUGE, OnGaugeViewgauge)
        //}}AFX_MSG_MAP
        // Standard printing commands
ON_COMMAND(ID_FILE_PRINT, CView::OnFilePrint) ON_COMMAND(ID_FILE_PRINT_PREVIEW,
CView::OnFilePrintPreview)
END_MESSAGE_MAP()
/////////////////////////////////////////////////////////////////////
// CGaugeView construction/destruction
CGaugeView::CGaugeView()
{
    // TODO: add construction code here
}
CGaugeView::~CGaugeView()
{
}
/////////////////////////////////////////////////////////////////////
// CGaugeView drawing
void CGaugeView::OnDraw(CDC* pDC)
{
    CGaugeDoc* pDoc = GetDocument();
    // TODO: add draw code here
}
/////////////////////////////////////////////////////////////////////
// CGaugeView printing
BOOL CGaugeView::OnPreparePrinting(CPrintInfo* pInfo)
{
    // default preparation
    return DoPreparePrinting(pInfo);
}
void CGaugeView::OnBeginPrinting(CDC* /*pDC*/, CPrintInfo* /*pInfo*/)
{
    // TODO: add extra initialization before printing
}
```

```
void CGaugeView::OnEndPrinting(CDC* /*pDC*/, CPrintInfo* /*pInfo*/)
{
    // TODO: add cleanup after printing
}
/////////////////////////////////////////////////////////////////////
// CGaugeView diagnostics
#ifdef _DEBUG
void CGaugeView::AssertValid() const
{
    CView::AssertValid();
}
void CGaugeView::Dump(CDumpContext& dc) const
{
    CView::Dump(dc);
}
CGaugeDoc* CGaugeView::GetDocument() // non-debug version is inline
{
    ASSERT(m_pDocument->IsKindOf(RUNTIME_CLASS(CGaugeDoc)));
    return (CGaugeDoc*) m_pDocument;
}
#endif //_DEBUG
/////////////////////////////////////////////////////////////////////
// CGaugeView message handlers
void CGaugeView::OnGaugeViewgauge()
{
    CGaugeDlg gauge;
    gauge.DoModal();
}
```

Pen Computing

If you have a version of Windows that is pen-ready (that is, Windows for Pens), you can use Pen controls. These controls come in the file pencntrl.vbx.

About Installing Windows for Pens
To install Pen computing in your version of Windows, see the Pen ReadMe file in the Windows Software Development Kit (SDK).

The Pen edit controls replace the standard text boxes in your program. They appear as follows:

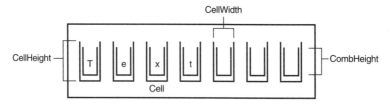

There are two important properties of Pen controls: DelayRecog and OnTap. If DelayRecog and OnTap are both FALSE, all writing in the Pen control will be "recognized" immediately after being written. If DelayRecog is FALSE and OnTap is TRUE, the characters will be recognized only after the user taps the control with the pen. If DelayRecog is TRUE, recognition is delayed until it becomes FALSE. To read the text, just examine the control's Text property as you would for a text box.

As you can see, custom controls can be very useful—but note that I haven't covered all the custom controls available, and not even all the properties and methods of those I did cover. To cover everything in depth would demand that I spend most of a book on these new controls. However, it is clear that there is a rich set of resources here, ready for use by the MFC programmer.

That's It

That's it for the exploration of VBX controls, and that is it for the exploration of the MFC library. You have come far in this book—from learning the rudiments of C++ to seeing the MFC classes in action. From understanding what a class is to how to override functions, from examining the parts of a window to creating them.

You have seen dialog boxes, menus, buttons, text boxes, graphics functions, insertion point handling, file handling, mouse handling, and much more. You also have learned how to support multiple documents and multiple views. And you have even learned how to use VBX controls. it is clear that the MFC library provides you with a package of exceptional power for Windows programming. All that remains now is putting it to work for yourself.

New Classes and Members:

CVBXControl	
AddItem	Add item(s) to list managed by alist box or combo box
BeginNewVBHeap	Create new heap when creating next VBX control
CloseChannel	Disconnect file connected to indicated channel number
Create	Create control after construction
CVBControl	Construct CVBControl object
GetChannel	Retrieve pointer to CFile object for indicated file channel
GetEventIndex	Return index number of indicated event
GetEventName	Return name of event with indicated index number
GetFloatProperty	Get floating-point value from floating-point property
GetNumEvents	Return number of events connected to control
GetNumProperty	Get integer value from integer-valued control property
GetNumProps	Return number of properties connected to control
GetPictureProperty	Get picture handle from a picture property
GetPropFlags	Return property flags for control
GetPropIndex	Return index number conntected to control property
GetPropName	Return name of property connected with index number
GetPropType	Return type of property
GetStrProperty	Get string from string property of a control
GetVBXClass	Return name of control class
IsPropArray	True if indicated property is an array

continues

711

CVBXControl

Move	Move and resize control to indicated location and size
m_nError	Holds error value when CVBControl generates an error
OpenChannel	Associate file with indicated file channel number

CVBXControl

Refresh	Update control after properties change
RemoveItem	Remove item from list maintained by control
SetFloatProperty	Set floating-point property to indicated value
SetNumProperty	Set integer-valued property to indicated value
SetPictureProperty	Set picture property to indicated picture
SetStrProperty	Set string property to indicated string

Windows Program Design

T his appendix is all about the conventions that Windows programmers will expect your programs to adhere to. If you are going to develop products that you will sell or plan to distribute on a large scale, this appendix is for you. Windows programs are different from DOS programs in many ways, and one of the primary ways is consistency—that is, supporting a common user interface—and we will see more about that in this appendix.

Windows Programming Philosophy

If you are a developer working in Windows, you should first of all be a Windows user, and a Windows application user. The people who use your program will have a set of standard expectations that they expect you to fulfill. This is part of the attraction of Windows; if you know how to use a particular type of application—for example, a word processor—you can often use other applications without additional instruction. In fact, Windows developers should try to make their programs as intuitive as possible so that almost no instruction is required. Ideally, a simple set of Windows skills—for example, clicking the mouse, selecting text, using menus—should be enough to let the user use your program, although that is not usually possible with larger, specialized applications.

In addition, your program should strive to be *robust* (as in the opposite of fragile) in the sense that the user feels that they have a useful tool that will perform in expected ways and will not crash when they try something new. To be robust means that a program can operate under a wide variety of conditions and inputs, and not fail. A robust program is one that the user comes to regard as trustworthy. This is important because if some kind of trappable error occurs, your program should handle it with recovery code of some sort, and not simply halt. Minimize or eliminate any commonly encountered conditions that your application cannot handle.

It is important to realize that the user should be the one controlling the program and the program flow in Windows, not the other way around. A Windows developer should try to give the user as much utility as possible, and have that utility present in an easy-to-understand way. Windows customarily uses graphical objects to provide a set of tools for the user, and as many of these should be available at once as possible—give the user as many options as possible. However, don't overwhelm them; if your window is becoming crowded with buttons, put some options into menus—for example, you should only continually display options that will be in continual use. Also, a Windows program should provide feedback to the user about what is going on when they use the options that are available. For example, do not let your program *freeze* when undertaking a long operation, at least switch the mouse cursor to the hourglass symbol, or use a gauge control to show the status of the operation.

A Windows program operates in an environment where other programs are operating too, so it should not hog resources. One other point here is that no matter how minimal your program, it should meet at least one Windows expectation: it should provide the user with a way to quit. That is usually done with the File menu's Exit item (whose shortcut key is Ctrl-X).

Now let's take the time to examine the accepted mouse and keyboard Windows standards.

Mouse Actions

The mouse actions that have become standard are probably already familiar to you: clicking, double-clicking, and so on. Clicking is done with the left mouse button (left-handed users can use the Windows control panel to switch the buttons if they wish); there is no standard use yet for the right mouse button. In addition to the single click (which makes a selection or activates a control) and double-click (which opens applications and selections), you can also use the mouse with the Shift and Ctrl keys. These two operations are primarily used in making selections, and the way they work—along with the other mouse operations—can be found in table A.1.

Table A.1. Windows Mouse Conventions

Action	Means
Click	Control: Activates
	Selection: Selects
	Text: Positions insertion point
Ctrl-Click	Selection: Toggles current selection only
DblClick	Control: Activates
	Selection: Opens
Drag	Control: Moves control if draggable
	Selection: Encloses area for selection
	Navigation: Moves selection
Shift-Click	Selection: Extends selection

Keyboard Actions

There are many standard operations for the keyboard in Windows—not least because all of the mouse actions are supposed to be possible with the keyboard alone, a fact you should always keep in mind. If the user types a simple letter or number, they are supplying your program with data input. However, Ctrl-Letter key combinations are usually reserved for (menu) shortcut commands, and Alt-Letter combinations are reserved for (menu and button) access key commands. A number of the function keys, F1–F12, have pre-defined meanings—for example, F1 gives Help—and you will find them, along with other standard keyboard operations, in table A.2. You will probably be familiar with many of these, such as using the Tab key to move from control to control in a dialog box (and Shift-Tab to go backwards), but some of them may take you by surprise. For example, Alt-F4 is supposed to close the application and Alt-F6 moves to an MDI window's next open document.

Table A.2. Windows Keyboard Conventions

Key	Means
Alt	Used with letters to create access keys
Alt-Esc	Switches to next application window in Windows
Alt-F4	Closes application
Alt-F6	MDI: Moves to next open window
Alt-Shift-Esc	Switches to previous application window in Windows
Alt-Shift-F6	MDI: Moves backwards to next open window
Alt-Shift-Tab	Reverses order of Alt-Tab
Alt-Tab	Shows application stack, activates top application
Backspace	Selection: Delete entire selection
	Text: Delete character to the left
Ctrl	Used with letters to create shortcut keys
Ctrl-B	Text: Bold
Ctrl-D	Text: Double underline
Ctrl-Down	Text: Next paragraph
Ctrl-End	Navigation: Moves to bottom right of document
Ctrl-Esc	Shows all running applications, lets you choose
Ctrl-F4	Closes window
Ctrl-F6	MDI: Moves top document to bottom of stack
Ctrl-Home	Navigation: Moves to top left of document
Ctrl-I	Text: Italic
Ctrl-PgUp	Navigation: Moves to top of window
Ctrl-PgDown	Navigation: Moves to bottom of window
Ctrl-Shift-F6	MDI: Reverses operation of Ctrl-F6
Ctrl-Space	Text: Stops character formatting
Ctrl-U	Text: Underline
Ctrl-Up	Text: Previous paragraph

Microsoft Foundation Class Library Programming

Key	Means
Ctrl-W	Text: Word-by-word underline
Ctrl-X	Quits an application
Del	Selection: Deletes entire selection
	Text: Deletes character to the right
	Down Arrow Controls: Next choice
	Text: Down one line
End	Navigation: Moves to rightmost position of row
Enter	Controls: Presses selected button
Esc	Dialogs: Closes dialog
	Modes: Exits current mode
	Selection: Cancels current selection
F1	Help
F6	Move clockwise to next pane
F8	Mode: Toggle extend mode
F10	Mode: Toggle menu bar
Home	Navigation: Moves to leftmost position of row
Insert	Mode: Toggles between overstrike and insert
Left Arrow	Text: One position to the left
	Controls: Next choice to left
PgDown	Navigation: Next screenful of data
PgUp	Navigation: Previous screenful of data
Right Arrow	Text: One position to the right
	Controls: Next choice to right
Scroll Lock	Navigation: Scroll data, do not move cursor
Shift	Changes function keys and Tab to opposite
Shift-F6	Move counter-clockwise to next MDI pane

continues

Table A.2. continued

Key	Means
Shift-Tab	Reverses operation of Tab
Space	Controls: Clicks buttons with focus
Tab	Dialogs: Next field or control
	Text: Inserts a tab
Up Arrow	Controls: Previous choice
	Text: Up one line

There are also some accepted entries in a standard set of menus, and we will take a look at the Edit, File, and Help menus here. In general, this is the accepted order of menu names in the menu bar: File, Edit, View, Tools, Window, Help (Help is always last).

The Edit Menu

The Edit menu (if present) usually has the following items in it (note that these items are in the order they would appear in an Edit menu):

Undo	Undoes the last operation
Cut	Cuts selected text
Copy	Copies selected text (usually to clipboard)
Paste	Pastes (usually from clipbaord) to selection
Paste Link	Pastes a DDE link
Find...	Finds text (opens Find dialog box)
Replace...	Replaces text (opens Replace dialog box)

Note

It is often helpful to the user if you separate your menu items into logical groups using separator bars.

Microsoft Foundation Class Library Programming

The File Menu

The File menu usually has the following standard entries (in the order shown):

New	Create a new document
Open...	Open a document (displays Open dialog box)
Save	Save a document
Save As...	Save a document (opens a dialog box enabling the user to set options—commonly, name, path, file type, and so on.)
Print...	Print a document (displays Print dialog box)
Exit	Exit the application (almost always present)

The Help Menu

The Help menu usually has the following standard items (in the order shown):

Contents	Displays list of help topics available
Search	Searches for a help topic
Index	Displays an index of help topics
About xxx	Provides "About" information on application

For the interested developer: there are more Windows standards than we have covered here. In fact, there are books just on Windows. If you are unsure about a Windows standard, you should make sure by doing research before releasing your product.

Index

Symbols

& (ampersand)
  passing references, 443-444
  shortcut keys, 177-178
* (asterisk), file filters, 327
-> arrow operator, 53
/* */ symbol, multi-line
  comments, 12
// symbol, one-line
  comments, 12
:: member operator, 20
<< operator, 11
>> operator, 11
[ ] index operator, 51
\first directory, 49
... (ellipsis), 166, 225

A

Accelerator key dialog box, 180
accelerator keys
  adding to menus and menu
    items, 178-181
  reserved, 105
Accelerator resource icon, 180
Accelerator Table Editor,
  180-181
accelerator tables, 181
active cells, 678
  setting, 680
active window, 104
Add Item menu item, 298-299
Add Member Variable dialog
  box, 242
Add Name menu item, 197
AddHead( ) member function,
  CObList class, 462

AddView( ) member function,
  CDocument class, 538
AfxEnableMemoryTracking( )
  function, 625
AfxMemDF global variable, 625
AfxOleInsertDialog( )
  function, 641
ampersand (&)
  passing references, 443-444
  shortcut keys, 177-178
anchor points
  freehand drawings, 381-383
  line drawings, 383-384
AND_CATCH( ) macro blocks,
  597-598
AppendMenu( ) member
  function, CMenu class,
  199-200
applications
  beta versions, 605
  client, OLE, 633-634

728

Q-R

X-Z